Karin Burk
Kindertheater als Möglichkeitsraum

Für Tom und Leon

Karin Burk (Dr. phil.) unterrichtet das Fach »Darstellendes Spiel« am Goethe-Gymnasium in Wetzlar. Als Tanz- und Theaterpädagogin und -therapeutin leitet sie schulische sowie außerschulische Theaterprojekte mit Kindern, Jugendlichen und Menschen mit geistiger Behinderung. Die Theaterwissenschaftlerin und Pädagogin promovierte an der Johann-Wolfgang-Goethe-Universität in Frankfurt/M. und lehrte zehn Jahre lang u.a. an der Universität Koblenz-Landau »Ästhetische Bildung« im Fachbereich Heilpädagogik und Bildungswissenschaft.

KARIN BURK

Kindertheater als Möglichkeitsraum

Untersuchungen zu Walter Benjamins

»Programm eines proletarischen Kindertheaters«

[transcript]

Dissertation, JWG-Universität in Frankfurt/M., 2013

Bibliografische Information der Deutschen Nationalbibliothek

Die Deutsche Nationalbibliothek verzeichnet diese Publikation in der Deutschen Nationalbibliografie; detaillierte bibliografische Daten sind im Internet über http://dnb.d-nb.de abrufbar.

Umschlaggestaltung: Kordula Röckenhaus, Bielefeld
Umschlagabbildung: misterQM / photocase.de
Lektorat & Satz: Tanja Jentsch, Bottrop
Printed in Germany
Print-ISBN 978-3-8376-3176-0
PDF-ISBN 978-3-8394-3176-4

Gedruckt auf alterungsbeständigem Papier mit chlorfrei gebleichtem Zellstoff.
Besuchen Sie uns im Internet: *http://www.transcript-verlag.de*
Bitte fordern Sie unser Gesamtverzeichnis und andere Broschüren an unter:
info@transcript-verlag.de

Inhalt

Teil III

Walter Benjamins Kindertheateridee und das Theater Bertolt Brechts | 125

Einleitung

In Walter Benjamins Theateridee für Kinder die Skizze einer Konzeption vom *Kindertheater als Möglichkeitsraum* kindgemäßer Selbst- und Welterfahrung zu lesen, ist das Interesse dieser Studie. Ausgangspunkt des Forschungsgegenstandes ist Benjamins wohl Anfang des Jahres 1929 (II, 1491) entstandene Schrift Programm eines proletarischen Kindertheaters (II, 763-769), aus der sich grundlegende Parameter für die vorliegende Untersuchung filtrieren lassen.[1] Zuzuordnen ist sie einem Kontext, der, wie Gershom Scholem von Benjamins »beharrlichsten Gegenständen seines Nachdenkens« bemerkt, »der Welt des Kindes und kindlichem Wesen« nachfragt und die »noch unentstellte Welt des Kindes und seiner schöpferischen Phantasie mit ebenso ehrfürchtigem Staunen« zu beschreiben sucht wie in Begriffen zu durchdringen sucht.[2] Wie so viele seiner Texte, erweist sich auch die Kindertheaterprogrammschrift Benjamins auf den ersten Blick als komplex und schwierig. In ihrem eigenen Interesse tut sie wenig, um dem Leser einen leichten Zugang zu ihrem Gegenstand zu ermöglichen. Die vorgebrachten, an politisch-erzieherischen Faktoren orientierten Bemerkungen Benjamins zum Kindertheater münden in einen anspielungsreichen Text, der seine Motive auf Anhieb nicht zu erkennen gibt. Anspielungsreich deshalb, da sich hier, was die Besonderheiten des Spiels

---

1 | Die Texte von Walter Benjamin werden mit Bandnummer (ohne Nennung der Teilbände) in römischer Ziffer und Seitenzahl zitiert nach der Ausgabe: Walter Benjamin: *Gesammelte Schriften*, hg. von Rolf Tiedemann und Herrmann Schweppenhäuser, Frankfurt/M. 1991. Die Text-Auszeichnungen (Kapitälchen) dienen der Hervorhebung der für die Argumentationslinie dieser Arbeit relevanten Werke Benjamins und entsprechen teilweise den Auszeichnungen im Original. Die Texte aus den Briefen von Walter Benjamin werden mit Bandangabe in arabischer Ziffer und Seitenzahl zitiert nach der Ausgabe: Walter Benjamin: *Gesammelte Briefe*, hg. von Christoph Gödde und Henri Lonitz, Frankfurt/M. 1998. – Sämtliche Auszeichnungen und Hervorhebungen bei den in dieser Arbeit aufgeführten Zitaten wurden bereits innerhalb des jeweiligen Originals verwendet.
2 | Gershom Scholem: Walter Benjamin und sein Engel. Vierzehn Aufsätze und kleine Beiträge, hg. von Rolf Tiedemann, Frankfurt/M. 1992, S. 12.

und des Spielens anbelangt, eher indirekt der Ansatz einer Konzeption zeigt, die im Kontext zu anderen Figuren des Benjamin'schen Denkens zu betrachten ist. Dabei handelt es sich nicht um ein fertiges Konzept; vielmehr versammelt Benjamins Programmschrift in verdichteter Form eine Kette von diversen Termini und Merkmalen, deren Charakter nicht näher erläutert wird. Auffällig ist der mehrfach gebrauchte Begriff der Geste, der den Zusammenhang mit einem anderen Theater, genauer: mit dem epischen Theater Brechts, suggeriert. Infolgedessen stellen die Formulierungen Benjamins von der »kindliche[n] Aktion und Geste«, der »kindliche[n] Geste« als »Befehl und Signal« (II, 766) oder dem »›Augenblick‹ der Geste« (II, 767) für unsere Überlegungen einen wichtigen Anhaltspunkt dar, der zu weiteren Bestimmungen führt, die, Burkhardt Lindner zufolge, für den gemeinschaftlichen Raum des Spiels im Kindertheater als richtungsweisend zu bewerten sind.[3]

Benjamins Interesse am Spiel durchzieht sein ganzes Werk.[4] Vor allem seit den 1920er Jahren lassen seine Texte ein deutliches Interesse an dem Thema der Kindheit erkennen. Sein Augenmerk richtet sich auf die Tätigkeiten und Gegenstände des Kindes und reicht, so Lindner, »vom Sammelinteresse an Kinderspielzeug und Spielfibeln über die Reflexion kindlichen Spielens in Rezensionen und autobiographischen Texten, über das theatrale Spielen in allen Versionen bis zum Glücksspiel und zu den auf Spielbildungen beruhenden Phalenstères von Fourier«.[5] Nicola Gess zufolge war Benjamin gut informiert über das psychologische und pädagogische Schrifttum seiner Zeit, kritisierte es aber heftig – von einigen Ausnahmen, wie den Untersuchungen Gustav Friedrich Hartlaubs und Karl Groos', abgesehen: »An die Stelle der Domestizierung der ›Kinderseele‹ in Analyse, Begriff und pädagogischer Praxis setzt er ein ›nicht psychologisch [...], sondern sachlich‹ orientiertes, literarisches Vorgehen, das sich einer Nutzbarmachung ebenso sperrt wie es die Rede vom Kind als besserem Menschen nicht bedient.«[6] Unter Verweis auf Künstler seiner Zeit interessiert Benjamin, wie er in dem Text ALTES SPIELZEUG (IV, 511-515) von 1928 bemerkt, mehr »das Despotische und Entmenschte an Kindern« (IV, 515), womit er der kindlichen Mentalität näher kommt, als damalige psychologische Konzepte es begreiflich machen wollen.

---

3 | Burkhardt Lindner: Die »Heiterkeit des Kommunismus«. Notizen zum Politischen bei Benjamin, in: Heinz Ludwig Arnold (Hg.): Walter Benjamin, Text + Kritik, Zeitschrift für Literatur, Heft 31/32, 3. Auflage: Neufassung, München 2009, S. 70-87, hier S. 81f.

4 | Burkhardt Lindner: »Das Kunstwerk im Zeitalter seiner technischen Reproduzierbarkeit«, in: Ders. (Hg.) unter Mitarbeit von Thomas Küpper und Timo Skrandies: Benjamin-Handbuch. Leben – Werk – Wirkung, Stuttgart/Weimar 2006, S. 229-251, hier S. 49.

5 | Ebd.

6 | Nicola Gess: Walter Benjamin und »die Primitiven«. Reflexionen im Umkreis der »Berliner Kindheit«, in: Heinz Ludwig Arnold (Hg.): Walter Benjamin, S. 31-44, hier S. 35.

Generell zeichnet sich in Benjamins Ausführungen zu Kind und Kindheit die Tendenz ab, das Erleben und Verhalten des Kindes weniger aus der Erwachsenensicht zu beurteilen als vom Kind selbst, was sich auch für seinen Plan vom Kindertheater als gewinnbringend niederschlägt. Denn betrachtet man die Kindertheaterschrift von Benjamin genauer, so wird darin vor allem die produktive Kraft des Spiels und das damit einhergehende erfinderische Spielgeschehen im Kindertheater berücksichtigt, das sich einen eigentümlichen ›Zeit-Raum‹ schafft und dabei auf eine theatrale Form zurückgreift, die, im Unterschied zu planender Inszenierung, eine augenblickliche Performanz eröffnet, wie sie neueren, interaktiven Theaterpraktiken zugrunde liegt.

Die Ausgangsthese der vorliegenden Untersuchung geht dahin, das Kindertheater Benjamins als einen Spiel- und Übungsraum kindgerechter Erfahrungen aufzufassen, der in seiner charakteristischen Form die ursprüngliche Symbiose des Kindes mit seiner Mit- und Umwelt bewahrt und der spannungsreichen Verflechtung zwischen individualer Erlebniswelt und allgemeiner Wahrnehmungswelt gerecht zu werden verspricht. Zentral darin ist der Gedanke, Benjamins Kindertheater, in dem die »Aktualität kindlichen Formens und Gebarens« (II, 766) eine dominierende Stellung einnimmt, spezifischer noch als einen *Möglichkeitsraum* zu begreifen, da er, vermittels des konkreten Agierens mit Dingen, dem kindlichen Denken entgegenkommt und neue Erfahrungsreliefs entstehen lässt. Insofern fungiert auch die kindliche Geste, das kindliche Tun und Handeln im Kindertheater, das Benjamin in der Programmschrift so sehr hervorhebt, als ein Medium, das dem Kind erlaubt, im Miteinanderspielen mit Anderen und Anderem in Beziehung zu treten und zu kommunizieren. Benjamins Kindertheatermodell zeichnet sich dabei durch einen anti-pädagogischen und geradezu unprogrammatischen Grundzug aus, zum einen weil darin die symbiotische Verwicklung des Kindes mit seiner unmittelbaren Umgebungswelt Beachtung findet, zum anderen weil darin »die Rolle des Leiters bzw. Regisseurs nicht belehrend, sondern vermittelnd« ist, wie Giulio Schiavoni betont.[7] In diesem Licht besehen, erscheint der Raum des Kindertheaters als spezifischer Schwellen- oder Übergangsort und die kindliche Geste als eine Schwellenerfahrung,[8] die Benjamin im Passagen-Werk (V),

---

7 | Giulio Schiavoni: Zum Kinde. »Programm eines proletarischen Kindertheaters« / »Eine kommunistische Pädagogik« / »Kinderbücher«, in: Burkhardt Lindner (Hg.): Benjamin-Handbuch, S. 373-385, hier S. 381.

8 | Benjamins mehrfache Erwähnung des Begriffs »Rites de passage« im Passagen-Werk, insbesondere im Abschnitt zu Schwelle und Zone (V, 661), lässt die Annahme zu, dass er das gleichnamige, für die Verbindung soziologischer und anthropologischer Forschung bahnbrechende Werk Arnold van Genneps kannte, das erstmals 1909 erschienen war. Patrick Primavesi: Schauplatz und Passage. Theatrale Räume im Denken Walter Benjamins, in: Jörg Sader/Anette Wörner (Hg.): Überschreitungen. Dialoge zwi-

dessen früheste Entwürfe in die zweite Hälfte der 1920er Jahre zu datieren sind, als eine geschichtlich bedrohte, tendenziell verschwundene diagnostiziert:»In dem modernen Leben sind diese Übergänge immer unkenntlicher und unerlebter geworden. Wir sind sehr arm an Schwellenerfahrungen geworden.« (V, 617) Gerade das kindliche Spiel als solches wird in Benjamins Kindertheaterkonzeption als eine revoltierende Aktivität in der spielenden Gemeinschaft des Kinderkollektivs vorgestellt, das aus der Opposition gegen die Zurichtung von Bewusstsein und gegen normatives Handeln an»Schwellenzauber« (V, 283), an Zäsuren im Kontinuum von Raum und Zeit gebunden bleibt.[9]

Dem zentralen Zusammenhang von Theaterspiel(en) und Möglichkeiten »kindliche[r] Aktion und Geste« (II, 766) im gemeinschaftlichen Spielraum des Kindertheaters nähern wir uns aus unterschiedlichen Denkachsen, die mit den Namen Asja Lacis und Bertolt Brecht verbunden sind. So ergibt sich für die Entstehung und Entwicklung der Benjamin'schen Kindertheatertheorie ein erster Bezugspunkt, wenn wir uns Benjamins Bekanntschaft mit der lettisch-russischen Regisseurin und Revolutionärin Asja Lacis vor Augen führen, die großen Einfluss auf sein politisches, ästhetisches und pädagogisches Denken ausübte.[10] Ihre theaterästhetische Position und ihre Erfahrungen im Kindertheater in Orel, die auf zentrale Theateraxiome der russischen

---

schen Literatur- und Theaterwissenschaft, Architektur und Bildender Kunst. Festschrift für Leonhard M. Fiedler, Würzburg 2002, S. 237-256, hier S. 253.

9 | Nach Winfried Menninghaus kennzeichnen Schwellenphänomene Benjamins gesamtes Werk. Sie tauchen nicht nur als Thema fast aller seiner größeren Arbeiten auf, »auch Form und Intension seiner Werke [...] produzieren eine Schwelle, die es zu durchmessen, zu ›passieren‹ gilt«. Das Schwellenphänomen in Benjamins Denken berührt die Raum- und Zeitstruktur, es begegnet uns in der Sprache wie in der Ästhetik, es betrifft die Frage nach Freiheit und Geschichte. Winfried Menninghaus: Schwellenkunde. Walter Benjamins Passage des Mythos, Frankfurt/M. 1986, S. 8.

10 | Die erste wissenschaftliche Studie über Asja Lacis wurde 2006 von Beata Paškevica unter dem Titel *In der Stadt der Parolen. Asja Lacis, Walter Benjamin und Bertolt Brecht* vorgelegt. Die Untersuchung stellt die theaterästhetischen Positionen von Lacis in den Mittelpunkt und berücksichtigt biographische sowie inhaltliche Einflüsse auf die schriftstellerische und dramatische Arbeit der beiden Autoren. Paškevica stützt sich bei ihren Ausführungen auf Lacis' Erinnerungen *Revolutionär im Beruf. Berichte über proletarisches Theater, über Meyerhold, Brecht, Benjamin und Piscator* (hg. von Hildegard Brenner, 2. durchges. und erw. Auflage, München 1976) und die 1984 in russischer Sprache in Riga veröffentlichten Erinnerungen mit dem Titel *Krasnaja gvozdika* [Rote Nelke, K.B.] (hg. von Juri Karraga) und auf Archivalien wie Briefe, Zeugnisse, Bescheinigungen sowie auf Photos, Kassetten- und Filmaufnahmen. Beata Paškevica: In der Stadt der Parolen. Asja Lacis, Walter Benjamin und Bertolt Brecht, Essen 2006, S. 9.

Avantgardebewegung zurückzubeziehen sind, tragen wesentlich zu Benjamins Konzeption der Kindertheaterprogrammschrift bei. In späteren Äußerungen hat Benjamin öfter zwischen seinem Frühwerk und den nachfolgenden Arbeiten unterschieden und für die Zäsur vor allem politische Gründe angegeben. Seine Beziehung zu Lacis spielte dabei nach seiner Auffassung eine entscheidende Rolle: Durch Lacis erhält Benjamin zum einen Zugang zu neuesten Tendenzen des russischen Theaters, zum anderen wächst unter dem Eindruck ihrer Freundschaft das Interesse an der »Aktualität eines radikalen Kommunismus« (2, 473), das für seinen Kindertheaterentwurf ausschlaggebend ist. In der Nähe zu Brechts Theorie des epischen Theaters, das in seiner spezifischen Ausrichtung die klassische Dramenpoetik und ihre Auffassung vom Handlungsfluss verneint, wird ein weiterer Zugang zu Benjamins Plan vom Kindertheater evident.[11] Signifikant für das Theater Brechts ist die Geste, die hier, wie im Kindertheater Benjamins, eine bestimmende konstruktivistische Kategorie darstellt. Die Betonung und Inszenierung der Geste im Theater Brechts unterminiert all jene aristotelischen Bestandteile durch eine einzige Bewegung, das heißt durch Stillstellung bzw. durch das Merkmal der Unterbrechung kontinuierlicher Abläufe und Bewegungen. Speziell in Brechts Überlegungen zur Aufführung seiner Stücke fand Benjamin, Patrick Primavesi zufolge, Anknüpfungspunkte an seine eigene, im Buch URSPRUNG DES DEUTSCHEN TRAUERSPIELS (I, 203-430) formulierte Theaterästhetik,[12] an der er von 1916 bis 1925 (in verschiedenen Fassungen) schrieb.[13] Benjamins Programmtext zum Kindertheater in engem Zusammenhang mit Brechts Theatertheorie gelesen, die das Modell der Lehrstücke mit einbezieht, eröffnet eine interaktive Spielpraxis, die gerade der Eigentümlichkeit der kindlichen Geste und Ausdrucksweise Rechnung trägt. Einen wichtigen Schauplatz für die Untersuchungen zu Benjamins Kindertheaterkonzeption bilden zudem die den Schriften zur Jugend inhärenten Überlegungen zu den Themen Kind-

---

Sofern nicht anderweitig zugänglich, bezieht sich die vorliegende Arbeit auf die von Paškevica gesammelten und ausgewerteten Materialien.

11 | Burkhardt Lindner: Die Entdeckung der Geste. Brecht und die Medien, in: Heinz Ludwig Arnold (Hg.): Bertolt Brecht I, Text + Kritik, Zeitschrift für Literatur, Sonderbd., 3. Auflage: Neufassung, München 2006, S. 21-32, hier S. 28.

12 | Patrick Primavesi: Kommentar, Übersetzung, Theater in Walter Benjamins frühen Schriften, Basel/Frankfurt/M. 1998, S. 361.

13 | Die Abhandlung über das barocke Trauerspiel verfasste Benjamin als Habilitationsschrift zur Erlangung der Venia Legendi für Germanistik an der Frankfurter Universität, die jedoch von der Philosophischen Fakultät zurückgewiesen wurde. Burkhardt Lindner: Habilitationsakte Benjamin. Über ein ›akademisches Trauerspiel‹ und über ein Vorkapitel der »Frankfurter Schule« (Horkheimer, Adorno), in: Ders.: Walter Benjamin im Kontext, 2. erw. Auflage, Königstein/Ts. 1985, S. 324-341, hier S. 324.

heit und Erziehung und die danach einsetzenden Reflexionen zur Wahrneh-
mungs- und Erfahrungsweise und spielerischen Aktion des Kindes, die im
Kontext seiner Neubestimmung des Spiels Berücksichtigung finden müssen.
Dabei ist einerseits zu untersuchen, welcher theaterästhetische Einfluss von
Lacis' Kindertheaterarbeit und welcher von Brechts Theaterpraxis herrührt,
und andererseits, welcher Plan vom Kindertheater Benjamin selbst vorschwebte, der in Bezug auf das Verhältnis zwischen Freiheit und ihrer Eingrenzung
»einen Spielraum offen lässt«, wie Beata Paškevica bemerkt.[14] Zu fragen ist
explizit danach, wie und wodurch sich das Spiel im Kindertheater als Möglichkeitsraum kindlichen Erprobens und Erfindens und als Zugang genuiner
Selbst- und Welterfahrung auszeichnet. Die Auseinandersetzung mit Benjamins Kindertheaterschrift und die Vermittlung seiner spezifischen Terme
und Theoreme implizieren, neben der Bezugnahme auf theatertheoretische
und theaterpraktische Gesichtspunkte, immer auch Aspekte, die die Diskussion und die hohe Relevanz der frühkindlichen Entwicklung bzw. die Eigenart
und Eigengesetzlichkeit des kindlichen Lebens betreffen. So sucht die vorliegende Arbeit die Grundgedanken Benjamins in der Programmschrift auch im
Hinblick auf diese Problematik zu beleuchten, ohne dabei Anspruch auf Voll-
ständigkeit erheben zu können.

Gegenwärtig stoßen wir im Feld der kulturellen Bildung auf die Forderung
nach einer »ästhetischen Frühförderung«, wie sie etwa das Festival »Kinder
spielen Theater« formuliert:

Die Bedeutung der frühkindlichen Bildung zieht sich durch alle Bereiche der Gesellschaft: Kulturelle Bildung als lebenslange Bildung setzt voraus, dass sie früh ansetzt
(Bildung von Anfang an!) und somit als integraler Bestandteil von Leben und Bildung
erfahrbar wird. Die ästhetische Frühförderung spielt eine entscheidende Rolle, konstatiert man, dass ästhetische Erfahrungen und sinnlich-kreative Praxis der Ausgangspunkt aller Selbst- und Welterfahrung sind. Die dauerhafte Neugier auf Kunst und Kultur
muss früh in der Kindheit geweckt und mit immer neuen Impulsen gefördert werden.[15]

Da Benjamin grundsätzlich von dem Gedanken ausgeht, dass die proletarische Erziehung »vom vierten bis zum vierzehnten Lebensjahre« im »proletarische[n] Kindertheater« (II, 764) stattfinden sollte, mündet seine Kindertheaterkonzeption ohne Frage in den Themenkomplex einer frühkindlichen
Bildung mit ein.

---

14 | Beata Paškevica: In der Stadt der Parolen, S. 97.

15 | Ute Handwerg/Klaus Hoffmann: Das Festival »Kinder spielen Theater«. Ein Bünd-
nis schulischer und außerschulischer Bildung, in: Volker Jurké/Dieter Linck/Joachim
Reiss (Hg.): Zukunft Schultheater. Das Fach Theater in der Bildungsdebatte, Hamburg
2008, S. 255-259, hier S. 258.

Seit Erscheinen der Schrift PROGRAMM EINES PROLETARISCHEN KINDERTHE-
ATERS sind bereits über vier Jahrzehnte vergangen. Der marxistisch-kommu-
nistisch gefärbte Unterton, der zunächst die Rezeption des erst im Jahr 1968
wiederentdeckten Textes begleitete, hat sich inzwischen gelegt.[16] Insgesamt
zeigt ein Blick auf die wissenschaftliche Auseinandersetzung mit Benjamins
Kindertheaterprogrammschrift im Vergleich zu der Beachtung, die sie in den
späten 1960er und den 1970er Jahren auslöste, dass die Forschungslage eher
als dürftig bezeichnet werden muss. So handelt es sich bei einer Reihe neue-
rer Untersuchungen primär um kleinere Texte, die in der Hauptsache mit Namen wie Hildegard Brenner (1971), Melchior Schedler (1972), Giulio Schiavoni
(1985 und 2006), Patrick Primavesi (1998), Hans-Thies Lehmann (2003), Beata
Paškevica (2006), Karin Burk (2009), Burkhardt Lindner (2009) und jüngst
Florian Vaßen (2010) verbunden sind.

Dass eine auf das Kindertheater bezogene Pädagogik vom Kind ausgehen
sollte, scheint heute außer Frage, und doch zeugt gerade dieser Anspruch von
dem anhaltenden Sog, den der Text in Bezug auf die pädagogischen Bestimmungen in der Fachwelt ausgeübt hat. Im Mittelpunkt steht der Gedanke einer
Kindertheaterpraxis, deren bildende Wirkung sich allererst am Kind zu erweisen hat. Auch wenn Benjamins Programmschrift keine Chance auf eine praktisch-politische Realisierung hatte, kommt ihm, wie Hans-Thies Lehmann
bemerkt, gerade als komplexem Dokument hinsichtlich seiner ästhetisch-
pädagogischen Implikationen eine besondere Bedeutung zu.[17] Eine Breitenwir-
kung des Textes ist bislang nicht festzustellen; die Umsetzung der Theoreme,
die die vorliegende Arbeit freizulegen versucht, steht noch aus. Wenn etwas die
folgenden Termini zusammenhält, so ist es ein Netz aus roten Fäden, das sich
immer wieder an Stellen zusammenzieht, an denen die unterschiedlichen Bestimmungen des kindlichen Spiels im Kontext von Benjamins Kindertheater
in den Blick genommen werden.

---

16 | Burkhardt Lindner. »Links hatte noch alles sich zu enträtseln ...«, in: Ders. (Hg.):
Walter Benjamin im Kontext, S. 7-11, hier S. 7.

17 | Hans-Thies Lehmann: Eine unterbrochene Darstellung. Zu Walter Benjamins Idee
des Kindertheaters, in: Christel Weiler/Hans-Thies Lehmann (Hg.): Szenarien von Theater und Wissenschaft, Berlin 2003, S. 181-203, hier S. 181.

Teil I

Asja Lacis und Walter Benjamin

BEGEGNUNG MIT ASJA LACIS

Verfolgt man Benjamins Auseinandersetzung mit dem Kindertheater, sind insbesondere zwei Theaterpersönlichkeiten zu nennen, die mit der Entwicklung und Ausgestaltung des Textes PROGRAMM EINES PROLETARISCHEN KINDERTHEATERS in engem Zusammenhang stehen. So geht die Ausarbeitung des Textes vor allem zurück auf die Bekanntschaft mit Asja Lacis, die in Benjamins Leben und in seiner politischen Entwicklung eine entscheidende Rolle spielen sollte.[1] Benjamin widmete ihr seine in den Jahren 1923 bis 1926 entstandene Denkbildsammlung EINBAHNSTRASSE (IV, 83-148) und gab im Sommer 1925 den gemeinsam mit ihr verfassten Artikel NEAPEL (IV, 307-316) heraus. Durch die Vermittlung von Lacis wurde Benjamin ab Mai 1929 näher mit Bertolt Brecht bekannt, dessen Denken einen nachhaltigen Einfluss auf ihn ausübte. Die zentrale Parallele zwischen der von Benjamin für Lacis entwickelten Kindertheaterprogrammschrift und Brechts Theatertheorie ergibt sich, so Erdmut Wizisla, insbesondere durch die Hervorhebung des Begriffs der »Geste«,[2] der in der Kindertheaterschrift mehrfach auftaucht.

Vor dem Hintergrund der Verschärfung der Krise der Weimarer Republik eröffnet die Bekanntschaft mit Lacis die Hinwendung Benjamins zum Kommunismus, die 1924 eine Zäsur in seinem Denken markiert. Benjamins »intensive Einsicht in die Aktualität eines radikalen Kommunismus« (2, 473), die er nach seiner Begegnung mit Lacis gewonnen hatte, sollte, neben anderen Texten, auch für die Schrift PROGRAMM EINES PROLETARISCHEN KINDERTHEATERS eine bedeutsame Rolle spielen. Gerade das Interesse Benjamins an der »politische[n] Praxis des Kommunismus« (2, 483), wie er im September 1924

---

1 | Asja Lacis, in Lettland und Russland Anna Lacis genannt, wurde am 19. Oktober 1891 auf dem Gut Kempji (bei Ligatne) im jetzigen Lettland geboren und starb am 22. November 1979 in Riga. Beata Paškevica: In der Stadt der Parolen, S. 311ff.

2 | Erdmut Wizisla: Benjamin und Brecht. Die Geschichte einer Freundschaft, Frankfurt/M. 2004, S. 179.

in einem Brief an Scholem schreibt, führt im Hinblick auf seine Kindertheaterkonzeption zu einem Modus des »Spiel[s] als kollektive Praxis«, der mit seiner Neubestimmung des Spielbegriffs korrespondiert.[3] Wie darzulegen ist, lässt sich von hier aus die von Benjamin entwickelte experimentelle Spielform im Kindertheater als ein Möglichkeitsraum denken, in dem das schöpferische Tun und Handeln des Kindes im Mittelpunkt steht, dessen Potential in der »kindliche[n] Aktion und Geste« (II, 766) im »Kollektivum der Kinder« (II, 765) zum Ausdruck kommt.

Das internationale Interesse für die aus Riga stammende Lacis wurde vor allem durch die Aufarbeitung der Schriften von Benjamin hervorgerufen.[4] Mittlerweile gilt ihr Einfluss auf die ästhetische Konzeption Benjamins als erwiesen. Anerkennung findet sie als Mitautorin des Städtebilds NEAPEL und als Hauptfigur im MOSKAUER TAGEBUCH (VI, 292-409), das Benjamins Moskaureise im Winter 1926/27 protokolliert. Als erster Adressatin des Textes PROGRAMM EINES PROLETARISCHEN KINDERTHEATERS kommt ihr, neben dem der EINBAHNSTRASSE, zentrale Bedeutung zu.[5] Bisher wurde allerdings kaum genauer herausgestellt, inwieweit ihre politischen Überzeugungen und ihre damalige Regie- und Theaterarbeit mit Straßen- und Heimkindern in die von Benjamin verfasste Programmschrift zum Kindertheater einfließen. Um sich den inhaltlichen und spielpraktischen Bestimmungen der Theaterarbeit von Lacis zu nähern, greift die vorliegende Arbeit zurück auf autobiographisches Material und das wenige Vorhandene des über sie Geschriebenen. Möglich ist dabei nur eine Rekonstruktion aus den von Lacis verfassten Erinnerungen *Revolutionär im Beruf*, in denen sie die Begegnung mit Benjamin »eindrucksvoll und geistreich« schildert, und die, Sergej A. Romaschko zufolge, auch den Tatsachen zu entsprechen scheinen.[6] Indes gelten ihre Ausführungen allgemein als unzuverlässig oder gar zweifelhaft,[7] vor allem hinsichtlich der deutschen

---

3 | Burkhardt Lindner: Die »Heiterkeit des Kommunismus«, S. 81.

4 | Beata Paškevica: In der Stadt der Parolen, S. 11f.

5 | Ebd., S. 12.

6 | Sergej A. Romaschko: Zur russischen Literatur und Kultur. »Moskauer Tagebuch«, in: Burkhardt Lindner (Hg.): Benjamin-Handbuch, S. 343-358, hier S. 346. Vgl. hierzu: Gershom Scholem: Walter Benjamin – die Geschichte einer Freundschaft, Frankfurt/M. 1990, S. 345f.

7 | Scholem zum Beispiel schrieb in seinen Erinnerungen von 1975: »Soweit ich sie nachprüfen kann, zeichnen sie sich nicht gerade durch Zuverlässigkeit aus, sowohl dem Inhalt wie auch der Chronologie nach. Der Autorin, die unter Stalin viele Jahre in Lagern verbracht hat und daher keine Papiere mehr besaß, haben sich die Dinge in der Erinnerung teilweise stark verschoben.« Gershom Scholem: Walter Benjamin – die Geschichte einer Freundschaft, S. 7. Vgl. hierzu auch: Heinrich Kaulen: Walter Benjamin und Asja Lacis. Eine biographische Konstellation und ihre Folgen, in: Deutsche Vierteljahrsschrift

Fassung ihrer Erinnerungen, die sich nach Paškevica in »Ton« und »Fakten-komposition« deutlich von der russischen unterscheidet,[8] was der Rücksicht auf die sowjetische Zensur geschuldet sein mag.[9] Diese Tatsache verstärkt schließlich die Schwierigkeit, die mit einer Einschätzung und Darstellung von Lacis und der Rolle, die sie im Leben von Benjamin einnahm, verbunden ist.

Der Einfluss von Lacis auf Benjamin Mitte der 1920er Jahre scheint durch-aus bedeutsam zu sein, versprach sie ihm doch, Susan Buck-Morss zufol-ge, »wie Ariadne, ihn aus der Sackgasse, die vor ihm zu liegen schien, he-rauszuführen«.[10] Um die Bedeutung von Lacis im Hinblick auf Benjamins Kindertheaterschrift annähernd konturiert darzulegen, ist es jedoch notwen-dig, wie Susan Ingram schreibt, ihre Figur entgegen jeder Pauschalisierung zu »entmystifizieren«.[11] Hatte sie in der ersten Phase der Interpretation um Benja-min den »Nimbus der kämpfenden Marxistin und Bolschewistin«,[12] gilt es, an-hand des gegenwärtig zur Verfügung stehenden Materials eine neue Perspek-tive auf Lacis und den Eindruck, den sie auf Benjamins Schreiben und Denken in Bezug auf seine Kindertheaterschrift machte, einzunehmen. Dies führt zu der entscheidenden Frage, inwieweit Benjamins Bekanntschaft mit Lacis des-sen Idee vom Kindertheater beeinflusst hat, wozu es unumgänglich ist, nach den politischen Überzeugungen und den methodischen Kernkonzepten zu fragen, die sie im Laufe ihrer von der Ästhetik des Konstruktivismus geprägten Theaterarbeit gewinnen konnte. Des Weiteren interessieren die pädagogisch-ästhetischen Implikationen in Bezug auf ihre Kindertheaterarbeit, die später in Ansätzen in den von ihr initiierten Text PROGRAMM EINES PROLETARISCHEN KINDERTHEATERS von Benjamin aufgenommen wurden.

Das wohl entscheidende Brückenmotiv zum Kindertheatertext bildet die Hinwendung Benjamins zum Kommunismus, die in der Formulierung eines neuen Spielbegriffs Ausdruck findet. In diesem Kontext spielt die Aneignung konstruktivistischer Techniken und Verfahrensweisen, wie sie den kunstde-struktiven Avantgarden verhaftet sind, für Benjamins Kindertheaterentwurf

---

für Literaturwissenschaft und Geistesgeschichte 69/1995, Heft 1, S. 92-122, hier S. 99.

8 | Beata Paškevica: In der Stadt der Parolen, S. 166.

9 | Sergej A. Romaschko: Zur russischen Literatur und Kultur. »Moskauer Tagebuch«, S. 346.

10 | Susan Buck-Morss: Dialektik des Sehens. Walter Benjamin und das PASSAGEN-WERK, Frankfurt/M. 2000, S. 24. Buck-Morss bezieht sich hier auf »eine intellektuelle Krise«, die Benjamin befiel, als er an seinem *Trauerspiel*-Buch arbeitete.

11 | Susan Ingram: »The writing of Asia Lacis«, in: New German Critique 86/2002, S. 159-177, zitiert nach Sergej A. Romaschko: Zur russischen Literatur und Kultur. »Moskauer Tagebuch«, S. 346.

12 | Beata Paškevica: In der Stadt der Parolen, S. 14.

und der darin implizierten Spielidee eine zentrale Rolle. Dies vor Augen, lässt sich die Silhouette eines Motivs erkennen, das den Ort der *Straße* beleuchtet und eine direkte Verbindungslinie zum Kindertheater aufscheinen lässt. Dass die *Passage* zu den konstantesten Gegenständen des Benjamin'schen Denkens gehört und auf ästhetischer und anthropologischer Ebene, aber auch in biographischer Hinsicht eine signifikante Stellung einnimmt, ist bekannt. Weniger bekannt ist jedoch die bezeichnende Konstellation Passage und Theater, die laut Primavesi »als Bestandteil einer Konstruktion« anzusehen ist, »deren Spannung weit über den Kontext der Pariser Passagen hinausreicht«.[13] So ergibt sich, ausgehend von der Kindertheaterarbeit von Lacis (und später dem Theater Brechts), auch für das von Benjamin gedachte Kindertheater eine Beziehung zur Passage, die durch das *Motiv der Straße* zusammengehalten wird. Dies gilt ebenso für die Texte, die Benjamin Mitte der 1920er Jahre mit oder unter dem Eindruck von Lacis verfasste, zu denen vor allem die Kindertheaterschrift gehört.

BEKANNTSCHAFT AUF CAPRI

Benjamin begegnete Lacis und deren Tochter Daga im Mai 1924 auf Capri. Zusammen mit ihrem Lebenspartner Bernhard Reich, der zu der Zeit als Dramaturg an den Münchner Kammerspielen beschäftigt war, verbrachte sie mehrere Monate auf der Insel.[14] Unter den berühmten Gästen auf Capri befand sich auch Brecht in Begleitung seiner Frau Marianne und Tochter Hanne.[15] Nach den Beschreibungen von Lacis unternahmen beide Paare gemeinsame Ausflüge nach Positano, um dort Caspar Neher und seine Frau Erika zu treffen.[16] Die italienische Felseninsel Capri wirkte damals auf viele Intellektuelle faszinierend.[17] Auch Benjamin fühlte sich von ihr angezogen, wie seine Korrespon-

---

13 | Patrick Primavesi: Schauplatz und Passage, S. 237.

14 | Asja Lacis: Revolutionär im Beruf, S. 45. Lacis blieb von Mai bis September 1924 mit ihrer Tochter Daga, die an einer Lungenentzündung erkrankt war und den Aufenthalt zur Genesung nutzte, auf Capri.

15 | Ebd., S. 39ff. Lacis hatte Brecht im Herbst 1923 in München kennengelernt, der zu dieser Zeit ebenfalls als Regisseur an den Münchner Kammerspielen arbeitete. Aufgrund der Bekanntschaft mit Brecht erhielt sie 1924 ein Engagement als seine Regieassistentin. Gemeinsam bereiteten sie seine Inszenierung *Leben Eduards des Zweiten von England* vor. Paškevica geht in ihrer Studie näher auf Lacis' Zugehörigkeit zu Brechts Mitarbeiterkreis ein. Beata Paškevica: In der Stadt der Parolen, S. 239-307.

16 | Asja Lacis: Revolutionär im Beruf, S. 41.

17 | Dazu zählen Gäste wie Maxim Gorki, Wladimir I. Lenin, Alexander A. Bodganow, Emilio Marinetti, Melchior Lechter, Linda und Ernst Bloch. Laut Paškevica gab es eine

denz mit Scholem durchblicken lässt.[18] Benjamin besuchte Capri anlässlich eines internationalen Philosophiekongresses, den die Universität Neapel zum siebenhundertsten Jahrestag ihres Bestehens organisiert hatte (2, 448/452). Weniger interessiert an den Festlichkeiten, unternahm er Ausflüge nach Pompeji und arbeitete an der Abfassung seiner 1928 publizierten Analyse über das Barocktrauerspiel (2, 464).[19] Vor allem aber galt Benjamins Aufmerksamkeit einer schönen Fremden, die er schon eine längere Zeit beobachtet hatte, bevor sie der Zufall zusammenführte.[20] Es handelte sich um die aus Riga stammende »Revolutionärin« Lacis (2, 473), die eine bedeutsame Wende in seinem

---

seit 1909 von Gorki finanziell unterstützte kommunistische Parteischule auf Capri, die als Keimzelle und ideologischer Ursprung des Proletkults anzusehen ist. An dieser Schule unterrichteten Anatoli W. Lunatscharski und Bogdanow. Im Jahr 1924 besuchten Lacis und Reich Gorki in Florenz. Beata Paškevica: In der Stadt der Parolen, S. 169.

18 | Benjamins Italienreise im Jahr 1924 stand Momme Brodersen zufolge im Zeichen einer Distanzierung »von der ganzen Atmosphäre Berlins und Deutschlands«, die er angesichts des politischen und sozialen Chaos der Republik nach 1923 wiederholt in vielen Briefen beschwor. Daher rührte Benjamins Wunsch, auf Capri und während seiner fortwährenden Reisen der Atmosphäre der »zersetzenden Kommunikation mit dem Leeren, Nichtigen und Gewalttätigen« zu entfliehen, wie er in einem Brief an Florens Christian Rang vom 24. Oktober 1923 schrieb (2, 361). Momme Brodersen: Spinne im eigenen Netz. Walter Benjamin. Leben und Werk, Bühl-Moos 1990, S. 149.

19 | Laut Menke gehört die Abhandlung des *Trauerspiel*-Buchs in den Zusammenhang der in die 1920er Jahre zu datierenden Konjunktur der deutschen Barockforschung. Beachtenswert ist, dass Benjamins Untersuchung zeitgleich mit der EINBAHNSTRASSE (gleichfalls bei E. Rowohlt) erschien und in die Periode des Beginns seiner Auseinandersetzung mit dem Marxismus fällt. Bettine Menke: Das Trauerspiel-Buch. Der Souverän – das Trauerspiel – Konstellationen – Ruinen, Bielefeld 2010, S. 13 u. 15f.

20 | Lacis hält die Begegnung mit Benjamin in ihren Erinnerungen folgendermaßen fest: »Reich mußte für einige Wochen nach München. Ich ging oft mit Daga einkaufen auf die Piazza. In einem Laden wollte ich einmal Mandeln kaufen. Ich wußte nicht, wie Mandeln auf italienisch heißen, und der Verkäufer begriff nicht, was ich von ihm haben wollte. Neben mir stand ein Mann und sagte: ›Gnädige Frau, darf ich Ihnen helfen?‹ ›Bitte‹, sagte ich. Ich bekam die Mandeln und ging mit meinen Paketen auf der Piazza – der Herr folgte mir und fragte: ›Darf ich Sie begleiten und die Pakete tragen?‹ Ich schaute ihn an – er fuhr fort: ›Gestatten Sie, daß ich mich vorstelle – Doktor Walter Benjamin‹ – ich nannte meinen Namen. / Mein erster Eindruck: Brillengläser, die wie kleine Scheinwerfer Lichter werfen, dichtes dunkles Haar, schmale Nase, ungeschickte Hände – die Pakete fielen ihm aus der Hand. Im ganzen – ein solider Intellektueller, einer von den Wohlhabenden. Er begleitete mich ans Haus, verabschiedete sich und fragte, ob er mich besuchen dürfe.« Asja Lacis: Revolutionär im Beruf, S. 45f.

Leben herbeiführen sollte.[21] Am 13. Juni erwähnt Benjamin in einem Brief an Scholem, er habe die Bekanntschaft einer »bolschewistischen Lettin aus Riga« gemacht, »die am Theater spielt und Regie führt« und unter den Gästen »am meisten bemerkenswert« sei (2, 466).[22] Beeindruckt von der attraktiven Schauspielerin und Regisseurin, traf Benjamin Lacis von nun an regelmäßig auf Capri. Von hier aus unternahmen sie mehrere Reisen aufs italienische Festland, wo sie zusammen Pompeji und Neapel besuchten. In ihren Gesprächen und Diskussionen berichtete Lacis Benjamin von der sowjetischen Avantgarde, während er ihr von seiner Arbeit über das Barockdrama und seiner Leidenschaft für Literatur erzählte. Aus den Erinnerungen von Lacis geht hervor, dass sie sich gegenüber seiner theoretischen Beschäftigung mit dem Trauerspiel zunächst verständnislos zeigte, jedoch im Nachhinein ihre Bedeutung sehr wohl erkannte.

Geprägt von einer unversöhnlichen, dennoch wechselseitig faszinierenden Polarität, die, wie Jean-Michel Palmier bemerkt, die Beziehung zwischen Lacis als einer »begeisterten und unversöhnlichen Bolschewikin« und Benjamin als einem »deklassierten bürgerlichen Intellektuellen«[23] auszuzeichnen schien, trafen sich beide in ihrer gemeinsamen Leidenschaft für das Theater, vor allem für das proletarische Kindertheater.[24] Den Erinnerungen von Lacis ist zu entnehmen, wie sehr ihre ästhetische Wahrnehmung geprägt war durch die revolutionäre russische Kunst, die ihren Stimulus vom neueren Film und vom sowjetischen Theater bezog.[25] Es verwundert nicht, dass Benjamin sich von der politischen Aktivistin angezogen fühlte, die ihre politischen Überzeugungen mit der künstlerischen Praxis der Zeit zu verbinden suchte. Von Ferne

---

21 | »Schon zwei Wochen beobachte ich die Frau im weiten weißen Kleid mit einem langbeinigen Mädchen in Grün: sie gehen nicht, sondern fliegen über die Piazza ...«. Asja Lacis zitiert nach Beata Paškevica: In der Stadt der Parolen, S. 170.

22 | Paškevica wendet in Bezug auf die Bezeichnung »Bolschewistin« ein, dass sie nur in eingeschränktem Maße auf Lacis zutreffe. Zwar habe Lacis mit der bolschewistischen Partei stets sympathisiert, sei aber dennoch kein offizielles Mitglied der Partei gewesen. Beata Paškevica: In der Stadt der Parolen, S. 171. Hier gehen die Meinungen anscheinend auseinander. In einem Brief vom 16. September 1924 an Scholem beschreibt Benjamin Lacis als »eine hervorragende Kommunistin, die seit der Dumarevolution in der Partei arbeitet« (2, 483).

23 | Jean-Michel Palmier: Walter Benjamin. Lumpensammler, Engel und bucklicht Männlein. Ästhetik und Politik bei Walter Benjamin, hg. und mit einem Vorwort von Florent Perrier, übers. von Horst Brühmann, Frankfurt/M. 2010, S. 338f.

24 | Lacis stammte aus bescheidenen Verhältnissen. Ihr Vater, der als Sattler und Schneider seinen Unterhalt verdiente, hatte an der Revolution von 1905 teilgenommen. Asja Lacis: Revolutionär im Beruf, S. 13.

25 | Ebd., S. 39.

mussten Benjamin die Theateraktionen und -aktivitäten Lacis' an das unmittelbare Erfahrungsfeld seiner Jugend erinnern, das seine Vorliebe für Fragen
der Erziehung entfacht hatte. Lacis' Ausführungen zu den Prinzipien ihres
proletarischen Kindertheaters sind es schließlich, die das Interesse Benjamins
für eine eigene Idee vom Kindertheater wecken.[26] Ihre spielpraktische Theater-
erfahrung mit Kindern in Orel und experimentelle Theaterarbeit am proletarischen Theater in Moskau und Riga inspirierten ihn zu vielen theoretischen
Auseinandersetzungen, insbesondere aber legten sie den Grundstein für den
Text PROGRAMM EINES PROLETARISCHEN KINDERTHEATERS.

Nicht zuletzt bewirkten die Gespräche und Diskussionen mit Lacis sowie
ihre Darstellung des Alltags in der Sowjetunion Benjamins tiefergehende Beschäftigung mit dem Kommunismus, die sein künftiges Werk prägen sollte.
Benjamins Briefe an Scholem zeugen von dem wachsenden Interesse, das er
dem Kommunismus entgegenbrachte. In einem Brief an den Freund vom
7. Juli 1924 berichtete Benjamin von einer momentanen Unterbrechung seiner Arbeit infolge von Ereignissen, die er ihm nur mündlich mitteilen könne.
Abermals erwähnte er seine Bekanntschaft mit »einer russischen Revolutionärin aus Riga«, »einer der hervorragendsten Frauen, die ich kennen gelernt
habe«, und schreibt von seiner »intensiven Einsicht in die Aktualität eines radikalen Kommunismus« (2, 473), der er künftig Aufmerksamkeit schenken
werde. Davon ist in einem späteren Brief Benjamins vom 16. September 1924
wiederholt die Rede. Dort bemerkt er, »daß seit meinem Aufenthalt hier die
politische Praxis des Kommunismus [...] mir in einem andern Licht steht, als
je vorher« (2, 483). Die so verstandene »politische Praxis«, von Benjamin »nicht
als theoretisches Problem, sondern zunächst als verbindliche Haltung« (ebd.)
gedacht, wird nicht nur seine ganze spätere Entwicklung bestimmen, sondern
auch in der Kindertheaterprogrammschrift ihre tiefen Spuren hinterlassen. So
orientiert sich gerade sein Plan vom Kindertheater an einem theatralen Dar-
stellungskonzept, das Schiavoni zufolge »Richtlinien eines sich aufs Kollektive
stützenden pädagogischen Programms« mit einbezieht.[27]

---

26 | »Schon am nächsten Tag kam er an. [...] Er schloß sofort Freundschaft mit Daga.
[...] Es entwickelte sich ein lebhaftes Gespräch. Ich erzählte von meinem Kindertheater
in Orel, von meiner Arbeit in Riga und in Moskau. Sofort war er für ein proletarisches
Kindertheater entflammt.« Ebd., S. 46.
27 | Giulio Schiavoni: Von der Jugend zur Kindheit. Zu Benjamins Fragmenten einer pro-
letarischen Pädagogik, in: Burkhardt Lindner (Hg.): Walter Benjamin im Kontext, S. 30-
64, hier S. 41.

EINE RUSSISCHE FREUNDIN

Benjamins Beziehung zu Lacis wurde von Scholem im *Vorwort zu Benjamins »Moskauer Tagebuch«*[28] als »unendlich problematisch« eingeschätzt.[29] Ungeachtet dessen ist es äußerst schwierig, ein genaueres Bild von ihrer Freundschaft zu geben, da Benjamin selbst kaum eindeutige Angaben darüber machte, weder in seinen Briefen an Scholem noch in seinem TAGEBUCH MAI-JUNI 1931 (VI, 422-441), wo er Lacis (neben Dora Pollak und Jula Cohn) als seine große Leidenschaft beschreibt (VI, 427).[30] Nach der ersten Begegnung mit Lacis, in die er sich auf Capri verliebt hatte und die ihm nach Lindner zugleich »als der leibhaftige Beweis für die Aktualität des Bolschewismus erschien«,[31] unternahm Benjamin in den folgenden Monaten und Jahren immer wieder den Versuch, sich ihr anzunähern, jedoch ohne dabei die Erfüllung zu erleben, die er sich erhofft hatte.[32]

Erst Ende Oktober kehrte Benjamin nach Berlin zurück, wo er Lacis wiedersehen sollte.[33] Benjamin stellte sie seinen Freunden vor und bat sie mehrmals, ihn mit Brecht bekannt zu machen, der an einer Begegnung mit Benjamin zu dieser Zeit jedoch nicht interessiert war.[34] Nach Lacis fand dennoch eine erste Zusammenkunft von Brecht und Benjamin »in der Pension von Voß (gegenüber der Spichernstraße), wo ich damals wohnte, statt«, bei der Brecht »sehr zurückhaltend« gewesen sein soll.[35] In ihren Erinnerungen erwähnt Lacis auch, dass sie Benjamin dazu aufgefordert habe, der Kommunistischen Partei beizutreten, was dieser aber abgelehnt habe.[36] Ende Juli 1925 verließ Lacis Berlin mit der Absicht, ein politisches Theater in Riga zu leiten. Benjamin besuchte sie dort im November des gleichen Jahres. Sein Besuch kam für Lacis

---

28 | Gershom Scholem: Walter Benjamin und sein Engel, S. 196-200.

29 | Ebd., S. 199.

30 | Benjamin bemerkt dort, dass mit jeder Liebesbeziehung eine Erfahrung einhergehe, die eine »Verwandlung ins Ähnliche« zur Folge habe. Mit Blick auf seine Beziehung zu Lacis notiert er: »[...] am Gewaltigsten war diese Erfahrung in meiner Verbindung mit Asja (Lacis), so daß ich vieles in mir erstmals entdeckte« (VI, 427).

31 | Burkhardt Lindner: Habilitationsakte Benjamin, S. 324.

32 | Benjamin ließ sich ihretwegen von seiner Frau Dora scheiden. Gershom Scholem: Walter Benjamin und sein Engel, S. 200.

33 | Asja Lacis: Revolutionär im Beruf, S. 52.

34 | Beata Paškevica: In der Stadt der Parolen, S. 170. Dieser Vermerk findet sich auch in der von Werner Hecht herausgegebenen *Brecht Chronik 1898-1956*. Frankfurt/M. 1997, S. 170.

35 | Asja Lacis: Revolutionär im Beruf, S. 53.

36 | Ebd., S. 54. Laut Lacis nahm Benjamin an den Veranstaltungen des Bundes proletarisch-revolutionärer Schriftsteller (BPRS) teil.

ebenso überraschend wie ungelegen.[37] Umso mehr Zeit verwandte Benjamin darauf, die Stadt Riga kennenzulernen.[38] Die Eindrücke seiner Begegnung mit Riga hielt er im Text EINBAHNSTRASSE fest. Benjamin zeichnet darin mehrere Porträts von der Stadt, insbesondere in *Waffen und Munition* (IV, 110) und in *Stereoskop* (IV, 128f.) hält er seine Begegnung mit Lacis fest.[39] Im Dezember 1925 kehrte Benjamin nach Deutschland zurück. Als Lacis, inzwischen in Moskau, im September 1926 depressive Krisen durchlebte und gefährlich krank zu werden drohte,[40] beschloss er, ihr die EINBAHNSTRASSE mit folgenden Worten zu widmen: »Diese Straße heißt ASJA-LACIS-STRASSE nach der die sie als Ingenieur im Autor durchgebrochen hat.« Als sich ihr gesundheitlicher Zustand verschlimmerte, ließ Lacis Benjamin über Reich mitteilen, dass sie ihn gern sähe, woraufhin Benjamin Ende des Jahres 1926 nach Moskau reiste. Trotz aller Schwierigkeiten erhielt er eine Einreisebewilligung in die Sowjetunion.[41] Den Wunsch, nach Moskau zu reisen, um seine »russische Freundin« wiederzusehen, hatte er Scholem gegenüber bereits mehrfach, wenn auch in unklaren Anspielungen, ausgedrückt.[42] Nach dem Scheitern seines Habilitationsvorhabens[43] hoffte Benjamin darauf, in Moskau eine entsprechende Tätigkeit aufnehmen zu können, und zog nun sogar in Erwägung, doch in die

---

37 | Ebd., S. 56f.

38 | Während seines Aufenthalts wohnte er bei der Schauspielerin Elvira Bramberga, einer Freundin von Lacis, und arbeitete an der Übersetzung des Romans *Sodome et Gomorrhe* von Marcel Proust (3, 93).

39 | »Ich war in Riga, um eine Freundin zu besuchen, angekommen. Ihr Haus, die Stadt, die Sprache waren mir unbekannt. Kein Mensch erwartete mich, es kannte mich niemand. Ich ging zwei Stunden einsam durch die Straßen. So habe ich sie nie wiedergesehen. Aus jedem Haustor schlug eine Stichflamme, jeder Eckstein stob Funken und jede Tram kam wie die Feuerwehr dahergefahren. Sie konnte ja aus dem Tore treten, um die Ecke biegen und in der Tram sitzen. Von beiden aber mußte ich, um jeden Preis, der erste werden, der den andern sieht. Denn hätte sie die Lunte ihres Blicks an mich gelegt – ich hätte wie ein Munitionslager auffliegen müssen.« (IV, 110)

40 | Asja Lacis: Revolutionär im Beruf, S. 58. Nach Paškevica erkrankte Lacis an einer Encephalitis, die im Herbst 1929 erneut zum Ausbruch kam. Beata Paškevica: In der Stadt der Parolen, S. 312.

41 | Asja Lacis: Revolutionär im Beruf, S. 54.

42 | Benjamin bezeichnete Lacis Scholem gegenüber immer nur als »meine russische Freundin«, »meine Bekannte«, oder »eine Freundin«, ohne dabei ihren Namen zu nennen. Gershom Scholem: Walter Benjamin – die Geschichte einer Freundschaft, S. 161. Vgl. hierzu: Stéphane Mosès: Intellektuelle Freundschaft. Gershom Scholem. Benjamins Hinwendung zum Kommunismus (1924-1932), in: Burkhardt Lindner (Hg.): Benjamin-Handbuch, S. 59-76, hier S. 65.

43 | Vgl. Burkhardt Lindner: Habilitationsakte Benjamin, S. 324ff.

Kommunistische Partei (KP) einzutreten (3, 39). Nicht nur seine bewegte Beziehung zu Lacis veranlasste Benjamin, nach Moskau zu reisen, sondern er war ebenso von der Idee inspiriert, Moskau zu entdecken, interessiert an der sowjetischen Realität und dem Kulturleben, wovon sein MOSKAUER TAGEBUCH detailliert Auskunft gibt.[44] Doch während ihn Reich mit den Debatten über das künstlerische Leben vertraut machte,[45] befand sich Lacis zur Rekonvaleszenz im Sanatorium. Eine »freie Besuchszeit« erlaubte es Benjamin, sie jeden Tag dort zu besuchen,[46] was zu Spannungen mit Reich führte, da sie das Besuchsrecht miteinander teilen mussten. Überdies kam es zwischen beiden mehrfach zu Differenzen infolge ideologischer Fragen, besonders zum Theater Wsewolod E. Meyerholds, das auf Benjamin einen starken Eindruck gemacht hatte (3, 222f.). Nicht zuletzt herrschte eine nicht minder angespannte Beziehung zwischen Lacis und Benjamin (VI, 316). Auch wenn er sich immer wieder über ihre Streitigkeiten, ihre launenhaften Vorwürfe und den Egoismus, den sie ihm gegenüber zeigte, beklagte, möchte er, wie er schreibt, ein Kind von ihr.[47] Bei seiner Abreise am 1. Februar 1927 war für Benjamin nicht absehbar, ob er noch einmal nach Moskau zurückkehren würde. Palmier zufolge hing eine weitere Reise von der Entwicklung seiner finanziellen Mittel, seiner Kenntnis des Russischen, vom Gelingen seiner geplanten Zusammenarbeit mit sowjetischen Kulturinstitutionen, vor allem aber von seiner Beziehung zu Lacis ab.[48] Dass die Moskaureise kaum seine Hoffnungen und Erwartungen in der Beziehung zu Lacis erfüllt haben dürfte, deuten die letzten Zeilen seines Tagebuchs an (VI, 409).

Erst Anfang Herbst 1928 begegneten sich Benjamin und Lacis in Berlin wieder. Lacis war offiziell vom Narkompros (Kommissariat für Erziehung) nach Deutschland abgeordnet und von der Gruppe »Proletarisches Theater« beauftragt worden, Kontakte zum Bund proletarisch-revolutionärer Schriftsteller (BPRS) herzustellen, während sie in der Filmabteilung der sowjetischen Han-

---

44 | Gershom Scholem: Walter Benjamin und sein Engel, S. 196. Als er nach Moskau reiste, war Benjamin bereit, sie zu heiraten (VI, 393).

45 | Benjamin kannte Reich seit 1914, als dieser Dramaturg am Deutschen Theater war. Im Jahr 1925 verfassten sie gemeinsam den Artikel REVUE ODER THEATER (IV, 796-802).

46 | Asja Lacis: Revolutionär im Beruf, S. 58. Aus Benjamins Tagebuchnotizen geht hervor, dass sie dem überbelegten Sanatorium entweichen musste, um ihn zu treffen, des Weiteren, dass sie sich selten alleine sehen konnten und die meiste Zeit damit verbrachten, in ihrem Zimmer, zu sechst oder zu siebt, Domino zu spielen (VI, 303).

47 | »Am liebsten wäre ich mit ihr durch ein Kind verbunden. Ob ich aber, selbst heute, dem Leben mit ihr mit seiner erstaunlichen Härte und, bei all ihrer Süßigkeit, ihrer Lieblosigkeit gewachsen wäre, weiß ich nicht.« (VI, 318)

48 | Jean-Michel Palmier: Walter Benjamin, S. 357.

delsvertretung arbeitete. Aus ihren Erinnerungen geht hervor, dass sie »oft mit den drei Bs« zusammentraf: mit Brecht, Benjamin und Johannes R. Becher, und dabei dessen Feindseligkeit gegenüber Brecht und Benjamin bemerkte.[49] Durch Lacis wurde Benjamin im Mai 1929 nun auch näher mit Brecht bekannt und nahm an den Versammlungen des BPRS teil.[50] Hegte Benjamin zu diesem Zeitpunkt möglicherweise ernsthafte Absichten, nach Palästina auszuwandern, wie er seinem Freund versicherte,[51] geriet dieser Plan zunehmend in den Hintergrund, was nach Scholem dem Einfluss von Lacis zuzuschreiben war.[52] Während ihres fast einjährigen Aufenthalts in Berlin mietete Benjamin für Lacis und sich eine Wohnung in der Düsseldorfer Straße 42, kehrte jedoch im Januar 1929 in die väterliche Villa zurück, wo immer noch seine Frau Dora wohnte. Auch wenn Benjamin und Lacis sich regelmäßig sahen, ist es schwierig, die Entwicklung ihrer Beziehung nachzuvollziehen. Belegt ist jedoch, dass Benjamin in diesem Zeitraum für Lacis das PROGRAMM EINES PROLETARISCHEN KINDERTHEATERS entwarf (II, 1491). Als Lacis im Herbst 1929 nach Moskau zurückkehren sollte, erkrankte sie erneut so schwer, dass sie sich auf Anraten von Benjamin in das Frankfurter Privatsanatorium von Prof. Kurt Goldstein einweisen ließ.[53] Benjamin besuchte sie dort mehrmals im September und Oktober.[54] Nach ihrer Genesung trafen sie sich in Berlin wieder. Lacis zufolge hatte Benjamin damals vor, sich in Moskau niederzulassen. In ihren Erinnerungsnotizen ist zu lesen, dass sie »verabredeten, daß er hierher über-

---

49 | Asja Lacis: Revolutionär im Beruf, S. 62.

50 | Ebd., S. 63f.

51 | Gershom Scholem: Walter Benjamin – die Geschichte einer Freundschaft, S. 173.

52 | So schrieb Benjamin am 30. Oktober 1928 an Scholem: »Ich warte nur die Ankunft meiner Freundin ab, weil mit ihr die Entscheidung über meinen Aufenthalt in den nächsten Monaten fällt, der nicht notwendig Berlin ist.« (3, 420) Allerdings widersprach Scholem Lacis' Behauptung, sie habe erreicht, dass »Benjamin nicht nach Palästina fuhr«. Asja Lacis: Revolutionär im Beruf, S. 49. Vielmehr gab es ein weiteres Projekt, das Benjamin von seinem Vorhaben abhielt. Denn seit seiner Reise nach Paris im März 1927 galt Benjamins Interesse der französischen Literatur. Er begeisterte sich für die Schriften André Bretons und Louis Aragons, dessen Le Paysan de Paris (1926) den Impuls zu seinem geplanten Essay über die Passagen gab. Benjamin schrieb während dieses Aufenthalts den ersten Entwurf zu den Passagen und las Scholem Auszüge daraus vor. Das Projekt entwickelte sich zum entscheidenden Hindernis für sein Hebräischstudium und die Einlösung seines Versprechens, nach Jerusalem zu gehen. Gershom Scholem: Walter Benjamin – die Geschichte einer Freundschaft, S. 164ff.

53 | Asja Lacis: Revolutionär im Beruf, S. 68.

54 | Benjamin und Lacis trafen während dieser Zeit mehrfach mit Theodor W. Adorno, Max Horkheimer und Gretel Karplus, der späteren Frau Adornos, zusammen. Lacis und ihre Tochter Daga korrespondierten seitdem mit Karplus (4, 97).

siedeln werde«.[55] Nach ihrer Rückkehr in die UdSSR im Winter 1929/30 sahen sie sich jedoch nie wieder, blieben aber, so Palmier, bis zu seiner Internierung im Jahr 1939 in brieflichem Kontakt.[56]

ASJA LACIS IN DER REZEPTION

Lacis, die Gründerin eines proletarischen Kindertheaters, die mit Meyerhold, Brecht und Erwin Piscator befreundet war und mit dem deutschen Dramaturgen Reich zusammenlebte, der sich in der Sowjetunion niedergelassen hatte, spielte eine entscheidende Rolle bei Benjamins Begegnung, weniger mit dem Marxismus als vielmehr mit jenem »radikalen Kommunismus« (2, 473), zu dem er sich ab 1924 hingezogen fühlte. Das wachsende Interesse Benjamins am Kommunismus darf bei der Betrachtung seiner Kindertheateridee nicht außer Acht gelassen werden. Entscheidende Impulse für seinen Plan vom Kindertheater rekurrieren auf Benjamins Verhältnis zum Materialismus, gerade dann, wenn es um seine Neubestimmung des Spiels zu tun ist. Zweifellos ist Benjamins anhaltende Aufmerksamkeit für den Kommunismus in engem Zusammenhang mit seiner Bekanntschaft mit Lacis zu sehen, die lange Zeit unbeachtet blieb.[57] Erst spät nahm die literatur- und theaterwissenschaftliche Forschung die Existenz und Bedeutung von Lacis für Benjamins Werk zur Kenntnis. Die Rehabilitation von Lacis gehört nach Palmier in den Kontext der polemischen Auseinandersetzungen zwischen der Redaktion der *alternative* und Theodor W. Adorno um die Interpretation Benjamins.[58] Hildegard Brenner, der Herausgeberin der Westberliner Zeitschrift *alternative*, gelang es mit der von ihr 1971 edierten ersten Ausgabe von *Revolutionär im Beruf*, das Interesse an Lacis erneut anzuregen.[59] Brenners Ansicht nach hätte der Name Lacis »von denen, die um die historischen Zusammenhänge wußten«, schon zwei Jahrzehnte früher genannt werden müssen, was aber nicht geschehen sei.[60] Stattdessen habe man

---

55 | Asja Lacis: Revolutionär im Beruf, S. 75.

56 | Jean-Michel Palmier: Walter Benjamin, S. 368. In einem Brief an Karplus vom Mai 1932 bestätigte Benjamin, dass er Briefe von Lacis erhalten hatte. Scholem zufolge brach die Verbindung zu Benjamin im Jahr 1932 für ca. zwei Jahre ab, 1934 erneuerte sich ihre Korrespondenz bis zu ihrer Verhaftung unter Stalin im Jahr 1938. Von Benjamins Tod erfuhr Lacis durch Brecht, als er 1955 nach Moskau kam. Gershom Scholem: Walter Benjamin – die Geschichte einer Freundschaft, S. 197.

57 | Jean-Michel Palmier: Walter Benjamin, S. 90.

58 | Ebd., S. 338.

59 | Asja Lacis: Revolutionär im Beruf. Berichte über proletarisches Theater, über Meyerhold, Brecht, Benjamin und Piscator, hg. von Hildegard Brenner, München 1971.

60 | Asja Lacis: Revolutionär im Beruf, S. 133.

bei der Herausgabe der Benjamin'schen Schriften im Jahr 1955 auf die Widmung der EINBAHNSTRASSE an die Freundin aus Riga bewusst verzichtet und ihren Namen als Mitautorin des Essays NEAPEL gestrichen.[61] Und schließlich habe man versäumt, Lacis als Begründerin des sowjetischen Kindertheaters zu nennen, und lediglich Natalie Sac erwähnt, die, in Anlehnung an das traditionelle Moskauer Künstlertheater, seit 1918 ein Theater von Berufsschauspielern für Kinder leitete.[62] Für die Recherche einer Rekonstruktion der marxistischen Position Benjamins, die unablösbar mit seiner Kindertheaterkonzeption in Verbindung steht, ist das Zeugnis von Lacis jedoch unerlässlich.

Die politische Umbruchphase, die mit der Begegnung und der Freundschaft mit Lacis im Denken von Benjamin einherging, wurde im Zuge der ersten Rezeption von Scholem und Adorno mit Unverständnis aufgenommen. Aus unterschiedlichen Gründen hegten beide Bedenken gegenüber der baltischen Revolutionärin, die, so Scholem, »bis mindestens 1930 sein Leben entscheidend mitbestimmt« hatte.[63] Während Scholem Benjamin »zur Metaphysik und zum Judentum« zurückzuholen gedachte, wünschte Adorno Benjamin »in die wahre Dialektik des Marxismus zu geleiten«, wie Hannah Arendt es formulierte.[64] Mit den ersten Briefen, die Benjamin im Juni 1924 von Capri aus schrieb, sah Scholem eine geistige »Spaltung« im Denken von Benjamin entstehen, die er auf die Bekanntschaft mit Lacis zurückführte.[65] Benjamins Beziehung zu Lacis befremdete Scholem, auch wenn er ihr persönlich niemals begegnen sollte.[66] In einem Brief vom 22. Dezember 1924 hatte Benjamin Scholem mitgeteilt, dass die »kommunistischen Signale«, die er auf Capri hatte aufleuchten sehen, »Anzeichen einer Wendung« seien, die ihn erwogen habe, »die aktualen und politischen Momente in meinen Gedanken nicht mehr wie bisher altfränkisch zu maskieren, sondern zu entwickeln,

---

61 | Brenners Vorwurf galt Adorno, der in seiner Edition der EINBAHNSTRASSE von 1955 Benjamins Widmung nicht aufgenommen hatte. Ebd. Vgl. hierzu: Theodor W. Adorno: Erinnerungen (1965), in: Ders.: Über Walter Benjamin. Aufsätze, Artikel, Briefe, hg. und mit Anmerkungen von Rolf Tiedemann, Frankfurt/M. 1990, S. 78-84, hier S. 79.

62 | Asja Lacis: Revolutionär im Beruf, S. 133.

63 | Gershom Scholem: Walter Benjamin und sein Engel, S. 29 u. 199.

64 | Hannah Arendt: Walter Benjamin. Bertolt Brecht. Zwei Essays, München 1971, S. 15.

65 | »Andererseits ist es wirklich wahr, daß gerade seine Wendung zu dem zweiten großen Gegenstand, dem er seine Erfahrung widmen wollte, der revolutionären marxistischen Politik, unter dem unverhohlenen Einfluß einer Frau erfolgte.« Gershom Scholem: Walter Benjamin und sein Engel, S. 29. Scholem erwähnte vor allem Benjamins »erotische Bindung an sie« und stritt aber auch ihren intellektuellen Einfluss auf Benjamin nicht ab. Ebd., S. 199f.

66 | Ebd., S. 197.

und das, versuchsweise, extrem« (2, 511). Benjamin erwartete positive Effekte aus der »Berührung mit einer extremen bolschewistischen Theorie« (ebd.), die sich auf theoretischer Ebene auch für sein Kindertheaterprogramm produktiv auswirken sollte.

Scholem nahm die angekündigte Wendung, von der Benjamin schrieb, mit äußerster Reserviertheit zur Kenntnis (2, 483). Er scheute sich nicht, Benjamins neue marxistische Haltung anzugreifen.[67] Jene ersten Briefe, die ihm Benjamin im Juni 1924 von Capri aus zusandte, erschütterten das Bild, das er sich bisher von seinem Freund gemacht hatte.[68] Benjamins Wende zum Marxismus erschien ihm als Negation der »anarchistischen Überzeugungen«, die bisher ihr gemeinsames Denken bestimmt hatten.[69] Nicht zuletzt warf Scholem Benjamin Verrat an seinen ursprünglichen geistigen Intentionen vor und spricht von einem Prozess der »dialektischen Zersetzung«, in den Benjamin geraten sei.[70] In seinen Augen vertrug sich Benjamins neues Interesse am Materialismus nur schlecht mit der theologischen und metaphysischen Denkweise, von der seine Schriften nach 1924 auch weiterhin geprägt waren. Für die Umorientierung Benjamins hin zur »marxistischen Neuausrichtung« machte er neben Ernst Bloch, Brecht und Adorno vor allem Lacis verantwortlich. Ebenso zeigte Adorno wenig Verständnis für jene Art des »radikalen Kommunismus« (2, 473), den Lacis Benjamin nahebrachte, und spielte wie Scholem die Bedeutung ihrer Beziehung herunter.[71]

So problematisch der Versuch ist, im Rückblick Aussagen über den Einfluss von Lacis in Hinsicht auf einige Schriften Benjamins machen zu wollen, so fragwürdig erscheint aus heutiger Sicht die skeptisch-kritische Haltung Scholems und Adornos gegenüber Lacis und der Rolle, die sie bei Benjamins Wende zum Kommunismus spielte. Lange Zeit wurde Lacis in der Benjamin-Forschung ausschließlich die Rolle der Mittlerin und Muse zugewiesen; Aufmerksamkeit erhielt sie lediglich als eine Art biographischer Nebenschauplatz im Leben von Benjamin und Brecht.[72] Unbeachtet bleibt dabei die inhaltliche Einflussnahme auf die schriftstellerische Arbeit von Benjamin, die auch auf das PROGRAMM EINES PROLETARISCHEN KINDERTHEATERS einwirkt. Das Bild, das Scholem und Adorno aus unterschiedlichen, aber dennoch deutlich parallelen Motiven von Lacis gezeichnet haben, lässt sich vor diesem Hintergrund nicht mehr aufrechterhalten, zumal die Veröffentlichung ihrer

67 | Gershom Scholem: Walter Benjamin – die Geschichte einer Freundschaft, S. 154.
68 | Ebd., S. 168.
69 | Ebd., S. 155.
70 | Ebd., S. 168.
71 | Vgl. Theodor W. Adorno: Zur Interpretation Benjamins. Aufzeichnungen zu einem geplanten Aufsatz (1968), in: Ders.: Über Walter Benjamin, S. 97-100, hier S. 98.
72 | Susan Buck-Morss: Dialektik des Sehens, S. 24.

Erinnerungen eine andere Sichtweise erlaubt. Gerade Scholems »instinktiver Antikommunismus, die negativen Aprioris, die zeitweilig oder dauerhaft sein Urteil über mehrere intellektuelle Gestalten bestimmen, die im Leben und für die Entwicklung Benjamins eine wesentliche Rolle gespielt haben«, verhindern es, Palmier zufolge, die Komplexität von Benjamins politischer Entwicklung nach 1924 darzustellen, die mit Namen wie Lacis und Brecht verbunden ist.[73] Nachdem die Texte Benjamins nun fast vollständig zugänglich sind, ist es möglich, sich von den Deutungen ihrer ersten Herausgeber, Scholem und Adorno, zu distanzieren. Im Laufe der jüngsten Rezeptionsphase des Benjamin'schen Werkes in den 90er Jahren des letzten Jahrhunderts rückt nun auch die lettische Theaterregisseurin und Kritikerin Lacis zunehmend in den Fokus des Interesses. Als Mittlerin der ästhetischen und politischen Ideen der sowjetischen Avantgarde führt sie Benjamin zu Brecht und zu den vielen Bekanntschaften im sowjetischen Moskau.[74] Für unseren Kontext, der Benjamins Kindertheaterentwurf genauer in den Blick nimmt, ist die Betrachtung ihrer ästhetisch-politischen Auseinandersetzung im Horizont des Theaters und vor allem des proletarischen Kindertheaters von zentraler Bedeutung.

BENJAMINS WENDE ZUM KOMMUNISMUS

Um Benjamins Idee des kindlichen wie theatralen Spiels in seinem Plan vom Kindertheater genauer zu erfassen, ist es unumgänglich, seine Denk- und Betrachtungsweise des Kommunismus zumindest ansatzweise darzulegen. Aus diesem Grund soll im Folgenden detaillierter auf Benjamins materialistische Haltung eingegangen werden. Doch was haben wir unter Benjamins Kommunismus zu verstehen, der durch die Begegnung mit Lacis angeregt wurde?

Der Grundriss von Benjamins Inanspruchnahme einer kommunistischen Position, lässt sich anhand des Briefwechsels mit Scholem, den er in den 1930er Jahren, insbesondere von 1931 bis 1934, führte, zurückverfolgen. Gegenstand dieses schriftlichen Austauschs ist, so Lindner, die »geistige und publizistische Ausrichtung auf den Kommunismus, bezogen auf das Gravitationsfeld der KP«.[75] Diese Briefe belegen die Zweifel, die Scholem Benjamin gegenüber hatte, wenn vom anhaltenden Interesse Benjamins am Kommunismus die Rede ist. So warf Scholem Benjamin »Zweideutigkeiten« (4, 27) vor, während Benjamin dem Freund immer wieder deutlich zu machen versuchte, dass er sich keineswegs als »einen Vertreter des dialektischen Materialismus« sehe, sondern als einen »Forscher [...], dem die *Haltung* des Materialisten wis-

---

73 | Jean-Michel Palmier: Walter Benjamin, S. 21f.

74 | Beate Paškevica: In der Stadt der Parolen, S. 12.

75 | Burkhardt Lindner: Die »Heiterkeit des Kommunismus«, S. 71.

senschaftlich und menschlich in allen uns bewegenden Dingen fruchtbarer scheint als die idealistische« (4, 19). Benjamin fühlte sich jedoch nicht nur von der marxistischen Dialektik, sondern vor allem von der »politische[n] Praxis des Kommunismus« (2, 483) angesprochen. Auch wenn Benjamin ab 1924 unablässig seine Bindung an den Materialismus und sein Bekenntnis zum Marxismus Scholem gegenüber bekräftigte, blieb er doch fern aller Orthodoxie. In seiner Korrespondenz und seinen Schriften findet sich daher auch kaum ein zustimmendes Wort zur politischen Strategie der KP. Im Gegensatz zu vielen Intellektuellen seiner Generation war Kommunismus für ihn nicht ein »Dogma« (4, 19), das den Kommunismus in seiner marxistischen Form zur Grundlage seiner Weltanschauung gemacht hätte, wie Scholem behauptete.[76] Arendt bestätigt Benjamins entschiedenes Desinteresse an der »positiven« Ideologie des Kommunismus, »als er schon längst Marxist geworden ist, ohne sich dabei im mindesten von der Meinung seiner marxistisch gesinnten Freunde, vor allem der Juden unter ihnen, irre machen zu lassen«.[77] Benjamin ist an keine Kulturorganisation der KP und an keine kommunistischen Intellektuellen herangetreten;[78] bedeutsam war für ihn jedoch die Bekanntschaft mit Brecht, die durch die Vermittlung von Lacis zustande kam.

Die Einsicht, dass keine der politischen Parteien, denen Benjamins tiefe Verachtung galt (4, 24), den Kommunismus verkörperte, um den Benjamin stritt, lässt sich in einigen seiner Schriften bis zu seinen Thesen ÜBER DEN BEGRIFF DER GESCHICHTE (I, 691-704) von 1940 beobachten, die eine konträre Haltung zu Marx aufzeigen.[79] Verlangt der Marx'sche Kommunismus mit der überkommenen Vergangenheit endgültig abzuschließen, fordern die Thesen nach Lindner, »dass der politische Kampf in der Gegenwart [...] davon abhängt, inwieweit er seine Kräfte aus dem Impuls einer Rettung des Vergangenen bezieht und dass er anstelle universalgeschichtlicher Inbeschlagnahme des Gewesenen ein bestimmtes (unterdrücktes, vergessenes, unerlöstes) Fragment der Vergangenheit zur Gegenwart in aktuale Konstellation treten lässt«.[80] Damit begründet sich Benjamins Begriff der »Jetztzeit« (I, 701), in die, wie Lindner ausführt, »Splitter des Messianischen eingesenkt sind«,[81] der in seiner Eigenart auch für die Kindertheaterschrift von zentraler Bedeutung ist, wie noch darzulegen ist.

---

76 | Gershom Scholem: Walter Benjamin – die Geschichte einer Freundschaft, S. 155.

77 | Hannah Arendt: Walter Benjamin. Bertolt Brecht, S. 44.

78 | Einen Beitritt in die KP aus Überzeugung hatte Benjamin nie ernsthaft in Erwägung gezogen. Zu keiner Zeit hatte er sich als Partei-Kommunist wahrgenommen wie sein in der Kommunistischen Partei Deutschlands (KPD) aktiver Bruder Georg und dessen Frau Hilde Benjamin. Burkhardt Lindner: Die »Heiterkeit des Kommunismus«, S. 71.

79 | Ebd., S. 75.

80 | Ebd.

81 | Ebd.

Beharrt Benjamins Kommunismus auf die Bedeutung der Gegenwart, sieht er gerade diesen Aspekt bei der Marx'schen Bestimmung des Proletariats vernachlässigt.[82] So sind es, Lindner zufolge, »bestimmte konkrete Erfahrungen« in der Krise der Weimarer Republik, für die Benjamin ohne Bedenken seinen Kommunismus einfordert.[83] Genau genommen bedeutet Kommunismus für Benjamin die Erfahrung einer spezifischen Denk- und Lebenspraxis experimenteller Art, die es zu erproben gilt, wie der Briefwechsel mit Scholem belegt (3, 39). So wird in einem Brief an Scholem vom 3. Oktober 1931 deutlich, dass Benjamins Denken des Kommunismus an die Geste einer »revolutionären Aktion« gekoppelt ist, die die »Kommunisten« selbst vermissen lassen (4, 53). Als Replik auf die Vorwürfe Scholems, der Benjamin ein »kommunistisches Credo« unterstellte, teilte er diesem in seinem Antwortbrief vom 6. Mai 1934 mit:

Daß mein Kommunismus von allen möglichen Formen und Ausdrucksweisen am wenigsten die eines Credos sich zu eigen macht, daß er - um den Preis seiner Orthodoxie - nichts, aber garnichts ist, als der Ausdruck gewisser Erfahrungen, die ich in meinem Denken und in meiner Existenz gemacht habe, daß er ein drastischer, nicht unfruchtbarer Ausdruck der Unmöglichkeit des gegenwärtigen Wissenschaftsbetriebes ist, meinem Denken, der gegenwärtigen Wirtschaftsform, meiner Existenz einen Raum zu bieten, daß er [...] den [...] vernünftigen Versuch darstellt, in seinem Denken wie in seinem Leben das Recht auf diese zu proklamieren - daß er dies alles und vieles mehr, in jedem aber nichts anderes als das kleinere Übel ist [...] - habe ich nötig Dir das zu sagen? (4, 408f.)

Benjamin verteidigte seine Position, die seinem Verständnis nach kein Ausdruck eines intellektuellen Selbstbetruges war (4, 27), und betonte das Motiv, der eigenen Lebensexistenz Raum zu bieten, ohne sich dabei an die herrschenden politischen Verhältnisse anzupassen. Bei den Bemühungen Benjamins, Scholem gegenüber seine Haltung zum Kommunismus zu reklamieren, die er selbst weniger als »Standpunkt[e]«, sondern eher als »Entwicklung« begreift, klingt immer auch die verzweifelte Lage an, in der er sich befand und die ihn die »Spannungen des politischen, gesellschaftlichen Lebensraumes« am eigenen Leibe erfahren ließen (4, 44). Auch wenn Scholem einen Abgrund zwischen Benjamins Idealen seiner Jugend und seiner Bindung an den Kommunismus aufklaffen sah, ließ ihn Benjamin wissen, dass er seinem »frühern‹

---

82 | Der in den Thesen von Benjamin geforderte Gegenwartsbezug schließt die Notwendigkeit ein, Geschichte vom Standpunkt der Besiegten aus zu schreiben. Benjamin widmete die historische Konstruktion »[d]em Gedächtnis der Namenlosen«, wie er in Über den Begriff der Geschichte (Varianten) vermerkte (I, 1241).

83 | Burkhardt Lindner: Die »Heiterkeit des Kommunismus«, S. 72.

Anarchismus« nicht »»abzuschwören«« brauche und sich dessen nicht »schä-
me«, denn er halte »die anarchistischen Methoden zwar für untauglich, die
kommunistischen ›Ziele‹ aber für Unsinn und für nichtexistent [...]. Was dem
Wert der kommunistischen Aktion darum kein Jota benimmt, weil sie das Korrektiv seiner Ziele ist und weil es sinnvoll *politische* Ziele nicht gibt.« (3, 159f.)
Erst viele Jahre später konnte auch Scholem das »Nebeneinander der beiden
Denkarten, der metaphysisch-theologischen und der materialistischen« aner-
kennen, an dem Benjamin unbeirrt festhielt.[84]

KOMMUNISMUS ALS EXPERIMENT

Bisher wurde gezeigt, dass die Hinwendung Benjamins zum Kommunismus
mit seiner Bindung an den Marxismus und seiner Bezugnahme auf den Materialismus jenseits einer klassischen Interpretation zu denken ist, wie es später
von Adorno in seinem nuancierten Porträt Benjamins herausgestellt wurde.[85]
Da diese Tatsache nicht zuletzt seiner Bekanntschaft mit Lacis zuzuschreiben
ist, stellt sich die Frage, wie und wodurch Benjamins eigenwillige kommunistische Position, die Arendt als »unentschiedenen Kommunismus«[86] bezeichnet, auch auf die Kindertheaterschrift einwirkt. Anders gefragt: Was ist das
Spezifische am Kommunismus Benjamins, das er mit dem für Kinder gedach-
ten Spielraum im Kindertheater auf bestimmte Weise in fruchtbare Korrespondenz treten kann? Diese Frage lässt sich jedoch nicht frontal angehen. Im
Briefwechsel mit Werner Kraft vom Juli 1934 erklärte Benjamin erneut, dass
es sich bei seinem Kommunismus um eine Form der Möglichkeit handele, mit
der Krise zu leben. Kraft hatte Benjamin gegenüber den Kommunismus als
Menschheitslösung infrage gestellt. Benjamin schrieb daraufhin:

Aber es handelt sich ja eben darum, durch die praktikablen Erkenntnisse desselben die
unfruchtbare Prätension auf Menschheitslösungen abzustellen, ja überhaupt die unbe-
scheidene Perspektive auf ›totale‹ Systeme aufzugeben, und den Versuch zumindest zu
unternehmen, den Lebenstag der Menschheit ebenso locker aufzubauen, wie ein gutaus-
geschlafener, vernünftiger Mensch seinen Tag antritt. (4, 467)

---

84 | Gershom Scholem: Walter Benjamin – die Geschichte einer Freundschaft, S. 156f.

85 | »Ihm hieß, Phänomene materialistisch interpretieren, weniger sie aus dem ge-
sellschaftlichen Ganzen erklären, als sie unmittelbar, in ihrer Vereinzelung, auf materielle Tendenzen und soziale Kämpfe beziehen. So gedachte er der Entfremdung und
Vergegenständlichung zu entgehen, in der die Betrachtung des Kapitalismus als System
diesem sich anzugleichen droht.« Theodor W. Adorno: Charakteristik Walter Benjamins
(1950), in: Ders.: Über Walter Benjamin, S. 9-26, hier S. 19.

86 | Hannah Arendt: Walter Benjamin. Bertolt Brecht, S. 43.

Es zeichnet sich ab, dass Benjamin jedes »›totale‹« System, das sich anschickt, Menschheitslösungen anzubieten, ablehnt, wozu sicherlich auch der Kommunismus gehört, wie er sich in Parteibeschlüssen und sozialistischen Lehrsätzen präsentierte. Offenbar geht es ihm um etwas anderes, wenn er seine kommunistische Position behauptet. Im Brief an Kraft fällt die Formulierung, »locker« den Tag anzugehen, als Ausdruck eines Zustands auf, der nur möglich scheint, wenn jedwedes totalitäre System entfällt, das jeden »Versuch«, sich dem Druck der Verhältnisse und dem Zwang der Lebensumstände entgegenzustellen, verhindert. Benjamin ist es eher darum zu tun, den Raum des Möglichen offen zu halten, dessen Potential es ist, jederzeit verändernd in den Zeitenlauf der individuellen und gesellschaftlichen Geschichte einzugreifen. Beim Lesen bestimmter Texte, in denen sich Benjamin, sei es indirekt oder direkt, auf den Kommunismus bezieht, fällt wiederholt die Akzentuierung eines ›Versuchsraums‹ auf, der als Spiel- und Entdeckungsraum über das Gewohnte hinausgeht und ein neues politisches und soziales Wahrnehmungsfeld entstehen lässt, wie auch der Brief an Kraft suggeriert.

Unter Berufung auf einen derart verfassten ›gelockerten‹ Raum, der in seinen Schriften seit seiner Wendung auf Capri immer wieder anklingt, schließt zum Beispiel auch Benjamins Text Das Kunstwerk im Zeitalter seiner technischen Reproduzierbarkeit (I, 471-508; *dritte Fassung*) von 1939 mit dem Satz: »*So steht es um die Ästhetisierung der Politik, welche der Faschismus betreibt. Der Kommunismus antwortet ihm mit der Politisierung der Kunst.*« (I, 508) Die »Ästhetisierung der Politik«, die Benjamin hier als Bestandteil des Faschismus ausmacht, stellt sich über die Mythisierung des Krieges her, die Benjamin vehement anprangert (I, 506ff.). Seine Abneigung gegen militärisches Heldentum und seine Verdammung des Krieges hatte er bereits in seinem Essay Zur Kritik der Gewalt (II, 179-203)[87] während der Jahreswende 1920/21 und in der Einbahnstrasse zum Ausdruck gebracht, die auf eine Gesellschaftsanalyse der

---

87 | Benjamin schrieb diesen Aufsatz, der im *Archiv für Sozialwissenschaft und Sozialpolitik* erschien, unter dem nachhaltigen Eindruck von Blochs *Geist der Utopie*, zu dem er eine Rezension verfasst hatte. Auch seine Lektüre von Georges Sorels *Über die Gewalt* im Jahr 1919 spielt dabei eine wichtige Rolle. Zur Entstehungsgeschichte vgl. II, 943ff. Nach Scholem leitete der Essay die Reihe von Benjamins politischen Arbeiten ein. Gershom Scholem: Walter Benjamin – die Geschichte einer Freundschaft, S. 119. Der Essay Zur Kritik der Gewalt belegt zudem eine Vertrautheit mit bestimmten Schriften von Rosa Luxemburg und Carl Schmitt. Erwähnt sei an dieser Stelle, dass sich Jacques Derridas 1990 in den USA zuerst vorgetragener, dann zweisprachig englisch/französisch publizierter und später unter dem Titel »Force de la loi« / »Force of Law« / »Gesetzeskraft. Der ›mystische Grund der Autorität‹« ins Deutsche übersetzter Text mit Benjamins Abhandlung beschäftigt. Der Text thematisiert in einem ersten Abschnitt das Verhältnis von Recht, Gerechtigkeit und Dekonstruktion, während ein zweiter der Lektüre von

kapitalistischen Gegenwart zielt.[88] Lindner macht in Bezug auf den Schluss-satz des *Kunstwerk*-Aufsatzes deutlich, dass es gerade der Kommunismus sei, »der die Antwort darstellt, die aber noch aussteht und sich in diesem Ausstehen ausspricht«.[89] Dahinter steht die ›Erwartung‹ einer Antwort als einer, die noch nicht gegeben wurde und ihrer Sache nicht vorweg schon sicher ist. Gleichfalls spielt eine bestimmte Haltung des Wartens mit, wie sie Benjamin selbst eigen war, im Sinne eines offenen Horizonts, der die Realisierung einer Antwort aller-erst denkbar macht. Bereits Benjamins 1930 verfasste Rezension Theorien des deutschen Faschismus (III, 238-250), in der er Ernst Jüngers *Krieg und Krieger* mit einer scharfen Kritik abstrafte, verweist indirekt auf die Verschiebung und Öffnung von Horizonten und auf die Möglichkeit, andere Positionen und Kon-stellationen auszuprobieren. Deshalb schreibt er, dass »die große Chance des Besiegten« in Wirklichkeit darin liege, »den Kampf in eine andere Sphäre zu verlegen« (III, 243). Im Denken von Benjamin bedeutet der Kommunismus eine bestimmte Leerstelle oder Unbestimmtheit, derart, dass das Projekt Kommu-nismus in der Schwebe bleibt. Diese neutrale Bestimmung eines offenen wie noch ausstehenden *Antwortraums*, steht stets produktiv in wechselseitigem Aus-tausch mit einer »Gemeinschaft«, wie Benjamin im Zusammenhang mit sei-ner kommunistischen Haltung wiederholt betont. So findet sich im Fragment gebliebenen Denkbild *Zum Planetarium* (IV, 146-148) im Text Einbahnstrasse der Hinweis, dass »der Mensch nur in der Gemeinschaft kommunizieren kann« (IV, 146f.).[90] Mit Bezug auf Arendts spätere Reflexionen zur Bestimmung des Politischen, bei denen der Begriff der Welt bedeutsam ist, verweist Lindner im Zusammenhang mit Benjamins Kommunismus auf einen »Zwischen-Raum«, »der zwischen den Menschen als Vielen entsteht«, »auf den der Mensch in sei-nem Menschsein angewiesen ist«.[91] Dieser »Zwischen-Raum« ist, so Lindner weiter, gekennzeichnet durch die »Struktur eines Miteinanderteilens«, die an eine körperliche Erfahrung des Herstellens und Erzeugens eines Weltbezugs gebunden bleibt, der nur in der Gemeinschaft möglich wird.[92]

Benjamins *Gewalt*-Aufsatz gewidmet ist. Zitiert wird nach der deutschen Version: Jac-ques Derrida: Gesetzeskraft. Der »mystische Grund der Autorität«, Frankfurt/M. 1991.

88 | So bezeichnete Scholem den in die Einbahnstrasse aufgenommenen Text *Reise durch die deutsche Inflation* (IV, 94ff.) als »das erste Schriftstück Benjamins zur ak-tuellen Situation«. Gershom Scholem: Walter Benjamin – die Geschichte einer Freund-schaft, S. 151.

89 | Burkhardt Lindner: Die »Heiterkeit des Kommunismus«, S. 71.

90 | Wie ein von Lindner erwähntes bis dato unveröffentlichtes Pergamentheft (Archiv-Sigle Ms 673) belegt, geht Benjamin in der bisher unpublizierten Erstfassung mit dem Titel *Installation* noch genauer darauf ein. Ebd., S. 79f.

91 | Ebd., S. 76.

92 | Ebd., S. 76f.

Jean-Luc Nancy, der den Gedanken von der Gemeinschaft als Zwischen-
raum weiter ausführt, macht unter Berufung auf Georges Bataille darauf aufmerksam, dass es, wenn es um die moderne Erfahrung der Gemeinschaft zu
tun ist, nicht darum geht, eine Gemeinschaft als »Werk« herzustellen, sondern
dass Gemeinschaft »der Raum selbst, das Eröffnen eines Raums der Erfahrung des Draußen, des Außer-Sich-Sein« bedeutet.[93] Das heißt im Denken von
Nancy, dass die Erfahrung der Gemeinschaft nicht als Ganzes, sondern immer nur in der Singularität, also immer nur in der Teilhabe begreifbar werden
kann, »derart, dass eines jeden Singularität von seinem Sein-mit-mehreren
nicht zu trennen ist, und weil tatsächlich und im Allgemeinen Singularität
von Pluralität nicht zu trennen ist«.[94] Erst mit Blick auf eine derartig verfasste Gemeinschaft, die eine spezifisch körperliche Erfahrung der Teilhabe mit
einbezieht, wie es für Benjamins Eigenart materialistisch-kommunistischer
Haltung signifikant ist, lässt sich eine Verbindung zum Kindertheatertext herleiten, wo es am Ende heißt: »Wahrhaft revolutionär wirkt das geheime Signal
des Kommenden, das aus der kindlichen Geste spricht.« (II, 769) Auch hier
scheint Benjamin implizit von einem unerschöpflichen Spielraum zu sprechen, der, allen Vermittlungsinstanzen zum Trotz, offen für Erfahrungen
bleibt, indem er Margen der Unbestimmtheit und Unvorhersehbarkeit einkal-
kuliert. Offensichtlich versteht Benjamin das proletarische Kindertheater im
Hinblick auf das theatrale Spiel im Kinderkollektiv ebenso als einen Zwischen-
und/oder Möglichkeitsraum für Erfahrungen, die weniger auf ein messbares
Ergebnis zielen, sondern im Schwebezustand eines unabgeschlossenen Prozesses verbleiben.

Benjamins Kommunismus mündet in dem Versuch, Politik als Spiel- und
gleichfalls als Möglichkeitsraum zu begründen, der sich letztendlich als »Experiment« begreifen lässt, wie er im Brief vom Mai 1925 an Scholem formuliert
hatte (3, 39). Das »Experiment [...], hier oder dort zu beginnen« (ebd.),[95] besteht
für Benjamin darin, entgegen einer totalen Bestimmbarkeit gerade der Unbestimmtheit einen Vorzug einzuräumen und eine unaufhebbare Kehrseite der
Bestimmtheit anzuerkennen; oszillierend zwischen Subjekt und Objekt ist es
nicht etwas Fertiges, sondern in Unordnung und Bewegung. Insoweit nimmt
das Experiment implizit auf Benjamins Spielbegriff Bezug, da es im Erfahrungsprozess Spielräume freisetzt und ermöglicht. Auf diese Weise fungiert
Politik als Spiel und vice versa das Spiel als ein Modell von Politik, das für

---

93 | Jean-Luc Nancy: Die undarstellbare Gemeinschaft, übers. von Gisela Febel und
Jutta Legueil, Stuttgart 1988, S. 45.

94 | Jean-Luc Nancy: singulär plural sein, übers. von Ulrich Müller-Schöll, durchges.
Neuauflage, Zürich 2012, S. 61.

95 | »Die Totalität des dunkel oder heller von mir erahnten Horizonts kann ich nur in
diesen beiden Erfahrungen gewinnen.« (3, 39)

Benjamin nach Auffassung von Lindner die »Freihaltung des Unverfügbaren« darstellt.[96] Und was für Benjamins Denken des Kommunismus gilt, wiederholt sich in bestimmter Hinsicht auch für seinen Plan vom Kindertheater. Entscheidend ist der Gedanke, dass das Spiel, dem generell ein experimenteller Grundzug zu eigen ist, wie Benjamins Rezension SPIELZEUG UND SPIELEN (III 127-132) von 1928 bestätigt, eine Zwischensphäre zwischen Menschen herstellt, die Ansatzpunkte neuer Möglichkeiten des gemeinsamen Handelns erprobt und berücksichtigt. Den Hintergrund dieser Spielbedingungen bilden vor allem Erfahrungen, wie sie Benjamin unter dem Eindruck von Lacis und später von Brecht gewinnen konnte. Diese spiegeln sich implizit im Motiv der Straße wider, das in der Idee vom Kindertheater seinen eigenen Niederschlag finden wird.

Es zeichnet sich nun deutlicher ab, dass Benjamins Verhältnis zum Kommunismus bei der Erarbeitung seines Kindertheaterprogramms eine zentrale Rolle spielt, das sich, so Schiavoni, »auf mehr Solidarität und Zusammenarbeit zwischen Kindern und Erwachsenen« stützt und »die Autorität im Kollektiv« besitzt.[97] Auf diese Weise wird das Kindertheater zum bevorzugten Ort für ein gemeinschaftliches Erkunden und Ausprobieren neuer Gestaltungsmöglichkeiten des Zusammenlebens und gemeinsamen Spielens, indem es den Körper mit aufs Spiel setzt und für das Kind nicht nur die Sinne für die Erfahrung lockert, sondern auch ein neues Erfahrungsrelief entstehen lässt. Von hier aus besehen lässt sich das Kindertheater explizit als Möglichkeitsraum denken, in dem sich die kindliche Erfahrung umstrukturiert und neu zusammensetzt. Betrachten wir das erfinderische Tun und Handeln des Kindes als einen Prozess der Innovation, so erscheint das Spielgeschehen in einem anderen Licht, das im Rahmen dieser Arbeit besondere Beachtung verdient.

DAS MOTIV DER STRASSE

Die Texte, die Benjamin in gemeinsamer Autorschaft mit Lacis oder unter dem Eindruck ihrer Freundschaft verfasste, nehmen in direkter oder indirekter Weise ein zentrales Motiv von Benjamin auf, das sich bis zur Schrift PROGRAMM EINES PROLETARISCHEN KINDERTHEATERS und der darin implizierten Spielidee wie ein roter Faden verfolgen lässt. Dazu gehören der Essay über NEAPEL, die EINBAHNSTRASSE, das MOSKAUER TAGEBUCH sowie der Essay über MOSKAU. Es ist das Motiv der Straße, das die genannten Texte in Korrespondenz zueinander treten lässt und insbesondere auch für die Kindertheaterschrift eine Mittelpunktstellung gewinnen sollte.

---

96 | Burkhardt Lindner: Die »Heiterkeit des Kommunismus«, S. 81.
97 | Giulio Schiavoni: Zum Kinde, S. 379f.

Zurückzuführen ist das Motiv der Straße, das in diesen Schriften bestimmend wirkt, nach Detlev Schöttker einerseits auf den Einfluss der Avantgardebewegungen, mit denen sich Benjamin seit Anfang der 1920er Jahre auseinandergesetzt hatte.[98] Andererseits stellt sich der Zusammenhang mit dem Straßenmotiv über seine Bekanntschaft mit Lacis her, die ihn mit der russischen Avantgarde vertraut machte.[99] Speziell ihre Kindertheaterarbeit in Orel war durch die Theaterkunst der russischen Avantgarde inspiriert und implizierte die Grundzüge der neuartigen Spielweisen, die auch für die Kindertheateridee Benjamins von Belang sein sollten. Auf diese Weise greift auch die für Benjamin durch die Freundschaft mit Lacis vermittelte »Aktualität eines radikalen Kommunismus« ins Spiel ein, von der im Brief an Scholem die Rede war (2, 473). Benjamins Kindertheateridee, die im Kindertheatertext sukzessive entwickelt wird, bezieht die »politische Praxis des Kommunismus« (2, 483) insoweit ein, als sie das Motiv der Straße erkennen lässt, das hier an eine außertheatralische und theaterfremde Darstellungsform geknüpft ist.

Im Hinblick auf das von Benjamin entworfene Kindertheater markiert die Straße einen revolutionären Ort, wo, wie Benjamin in der Kindertheaterschrift schreibt, »das *geheime Signal* des Kommenden, das aus der kindlichen Geste spricht« (II, 769), allererst zu erwarten ist. Die Straße kennzeichnet auch hier einen Ort des Spiels, der in seiner Eigenart als Schwellenraum einen gemeinsamen Raum für die Kinder entstehen lässt. In der *Passagen*-Arbeit formuliert Benjamin eine Definition, die diesen Gedanken untermauert: »Die Schwelle ist ganz stark von der Grenze zu scheiden. Schwelle ist eine Zone. Wandel, Übergang, Fluten liegen im Wort ›schwellen‹ [...].« (V, 618) Zu verstehen ist der nach beiden Richtungen geöffnete Schwellenraum als Möglichkeitsraum, in dem Annäherungen an das gemeinsame Interesse, Zugänge zum gemeinsamen Spiel aus unterschiedlichen Perspektiven kultiviert werden können. Der Ort der Straße in seiner metaphorischen Funktion als Möglichkeitsraum bildet auch in der Kindertheaterkonzeption von Benjamin den Ausgangpunkt für die Interaktion der Kinder und bietet ihnen ein Experimentierfeld, das alle erdenklichen Potentiale zur Entwicklung ihrer Selbst- und Welterfahrung frei lässt.

---

98 | Detlev Schöttker: Konstruktiver Fragmentarismus. Form und Rezeption der Schriften Walter Benjamins, Frankfurt/M. 1999, S. 15. Laut Schöttker war Benjamin bereits vor seiner Caprireise mit den Positionen der Avantgarde vertraut. Ebd., S. 146.

99 | Dabei hebt er auch Benjamins Aufenthalt in Moskau von Dezember 1926 bis Februar 1927 hervor, den dieser dazu genutzt habe, sich über die sowjetische Avantgarde zu informieren. Dies zeige sich weniger am Tagebuch der Moskaureise als an den Moskauer Beiträgen DIE POLITISCHE GRUPPIERUNG DER RUSSISCHEN SCHRIFTSTELLER (II, 743-747) oder ZUR LAGE DER RUSSISCHEN FILMKUNST (II, 747-751) aus dem Jahr 1927, auf die noch einzugehen ist. Ebd., S. 161.

Dass der Ort der Schwelle respektive der Straße schon lange ein Motiv darstellte, das Benjamin für sich entdeckt hatte, ist hinlänglich bekannt. Und dass sie Benjamin in Gestalt der Passage in ein korrespondierendes Verhältnis zum Theater stellt, wird nicht nur markant im *Trauerspiel*-Buch, etwa wenn auch hier der Hof als Schauplatz der Intrige »die unvergleichliche Szenerie des Trauerspiels« (I, 275) markiert, sondern ebenso in der *Passagen*-Arbeit, zwischen denen Benjamin einen »Parallelismus« feststellte (V, 1022f.). So hat Benjamin in dem Text PARIS, DIE HAUPTSTADT DES XIX. JAHRHUNDERTS (V, 43-77), den er 1935 erstmals in einem Entwurf skizzierte, die Passagen explizit als »Übergangsräume« beschrieben, die »sowohl Haus sind wie Straße« (V, 55). Auch verweisen Benjamins Überlegungen zur Funktionalität der Bühnenfassade im Teatro Olimpico in Vicenza, die er in einem seiner frühesten Texte, im Tagebuch MEINE REISE IN ITALIEN PFINGSTEN 1912 (VI, 252-292), niedergeschrieben hat, nach Primavesi darauf, »Theater grundsätzlich über das Bestehende hinaus als Möglichkeit und als Möglichkeitsraum zu denken«.[100]

Das Theater ist in der Geschlossenheit des Raumes schön, bedeutend aber wird es, indem augenscheinlich die Möglichkeit gegeben ist, den Übergang von der Straße in das Haus auf offener Scene zu geben, indem der Schauspieler aus dem Straßenprospekt vor die sehr ausgedehnte Tor-Architektur, die als Zimmerwand betrachtet werden kann, sich begibt. Damit ist eine neue Möglichkeit für die Aufführung, ja für das Drama gegeben. (VI, 276f.)

Gerade die Passage behält etwas von der Öffentlichkeit der Straße(n), die Benjamin als »die Wohnung des Kollektivs« (V, 1051) bezeichnet, und er fährt fort: »Das Kollektivum ist ein ewig waches, ewig bewegtes Wesen, das zwischen Häuserwänden soviel erlebt, erfährt, erkennt und ersinnt wie Individuen im Schutze ihrer vier Wände.« (Ebd.) Wie Benjamin in seiner *Passagen*-Arbeit vom Kollektivum spricht, das auf der Straße zu Hause ist, taucht der Begriff auch in der Kindertheaterschrift auf. Seine Verwendung bezieht sich hier jedoch nicht allein auf das »Kollektivum der Kinder« (II, 765), sondern auch auf das Kind selbst, wenn er das »kindliche Kollektivum« (II, 766) erwähnt, von dem, wie er hervorhebt, die gewaltigsten und aktuellsten Kräfte ausgehen (ebd.). Auch sein Text DER DESTRUKTIVE CHARAKTER (IV, 396-398) von 1931 greift das Straßenmotiv auf und mag Benjamins »Neigung fürs Entlegene, vom offiziellen Geistesleben noch nicht Zermahlene«, wie Adorno es formuliert, verdeutlichen.[101] Vom destruktiven Charakter sagt Benjamin:

100 | Patrick Primavesi: Schauplatz und Passage, S. 240.

101 | Theodor W. Adorno: Zu Benjamins Briefbuch »Deutsche Menschen«, in: Ders.: Über Walter Benjamin. Aufsätze, Artikel, Briefe, hg. und mit Anmerkungen von Rolf Tiedemann, Frankfurt/M. 1990, S. 54-61, hier S. 55.

Weil er überall Wege sieht, steht er selber immer am Kreuzweg. Kein Augenblick kann wissen, was der nächste bringt. Das Bestehende legt er in Trümmer, nicht um der Trümmer, sondern um des Weges willen, der sich durch sie hindurchzieht. (IV, 398)

Gerade der destruktive Charakter ist, Maria Teresa Costa zufolge, »das hermeneutische Paradigma«, das Benjamin heraufbeschwört, um das »Motiv des Grenzüberschritts« aufzurufen, die er als eine Figur der Schwelle begreift.[102] In der Weise, wie Benjamin den destruktiven Charakter bestimmt, entfaltet dieser nach Costa »die Kategorien der Potenz, der Möglichkeit und der Virtualität«.[103] So liegt auch der Beschreibung nach dem destruktiven Charakter ein vom Zufall bestimmter, aggressiver, zerstörerischer Wesenszug bzw. eine verändernde und/oder erneuernde Eigenschaft zugrunde, die Benjamin nach Irving Wohlfarth vor allem Brecht,[104] aber auch dem Kind zuspricht, als Ausdruck einer eigenen Spiel- und Lebensform, auf die im Kontext der Kindertheaterschrift noch ausführlicher einzugehen ist.

Anleihen bei Brecht nimmt Benjamin auch für seine Rundfunkarbeiten, die thematische und motivische Parallelen zum Ort der Straße aufweisen.[105] So berühren etwa die aus diesem Komplex stammenden Fachvorträge und Hörspiele für Kinder implizit das Straßenmotiv in Gestalt von Straßenfesten oder von Straßenlärm. Gerade Letzterer scheint sich im Hörstück RADAU UM KASPERL (IV, 674-695) zu inszenieren, explizit dann, wenn Benjamin hier den »Radau« als eigenständige Szenen (VII, 832) einsetzt, worauf sein Exposé KASPERL UND DER RUNDFUNK: EINE GESCHICHTE MIT LÄRM (VII, 831) hindeutet.[106] Randgebiete und Wege, die dem Motiv der Straße zugeordnet werden können, sind vor allem auch Orte der Kindheit, wie sie vielfach in der BERLINER CHRONIK (VI, 465-519) von 1932 oder der BERLINER KINDHEIT UM NEUNZEHNHUNDERT (VII, 385-433; *Fassung letzter Hand*) von 1938 anzutreffen sind, beispielsweise, wenn das Kind (Benjamin) von der »abgestorbenste[n] Region des Gartens« (VII, 407) angezogen wird, wie in *Der Fischotter* nachzulesen

---

102 | Definiert ist diese nach Costa durch eine »dynamische Koexistenz zwischen dialektischen Polen, die sich in einer produktiven Spannung befindet«. Maria Teresa Costa: Für ein Ethos des destruktiven Charakters im Ausgang von Walter Benjamin, in: Daniel Weidner/Sigrid Weigel (Hg.): Benjamin-Studien, Bd. 2, München 2011, S.179-194, hier S. 181.

103 | Ebd. Vgl. hierzu: Samuel Weber: Benjamin's-abilities, Cambridge/Mass. 2008.

104 | Irving Wohlfarth: Der »Destruktive Charakter«. Benjamin zwischen den Fronten, in: Burkhardt Lindner (Hg.): Walter Benjamin im Kontext, S. 65-99, hier S. 80ff.

105 | Sabine Schiller-Lerg: Die Rundfunkarbeiten, in: Burkhardt Lindner (Hg.): Benjamin-Handbuch, S. 406-420, hier S. 410.

106 | Dieses für Kinder konzipierte Hörspiel wurde am 10. März 1932 in Frankfurt am Main im Abendprogramm unter Benjamins Regie gesendet. Ebd., S. 414.

ist. »Sackgassen oder Vorgärten, wo kein Mensch sich jemals aufhält« sind es auch, die »die Züge des Kommenden« (ebd.) tragen, die das Kind bei seinem Spiel auskundschaftet.

Es stellt sich heraus, dass auch das Kindertheater von Benjamin einen Ort darstellt, der dem Schwellenphänomen bzw. dem Straßenmotiv folgt und für sich im Hinblick auf die besondere Spielpraxis fruchtbar zu machen weiß. Entscheidende Impulse für die schriftliche Ausarbeitung seines Kindertheaterprogramms verdanken sich der experimentellen Kindertheaterarbeit von Lacis in Verbindung mit den kunstdestruktiven Verfahrensweisen der sowjetischen Avantgarde. Bevor es jedoch zu dem ersten schriftlichen Entwurf des Textes kommen sollte, verfasste Benjamin 1924 gemeinsam mit Lacis den Artikel NEAPEL,[107] nachdem sie von Capri aus die Hauptstadt Kampaniens bereist und hier insbesondere das Straßenleben in den Blick genommen hatten. Die Begegnung mit Lacis markierte demnach eine Vermittlungssphäre bzw. eine politisch-ästhetische Umschlagstelle, die dazu beitrug, dass Benjamin auch für die EINBAHNSTRASSE den Rekurs auf die Straße, auf die räumliche Wirklichkeit lenkte, die es erlaubte, unvermittelt von der Vergangenheit in die Gegenwart überzugehen, unerwartete Verbindungen herzustellen und mit dem Kontrast zwischen Überschrift und nachfolgendem Fragment zu spielen. Wie Michael Jennings schreibt, handelt es sich bei der EINBAHNSTRASSE auch nicht bloß um einen Zustandsbericht über die politische Ökonomie Deutschlands in den 1920er Jahren, sondern um den »Versuch«, »eine neue ästhetische Form zu schaffen, der es möglich ist, in diese Zustände einzugreifen«.[108] Dies hebt auch Lacis in ihren Erinnerungen hervor, wenn sie notiert, dass die Widmung der EINBAHNSTRASSE erkläre, »daß Walter Benjamin eine sehr wichtige Änderung seiner Weltanschauung durchgemacht und die *eine* Straße gefunden hatte«.[109] Und schließlich entstanden im Zuge der Bekanntschaft mit Lacis das MOSKAUER TAGEBUCH sowie das Denkbild MOSKAU in der Konfrontation mit der sowjetischen Realität zu Beginn der stalinistischen Ära, die den noch unzivilisierten Zustand von Moskau und den wilden Charakter seiner Straßen (VI, 332) beleuchten. Zweifellos deutet das Motiv der Straße mit Blick auf das kindliche Spiel im Kindertheater auf einen wichtigen thematischen und konzeptionellen Anhaltspunkt in der Beziehung zwischen Benjamin und Lacis hin, der für ihre gesamte theoretische Zusammenarbeit bis hin zur Kindertheaterprogrammschrift bestimmend sein sollte.

---

107 | Asja Lacis: Revolutionär im Beruf, S. 50.

108 | Michael Jennings: Trugbild der Stabilität. Weimarer Politik und Montage-Theorie in Benjamins »Einbahnstraße«, in: Klaus Garber/Ludger Rehm (Hg.): global benjamin. Internationaler Walter-Benjamin-Kongreß 1992, Bd. 1, München 1999, S. 517-528, hier S. 523.

109 | Asja Lacis: Revolutionär im Beruf, S. 75.

DER ESSAY ÜBER Neapel

Bei seinem Aufenthalt auf Capri im Jahre 1924 hatte Benjamin mit Lacis Ausflüge in die nähere und weitere Umgebung der Insel unternommen. Dazu gehörte auch die Stadt Neapel, die sie mehrmals zusammen besuchten. Benjamin gibt in einem Brief an Scholem an, dass er wohl zum zwanzigsten Mal Neapel besichtigt und »viel Material, merkwürdige und wichtige Beobachtungen über die Stadt Neapel gesammelt habe«, die er vielleicht werde verarbeiten können (2, 486). Gemeinsam planten er und Lacis, einen Aufsatz über Neapel zu schreiben, der am 19. August 1925 in der Frankfurter Zeitung veröffentlicht wurde. Das Interesse an der gemeinsamen Arbeit über Neapel ging sogar so weit, dass eine Veröffentlichung des Essays auf Lettisch ins Auge gefasst wurde (2, 501); zur geplanten Übersetzung ins Lettische kam es jedoch nicht, wie Roger W. Müller Farguell bemerkt.[110] Benjamins Korrespondenz während seines Aufenthalts auf Capri vermittelt einen Eindruck, mit welchem Interesse er der eigentümlichen Architektur dieser Stadt, Kultur und Lebensart seiner Bewohner begegnet, von der er sich »Kraft ihrer Verführung« nicht wieder loszureißen vermag (2, 451). In einem Brief an Richard Weissbach bezeichnet Benjamin Neapel als die »glühendste Stadt, etwa außer Paris, die ich je gesehen habe«, und macht dafür besonders »ihre Schönheiten in der Entfaltung des Volkslebens« verantwortlich (2, 451). Auch Scholem gegenüber drückt er seine Faszination mehrfach aus, wenn er schreibt, er habe sich an Neapel »festgesogen« (2, 507), und erst rückblickend habe er »am extremen Temperament des neapolitanischen Stadtlebens« ermessen können, »wie orientalisch Neapel ist« (2, 501). Ganz ähnlich klingt es in einem Brief von Lacis an ihre Freundin Bramberga:

Ich bin noch immer auf Capri. Zur Zeit schreibe ich Dir auf dem Balkon – Der Vesuv raucht gegenüber und die Silhouette von Neapel ist am anderen Ufer zu sehen. An diesem Wochenende will ich für einen Tag nach Neapel fahren – mich zieht diese verrückte Stadt an mit ihrem verrückten Tempo und wirren orientalischen Lärm. Die Straße ist wunderschön – die Straße hat die größere Kraft, nicht das Haus. Sie ist auch wichtiger und notwendiger für das Volk. Aber ich habe das vorher nicht so lautstark gefühlt wie jetzt.[111]

Neben den Ruinen eines antiken Theaters und dem verschütteten Pompeji beobachten Benjamin und Lacis vor allem das neapolitanische Straßenleben. Ein auffälliges Merkmal der Straßenzüge ist die sichtbare Armut, das soziale

---

110 | Roger W. Müller Farguell: Städtebilder, Reisebilder, Denkbilder, in: Burkhardt Lindner (Hg.): Benjamin-Handbuch, S. 626-642, hier S. 626.
111 | Asja Lacis zitiert nach Beata Paškevica: In der Stadt der Parolen, S. 175.

Elend, dem Lacis besondere Aufmerksamkeit entgegenbringt. Mit dem Phänomen der Armut, das sich auf den Straßen Neapels zeigt, war Lacis vertraut, denkt man an die Erfahrungen, die sie auf den Straßen Russlands und in Orel vor dem Hintergrund des Welt- und Bürgerkriegs gemacht hatte.[112] Nicht nur die Armut fällt den Besuchern ins Auge, sondern auch die Anordnung der Häuser der vertikalen Stadt, die felsenhaft ins Gestein verwachsen, in sich aber, bis in den Grund hinein, von Höhlen und baulichen Krypten durchsetzt ist (IV, 309). Beim Anblick der übereinander gestaffelten Bauten und natürlichen Grotten assoziiert Lacis den Ausdruck »porös«: »Einmal sagte ich, daß die Häuser porös aussehen. Wenn ich nach Hause fahre, werde ich Dekorationen mit unzähligen Spielflächen bauen lassen.«[113] Bezeichnend ist, dass Lacis einen direkten Bezug zwischen der Architektur Neapels und den Spielflächen im Theater herstellt, deren verbindendes Glied in der besonderen Anordnung der Häuser und Bauten zu suchen ist. Der Ausdruck »porös« findet sich auch im Essay über NEAPEL wieder, der die gemeinsame Erfahrung von Benjamin und Lacis festhält:

Porös wie dieses Gestein ist die Architektur. Bau und Aktion gehen in Höfen, Arkaden und Treppen ineinander über. [...] In solchen Winkeln erkennt man kaum, wo noch fortgebaut wird und wo der Verfall schon eingetreten ist. Denn fertiggemacht und abgeschlossen wird nichts. Porosität begegnet sich nicht allein mit der Indolenz des südlichen Handwerkers, sondern vor allem mit der Leidenschaft für Improvisieren. Dem muß Raum und Gelegenheit auf alle Fälle gewahrt bleiben. (IV, 309f.)

»Porosität ist das unerschöpflich neu zu entdeckende Gesetz des Lebens« (IV, 311), liest man an anderer Stelle im *Neapel*-Aufsatz, was hier als eine bestimmende Denkfigur anzusehen ist, die den offenporigen Durchdringungsprozess verschiedenster urbaner Erscheinungsformen zu beschreiben sucht. Im etymologischen Wortsinn bedeutet der Begriff »Porosität« Heinz Brüggemann zufolge Durchgang und Öffnung (griech. *porós*) und entspricht somit dem der »Passage«, mit dem Benjamin einen bestimmten Wahrnehmungsraum kenntlich macht, der eine Konstellation zwischen geschichtlichem Erfahrungsraum und utopischem Erwartungshorizont eröffnet.[114] Mit dem von Lacis vorgeschlagenen Bild der Porosität erfährt Benjamins Denken in Bezug auf das Straßenmotiv eine Variante, die sich bis in das voluminöse PASSAGEN-WERK auswirken sollte, wie Buck-Morss ausführt.[115] Für Benjamin besitzt Neapel keine urbane

---

112 | Asja Lacis: Revolutionär im Beruf, S. 49f.

113 | Ebd., S. 50.

114 | Heinz Brüggemann: Passagen, in: Michael Opitz/Ermut Wizisla (Hg.): Benjamins Begriffe, Bd. 2, Frankfurt/M. 2000, S. 573-618, hier S. 473f.

115 | Susan Buck-Morss: Dialektik des Sehens, S. 42.

Architektur nach dem Muster nordischer Städte, sondern stellt ein Netzwerk ineinander verklammerter Nischen dar, woraus folgt, dass kaum mehr zu erkennen ist,»wo noch fortgebaut wird und wo der Verfall schon eingetreten ist« (IV, 309). Die Stadt Neapel, von Höfen, Arkaden und Treppen durchlöchert (ebd.), ist porös bis in das Leben und die Aktionen der Neapolitaner hinein: »Aufgeteilt, porös und durchsetzt ist das Privatleben«, »durchflutet von Strömen des Gemeinschaftslebens« (IV, 314). Benjamin konstruiert sein Städtebild aus dem Ineinander von Gebautem und der »Gemeinschaftsrhythmik« (IV, 309), aus Architektur und Aktion, das in der besonderen Dynamik der sich ständig ändernden Situationen zum Schauplatz neuer Geschehnisse wird (ebd.). Flüchtig und kurzlebig bieten sich diese theatralen Konstellationen dem Zuschauer dar, so wie auch das gemalte Bild des Straßenkünstlers in wenigen Augenblicken zertreten ist (IV, 311). Dies erlaubt dem außenstehenden Betrachter, das Panorama von Neapel als ein theatrales Ereignis, als eine Inszenierung des alltäglichen Lebens anzusehen:

Bauten werden als Volksbühne benutzt. Alle teilen sie sich in eine Unzahl simultan belebter Spielflächen. Balkon, Vorplatz, Fenster, Torweg, Treppe, Dach sind Schauplatz und Loge zugleich. Noch die elendste Existenz ist souverän in dem dumpfen Doppelwissen, in aller Verkommenheit mitzuwirken an einem der nie wiederkehrenden Bilder neapolitanischer Straße, in ihrer Armut Muße zu genießen, dem großen Panorama zu folgen. Eine hohe Schule der Regie ist, was auf den Treppen sich abspielt. Diese, niemals ganz freigelegt, noch weniger aber in den dumpfen nordischen Hauskasten geschlossen, schießen stückweise aus den Häusern heraus, machen eine eckige Wendung und verschwinden um wieder hervorzustürzen. (IV, 309f.)

Wo Benjamin öffentliche Räume deutet, »beschreibt er«, wie Primavesi bemerkt, »die zeitliche und soziale Bedingtheit ihrer Wahrnehmung als ein performatives, szenisches Geschehen«,[116] was hier wohl auch für das neapolitanische Straßenleben zutrifft. Dem beobachtenden Zuschauer bietet sich an schwellenspezifischen »Spielflächen« wie Balkon, Vorplatz, Fenster, Torweg, Treppe und Dach das Schauspiel einer übervollen Ding- und Lebenswelt, die der zerstreuten Bühne des barocken Trauerspiels gleicht, das nach Benjamin »nur Konstellationen« (I, 311) des in Requisiten allegorisch verschlossenen Geschehens kennt (I, 347). Danach lässt auch der Straßenalltag in Neapel das Ineinander von Privatem und Kollektivem, von Festtag und Werktag (IV, 311), von Tag und Nacht, Geräuschen und Ruhe, äußerem Licht und innerem Dunkel, von Straße und Heim (IV, 315) sichtbar werden. Was dabei besonders markant ins Auge springt, ist die Vielzahl der Spielräume und -plätze, die das Nichtfestgelegte, das Unplanbare und das Allesmögliche geradezu provoziert:

---

116 | Patrick Primavesi: Schauplatz und Passage, S. 238.

In allem wahrt man den Spielraum, der es befähigt, Schauplatz neuer unvorhergesehener Konstellationen zu werden. Man meidet das Definitive, Geprägte. Keine Situation
erscheint so, wie sie ist, für immer gedacht, keine Gestalt behauptet ihr »so und nicht
anders. (IV, 309)

Das Impromptu des Gebauten korrespondiert vielfach mit der Improvisation
seines Gebrauchs. Porosität im Bunde mit der »Leidenschaft für Improvisieren«, wie sie Benjamin für die Lebensart der Neapolitaner herausstellt, »muß
Raum und Gelegenheit auf alle Fälle gewahrt bleiben« (IV, 310). Auf der Straße
Neapels erblicken Benjamin und Lacis das Spektakel des Volkslebens, das in
seiner höchst theatralischen Art und Weise die Inszenierung des Alltagslebens
improvisiert und gleichsam auf viele Schauplätze verteilt. Das perspektivisch
gebrochene und geöffnete Ganze des neapolitanischen Panoramas, für das der
Begriff Porosität Pate steht, setzt sich aus vielen Einzelszenen zusammen, die
sich mit jedem Augenblick ändern und neu zusammenfügen. Als löchrig erweisen sich die Zusammenhänge, löchrig auch die Markierungen, die den Ort
des Spiels abgrenzen. Auf diese Weise bleiben sie durchlässig für Neues und
Neuartiges, das die Grenze aufhebt und einen gemeinsamen Spielraum entstehen lässt. So entfaltet der *Neapel*-Aufsatz dem Leser eine veränderte, simultan
aufgesprengte Wahrnehmungssituation. Mit den mannigfachen Spielorten,
die sich durch »Improvisieren« (ebd.) ständig neu zusammensetzen, bricht die
dargestellte Szenerie auf ihre Weise mit den Regeln der klassischen Zentral-
perspektive und ihrer planimetrischen Umsetzung, die den Zwängen einer
Bewusstseinsphilosophie unterliegen. Vielmehr führt der Essay über NEAPEL
das Problem der Gleichzeitigkeit ein, indem das lebendige Getümmel des neapolitanischen Straßenlebens in friedlicher Koexistenz nebeneinander zur
Darstellung kommt. Wie das Kind in seinen Zeichnungen nicht spontan daran
denkt, den Gesetzen der klassischen Perspektive nachzueifern,[117] erfasst auch
Benjamin im Text das simultane Nebeneinander der Gegenstände und weitet
den Blick für Perspektiven und Horizonte. Diese Wahrnehmung entspricht
einer kindlichen Weltsicht, die Benjamin Jahre später auch in der BERLINER
KINDHEIT UM NEUNZEHNHUNDERT schildert, wo oftmals von der Vielfalt und
den Alternativen von möglichen Welten die Rede ist. Angesichts des gleichbe-
rechtigten Nebeneinanders, wie die Dinge sich dem Kind in *Kaiserpanorama* in

---

117 | »Kinder drücken die Welt als Schauspiel aus, sie bilden eine Resonanz auf die
Welt, deren Klang sie folgen.« Käte Meyer-Drawe: Maurice Merleau-Ponty: Der Ausdruck
und die Kinderzeichnung, in: Zeitschrift für Didaktik der Philosophie und Ethik. Leib und
Gefühl, Heft 4/2007, S. 290-296, hier S. 296. Meyer-Drawe befasst sich hier mit dem
gleichnamigen Text von Maurice Merleau-Ponty: Der Ausdruck und die Kinderzeichnung,
in: Ders.: Die Prosa der Welt, hg. von Claude Lefort, übers. von Regula Giuliani. Mit einer
Einl. zur dt. Ausgabe von Bernhard Waldenfels, München 1993, S. 163-168.

ihrer Fülle darstellen, scheint es ihm unmöglich, die »Herrlichkeiten der Gegend« in Gänze auszuschöpfen (VII, 388). Diese wahre Form der Simultaneität besteht für Maurice Merleau-Ponty in einer »*Rivalität* der Dinge«; »diese machen einander meinen Blick streitig, sprechen mich an, fordern mich heraus, reizen mich, verdrängen einander und schließen einander aus«, kommentiert Bernhard Waldenfels.[118]

Das Gesehene, wie Benjamin es beschreibt, verwandelt sich in ein pures Schauspiel; zu Tage tritt eine nicht zu bändigende Überfülle der Dinge, die mit dem Zusammenspiel der heterogenen Spielorte in ihrer ganzen Vielfalt eine barocke Vernunft aufscheinen lässt und mit der im *Trauerspiel*-Buch betonten »Simultaneisierung des Geschehens« (I, 370) nahezu übereinstimmt. Denn nach Benjamin beziehen sich alle barocken Ordnungsmodelle auf die ›räumliche‹ ›Simultaneität‹ des auf dem Schauplatz vergegenwärtigten Geschehens (I, 258). Bemerkenswert ist hierbei die unverborgene Verbindung zwischen dem Leben auf der Straße und der in hohem Maße auftretenden Theatralität, die sich dem Betrachter aufdrängt: »Auch stofflich hat die Straßendekoration mit der theatralischen enge Verwandtschaft.« (IV, 310) Dies gipfelt schließlich in den Festen des neapolitanischen Volkes, deren Darbietung karnevalsartigen Festen gleicht, die die Theatralität des Straßenlebens noch steigern sollte. So berichtet Benjamin von einer Festnacht in Neapel, bei der Volksmassen mit Getöse durch die Straßen ziehen und das Bild vom Karneval heraufbeschwören:

Zu Piedigrotta, dem Hauptfest der Neapolitaner, setzt diese kindische Lust am Getöse ein wildes Gesicht auf. In der Nacht zum 8. September ziehen Banden, bis zu hundert Mann stark, durch alle Straßen. Sie blasen auf riesigen Tüten, deren Schallöffnung mit grotesken Masken verkleidet ist. Gewaltsam, wenn nicht anders, wird man eingekreist, und aus zahllosen Röhren dringt der dumpfe Ton zerreißend ins Ohr. (IV, 312)

Die von Festkultur gekennzeichnete neapolitanische Straße ist nach dieser Bemerkung nicht nur der Ort, an dem die vielschichtigen Überlagerungen urbaner Phänomenologie möglich werden, sondern generiert zur karnevalesken Merkmalskonfiguration. Als architektonischer Schwellenort versinnbildlicht die Straße im Essay über NEAPEL nicht nur eine räumliche und zeitliche Schwelle, die ein Zugleich von Drinnen und Draußen, von Privatheit und Öffentlichkeit reguliert, sondern markiert auch den Übergang von Gegenwart und Zukunft. Denn das Nationalfest Piedigrotta ist, wie Benjamin in seiner

---

118 | Bernhard Waldenfels: Das Zerspringen des Seins. Ontologische Auslegung der Erfahrung am Leitfaden der Malerei, in: Alexandre Métraux/Bernhard Waldenfels (Hg.): Leibhaftige Vernunft. Spuren von Merleau-Pontys Denken, München 1986, S. 144-161, hier S. 149.

Rundfunkgeschichte NEAPEL (VII, 206-214) schreibt, ein altes römisches Fest der Fruchtbarkeit, das sich bis auf den heutigen Tag erhalten hat (VII, 211). In diesem Vortrag, den er im Kontext seiner Rundfunkarbeiten für Kinder und Jugendliche verfasste, verdichtet sich nunmehr das Motiv der Straße mit der Theatralität des Festes und verschwistert sich indirekt mit der durch Improvisation entstandenen Aufführung im Kindertheater von Lacis:

> Wie das aber bei Piedigrotta im übrigen zugeht, davon kann man wahrhaftig kaum einen Begriff geben. Stellt euch vor, daß in einer Stadt von einer Million Einwohner alle Jungens und Mädels sich verschworen haben, beim Einbruch der Dunkelheit straßauf, straßab in Haustoren, auf Plätzen, unter Brücken und Bogen den erdenklichsten Höllenspektakel zu machen und vor Morgengrauen nicht damit aufzuhören. Stellt euch weiter vor, daß sich die meisten eine von den schauerlichen bunten Tuten, die zu fünf Centimes an allen Straßenecken ausgeboten werden, gekauft haben. Daß sie in Banden herumlaufen und nichts im Kopf haben, als harmlose Leute abzufangen, ihnen den Weg zu versperren, sie in die Mitte zu nehmen und ihnen von allen Seiten die Ohren voll zu tuten, bis die Opfer halbtot umfallen oder bis es ihnen gelingt zu entwischen. (VII, 211f.)

In Bezug auf das Straßenfest der Neapolitaner, wie es Benjamin den Kindern schildert, erhält der Begriff der Porosität noch eine weitere Akzentuierung. Porös werden nunmehr auch die Strukturen, die die festgefügte Hierarchie zwischen Erwachsenen und Kindern betreffen. In Benjamins Rundfunktext sind es ausnahmslos Kinder und Jugendliche, die die Straßen Neapels bevölkern, von Erwachsenen ist keine Rede mehr. Vor allem dient die Maskerade des »Höllenspektakels« (VII, 212) der zeitweiligen Auflösung hierarchischer Abgrenzungen, so dass neue Beziehungen und Begegnungen möglich werden. Insbesondere die Masken erlauben es dem am Karnevalsfest Beteiligten, ein Anderer zu sein, als ein Anderer aufzutreten und zu handeln. Auch im Fest und gerade dort behauptet, wie Benjamin formuliert, keine Gestalt ihr »so und nicht anders« (IV, 309), womit das Unabgeschlossene, die Verweigerung jeder Eindeutigkeit und die Verkündung der Zusammengehörigkeit des Unvereinbaren mit ins Spiel kommen. Vor diesem Hintergrund eröffnet die Straße einen Möglichkeitsraum, der es dem Einzelnen, vor allem aber dem Kind erlaubt, aus der Gewalt einer jeden hierarchischen Stellung herauszutreten und ohne Rücksicht auf moralisierende Normierungen handelnd zu interagieren.

So greift Benjamin auch zurück auf das Motiv der Straße als das der Schwelle, wenn er in der BERLINER KINDHEIT UM NEUNZEHNHUNDERT im Modus des Erinnerns die architektonische Figur der »Loggia« (VII, 387) beschreibt, die in vieler Hinsicht mit Benjamins Aufenthalt auf Capri und in Neapel verwoben zu sein scheint. Daher kennzeichnet die Loggia nach Marianne Muthesius für Benjamin einen »Schwellenort im emphatischen Sinne«, der in besonderer

Weise dem Kind und seiner Erfahrungsweise anhaftet.[119] Hier ist es der Blick in die Höfe, »von deren dunklen Loggien eine, die im Sommer von Markisen beschattet wurde, für mich die Wiege war, in welche die Stadt den neuen Bürger legte« (VII, 386). Als ein Übergangsort an der Grenze zur Straße ist die Loggia dem Kind näher als andere Räume in der Wohnung; sie ist gleichsam ein Ort der »Unbewohnbarkeit« (VII, 387) und eignet dem Undefinierten, Ungeprägten und Unbestimmten, wie es der Straße und dem Straßenleben in Neapel entsprach. Dergestalt repräsentiert die Loggia eine offene architektonische Struktur, die eine Kontaktzone zur Umgebungswelt des Kindes bildet, in der die Vielschichtigkeit seiner Wahrnehmungen oszillieren kann.

Dieser ungeschiedene Schwellenbereich kommt ganz und gar dem kindlichen Verhalten entgegen, da das Kind bei seiner Weltauffassung ein besonderes Potential von Toleranz zeigt. Auch in diesem Zusammenhang ist Merleau-Ponty zu nennen, dessen Untersuchungen in *Keime der Vernunft* bedeutsam sind, wenn es um die Struktur und Konflikte des kindlichen Bewusstseins geht. Seinen detaillierten Forschungen zufolge zeichnet sich das Erleben des Kindes einerseits durch einen »Polymorphismus« aus, so etwa durch eine Vielförmigkeit des Sexualverhaltens, wie Sigmund Freud, und/oder eine entsprechende Vielförmigkeit des Sozialverhaltens, wie Claude Lévi-Strauss annimmt. Das bedeutet nach Merleau-Ponty, dass im Kind eine Koexistenz sehr unterschiedlicher Möglichkeiten besteht, die bewirkt, »daß es gewissen Neurosen, bestimmten Primitiven und einigen Erwachsenen ähnelt«.[120] Andererseits zeichnet sich das kindliche Sozialverhalten aus durch einen »Synkretismus«, das heißt durch eine gewisse Nicht-Unterschiedenheit zwischen eigener Person und den Dingen bzw. zwischen eigener und fremder Person. Ähnliche Beobachtungen macht auch Benjamin, wenn er diese dem Kind eigene Begabung in den auf die Jahre 1929 bis 1930 zurückgehenden NOTIZEN ZU EINER THEORIE DES SPIELS (VI, 188-192) als »Ausdruck seiner Indifferenz gegen vorn und hinten« (VI, 192) beschreibt. So verfügt gerade das Kind über eine indifferente, synkretistische Sicht der Dinge, was zur Assimilation von Gegebenheiten verschiedener Ordnungen führt.[121] Demnach markiert die Straße, deren Pflaster »so wenig zur Ruhe kommt wie der Vesuv« (III, 132), den unbestimmten Schwellen- und Übergangsort, der der Eigentümlichkeit und der Eigenart des Kindes und seinem spielerischen Ausdruck im Umgang mit den Dingen und dem Anderen am nächsten kommt.

---

119 | Marianne Muthesius: Mythos, Sprache, Erinnerung. Untersuchungen zu Walter Benjamins »Berliner Kindheit um neunzehnhundert«, Frankfurt/M. 1996, S. 35.

120 | Maurice Merleau-Ponty: Keime der Vernunft. Vorlesungen an der Sorbonne 1949-1952, hg. und mit einem Vorwort von Bernhard Waldenfels, übers. von Antje Kapust, mit Anmerkungen von Antje Kapust und Burkhard Liebsch, München 1994, S. 402.

121 | Ebd., S. 34.

Die Einbahnstraße

Unter dem Eindruck der Bekanntschaft mit Lacis entstand auch Benjamins kleine Broschüre Einbahnstrasse. In ihrer besonderen Form weist sie einen betont konstruktiven Aufbau auf und macht, wie es der Titel andeutet, das Motiv der Straße zum Thema. Wie zu zeigen ist, transportiert dabei das dem Text und seiner Form inhärente Wegmotiv untergründig den Spielgedanken Benjamins. Vor allem werden die Ideen des Konstruktivismus, die Benjamin durch Lacis kennenlernte, nicht nur inhaltlich aufgenommen, sondern auch kompositorisch umgesetzt.[122]

Zum ersten Mal erwähnt Benjamin in einem Brief vom 22. Dezember 1924 Scholem gegenüber seine Absicht, »Aphorismen, Scherze, Träume« in einer »Plakette für Freunde« zu versammeln (2, 510). Das Genre der Plaquette stand, so Gérard Raulet, damals quer zu allen etablierten Gattungen und explizierte eine Schreibpraxis, die bewusst, im Sinne des Schwellenmotivs der Straße, den Übergang und Übergangserlebnisse zwischen Privatem und Öffentlichem darzustellen versuchte.[123] Siegfried Kracauer schrieb in seinem Artikel, der 1928 in der *Frankfurter Zeitung* als Doppelrezension von *Trauerspiel*-Buch und Einbahnstrasse erschien, das Buch vereinige »Gedanken aus den verschiedensten personalen und öffentlichen Lebensgebieten«, darunter »kuriose Traumberichte; Kinderszenen und etliche den exemplarischen Stätten der Improvisation (Jahrmärkte, Häfen) gewidmete Medaillons, deren zarte Kontur an Flachreliefs erinnert«.[124] Die Gesamthaltung der Einbahnstrasse stärke die Auffassung von der diskontinuierlichen Struktur der Welt und zeige an der Summe der Aphorismen eigens das Ende der individualistischen, naiv-bürgerlichen Epoche an.[125] Für Kracauer war Benjamins Aphorismensammlung reich an Detonationen, die eine schon unübersichtliche Welt in Partikel sprenge, die noch unübersichtlicher seien.[126] Die Texte der Einbahnstrasse und ihre Komposition waren so ungewöhnlich, dass Kracauer vom Denken Benjamins schreiben konnte, es stehe fremd zu dem der Zeit.[127]

Auf die Einbahnstrasse Bezug nehmend, bemerkt Benjamin am 1. August 1928 gegenüber Scholem: »Ich begegne immer häufiger bei jungen französischen Autoren Stellen, die [...] doch den Einfluß eines magnetischen Nord-

---

122 | Detlev Schöttker: Konstruktiver Fragmentarismus, S. 181.

123 | Gérard Raulet: »Einbahnstraße«, in: Burkhardt Lindner (Hg.): Benjamin-Handbuch, S. 359-373, hier S. 359.

124 | Siegfried Kracauer: Zu den Schriften Walter Benjamins, in: Ders.: Das Ornament der Masse, Frankfurt/M. 1977, S. 249-255, hier S. 253.

125 | Ebd.

126 | Ebd.

127 | Ebd., S. 249.

pols verraten, der ihren Kompaß beunruhigt. Und auf den halte ich Kurs.«
(3, 405) So beziehen sich einige Texte durchaus auf Schwerpunkte der surrealistischen Bewegung, wie die Ausführungen über Kinder, Briefmarken und
Träume zeigen (z.B. in *Baustelle, Tiefbau-Arbeiten* und *Handschuhe*), doch bleibt
der Konstruktionscharakter der Texte so markant, dass die EINBAHNSTRASSE
mit dem Surrealismus zwar die Themen, nicht aber die Theorie literarischer
Darstellung teilt.[128] Mit Blick auf Benjamins Beziehung zu Lacis und seine
Reise nach Riga im Winter 1925/26, deren Eindrücke in die EINBAHNSTRASSE
aufgenommen wurden, ist anzunehmen, dass die Form des Buches vor allem
auf konstruktivistische Prinzipien zurückzuführen ist. Verstärkt wird diese
Einsicht durch die Tatsache, dass Benjamin die EINBAHNSTRASSE Lacis widmete und mit dem Begriff des Ingenieurs ein von den Konstruktivisten oft be-
nutztes Bild aufgriff, das zugleich ihre Profession und ihre politische Haltung
mit ins Spiel brachte. Zudem deutet seine Widmung, wie sie in der Erstausgabe erschien, durch den Gebrauch der Majuskel, die laut Benjamin Ausdruck
des »zerstückelnde[n], dissoziierende[n] Prinzip[s]« (I, 382) der allegorischen
Anschauung ist, auf eine implizite Verbindung zum Barock und zeigt, Raulet
zufolge, den Umschlag des Allegorischen in der Moderne an.[129]

Auch Benjamins Beschreibung von Lacis in *Papier- und Schreibwaren*
nimmt, mit Verweis auf die Straße und im Kontext ihrer politisch ausgerichteten Theaterarbeit, ohne dabei eine gewisse Parolenhörigkeit zu verkennen,
das Verfahren der allegorischen Anschauung auf.[130] Benjamin hat mehrfach
betont, dass der Grundbaustein der EINBAHNSTRASSE mit Bezug auf die von
ihm gewählte Straßen-Konzeption als eine »Konstruktion« aus »Aphorismen«
zu betrachten sei.[131] Auch wenn Benjamin diese Kategorisierung zunächst abgelehnt hatte (3, 161), bemerkte er in einem späteren Brief vom 18. September
1926 an Scholem über die EINBAHNSTRASSE: »Es ist eine merkwürdige Organisation oder Konstruktion aus meinen ›Aphorismen‹ geworden, eine Straße, die
einen Prospekt von so jäher Tiefe – das Wort nicht metaphorisch zu verstehen!
– erschließen soll, wie etwa in Vicenza das berühmte Bühnenbild Palladios:
Die Straße.« (3, 197) Mit Blick auf die EINBAHNSTRASSE schrieb auch Bloch
in seiner Rezension *Erbschaft dieser Zeit* aus dem Jahr 1935: »Ihre Form ist die

---

128 | Detlev Schöttker: Konstruktiver Fragmentarismus, S. 191f.

129 | Gérard Raulet: »Einbahnstraße«, S. 362.

130 | »Ich kenne eine, die geistesabwesend ist. Wo mir die Namen meiner Lieferanten,
der Aufbewahrungsort von Dokumenten, Adressen meiner Freunde und Bekannten, die
Stunde eines Rendezvous geläufig ist, da haben ihr politische Begriffe, Schlagworte der
Partei, Bekenntnisformeln und Befehle sich festgesetzt. Sie lebt in einer Stadt der Pa-
rolen und wohnt in einem Quartier verschworener und verbrüderter Vokabeln, wo jedes
Gäßchen Farbe bekennt und jedes Wort ein Feldgeschrei zum Echo hat.« (IV, 111)

131 | Detlev Schöttker: Konstruktiver Fragmentarismus, S. 190.

einer Straße, eines Nebeneinander von Häusern und Geschäften, worin Einfälle ausliegen.«[132] Derart erweckt die EINBAHNSTRASSE beim Leser den Eindruck eines Straßenprospekts, ähnlich der Erfahrung, die Benjamin in MEINE REISE IN ITALIEN PFINGSTEN 1912 von der Szenerie des Renaissancetheaterbaus geschildert hatte, von der er sagte, dass damit »eine neue Möglichkeit für die Aufführung« gegeben sei (VI, 276f.).[133] Der Einzugsbereich zwischen Haus und Straße bleibt auch hier ein übergreifendes Motiv,[134] das auf Benjamins Interesse am öffentlichen und gemeinschaftlichen Raum als Übergang eines konkreten Lebensbereichs hindeutet, in dem sich die Sinne für die Erfahrung lockern und aktuale Beziehungen zwischen Mensch und Dingwelt möglich werden.

Dass sich bei der Form der EINBAHNSTRASSE Berührungspunkte weniger mit dem Surrealismus als mit der zeitgenössischen deutschen und auch russischen Avantgarde ergeben, die mit den Techniken des Films und der Photographie experimentierte, scheint ausgemacht.[135] So folgt nach Schöttker die Komposition der EINBAHNSTRASSE einem städtebaulichen Analogieprinzip, das den Grundgedanken des Konstruktivismus, nämlich die Angleichung von Kunst und Technik, literarisch umsetzt: »Konstruktiv ist die *Einbahnstraße* damit nicht nur in formaler, sondern auch in inhaltlicher Hinsicht, da das Buch isolierte Elemente einer Deutung der Moderne liefert, die vom Leser zusammengefügt werden können.«[136] In diesem Sinne verbindet das Motiv der Straße die Textsammlung der EINBAHNSTRASSE mit avantgardistischen Techniken und Inhalten, wie beispielsweise das der (literarischen) Montage. So findet sich gleich im ersten Text der EINBAHNSTRASSE, in *Tankstelle*, ein Hinweis dafür, dass Benjamin auf Grundprinzipien der konstruktivistischen Kunstpraxis zurückgreift, wenn es heißt:

Die bedeutende literarische Wirksamkeit kann nur in strengem Wechsel von Tun und Schreiben zustande kommen; sie muß die unscheinbaren Formen, die ihrem Einfluß in tätigen Gemeinschaften besser entsprechen als die anspruchsvolle universale Geste des Buches in Flugblättern, Broschüren, Zeitschriftenartikeln und Plakaten ausbilden. Nur diese prompte Sprache zeigt sich dem Augenblick wirkend gewachsen. (IV, 85)

---

132 | Ernst Bloch: »Revueform der Philosophie«, in: Ders.: Erbschaft dieser Zeit. Neuausgabe, Frankfurt/M. 1973, S. 368-371, hier S. 368.

133 | In dem 1584 fertiggestellten Theater geben die Arkaden der hinteren Bühnenwand den Blick auf fest installierte Straßenprospekte frei. Andreas Beyer: Andrea Palladio. Teatro Olimpico, Berlin 2009, S. 12.

134 | Vgl. hierzu: Eckhardt Köhn: Straßenrausch, Flanerie und kleine Form. Versuch zur Literaturgeschichte des Flaneurs bis 1933, Berlin 1989, S. 200.

135 | Ebd., S. 360.

136 | Detlev Schöttker: Konstruktiver Fragmentarismus, S. 193 u. 186.

Benjamin sucht den Leser nicht zu überzeugen, sondern anzusprechen, indem er die literarische Form im Namen der Dringlichkeit der »Aktualität« zerbricht, was freilich auf den Einfluss von Lacis und der Konstruktionsgesetze der Konstruktivisten zurückzuführen ist. So machen der Text und seine konzeptionelle Darbietung den Eindruck einer Sprache wie beispielsweise der der Zeitung, die Benjamin im Aufsatz über DIE ZEITUNG (II, 628-629) von 1934 als das Paradigma modernen Schreibens bezeichnet hatte, was er später ansatzweise auch in der im selben Jahr verfassten Schrift DER AUTOR ALS PRODUZENT (II, 683-701) und im *Kunstwerk*-Aufsatz wiederholen sollte. Auch die typographische Gestaltung der Erstausgabe reproduzierte den Stil der Zeitung oder von Werbeplakaten, indem breite, senkrechte Striche die Vertikale betonen.[137] So bemerkt er in *Vereidigter Bücherrevisor*: »Bereits die Zeitung wird mehr in der Senkrechten als in der Horizontale gelesen, Film und Reklame drängen die Schrift vollends in die diktatorische Vertikale.« (IV, 103) Daher treten einige Kapitelüberschriften wie Werbetexte oder Hinweisschilder auf, zum Beispiel: *Hochherrschaftlich möblierte Zehnzimmerwohnung, Chinawaren, Mexikanische Botschaft, Fundbüro.*

Diese von Benjamin geforderte Aktualität in Bezug auf Fakten und technische Aspekte, die sein Denken des Kommunismus mit einbezieht und den »Einfluß in tätigen Gemeinschaften« (IV, 85) berücksichtigt, zeigt sich auch im Umschlagbild der EINBAHNSTRASSE: eine Straßenansicht mit Schaufenstern, wandelnden oder betrachtenden Menschen, verschiedenen Ladenschildern und großen Verkehrsschildern, die von Sasha Stone in Form einer Photomontage angefertigt worden war.[138] Mit der mehrdimensionalen Schreibweise lädt die EINBAHNSTRASSE den Leser zum Durchblättern auf, so wie man in einer Großstadt flaniert.[139] Durch die konstruktive Komposition der EINBAHNSTRASSE wird der Leser mit Angeboten, Wahrnehmungen und Auffassungen konfrontiert, die ihm vertraut oder fremd sind, die er annehmen, verwerfen oder überdenken kann; mit Raulet gesagt »öffnet sie dem

---

137 | Benjamin hatte diese Form auch an der Architektur Neapels hervorgehoben (IV, 309).

138 | Stone, der zum Kreis der Berliner Konstruktivisten gehörte und mit Benjamin befreundet war, orientierte sich hierbei an jenen Photo- und Filmarbeiten, wie sie auch andere Konstruktivisten seit Anfang der 1920er Jahre hergestellt hatten, um die neuen Erfahrungsformen der Großstadt wie Beschleunigung des Tempos, Überreizung der Sinne und Dominanz der Technik künstlerisch umzusetzen. Zu dem Aspekt der Aktualität gehört vermutlich auch das Verkehrszeichen »Einbahnstraße« selbst, das die Photomontage von Stone dominiert. Dieses war vom 1. September 1927 an gültig, so dass die Einrichtung entsprechender Straßen vor allem in Berlin zeitlich mit der Entstehung des Buches zusammenfällt. Detlev Schöttker: Konstruktiver Fragmentarismus, S. 187.

139 | Ebd., S. 184.

umherschweifenden Blick einen Experimentierraum«.[140] Diese Technik erlaubt es ihm, dass er sich, den Textbruchstücken folgend, sowohl in die eine als auch in die andere Richtung bewegen kann. Dies entspricht der Auffassung Benjamins von der Magie der Schwelle, deren Eigenheit es ist, in beide Richtungen überschritten werden zu können, da im Moment ihrer Berührung der Unterschied von Innen und Außen aufgehoben ist.[141] So weist Benjamin in seinen frühen Notizen zu den PASSAGEN darauf hin, dass »bei diesen seltsamen Mischgebilden von Haus und Straße [...] jedes Tor Eingang und Ausgang zugleich« ist (V, 1041). Daher vermittelt diese Schwellenzone einen perspektivisch gebrochenen Erfahrungsraum, der nach Raulet das »Verschwinden der Perspektive«[142] nahelegt und bereits im *Neapel*-Aufsatz mit Blick auf das zentrale Bild der Porosität zu beobachten war. Erst in der Totalität des Sichtbaren als einer verstreuten Sichtbarkeit, im Nebeneinander unterschiedlicher Ereignisse, die unverbunden aufeinander folgen, reicht das Phänomen der Schwelle mit seinen kennzeichnenden Eigenschaften, die mit Übergangserlebnissen wie Fortgehen und Hingehen, Eintreten und Austreten, Träumen und Erwachen oder Abschied und Begrüßung verbunden sind, in den Bereich alltäglicher Wahrnehmungen und Erfahrungen hinein, die auch die EINBAHNSTRASSE offeriert.

Einen entscheidenden Anstoß für die endgültige Konzeption der EINBAHNSTRASSE erhielt Benjamin wohl bei einem Aufenthalt in Paris im Frühjahr 1926, wie aus einem Brief an Hugo von Hofmannsthal vom Juni 1927 hervorgeht.[143] Innovativ für die Gestaltung wirkte vermutlich das 1925 in Paris erschienene Buch von Henri Guilac und Pierre Mac Orlan mit dem Titel *Prochainement ouverture... de 62 boutiques littéraires*, dessen Rezension Benjamin übernommen hatte (III, 46-48). Wie die Bilder des Bandes, die mit Begriffen und Namen versehen sind und emblematischen Charakter haben, weisen auch die Textfragmente der EINBAHNSTRASSE strukturelle Übereinstimmungen mit dem Emblem auf.[144] Benjamin war mit dem Prinzip der Emblematik vertraut, was seine Ausführungen im *Trauerspiel*-Buch belegen (I, 390ff.) und vermuten lässt, dass das Buch von Guilac und Mac Orlan sein eigenes Interesse an der Verwertung von Darstellungsweisen des Barock für die Gegenwart inspirierte.[145] Benjamins Texte lassen sich mit der Kategorie des Emblems jedoch kaum

---

140 | Gérard Raulet: »Einbahnstraße«, S. 366.

141 | Patrick Primavesi: Schauplatz und Passage, S. 243.

142 | Gérard Raulet: »Einbahnstraße«, S. 362.

143 | So heißt es hier: »Für jenes Notizenbuch [...] habe ich in Paris die Form gefunden.« (3, 259)

144 | Detlev Schöttker: Konstruktiver Fragmentarismus, S. 187f.

145 | Als bestimmend für Benjamins Komposition der EINBAHNSTRASSE führt Schöttker die Fragmente der Frühromantiker an, wie sie bei Friedrich Schlegel, und die aphoris-

ausreichend erklären. Vielmehr stellt die EINBAHNSTRASSE nach Adorno kein Aphorismenbuch dar, sondern »eine Sammlung von Denkbildern«,[146] welche nach Raulet, dem Umschlagbild entsprechend, »die Figur eines Stillstands« suggerieren, »der die Flucht nach vorne erstarren läßt«.[147] Der von Adorno propagierte Terminus »Denkbild«[148] tritt dabei, wie Werner Helmich schreibt, »nicht im Sinn einer Konkurrenzgattung zum Aphorismus« auf, sondern in der »platonisierten Lesart einer Anschauung von Ideen im konkreten Einzelnen«, weil das für Benjamins »Pointentechnik« schlüssig scheint.[149] Ähnlich interpretiert Heinz Schlaffer die Texte der EINBAHNSTRASSE als »kleine Prosaform zwischen Dichtung und Gesellschaftstheorie«,[150] als Momentaufnahmen, die als Allegorien zu lesen sind, da sie nicht deuten, sondern selbst gedeutet werden müssen, wie es dem Denkbild bei Benjamin entspricht.[151] So insistiert Benjamins Prosa in der EINBAHNSTRASSE nach Friedemann Spicker »in der Verbindung von Poesie, Einsicht und Sprachrhythmus auf ein Miteinander von Anschauung und Reflexion, Bild und Begriff«, deren Grundlage das Bild der Straße selbst liefert.[152] Während Bloch in der erwähnten Rezension in Hinsicht auf die EINBAHNSTRASSE von philosophischen Allegorien spricht, die die avantgardistische Montage aufgenommen hätten, geht Lindner davon aus, dass der Begriff der Montage die Besonderheiten der neuen Form des allego-

---

tischen Bücher, wie sie bei Friedrich Nietzsche und Paul Valery vorkommen. Ebd., S. 189 u. 190.

146 | Theodor W. Adorno: Benjamins *Einbahnstraße* (1955), in: Ders.: Über Walter Benjamin, S. 27.

147 | Gérard Raulet: »Einbahnstraße«, S. 361.

148 | Theodor W. Adorno: Benjamins *Einbahnstraße* (1955), in: Ders.: Über Walter Benjamin, S. 27.

149 | Werner Helmich: Zwei Poetiken der Diskontinuität. Valérys *Rhumbs* und Benjamins *Einbahnstraße*, in: Daniel Weidner/Sigrid Weigel (Hg.): Benjamin-Studien, Bd. 2, S. 259-272, hier S. 272.

150 | Heinz Schlaffer: »Denkbild. Eine kleine Prosaform zwischen Dichtung und Gesellschaftstheorie«, in: Wolfgang Kuttenkeuler (Hg.): Poesie und Politik. Zur Situation der Literatur in Deutschland, Stuttgart/Berlin/Köln/Mainz 1973, S. 137-154, zitiert nach Detlev Schöttker: Konstruktiver Fragmentarismus, S. 189.

151 | »Nur insofern haben die Denkbilder von EINBAHNSTRASSE Gemeinsamkeiten mit dem Aphorismus als philosophischer Form, als sie sich als geschlossene diskursive Monaden ausnehmen, die über sich selbst hinausweisen.« Gérard Raulet: »Einbahnstraße«, S. 364. Vgl. hierzu: Heinz Krüger: Über den Aphorismus als philosophische Form. Mit einer Einführung von Theodor W. Adorno, München 1957.

152 | Friedemann Spicker: Benjamins *Einbahnstraße* im Kontext zeitgenössischen Aphorismus, in: Daniel Weidner/Sigrid Weigel (Hg.): Benjamin-Studien, Bd. 2, S. 295-308, hier S. 307.

rischen Denkbildes jedoch nicht trifft, da jedes Denkbild »Selbständigkeit und Rahmung behält«.[153]

Folgen wir dem, dann kommt der Textsammlung EINBAHNSTRASSE, die mit dem Verhältnis von Raum und Zeit experimentiert,[154] schon eher Kracauers frühe Interpretation entgegen, die eine »diskontinuierliche Vielheit«,[155] eine von Detonationen aufgesprengte Sichtweise des urbanen Spektrums der Straße, das Ineinander von Privatem und Öffentlichem und die Darstellung der einzelnen Schauplätze bzw. deren Improvisation explizit herausgestellt hatte. Diese simultan aufgebrochene Sicht- und Schreibweise, die nach Adorno in der Form der Darstellung mit dem Traum als »Medium unreglementierter Erfahrung«[156] korrespondiert und demgemäß einen zu durchquerenden Grenzbereich darstellt, der einzelne in sich geschlossene Teile ausbreitet, bestätigt der Text *Stereoskop*, der auf Benjamins Besuch in Riga Bezug nimmt (IV, 128f.). Dabei führt auch hier das stereoskopische Sehen den Betrachter aus der Verengung der Perspektive heraus in eine mehrfach gebrochene, visuelle Erfahrungsweise. Gleichsam den Schilderungen im Essay über NEAPEL verwandt, erscheinen Markt und Stadt als ein perspektivisch gemaltes theatralisches Bühnenbild, das beim Flanieren im Übergang von Haus und Straße als eine von simultanen Ereignissen beherrschte Bühne mit vielflächig zerstreuten Schauplätzen der Improvisation wahrzunehmen und zu erkennen ist. Dabei wird der Flaneur zum Fremden, der, analog der synkretistischen und polymorphen Weltauffassung des Kindes, der Stadt nun fremd gegenübersteht und aufgefordert ist, mit den ihm gebotenen Möglichkeiten zu spielen und zu experimentieren, ähnlich dem, wie es Benjamins Figur des Spielers eigen ist,[157] worauf im Kontext der Kindertheaterschrift näher einzugehen ist.

Dass es in diesen Tagen gilt, sich nicht auf das zu versteifen, was man kann, sondern dass in der Improvisation die Stärke liegt, darauf verweist Ben-

---

153 | »Benjamin ›beerbt‹ nicht die Allegorie durch avantgardistische Montage. Seine Denkbilder erneuern die Form des Emblems als philosophischen Text, indem sie dessen rahmenhafte Abgeschlossenheit vom Optischen aufs Sprachliche übertragen. [...] Sie suchen in jedem Fall die Geschlossenheit des bildlichen Aphorismus. Jedes Denkbild ist ein Unikat, das mit anderen zu Sammlungen zusammengefügt wird, aber Selbständigkeit und Rahmung behält. Alles, was Benjamin schrieb, gehorchte einem abschlußhaften Gestus.« Burkhardt Lindner: Allegorie, S. 84.

154 | Gérard Raulet: »Einbahnstraße«, S. 371.

155 | Siegfried Kracauer: Zu den Schriften Walter Benjamins, S. 249.

156 | Theodor W. Adorno: Benjamins *Einbahnstraße* (1955), in: Ders.: Über Walter Benjamin, S. 28.

157 | Ebd., S. 29.

jamin im Text *Chinawaren* (IV, 89). Beispielhaft dafür führt er eine Begebenheit an, die er selbst mit Lacis' Tochter Daga auf Capri erlebt hatte:

> Ein Kind, im Nachthemd, ist nicht zu bewegen, einen eintretenden Besuch zu begrüßen. Die Anwesenden, vom sittlichen Standpunkt aus, reden ihm, um seine Prüderie zu bezwingen, vergeblich zu. Wenige Minuten später zeigt es sich, diesmal splitternackt, dem Besucher. Es hatte sich inzwischen gewaschen. (IV, 90)

Wenn es zutrifft, dass sich die EINBAHNSTRASSE der Kategorie des Augenblicks unterstellt, wie Benjamin es fordert, dann ist es das Kind, das ihr am ehesten nachkommt. Denn gerade das Kind ist, Merleau-Ponty zufolge, »zu gewissen spontanen Verhaltensweisen fähig, die dem Erwachsenen unmöglich sind«, aufgrund des Einflusses von bzw. der Unterstellung unter kulturelle Schemata.[158] Besonders das Kind gehört in den zwielichtigen Übergangsbereich der improvisierten und möglichen Schauplätze zwischen Haus und Straße, die mit unberechenbaren und unvorhersehbaren Übergangserlebnissen verbunden sind. Vornehmlich auf der Straße, die sich in der Dämmerung eines gewissen Wartezustands, der sich zwischen einem Nicht-Mehr und einem Noch-Nicht ausbreitet, verortet auch Benjamin das *in* und *mit* seiner Umwelt interagierende Kind. *Lesendes Kind, Zu spät gekommenes Kind, Naschendes Kind, Karussellfahrendes Kind, Unordentliches Kind* und *Verstecktes Kind* lauten die Überschriften der Texte, die er unter dem Titel *Vergrößerungen* vorstellt und später in der BERLINER KINDHEIT UM NEUNZEHNHUNDERT, freilich verändert, erneut aufgreifen wird:

> Kaum tritt es [das Kind, K.B.] ins Leben, so ist es Jäger. Es jagt die Geister, deren Spur es in den Dingen wittert; zwischen Geistern und Dingen verstreichen ihm Jahre, in denen sein Gesichtsfeld frei von Menschen bleibt. Es geht ihm wie in Träumen: es kennt nichts Bleibendes; alles geschieht ihm, meint es, begegnet ihm, stößt ihm zu. (IV, 115)

Explizit von Widerfahrnissen, die dem Kind »geschehen« und »zustoßen«, ist die Rede in der EINBAHNSTRASSE, wenn Benjamin über die Eigenarten des kindlichen Seins nachdenkt, das sich in der Spannung zwischen Erfahrung und Erlebnis bewegt. Die Straße wird unverkennbar zu einem zentralen Spielort für Kinder, den auch die Geschwister Martha und Hans Muchow in ihrer Feldstudie hervorheben.[159] Die Straße als Lebensraum bietet den Kindern ein unmittelbares Umgebungsfeld, das zugleich Ereignischarakter und Appellfunktion hat, wie Claus Stieve erklärt: »Bei Kindern können wir geradezu stän-

---

158 | Maurice Merleau-Ponty: Keime der Vernunft, S. 164.

159 | Martha Muchow/Hans Muchow: Der Lebensraum des Großstadtkindes, Hamburg 1935.

dig beobachten, wie von alltäglichen Dingen ihrer Umgebung ein unmittelbarer Reiz ausgeht, – auch unabhängig von Zielen und Absichten. Die Dinge appellieren, sie haben Aufforderungscharakter.«[160] Stieve, der das Verhältnis von Kindern zu den Dingen untersucht, hebt hervor, dass dieses nicht den gewohnten Zweckbestimmungen der Dinge unterliegt, auch wenn Kinder zwischen den gleichen Dingen leben wie Erwachsene. Das liegt seiner Auffassung nach daran, dass Kinder in das alltägliche, durch die erwachsene Gesellschaft bestimmte Tun mit den Gegenständen erst hineinwachsen und erst lernen müssen, »wofür die Dinge da sind«, was stets seinen Reiz hat.[161] Wichtig ist dabei zu sehen, dass dieses kindliche Hantieren nicht nur ein Erproben und Erforschen sachlicher Objekte um ihrer Funktion willen darstellt, sondern ein von Lust und Herausforderungen bestimmtes Spiel in der Gemeinschaft der Kinder und der Dinge ist. Denn offensichtlich reagieren die Kinder auf etwas anderes in den Dingen als die Erwachsenen, da sie in der Verwendung der Dinge noch keine oder nur brüchige Gewohnheit entwickeln, analog dem destruktiven Charakter bei Benjamin, der »nichts Dauerndes« sieht (IV, 398).[162] So kommt diese Sichtweise auch seiner Schilderung im Text *Baustelle* recht nahe:

> Kinder nämlich sind auf besondere Weise geneigt, jedwede Arbeitsstätte aufzusuchen, wo sichtbar die Betätigung an Dingen vor sich geht. Sie fühlen sich unwiderstehlich vom Abfall angezogen, der beim Bauen, bei Garten- oder Hausarbeit, beim Schneidern oder Tischlern entsteht. In Abfallprodukten erkennen sie das Gesicht, das die Dingwelt gerade ihnen, ihnen allein, zukehrt. In ihnen bilden sich die Werke der Erwachsenen weniger nach, als daß sie Stoffe sehr verschiedener Art durch das, was sie im Spiel daraus verfertigen, in eine neue, sprunghafte Beziehung zueinander setzen. Kinder bilden sich damit ihre Dingwelt, eine kleine in der großen, selbst. (IV, 93)

Im Hinblick auf das Kind wird die »Einbahnstrasse« Metapher für eine Spielstraße par excellence, die ihm eine Vielfalt und Vielzahl von Arbeits- und Spielstätten bietet, und die sicherlich in beide Richtungen der Straße zu erkunden sind, wo jede Form körperlichen wie verbalen Agierens und Reagierens im gemeinschaftlichen Spiel mit den Dingen und anderen Kindern ausdrücklich gestattet ist. Auf diese Weise bildet es sich seine »Dingwelt, eine kleine in der großen, selbst«, die Benjamin in *Antiquitäten* auch der Phantasie zuschreibt, deren »Vermögen [...] die Gabe« ist, »im unendlich Kleinen zu interpolieren« (IV, 117). Der Aufforderungscharakter der Straße initiiert sein Spiel und eröff-

---

160 | Claus Stieve: Von den Dingen lernen. Die Gegenstände unserer Kindheit, München 2008, S. 12.

161 | Ebd., S. 22.

162 | Ebd., S. 23.

net ihm viele mögliche Wege, seine Um- und Mitwelt zu entdecken und Beziehungen zu den Dingen, zum Anderen und zu sich selbst leiblich zu verankern und zu erweitern. Zwischen Haus und Straße, die ihm zur Wohnung wird, bieten sich dem umherschweifenden Blick des Kindes unzählige Baustellen, die explizit einen Experimentier- und Möglichkeitsraum darstellen, in dem es sich als »Ingenieur« betätigen kann, worauf Benjamin auch in *Verstecktes Kind* insistiert (IV, 115f.). Wie hier die Wohnung dem Kind zum Handlungsraum der Übung, der Spontaneität und Gewohnheit wird, fungiert nun auch die Übergangssphäre der Straße als ein spezifischer Werkstattraum, der dem Kind die Wechselbeziehung zwischen Wahrnehmung und mimetischer Anähnlichung an die Stoffwelt möglich macht, um den fremden Makro- und Mikrokosmos seines Lebensraums spielerisch aufschließen zu können. In der Öffentlichkeit der Straße wird das Kind in der »tätigen Gemeinschaft[en]« (IV, 85) der spielenden Kinder zum Teilnehmer am Ereignis des Lebens; hier kündet sich der »aufsteigende Pfad der Revolte« (IV, 97) an, der sich auch im Karneval inszeniert, als ein Schauspiel, dem eine synkretistische Form von rituellem Charakter zu eigen ist, wie noch zu zeigen ist.

So besehen ist die Straße die »Wohnung des Kollektivs«, die in ihrer Eigenart auch für das im Kindertheater tätige »kindliche Kollektivum« (II, 766) und für das »Kollektivum der Kinder« (II, 765) zutrifft, das Benjamin als ein ewig waches, ewig bewegtes Wesen begreift, »das zwischen Häuserwänden soviel erlebt, erfährt, erkennt und ersinnt wie Individuen im Schutze ihrer vier Wände« (V, 1051). Die Tiefe der Straße, die Benjamin im Brief an Scholem hervorgehoben hatte und die nach Raulet maßgeblich »die Tiefe einer Ideenwelt«[163] durchblicken lässt, deutet mit einem Gedanken von Merleau-Ponty zum Problem der Simultanität auf die Erfahrung der Reversibilität der Dimensionen einer globalen Örtlichkeit hin, wo alles zugleich ist.[164] Dieser globalen Örtlichkeit steht das Kind nicht mehr gegenüber, vielmehr scheint es einbezogen in die Globalität eines Seins, das nicht mehr *vor* ihm ist, sondern *um* es herum. Folgen wir dem, dann geht es auch für das auf der Straße im gemeinschaftlichen Spiel begriffene Kind mehr um eine Vertiefung in die Vielförmigkeit seines Seins und seiner Erfahrungen, die sich in seinen Zeichnungen, aber auch in der modernen Malerei wiederfindet, wenn Robert Delauney sagt: »Die Tiefe ist die neue Inspiration.«[165]

---

163 | Gérard Raulet: »Einbahnstraße«, S. 371.
164 | Bernhard Waldenfels: Das Zerspringen des Seins, S. 154.
165 | Ebd.

Das Moskauer Tagebuch

Die Beziehung von Spiel und Straße, wie wir sie im Essay über Neapel und in der Einbahnstrasse ausgemacht haben, findet sich schließlich auch im Moskauer Tagebuch, das nach Scholem »ganz einzigartig« im Werk von Benjamin dasteht.[166] Bemerkenswert ist, dass der rote Faden, der diese Beziehung zusammenbindet, vor allem in Benjamins Position zum Kommunismus begründet liegt, die sich deutlicher noch als zuvor gerade im Text des Moskauer Tagebuchs ausdrückt, das erst 1980, nach dem Tod von Lacis veröffentlicht wurde.

Nachdem Benjamin Lacis 1925/26 in Riga besucht hatte, kam es etwa ein Jahr später zu einem weiteren Treffen in Moskau. Benjamin dokumentierte seinen zweimonatigen Aufenthalt im Moskauer Tagebuch, der vom 6. Dezember 1926 bis zum 1. Februar 1927 dauerte.[167] In seinem Vorwort zur Erstausgabe schreibt Scholem: »Es ist unstreitig das weitaus persönlichste, gänzlich und unbarmherzig offene Dokument, das wir über einen wichtigen Abschnitt seines Lebens besitzen.«[168] Dies mag auch der Grund sein, warum es »*schwer zu lesen*« ist, wie Romaschko bemerkt.[169] Mehrere Motive bewogen Benjamin zu der Reise nach Moskau. Von allen war seine bewegte Beziehung zu Lacis das offenkundigste. Mit der Reise verknüpft war für Benjamin der Wunsch, näher mit Lacis – am liebsten durch ein Kind mit ihr – verbunden zu sein (VI, 318), auch wenn er sich, wie seine Aufzeichnungen zeigen, nicht sicher war, ob er sich »allen Schwankungen Asjas gegenüber« (VI, 358) gewachsen fühlte. Scholem zufolge ging es Benjamin bei seinem Moskaubesuch besonders darum, in der Frage über den schon mehr als zwei Jahre lang erwogenen Eintritt in die KP zu der Entscheidung zu gelangen, die schließlich »zu dem endgültigen Verzicht darauf« führen sollte.[170] Daneben war es sicherlich Benjamins Interesse, prinzipiell einen tieferen Einblick in die russische Realität zu gewinnen. Auch spielten wohl seine vor Antritt der Reise übernommenen literarischen Verpflichtungen eine Rolle, die ihn dazu veranlassten, sich Auskünfte über das städtische Leben von Moskau zu verschaffen. Benjamin folgte der ihm durch Reich vermittelten Einladung, einen *Goethe*-Artikel (II,

---

166 | Gershom Scholem: Walter Benjamin und sein Engel, S. 196ff.

167 | Ebd., S. 196. Der Titel Moskauer Tagebuch ist eine Konjektur, der ursprüngliche Titel wurde von Benjamin unkenntlich gemacht und durch *Spanische Reise* ersetzt. Walter Benjamin: Moskauer Tagebuch, aus der Handschrift hg. und mit Anmerkungen von Gary Smith und mit einem Vorwort von Gershom Scholem, Frankfurt/M. 1980, S. 177.

168 | Das Vorwort ist wieder abgedruckt in: Gershom Scholem: Walter Benjamin und sein Engel, S. 196-200, hier S. 196. Zitiert wird im Folgenden aus dieser Ausgabe.

169 | Sergej A. Romaschko: Zur russischen Literatur und Kultur. »Moskauer Tagebuch«, S. 343.

170 | Gershom Scholem: Walter Benjamin und sein Engel, S. 197.

700-739) für die »offizielle Enzyklopädie der Sowjets« (3, 212) zu schreiben.[171] Außerdem erhoffte er sich, zu einigen Vertretern des sowjetischen Kulturlebens Kontakte zu knüpfen und eine Zusammenarbeit mit der sowjetischen Presse und den Kulturinstitutionen voranzutreiben. Romaschko zufolge bildet das MOSKAUER TAGEBUCH den Höhepunkt von Benjamins Auseinandersetzung mit der sowjetischen Realität.[172] Besondere Erwähnung finden darin seine widersprüchlichen Eindrücke und die Diskussionen, die das kulturelle Leben beherrschten.[173]

Benjamins Interesse für Russland begann früh und dauerte bis in die letzten Jahre seines Lebens. Sein VERZEICHNIS DER GELESENEN SCHRIFTEN (VII, 437-476), das zwischen den Jahren 1916/17 und Mitte Juni 1940 entstand, belegt, dass er die Werke der russischen Literatur von der Zeit des Ersten Weltkriegs bis zu seiner Exilzeit gelesen hatte. Sie inspirierten Benjamin zu zahlreichen kleineren Publikationen. So veröffentlichte er zum Beispiel 1921 den im Sommer 1917 geschriebenen kurzen Text DER IDIOT (II, 237-241) zu dem gleichnamigen Roman von Fjodor M. Dostojewskij.[174] Außerdem führte Benjamins langjährige Beschäftigung mit Nikolaj Lesskow 1936 zu einem seiner bedeutendsten Texte, zu DER ERZÄHLER (II, 438-465). Benjamins »Bewunderung für das Gewaltige im tragischen Schicksal des russischen Volkes«, wie sie nach Romaschko im Text DER IDIOT zum Ausdruck kommt, zeigt eine Fluchtlinie, die mit den Erwartungen bezüglich der Moskauer Reise und dem MOSKAUER TAGEBUCH übereinstimmt.[175] Daher konzentrierte sich seine Auseinandersetzung mit der sowjetischen Wirklichkeit vor allem auf die Ereignisse der Oktoberrevolution, die für Benjamin bereits 1918 in den Diskussionen mit Scholem Gegenstand der Reflexion gewesen waren.[176] Benjamin äußerte sich dennoch

---

171 | Benjamins Vorhaben, mit Reich das Programm einer materialistischen Enzyklopädie zu schreiben, war aussichtslos. Als er die Grundlage seines Artikels über Goethe für die *Große Sowjetenzyklopädie* vorlegte, setzte er seine Gesprächspartner in Verlegenheit: Man erwartete von ihm eine biographische Notiz und weniger einen soziologischen Essay, was dazu führte, dass Benjamin weitere Artikelvorschläge ablehnte (VI, 366/3, 237).

172 | Sergej A. Romaschko: Zur russischen Literatur und Kultur. »Moskauer Tagebuch«, S. 343.

173 | Jean-Michel Palmier: Walter Benjamin, S. 352ff.

174 | Der Aufsatz zu Dostojewskij kann bereits als eine Ahnung der bevorstehenden Oktoberrevolution betrachtet werden und beinhaltet Motive, die sich auch im MOSKAUER TAGEBUCH wiederfinden. Gershom Scholem: Walter Benjamin – die Geschichte einer Freundschaft, S. 66.

175 | Sergej A. Romaschko: Zur russischen Literatur und Kultur. »Moskauer Tagebuch«, S. 344.

176 | Gershom Scholem: Walter Benjamin – die Geschichte einer Freundschaft, S. 100.

nicht direkt zur politischen Situation, sondern fokussierte in Buchbesprechungen und Berichten vielmehr die aktuellen Tendenzen der russischen Kunst und Literatur.

Wie das Tagebuch erkennen lässt, hatte Benjamin durch Reich und Lacis Kontakt zu den Angehörigen der literarischen Opposition (VI, 294f.), die die Situation der Intellektuellen vor dem Hintergrund der reaktionären Wendung der Partei in kulturellen Angelegenheiten stets heftig diskutierten. In dem in der *Literarischen Welt* publizierten Aufsatz DIE POLITISCHE GRUPPIERUNG DER RUSSISCHEN SCHRIFTSTELLER (II, 743-747) von 1927 kommt dies mit zum Ausdruck, wenn er dort mit den proletarischen Schriftstellern sympathisiert, denen die offizielle Anerkennung ihres proletarischen Schrifttums durch die Partei verwehrt wurde. Genauer noch erkannte Benjamin in den radikalen linken Formtendenzen des neuen russischen Naturalismus, die vom Futurismus, Konstruktivismus und Unanimismus der Vorkriegszeit abstammten, die Ähnlichkeit mit dem Barock.[177] Da Benjamin den Bildungsgrad des Publikums für niedrig erachtete (VI, 294), plädierte er für eine russische Literatur, die kraft ihrer farbigen und bildhaften Anschaulichkeit ihre Wirkmächtigkeit zu entfalten suchen sollte, damit »auch der Bauer im Schatten Lenins lesen lernen« konnte (II, 747). Im Laufe der 1930er Jahre distanzierte sich Benjamin zunehmend von Russland in seinen aktuellen Erscheinungen. Gründe dafür sind, Romaschko zufolge, »durch sein Emigrantenleben in Frankreich und durch die entsprechenden Kommunikationsschwierigkeiten sowie Verschiebungen von praktischen Interessen« zu sehen.[178] Vieles spricht dafür, dass dieser Rückzug auch in dem sich auflösenden Kontakt zu Lacis begründet ist.[179]

Moskau ist – neben Neapel und Riga – die dritte Stadt, die eine Prägung in den Texten von Benjamin durch die Beziehung zu Lacis erhält. Zweifellos ist sie die Hauptperson des MOSKAUER TAGEBUCHS. Benjamins intensives Werben um sie bildet den persönlich geprägten Hintergrund seiner Aufzeichnungen.[180] Neben Lacis spielt auch Reich im Tagebuch eine nicht unbedeu-

---

177 | »Nicht anders denn als *barock* ist die gehäufte Kraßheit seiner Stoffe, die unbedingte Präsenz des politischen Details, die Vorherrschaft des Stofflichen zu bezeichnen. Sowenig wie es für die Dichtung des deutschen Barock Formprobleme gegeben hat, sowenig existieren sie im heutigen Rußland.« (II, 744f.)

178 | Sergej A. Romaschko: Zur russischen Literatur und Kultur. »Moskauer Tagebuch«, S. 345.

179 | »Von Bertolt hatte ich einen netten Brief, sogar eine Nachricht von Asja kam – aber das bevölkert mein Zimmer nur nebelhaft.« Brief vom 10. Februar 1935 an Karplus, in: Gretel Adorno/Walter Benjamin: Briefwechsel 1930-1940, hg. von Christoph Gödde und Henri Lonitz, Frankfurt/M. 2005, S. 195.

180 | »Benjamin tut seine Gefühle vermittels seiner Schriften kund, während Asja Lacis durch politische Meinungsverschiedenheiten ihre Unabhängigkeit geltend macht.

tende Rolle.[181] Da sich Lacis die meiste Zeit im Sanatorium befand, wurde Reich Benjamins ständiger Begleiter im Mythos des Moskauer Alltags. Er machte Benjamin mit der russischen Wirklichkeit vertraut, indem er ihm die russische Sprache ins Deutsche übersetzte und ihn in die Debatten über das künstlerische Leben, insbesondere über die Inszenierungen Meyerholds, einführte (3, 222f.).[182] Die Tagebuchnotizen geben aber auch einen Eindruck von den Spannungen in der Beziehung zu Reich, den Benjamin in seinem Verhältnis zu Lacis als einen Rivalen empfand.[183] Das Tagebuch stellt somit auch die genaueste Dokumentierung eines Lebensabschnitts von Benjamin dar, der durch ein kompliziertes triadisches Beziehungsgeflecht geprägt war, eine Ménage-à-trois, die die Ambivalenzen im Umgang mit Reich erklären. Zudem geben sie die besondere Atmosphäre des Intellektuellenlebens in Moskau in der Zeit der »Neuen Ökumenischen Politik« (NEP) Ende des ersten Jahrzehnts nach der Revolution wieder.

Die Stadt Moskau erlebte Benjamin in diesen Tagen als »eine fast uneinnehmbare Festung« (VI, 316), die mit der komplizierten Situation, in der er sich befand, in Zusammenhang zu sehen ist. Die Krankheit von Lacis, um deren Zuneigung er unablässig rang, führte Benjamin vor Augen, dass sie nicht mehr die faszinierende Revolutionärin und radikale Kommunistin von Capri und Riga war, sondern eine psychisch und physisch erschöpfte Frau (VI, 329). In diesem Kontext diskutiert er im Moskauer Tagebuch ihre persönliche Lage innerhalb der Moskauer Arbeitsverhältnisse und erkennt die Bedeutung des westeuropäischen Einflusses für ihre künstlerische Entwicklung (VI, 316f.). Abgesehen von der Schilderung seiner Beziehung zu Lacis enthält das Moskauer Tagebuch, das zu schreiben er von Anfang an geplant hatte (3, 222),

---

Ihr Liebesverhältnis bleibt in einem Feld verschiedener Kräfte in der Schwebe, als wäre eine Lösung der Spannung im persönlichen Bereich ebenso kompromittierend wie im politischen.« Susan Buck-Morss: Dialektik des Sehens, S. 49.

181 | Zahlreiche weitere Personen werden von Benjamin im Tagebuch genannt, deren Identität oft genug schwer auszumachen ist, so dass sie vermutlich für immer unidentifiziert bleiben dürften.

182 | Reich, der in Moskau als erfolgreicher Journalist und Theaterkritiker tätig war, stand mit zahlreichen sowjetischen Künstlern und Intellektuellen in Verbindung. Seine engagierte Einbindung in die Moskauer Verhältnisse hatte allerdings auch eine Schattenseite, die Benjamin in seinen Reflexionen über den Eintritt in die Partei als »völlige Preisgabe der privaten Unabhängigkeit« (VI, 359) bezeichnete und die dazu führte, dass Reich auch Benjamin anwies, »behutsam im Reden« zu sein (VI, 302).

183 | »Reich ging nach dem Aufstehen einen Augenblick fort und ich hoffte, Asja allein begrüßen zu können. Aber sie kam überhaupt nicht. Nachmittags erfuhr Reich, es sei ihr am Morgen schlecht gegangen. Er ließ mich aber auch am Nachmittag nicht zu ihr.« (VI, 306)

außergewöhnliche Porträts der Stadt mit ihrer Mischung aus Neuem und Provinziellem. Benjamins zahlreiche Aufzeichnungen über den Moskauer Alltag, seine geschärfte Wahrnehmung für die Fremdheit der Stadt und die farbige Ineinander- und Nebeneinanderstellung von Privatem und Öffentlichem, zeigen Benjamin als aufmerksamen Beobachter der Widersprüche der sowjetischen Gesellschaft, der Realität der NEP und ihrer Lebensformen, stets in Bezug auf die Aktualität eines radikalen und im Kern experimentellen Kommunismus. Die Reise nach Moskau, die er vor allem aufgrund seiner ungewissen und nicht unproblematischen Beziehung zu Lacis angetreten hatte, war daher auch entscheidend für Benjamins besonderes Verhältnis zum Kommunismus.

Die Aufzeichnungen des MOSKAUER TAGEBUCHS erlauben es, nach der politischen Bedeutung zu fragen, die diese Erfahrung für ihn gewann, deren Erträge sich auch auf die Spielidee seines Kindertheaterprogramms auswirken sollten. Nicht anders als in seinen früheren Rezensionen russischer Bücher interessierten Benjamin Ereignisse der russischen Literatur und Kunst vorrangig als sozialpolitische Vorgänge, wie sie in den Schriften DIE POLITISCHE GRUPPIERUNG DER RUSSISCHEN SCHRIFTSTELLER und DISPUTATION BEI MEYERHOLD (IV, 481-483) von 1927 festgehalten sind. In deren künstlerischem Wirken erkannte er nicht nur einen rituell motivierten kathartischen Reinigungsprozess, sondern auch »Zugänge zum moralischen Phänomen der russischen Revolution überhaupt« (II, 762). Daher erwog er, »daß Menschen, die von eigenem Leid gesättigt sind wie ein voller Schwamm, miteinander nur kommunizieren können in der Fluchtlinie einer Tendenz, in der Perspektive des Kommunismus« (II, 761). Benjamins »große Materialsammlung« (3, 222) zu Moskau, die er vor allem von der Straße aus zusammenstellte, wobei er die Privilegien der Wenigen und die drückende Armut der Vielen registrierte, nötigte ihn, den Gedanken zur Politik auf neue Weise fortzuführen. Seine Idee vom radikalen Kommunismus als Möglichkeitsraum, in dem nichts unumstößlich ist und das Mögliche weiterexistiert, was er im letzten Fragment *Zum Planetarium* im Text EINBAHNSTRASSE angedeutet hatte und was auch später in den Thesen ÜBER DEN BEGRIFF DER GESCHICHTE eine Rolle spielen würde, bekommt beim Durchqueren der Straßen Moskaus eine materiale Fundierung und Konkretisierung. Angesichts der Bettler an so vielen Straßenecken und der zerlumpten Kinder vor dem Revolutionsmuseum (IV, 324), die sich dort in der Hoffnung auf ein Stück Brot aufhalten, wird sein Denken des Kommunismus, den er als ein Experiment versteht, immer fassbarer. Ein Brief an Jula Radt-Cohn vom 26. Dezember 1926 unterstreicht den Eindruck von Benjamins kommunistischer Haltung als einer unentschiedenen bzw. geöffneten Sichtweise, die an seine Erfahrungen in Neapel erinnern lassen:

Es ist alles im Bau oder Umbau und beinah jeder Augenblick stellt sehr kritische Fragen. [...] Und es ist völlig unabsehbar, was dabei in Rußland zunächst herauskommen wird.

Vielleicht eine wirkliche sozialistische Gemeinschaft, vielleicht etwas ganz anderes. Der Kampf, der darüber entscheidet, ist ununterbrochen im Gange. (3, 221f.)

Übereinstimmend damit ist auch das Leben der Menschen und der meisten Personen, denen Benjamin in Moskau begegnet, von einer rastlosen, im Umbau begriffenen, konstruktiven Tätigkeit geprägt. Ein Beispiel dafür ist Reich, den er als einen Angehörigen der herrschenden Klasse beschreibt und der in seinen Augen, unter den Bedingungen der sich im Umgestaltungsprozess befindenden sowjetischen Gesellschaft, ein »Gerüst« (VI, 358) für seine Arbeit gefunden hatte. Benjamins Augenmerk auf die vielen Perspektiven und »zahllosen Konstellationen« (VI, 358), wie er sie speziell im Leben des Einzelnen und allgemein im ereignisreichen Panorama des Moskauer Alltags erblickt, drückt sich auch in dem Brief an Martin Buber aus, der die zentrale Erfahrung des Augenblicks und die der Improvisation herausstellt, die schon für den Essay NEAPEL und die EINBAHNSTRASSE Bedeutung hatte:

Moskau, wie es jetzt im Augenblick sich darstellt, läßt schematisch verkürzt alle Möglichkeiten erkennen: vor allem die des Scheiterns und des Gelingens der Revolution. In beiden Fällen wird es etwas Unabsehbares geben, dessen Bild von aller programmatischen Zukunftsmalerei weit unterschieden sein wird und das zeichnet sich heute in den Menschen und ihrer Umwelt hart und deutlich ab. (3, 232)

Benjamins kommunistische Position, die davon ausgeht, dass nur im historischen Augenblick des Zeitgeschehens das Konkrete zu erfassen ist (IV, 317), macht an dieser Stelle ausdrücklich Platz für eine neue Wahrnehmung der Wirklichkeit, die hier als kreative Wahrnehmung die Grundlage des Spiels inhäriert. Dass Benjamin gerade einer so gearteten Wahrnehmungsweise, die der kindlichen Sichtweise gleicht, eine auf Mehrdeutigkeit zielende, Öffnung und Überschreitung zulassende Vielzahl von Perspektiven Vorrang einräumt, wird zudem an einer anderen Stelle im MOSKAUER TAGEBUCH deutlich, gerade auch in Momenten, wenn es um seine Beziehung zu Lacis geht:

Daß nichts so eintrifft, wie es angesetzt war und man es erwartet, dieser banale Ausdruck für die Verwicklung des Lebens, kommt hier in jedem Einzelfall so unverbrüchlich und so intensiv zu seinem Recht, daß der russische Fatalismus sehr schnell begreiflich wird. Wenn langsam sich im Kollektivum zivilisatorische Berechnung durchsetzt, so wird dies vorderhand die Einzelexistenz nur verwickelter machen. (VI, 312f.)

Diese spezifische Denk- und Betrachtungsweise Benjamins in Bezug auf eine von Zufälligkeit und Unvorhersehbarkeit gekennzeichnete russische Alltagswirklichkeit, die nicht zuletzt jede »Einzelexistenz« betrifft, scheint ein Grundzug im MOSKAUER TAGEBUCH und speziell für seine politische Bewusstwerdung bestimmend zu sein. Derartig entspricht sie dem Kind, dem diese Anschauungsweise nicht fremd ist, sondern vielmehr eine Herausforderung verspricht, wie er es in seinen Ausführungen in der EINBAHNSTRASSE im Text *Baustelle* (IV, 93) oder *Verstecktes Kind* (IV, 115f.), in dem er die Ingenieurtätigkeit des Kindes herausstellt, formuliert hatte. Auf diese Weise verschränkt sich Benjamins Denken des Kommunismus mit der Eigenart der frühkindlichen polymorphen und synkretistischen Wahrnehmungsweise und der Eigentümlichkeit seines von Indifferenz und Unberechenbarkeit geprägten erfinderischen Spiels. Darauf deuten auch viele Darstellungen von Straßenszenen im MOSKAUER TAGEBUCH hin, wenn Benjamin die Metropole mit ihrer Fülle von Farben, Dingen und Menschen nahezu aus der Perspektive eines Kindes beschreibt (VI, 301). Solcherart Beschreibungen nehmen im Essay über MOSKAU einen breiten Raum ein, der den Bezug zum Spiel und Spielerischen offenkundiger herzuleiten sucht.

DER ESSAY ÜBER Moskau

Die tiefergelagerte Verknüpfung von Spiel und Straße in Verbindung mit der politischen Konnotation zeigt sich genauer noch in Benjamins Essay über MOSKAU (IV, 316-352) von 1927, der, wie zahlreiche Stellen belegen, vor allem aus den Aufzeichnungen des MOSKAUER TAGEBUCHS hervorgegangen ist. Den affirmativen Bezug zum Spiel entfaltet Benjamin vor allem auf der Folie seiner besonderen kommunistischen Position, die schon im MOSKAUER TAGEBUCH als dialektisches Pendeln kenntlich wurde, wenn sich positive und andeutungsweise kritische Aufzeichnungen abwechseln und die widersprüchlichen Gefühle zum Ausdruck bringen, die Benjamin gegenüber der Realität des Kommunismus hegte (3, 232). Mit Buber hatte Benjamin vor seiner Abreise nach Moskau verabredet, für die Zeitschrift *Die Kreatur* einen großen Aufsatz über Moskau zu verfassen.[184] Im Brief an Buber vom 23. Februar 1927 erklärte Benjamin:

> [...] alle Theorie wird meiner Darstellung fernbleiben. Das Kreatürliche gerade dadurch sprechen zu lassen, wird mir, wie ich hoffe, gelingen: soweit mir eben gelungen ist, diese sehr neue, befremdende Sprache, die laut durch die Schallmaske einer ganz veränderten Umwelt ertönt, aufzufassen und festzuhalten. Ich will eine Darstellung der Stadt Moskau in diesem Augenblick geben, in der »alles Faktische schon Theorie« ist [...]. (Ebd.)

---

184 | Vgl. den Brief an Scholem vom 10. Dezember 1926: »Allerdings hat Buber (!) für die ›Kreatur‹ von mir ein größeres Referat erbeten.« (3, 218) Vgl. hierzu die Anmerkungen im MOSKAUER TAGEBUCH (IV, 988).

Und Kracauer lässt er wissen, sein Vorsatz sei gewesen, dass er »nur anschaulich, nicht theoretisch bereichert zurückkomme« (3, 234). Unter Bezug auf den Brief an Buber interpretierte als einer der Ersten Jacques Derrida Benjamins philosophische Position als »›extrem-phänomenologisch‹«. Charakteristisch sei seine »vigilance réflexive« in allem, was Moskau betreffe.[185] Der Aufenthalt in Moskau fällt für Benjamin zusammen mit »einem Wendepunkt historischen Geschehens, wie ihn das Faktum ›Sowjet-Rußland‹ wenn nicht setzt, so anzeigt« (IV, 317). Bezeichnend ist Benjamins Hervorhebung einer offenkundigen Widerspenstigkeit des Faktischen (ebd.), dem jede Grundlage entbehrt. Für Benjamin, der als »Fremde[r]« die Straßen Moskaus erkundete, wurde der russische Aufenthalt daher zum »Prüfstein«, der ihn nötigte, weniger »an Hand der Fakten« (ebd.) sich zu orientieren, als seiner Wahrnehmung zu vertrauen. Daher extrahiert, anders als die EINBAHNSTRASSE, der Artikel MOSKAU nach Günter Hartung statt Fakten vielmehr eine »Erfahrungsschicht«, die der Radikalisierung Benjamins vor aller Theorie zugrunde liegt und demzufolge vor allem »die politische Praxis des Kommunismus« (2, 483) zum Ausdruck bringt, von der er schon 1924 von Capri aus geschrieben hatte.[186] So kommt auch im Beitrag über MOSKAU verstärkt die »Aktualität eines radikalen Kommunismus« (2, 473) ins Spiel, die ihm durch die persönliche Begegnung mit der russischen Wirklichkeit und das Zugegensein von Lacis einsichtig werden konnte. Indes war Benjamin in dieser Situation geradezu aufgefordert, der Intention aufs »Kreatürliche« (3, 232) und »Anschauliche« eine Fundierung zu geben, die eine Zurückstellung jeder Theorie verlangte.[187] Benjamins Beobachtungen auf den Straßen Moskaus erforderten es vielmehr, gegenüber der politischen Praxis des Kommunismus eine »verbindliche Haltung« einzunehmen (2, 473), wie er im Brief an Scholem betont hatte. Als solche deutet sie hier auf eine spezifische Form der Erfahrung hin, die den experimentellen Aspekt, der sich allem Abgeschlossenen und Vollendeten, allen Ansprüchen auf Unerschütterlichkeit widersetzt, mit umgreift. Und so verwundert es auch nicht,

---

185 | Jacques Derrida: Moscou aller-retour. La Tour d'Aigues, Paris 1995, S. 76.

186 | Günter Hartung: Der Stratege im Literaturkampf, in: Burkhardt Lindner (Hg.): Walter Benjamin im Kontext, S. 15-29, hier S. 17.

187 | Das »Kreatürliche« im Denken von Benjamin, das als zentraler Begriff besonders im *Trauerspiel*-Buch immer wieder auftaucht, beleuchtet den Aspekt der Geschaffenheit von Mensch, Tier und Pflanze und greift im Essay über MOSKAU auch auf die Dingwelt über. Als solches bildet das Kreatürliche einen genuinen Zwischenbereich, in dem Natürliches und Übernatürliches oszillieren und Leiblichkeit mit Geschöpflichkeit bzw. Physiologie und Theologie eine paradoxe Verbindung miteinander eingehen. Daniel Weidner: Kreatürlichkeit, Benjamins Trauerspielbuch und das Leben des Barock, in: Ders. (Hg.): Profanes Leben. Walter Benjamins Dialektik der Säkularisierung, Berlin 2010, S. 120-138, hier S. 121.

wenn Benjamin im Aufsatz über Moskau Russland als »Laboratorium« (IV, 325) charakterisiert, im Sinne einer Zustandsbeschreibung, die den dynamischen und veränderlichen Anteil daran wahrnimmt, den schon das Moskauer Tagebuch vermittelt hatte. Benjamin spielt wohl auch auf die Ideen der russischen Avantgardebewegung an, deren Ziel die Umgestaltung und Neuorientierung der ganzen Gesellschaft war, die auch Lacis verinnerlicht hatte. Es zeigt sich deutlich, dass der ganze Essay über Moskau am Anschaulichen und am visuellen Eindruck orientiert ist; vor allem erfährt dabei die Betrachtung des Spielerischen und Verspielten (IV, 329) im russischen Alltagsleben, in dem das Kind einen zentralen Platz einnimmt, besondere Beachtung. Die Straßen als Flaneur durchquerend, vergleicht Benjamin die Stadt mit einem »Labyrinth« (IV, 319) und bemüht sich, ihre Topographie von seinen eigenen Eindrücken aus wiederzugeben.[188] Analog zum Essay über Neapel und der Denkbildsammlung Einbahnstrasse erfolgt die Betrachtung der sowjetischen Metropole hauptsächlich von der Straße aus. Von hier aus gelingt ihm unversehens ein erster Zugang zur russischen Wirklichkeit, wenn sich ihm die Straße in Moskau als eine von Menschen überschwemmte Zeile bietet, wo die Ware überall aus den Häusern drängt, an Zäunen hängt, an Gattern lehnt und auf dem Pflaster liegt (IV, 317).

Benjamins Schilderung seiner Erfahrungen und Eindrücke von Moskau nehmen sehr bald Bezug auf das Kind, wenn er schreibt: »Gleich mit der Ankunft setzt das Kinderstadium ein. Gehen will auf dem dicken Glatteis dieser Straßen neu erlernt sein.« (IV, 318) Nicht nur das Gehen, sondern überhaupt das Wahrnehmen und Orientieren in der »Häuserwildnis«, die so undurchdringlich ist, »daß nur das Blendende im Blick erfaßt wird« (ebd.), gilt es wohl zu üben und neu zu lernen. Erst dann besteht die Aussicht, die Stadt mit ihren hundert Grenzbarrieren sich zu eigen zu machen, so dass sie »unversehens Mitte« werden kann (ebd.).

In diesem Zusammenhang werden Benjamins Überlegungen zur Phantasie relevant. Wie schon das Moskauer Tagebuch verweist auch sein Dossier Moskau auf den großen Plan, ein Dokumentarwerk zu verfassen. Dieses sollte, wie er einem Moskauer Sammler von Kinderbüchern auseinandergesetzt hatte, den Titel Die Phantasie tragen, wurde jedoch nie realisiert (VI, 386).[189] Vor

---

188 | Noch Jahre später taucht in der Berliner Chronik der Begriff des »Labyrinth[s]« auf, den Benjamin darauf verwendet, aus dem kindlichen Blick heraus die städtische Umgebungswelt zu charakterisieren (VI, 465).

189 | Nach Benjamins erstem »Eindruck des fremden intensiven Lebens« und seiner Wahrnehmung der Stadt Moskau durch die »konkreten Lebenserscheinungen« (3, 257) skizzierte er auf drei Blättern ein Programm, in dem er seine früheren, meist fragmentarisch vorgetragenen Reflexionen über Kindheit und Spiel, Phantasie und Farbe fortzuführen gedachte. Dabei plante er vor allem, sich seinen lange Jahre vorher durchdach-

allem die Straßen im »Riesendorfe« Moskau (IV, 331), die er als fremder Neuling durchkreuzte, hatten seine Phantasie entfacht (IV, 318). Benjamin beobachtet, dass die Namen und ihre fremd klingenden Laute vor aller symbolischen Ordnung einen Spalt in seiner Wirklichkeitswahrnehmung aufreißen und dabei Spuren hinterlassen, die sich als äußerst eigensinnig erweisen, so sehr, dass noch abends im Bett »die Phantasie mit wirklichen Gebäuden, Parks und Straßen« jongliert (IV, 319). Nach Brüggemann enthält das Denkbild MOSKAU in sich so etwas wie »eine kleine konzise Theorie der Phantasie«, wobei die Stadt selbst zum Medium der Phantasie wird, die für Benjamin sowohl eine aktive, schöpferische als auch eine passive, empfängliche Seite offenbart, wie der Text DER REGENBOGEN. GESPRÄCH ÜBER DIE PHANTASIE (VII, 19-26) von 1915 darlegt.[190] Die russische Alltagswirklichkeit, die auf den Straßen ihren exponierten Schauplatz hat, fungiert dabei als Spiel- und Möglichkeitsraum für die Phantasie, die das Äußere im gleichen Maße auf- und umbaut wie das Innere, mit anderen Worten, sie verhält sich experimentell zum Gegenstand. Was ihre Erwähnung in diesem Kontext rechtfertigt, ist die Tatsache, dass gerade die Phantasie in Benjamins Kindertheaterkonzeption einen zentralen Stellenwert hat. Auch hier nimmt sie die Bedeutung einer Passage an, insoweit, dass sie in der Beziehung zwischen dem Kind und seinem Spiel eine genuine Zwischensphäre erzeugt. In der Art eines Übergangs führt sie das Kind im Kindertheater zum konkreten Handeln oder, wie Benjamin sagt, »zur Exekutive an den Stoffen« (II, 766).

Gerade für »Kinderfeste, auf welche man tagaus, tagein eingerichtet ist«, scheinen die Straßen in Moskau alles aufzubieten: »Es gibt Männer, die Körbe voll Holzspielzeug haben, Wagen und Spaten; gelb und rot sind die Wagen, gelb oder rot die Schaufeln der Kinder.« (IV, 320) Die Kinder, denen bunte Schaufeln auf der Straße zum Verkauf angeboten werden, dürften demnach die wirklichen Ingenieure und Spezialisten sein, die die Umbauarbeiten vornehmen und vorantreiben, von denen Benjamin in dem erwähnten Brief an Radt-Cohn gesprochen hatte (3, 221f.). Die Beschreibung der Dingwelt, wie sie sich Benjamin in den Straßenzügen von Moskau präsentierte, ähnelt in ihrer Anordnung dem barocken Fest, das nach Richard Alewyn eine ausgedehnte und ausgewogene Komposition aus vielen Elementen darstellt.[191] Es ist daher nicht abwegig, wenn Benjamin hier einen direkten Bezug zu Kinderfesten herleitet, die er auch in seinen Arbeiten zu NEAPEL geschildert hatte. Der Bezug zu Neapel wird in seinen Moskauer Aufzeichnungen immer wieder evident, wor-

---

ten und erprobten Dispositiven des Wahrnehmens zu widmen, die durch den Aufenthalt in Moskau eine neue Erfahrungsgrundlage bekommen hatten.

190 | Heinz Brüggemann: Walter Benjamin über Spiel, Farbe und Phantasie, Würzburg 2011, S. 42f.

191 | Richard Alewyn: Das große Welttheater. Die Epoche der höfischen Feste, München 1985, S. 11.

in sich allusiv auch Lacis auszusprechen scheint, wie Romaschko bemerkt.[192]
Wie in Neapel beobachtet Benjamin auch in Moskau Armut und Not, die das
Alltagsleben vielfach bestimmen. Dass dabei ständig alles in Veränderung begriffen ist und »nichts so eintrifft, wie es angesetzt war und man es erwartet«
(IV, 329), nimmt er vielerorts wahr, so zum Beispiel auch im Viertel der Altei-
senhändler: »Die Leute haben ihre Ware einfach im Schnee liegen. Man findet
alte Schlösser, Meterstäbe, Handwerkszeug, Küchengerät, elektrotechnisches
Material. An Ort und Stelle führt man Reparaturen aus« (IV, 321). Abermals
stellt Benjamin den Laborcharakter und die Werkstattatmosphäre in den Straßen Moskaus heraus und unterstreicht dabei die spielerische und experimentelle Akzentuierung, die für seine Aufzeichnungen signifikant ist. Deutlicher
noch wird dies, wenn er das Proletarierviertel beschreibt:

> Im Straßenbilde aller Proletarierviertel sind die Kinder wichtig. Sie sind zahlreicher dort
> als in den andern, sie bewegen sich zielsicherer und geschäftiger. Moskau wimmelt von
> Kindern in allen Quartieren. Schon unter ihnen gibt es eine kommunistische Hierarchie.
> Die Komsomolzen als die ältesten stehen an der Spitze. Sie haben ihre Klubs in al-
> len Städten und sind der eigentliche geschulte Nachwuchs der Partei. Die Kleinsten
> werden – mit sechs Jahren – »Pioniere«. Auch sie sind wieder in Klubs zusammenge-
> schlossen, tragen als ein stolzes Abzeichen den roten Schlips. »Oktjahr« (»Oktobers«)
> endlich – oder auch »Wölfe« – heißen die kleinen Babys vom Augenblick an, wo sie aufs
> Lenin-Bildnis deuten können. (IV, 322)

Hatte Benjamin im Artikel NEAPEL und in der EINBAHNSTRASSE in Hinsicht
auf den Übergangsraum der Straße insbesondere das Kind vor Augen, ist es im
Essay über MOSKAU ausdrücklich das *proletarische* Kind, das seine Aufmerksamkeit in Anspruch nimmt. Wenn er später in der Kindertheaterprogrammschrift die russischen Kinderklubs erwähnt, die den Lehrsatz »das Kind lebt in
seiner Welt als Diktator« ausgebildet hätten (II, 766), dann geht dieser Hinweis
unmittelbar auf seine Beobachtungen in den Straßen Moskaus zurück, die er
in dem Aufsatz schildert. In diesem Zusammenhang erfährt der Leser auch
etwas über die Besprisorniki, die Straßenkinder, denen sich auch Lacis in Orel
gewidmet hatte, wie später noch ausführlicher zu zeigen ist. Benjamin kennzeichnet sie als »durch und durch« verwildert, misstrauisch und verbittert,
derart, dass der Erzieher gar keine andere Wahl hatte, »als selber auf die Straße
zu gehen« (IV, 322).[193] So liest sich Benjamins Kommentar im Rückblick auch

---

192 | Sergej A. Romaschko: Zur russischen Literatur und Kultur. »Moskauer Tagebuch«,
S. 355.

193 | »Aber noch immer trifft man auf die verkommen namenlos traurigen Besprisor-
nye. Tagsüber sieht man sie meistens allein; sie gehen jedes seinen eigenen Kriegspfad.
Am Abend aber stoßen sie vor grell beleuchteten Kinofassaden zu Trupps zusammen und

wie eine Hommage an Lacis und ihre erfolgreiche Kindertheaterarbeit, deren Erfahrungen er hier wohl Ausdruck verleiht, wenn er weiter ausführt:

Daß hergebrachte pädagogische Methoden mit diesen Kindermassen nie zu Rande kämen, versteht sich. Um überhaupt zu ihnen vorzustoßen, gehört zu werden, muß man schon an die Parolen der Stadt selber, des ganzen kollektiven Lebens sich so dicht und so deutlich wie möglich anschließen. Die Politik ist bei der Organisation von Scharen solcher Kinder nicht Tendenz, sondern so selbstverständlicher Beschäftigungsgegenstand, so evidentes Anschauungsmaterial wie Kaufmannsladen oder Puppenstube für die Bürgerkinder. (IV, 322f.)

Die Antwort auf die Frage, mit welchem pädagogischen Affekt in dieser kritischen Situation vorzugehen ist, findet sich, so mag es Benjamin hier sagen wollen, augenfällig und zum Greifen nah auf der Straße. Die Rede von den »Parolen der Stadt selber« bedeutet dann nichts anderes als eine Formulierung für das kollektive Leben, das ihm die russische Hauptstadt mit ihren verschiedenen Facetten allgegenwärtig vor Augen führte. Angesichts dieser Erfahrungen dürfte Benjamins Interesse an der praktischen Seite des Kommunismus einen neuen, real-anschaulichen Impuls erhalten haben, der für die spätere politisch-pädagogische Ausrichtung seiner Kindertheaterkonzeption den Begründungszusammenhang liefern sollte. Was Benjamin bei seinen Beobachtungen »allen Bildern eines noch längst nicht bezwungenen Kinderelends« zum Trotz besonders auffällt, ist die Tatsache, »wie der befreite Stolz der Proletarier mit der befreiten Haltung der Kinder zusammenstimmt« (IV, 323). Benjamin stellt dabei fest, mit welcher Unbefangenheit sich Gruppen von Kindern und Arbeitern in den Moskauer Museen bewegen:

Hier ist nichts von der trostlosen Gedrücktheit der seltenen Proletarier, die in unseren Museen sich anderen Besuchern kaum zu zeigen wagen. In Rußland hat das Proletariat wirklich Besitz von der bürgerlichen Kultur zu nehmen begonnen, bei uns kommt es mit solchem Unternehmen sich so vor, als ob es einen Einbruchdiebstahl plant. Es gibt nun freilich in Moskau Sammlungen, in welchen Arbeiter und Kinder sich wirklich bald vertraut und heimisch finden können. (IV, 323)

man erzählt den Fremden, es sei nicht gut, auf einsamem Nachhausewege solcher Bande zu begegnen. Um diese durch und durch Verwilderten, Mißtrauischen, Verbitterten zu erfassen, blieb dem Erzieher gar nichts anderes übrig, als selber auf die Straße zu gehen. Man hat in jedem Moskauer Rayon bereits seit Jahren ›Kinderplätze‹ eingerichtet. Sie unterstehen einer Angestellten, die selten mehr als eine Hilfskraft hat. Ihre Sache, wie sie es fertig bringt, an die Kinder ihres Rayons heranzukommen. Essen wird ausgegeben, es wird gespielt. Zu Anfang kommen zwanzig oder vierzig, greift aber eine Leiterin es richtig an, so können nach zwei Wochen hunderte von Kindern den Platz erfüllen.« (IV, 322)

Eine solche Sammlung stellt auch das Spielzeugmuseum dar, »das [...] eine kostbare, instruktive Sammlung russischen Spielzeugs vereinigt hat und ebenso dem Forscher wie den Kindern dient, die stundenlang in diesen Sälen herumspazieren« (ebd.).[194] In den Straßen Moskaus bemerkt Benjamin im Gegensatz zu Berlin ein Lebens- und Weltgefühl, das eine karnevaleske Logik der Umkehrung und der ständigen Vertauschung von oben und unten in Gang setzt. Und ähnlich wie es Benjamin in Neapel erlebte, sind auch in den Proletariervierteln in Moskau die Barrieren von Stand, Besitz und Alter aufgehoben. Moskaus Straßen repräsentieren genau dies, indem sie eine spezifische Form des zwanglosen Kontakts zwischen den proletarischen Kindern und Arbeitern, zwischen Kindern und Erwachsenen Wirklichkeit werden lassen sowie eine gegenseitige Durchdringung der proletarischen und bürgerlichen Kultur bewirken. So führt die proletarische Bewegung, wie sie in der russischen Metropole als praktische Seite des Kommunismus sichtbar wird, zur ideal-realen Aufhebung der hierarchischen Beziehungen und erlaubt eine besondere Art der Kommunikation. Mit einbezogen in diesen Prozess ist der »Bettel«, den Benjamin an vielen Straßenecken beobachtet: »Die Straßenecken mancher Viertel sind mit Lumpenbündeln belegt – Betten in dem riesigen Lazarett ›Moskau‹, das unter freiem Himmel daliegt. Lange flehende Reden gehen die Leute an.« (IV, 324) Dazu gehören auch die bettelnden Kinder, die sich an der Mauer des Revolutionsmuseums aufhalten (ebd.). Benjamin sieht in ihnen nicht nur »die allein Verläßlichen« (IV, 325), sondern auch die Kundigsten (IV, 324).[195] Für Benjamin sind die Bettelnden eine unveränderliche Größe im russischen Alltag, »während ringsumher sich alles verschiebt« (ebd.). Dass das Leben in Moskau von konservativen und restaurativen Zügen durchsetzt war, hatte Benjamin im MOSKAUER TAGEBUCH schon erwähnt. Benjamin war nach Moskau gekommen, um die revolutionäre Erneuerung zu sehen, entdeckte aber »unter der offiziellen Oberfläche das undurchdringliche Elementare einer Selbstorganisation [...], das ›Kreatürliche‹ (3, 232), für einen Fremden Verschlossene«,[196] so wie im »anarchistisch[en]« Neapel (IV, 309). Das russische

---

194 | 1930 sollte Benjamin dem russischen Spielzeug unter dem Titel RUSSISCHE SPIEL-SACHEN (VI, 623-625) eine eigene Betrachtung widmen, worauf zurückzukommen ist. Vgl. Walter Benjamin Archiv (Hg.): Walter Benjamins Archive. Bilder, Texte und Zeichen, Frankfurt/M. 2006, S. 56f.

195 | »Moskau müßte man kennen, wie solche Bettelkinder es tun. Die wissen zu bestimmter Zeit in einem ganz bestimmten Laden eine Ecke neben der Tür, wo sie sich zehn Minuten wärmen dürfen, wissen, wo sie an einem Tag der Woche sich zu bestimmter Stunde Krusten holen können und wo in aufgestapelten Leitungsröhren ein Schlafplatz frei ist.« (IV, 324)

196 | Sergej A. Romaschko: Zur russischen Literatur und Kultur. »Moskauer Tagebuch«, S. 356.

Leben zeigte sich eingebettet in diese elementare Kraft, die nur bedeuten konnte, dass die Revolution in Russland in Wirklichkeit noch nicht gesiegt hatte, sie konnte auch scheitern, und vieles hing davon ab, ob die Modernisierung der Gesellschaft Erfolg hatte, ob sich »im Kollektivum zivilisatorische Berechnung durchsetzt[e]« (VI, 312f.).

Unlösbar damit verbunden ist der zentrale Aspekt, dass Benjamin Moskaus gegenwärtige Ausdrucksformen als »Laboratorium« charakterisiert: »Jeder Gedanke, jeder Tag und jedes Leben liegt hier wie auf dem Tische eines Laboratoriums.« (IV, 325) Gemäß seiner politischen Positionierung, die Praxis des Kommunismus als Experimentierfeld und Möglichkeitsraum aufzufassen (4, 467), betrachtet Benjamin die Lebensgestaltung im russischen Alltag als »Versuchsanordnung« (IV, 325), die seiner Ansicht nach Moskau nicht allein betrifft, sondern vielmehr ein allgemein russisches Phänomen darstellt: »Es steckt in dieser herrschenden Passion ebensoviel naiver Wille zum Guten wie uferlose Neugierde und Verspieltheit. Weniges bestimmt heute Rußland stärker. Das Land ist Tag und Nacht mobilisiert, allen voran natürlich die Partei.« (IV, 325f.) An anderer Stelle ergänzt Benjamin seine Beobachtung über die Russen: »Sie verspielen sich über allem.« (IV, 329) In ihrer, der Eigenart des Kindes verwandten Verspieltheit machten sie »jede Stunde überreich, jeden Tag erschöpfend, jedes Leben zum Augenblick« (IV, 330). Als entscheidend stellt Benjamin hier die besondere Form der Alltagsbewältigung der russischen Bevölkerung heraus, die den Charakter des Experiments annimmt und dem kindlichen Spiel nahesteht. Ein Bezug zum Experiment ergibt sich für Benjamin auch im Hinblick auf den Moskauer Straßenverkehr: »Beförderung in der Trambahn ist in Moskau vor allem eine taktische Erfahrung. Hier lernt der Neuling sich vielleicht am ersten ins sonderbare Tempo dieser Stadt und in den Rhythmus ihrer bäurischen Bevölkerung schicken. Auch wie einander technischer Betrieb und primitive Existenzform ganz und gar durchdringen, dies weltgeschichtliche Experiment im neuen Rußland stellt eine Trambahnfahrt im kleinen an.« (IV, 330) Ist die Trambahnfahrt eine taktische Erfahrung, wird die Beförderung der Moskowiter im kleinen Schlitten zu einer taktilen Erfahrung, wie sie ausdrücklich dem Kind eignet: »Man fühlt sich wie ein Kind, das auf dem Stühlchen durch die Wohnung rutscht.« (IV, 331)

Dass der spezifische Ort der Straße Grenzüberschreitungen, vor allem durch veränderte Haltungen und Wahrnehmungsweisen, ermöglicht, darauf deutet Benjamin immer wieder hin, gerade dann, wenn er das Ineinander von privatem und öffentlichem Leben beurteilt und erklärt, dass der »Bolschewismus [...] das Privatleben abgeschafft« hat (IV, 327). Private Häuslichkeit kann sich nur der leisten, der in der Lage ist, »als Angehöriger der neuen Bourgeoisie für Tausende von Rubeln sich das alles zu erkaufen« (IV, 328). So sind die Aufenthaltsorte der Moskowiter vorwiegend »das Büro, der Klub, die Straße«, auf die sie für die Erledigung selbst von privateren Angelegenheiten angewiesen sind (ebd.). Alles Handeln geschieht, wie Benjamin formuliert, im Bann des neuen »Byt« – der neuen Umwelt, vor der nichts besteht als die Funktion des Schaffenden im Kollektivum: »Die neuen Russen nennen das Milieu den einzig zuverlässigen Erzieher.« (Ebd.) Die Straßen sind die Wohnung des Kollektivs, wie Benjamin später im Passagen-Werk notierte. Dies trifft in besonderem Maße für Moskau zu, wenn er dort schreibt: »Mehr als an jeder anderen Stelle gibt die Straße sich in ihr als das möblierte, ausgewohnte Interieur der Massen zu erkennen.« (V, 1052) Zudem zeigt sich die Straße in Moskau als der größte Repräsentant der neuen Herrschaftsordnung, die, so Benjamin, die Russen gegen die Feindschaft eines halben Erdteils installiert haben (IV, 335). In diesem, die institutionelle Kultur und Politik in Unruhe versetzenden Übergangsraum wird Benjamin während seines Aufenthalts in Moskau selbst Teil der »Umformung einer Herrschaftsgewalt«, die das russische Leben so inhaltschwer macht, wie im Essay über Moskau zu lesen ist: »Es ist so in sich abgeschlossen und ereignisreich, arm und im gleichen Atem voller Perspektiven wie ein Goldgräberleben in Klondyke.« (Ebd.) Und diese Umgestaltung benötigt dynamische und wandelbare, spielerische und bewegliche Ausdrucksformen, wie Benjamin immer wieder zu sagen scheint. Auch im Aufsatz über Moskau offenbart sich nunmehr die Straße als *Passage*, in der das Kollektivum gemeinschaftlich wirkt und handelt. So bedeutet sie auch hier eine Zwischensphäre im Verständnis eines Möglichkeitsraums, der die bewusste »Aufhebung der Geschlossenheit der Gebiete und ihrer Gebilde« (II, 467) vorsieht, die die gestaltete gesellschaftliche Umwelt und die Ausdrucksformen des Alltagslebens in ihrer Herkunft sowohl aus der Entwicklung von Technik und Material als auch des Warenverkehrs und der Organisation der gesellschaftlichen Arbeit mit einbegreift. Das sowjetische Alltagsleben, das sich insbesondere auf den Straßen Moskaus inszeniert, ist nicht anders zu denken als in Form einer experimentellen Versuchsanordnung und eines improvisatorischen Spiels, wie es gerade die Kinder auf der Straße am ehesten beherrschen. Hier gibt es ein Neben- und Miteinander, Kinder und Erwachsene sind gleichermaßen an den Bau- und Umbauarbeiten des neuen politischen und kulturellen Lebens beteiligt. Es handelt sich also hierbei um einen graduellen Übergang vom Leben zum Spiel und vice versa vom Spiel zum Leben in Gestalt eines konstruktiven Wechselverhältnisses, das dem Kommunismus Benjamins entspricht.

Das Motiv der Straße stellt nunmehr in allen Bereichen seine experimentellen Laborbedingungen heraus, die für das von Benjamin und Lacis vorgeschlagene Kindertheater von Bedeutung sind. Dazu gehören die Improvisation, die Erziehung im Kollektivum, die ihre praktisch-politische Seite nicht verschweigt, sowie die diktatorische Geste des Kindes, die das von Offenheit und fröhlicher Anarchie geprägte Miteinander im karnevalistisch anmutenden Straßenleben mitbestimmt. Von hier aus geht, speziell für das Kind, eine kollektive und damit verbundene körperliche Erfahrung einher, die Öffnung, Mischung, Dehierarchisierung nicht nur verheißt, sondern ausbildet. Für das Kindertheater, das in der vorliegenden Arbeit als Möglichkeitsraum gedacht wird, in dem die Aktualität des kindlichen Spiels im Mittelpunkt steht, erweisen sich diese Bedingungen als äußerst günstig. Nur so entsteht in der künstlerischen Produktion wirklich Innovatives.

Teil II

Russische Avantgarde und das Kindertheater von Asja Lacis

Zur Position der russischen Avantgarde

Nach neueren Untersuchungen wird die russische Avantgarde, wie Boris Groys bemerkt, als »Übergang von der autonomen Kunst zum künstlerischen Aktivismus«, der von den russischen Konstruktivisten nach dem Ende des Bürgerkriegs bzw. zu Beginn der 1920er Jahre propagiert wurde, aus heutiger Sicht »als Übergang von der Kunst zum Design« interpretiert.[1] Zwischen dem gegenwärtigen Design und demjenigen des russischen Konstruktivismus ist dennoch ein wesentlicher Unterschied auszumachen. Während Ersteres, Groys zufolge, »innerhalb einer bestimmten, fest etablierten politischen und ökonomischen Ordnung« operiert und sich aufgrund dessen nur partielle Aufgaben stellt, ohne das Ganze des Lebens infrage zu stellen, zielte der russische Konstruktivismus darauf, der ganzen Gesellschaft neues Leben einzuhauchen.[2] Im Vergleich zur symbolistischen Kunst der Jahrhundertwende, die nach Groys »als eine dekadente, müde Kunst« und »als Ausdruck der Sehnsucht nach dem Tode wahrgenommen wurde«,[3] präsentierte sich die russische Avantgarde als wesentlich kämpferischer und strebte einen Prozess der Umwälzung und Erneuerung in allen Bereichen der Kunst Russlands an.[4] Für die Theoretiker und Künstler der russischen Avantgarde war dabei nicht

---

1 | Die russischen Kunstbewegungen damaliger Zeit wie Futurismus, Suprematismus oder Konstruktivismus werden nach Boris Groys heutzutage üblicherweise unter dem allgemeinen Begriff der russischen Avantgarde subsumiert. Boris Groys: Im Namen des Lebens, in: Ders./Aage Hansen-Löve (Hg.) unter Mitarbeit von Anne von der Heiden: Am Nullpunkt. Positionen der russischen Avantgarde, Frankfurt/M. 2005, S. 11-22, hier S. 12 u. 13f.
2 | Ebd., S. 14.
3 | Ebd., S. 12.
4 | Ebd., S. 11.

die Erfahrung des Ersten Weltkriegs entscheidend, sondern die der Oktober-revolution, die sie vorbehaltlos begrüßten, wie Groys erklärt. Seiner Ansicht nach bedeutete für sie die Revolution »den Nullpunkt der politischen, sozialen und ökonomischen Ordnung« in Russland.[5] Mit der Oktoberrevolution war die Vergangenheit politisch und ökonomisch entmachtet. Vor allem drückt dies das *Schwarze Quadrat* von Kasimir S. Malewitsch aus, das von ihm selbst als Nullpunkt der Kunst sowie als Nullpunkt des Lebens aufgefasst wurde.[6] Bemerkenswert ist, dass sich die Kunst der russischen Avantgarde weniger gegen die politische Situation richtete; sie war keine Arbeit des politischen Protests gegen die tote Vergangenheit, wie sie mit beispielloser Radikalität von der Kommunistischen Partei geleistet wurde.[7] Die russische Avantgarde trat zunächst auch nicht kritisch gegenüber der neuen politischen Sowjetmacht auf, da dies eher einen Rückschritt bedeutet hätte und nicht der futuristischen Grundstimmung der neuen Kunst entsprach: »Revolutionär zu sein bedeutete für sie vielmehr, affirmativ zu sein in Bezug auf die herrschende revolutionäre Macht.«[8] Die neue Kunstform des Konstruktivismus, zu der sich die meisten aus dem Milieu der russischen Avantgarde hingezogen fühlten, sollte sich am Aufbau der neuen, zukünftigen Gesellschaft aktiv beteiligen. Daraus resultierte die Forderung, die Autonomie der Kunst radikal zu verabschieden und direkt am Leben anzuknüpfen. Aus diesem Grund beanspruchte das Projekt des russischen Konstruktivismus, ein totales Projekt zu sein, das der Bemühung geschuldet war, das Leben als Ganzes erneuernd umzugestalten. Dies ergab sich aus der Tatsache, dass die Kommunisten den Kunstmarkt abgeschafft hatten, was in den Manifesten der russischen Konstruktivisten zum Ausdruck kam.[9]

---

5 | Ebd., S. 13.

6 | Ebd., S. 11f.

7 | Ebd., S. 13.

8 | Ebd.

9 | So schrieb Alexej Gan in seinem programmatischen Text aus dem Jahre 1922: »Die Wirklichkeit nicht abbilden, nicht darstellen und nicht interpretieren, sondern real bauen und die Planaufgaben der neuen aktiv handelnden Klasse ausdrücken, also des Proletariats, das ›das Fundament der künftigen Gesellschaft baut, und zwar als Klassensubjekt, als organisierte Kraft, die einen Plan und den starken Willen hat, diesen Plan umzusetzen, allen Hindernissen zuwider‹ / Gerade heute, da die proletarische Revolution gesiegt hat und ihr zerstörerisch-schöpferischer Marsch die eisernen Schienen immer weiter in eine organisierte Kultur mit einem grandiosen Produktionsplan hineinverlegt, müssen alle – der Meister der Farbe und Linie, der Kombinator dreidimensionaler Raumkörper und der Organisator der Massenspiele – Konstruktivisten sein, die am gemeinsamen Werk des Aufbaus und der Bewegung millionenstarker Menschenmassen

Der Aufforderung an die Kunst- und Theaterschaffenden inhärent ist die offensive Kritik an der Politik der Partei, die Alexej Gan als konservativ und restaurativ charakterisierte. Als Theoretiker des Konstruktivismus wandte er sich vehement gegen die Haltung der ästhetischen Neutralität gegenüber den verschiedenen Kunstrichtungen, die die Sowjetmacht in ihrem frühen Stadium eingenommen hatte, und plädierte, in Aussicht auf eine zukünftige kommunistische Gesellschaft im Sinne einer politisch-ökonomischen Einheit, auch für eine vereinheitlichte Ästhetik.[10] Die Konstruktivisten vermissten zunehmend die ästhetisch-politische Frage seitens der Partei und erkannten darin eine nicht nur theoretische, sondern auch praktische Lücke, die es von ihrer Seite aus zu füllen galt. Für die Künstler des russischen Konstruktivismus bedeutete dies ein starkes Motiv, sich für die ästhetische Gestaltung des ganzen sowjetischen Lebens verantwortlich zu fühlen.[11] Vor dem Hintergrund der verschärften Bedingungen, mit denen die Künstler der russischen Avantgardebewegung konfrontiert waren, lässt sich das *Schwarze Quadrat* von Malewitsch auch als schwarze Fahne der Anarchie betrachten.[12] Anfang der 1930er Jahre definierte Malewitsch Groys zufolge die Kunst immer öfter »als Manifestation des Festes, des Sonntags, der Pause inmitten eines das Leben immer stärker bestimmenden Arbeitsalltags«, worin er eine universelle, überzeitliche Bedeutung der Kunst wahrnahm:

Die Arbeit verändert die Welt, aber die Unterbrechung der Arbeit, die Pause in der Arbeitsanstrengung, ist zu allen Zeiten gleich. Die Arbeit unterwirft den Menschen der Zeit – der Streik befreit ihn zur Ewigkeit. Dabei hat jedes Fest wie jeder Streik eine gewaltsam grausame Seite.[13]

Nach Groys ergibt sich hieraus eine enge Verbindung zu dem Sprach- und Literaturwissenschaftler und Philosophen Michail M. Bachtin, der ungefähr zur gleichen Zeit den Karneval als »fröhlich-grausame Unterbrechung« des Arbeitsalltags feiert: »Der totalen Gewalt des sozialistischen Aufbaus stellen

---

arbeiten.« Alexej Gan: Der Konstruktivismus, in: Boris Groys/Aage Hansen-Löve: Am Nullpunkt, S. 277-365, hier S. 335.

10 | Boris Groys: Im Namen des Lebens, S. 15f.

11 | Indem sie dies taten, stellten sie den Machtanspruch der Partei rigoros infrage, denn nur der Partei stand es zu, die Menschenmassen zu bewegen. Und da sie keineswegs bereit war, auf diese Vorrangstellung zugunsten einer Gruppe konstruktivistischer Künstler zu verzichten, löste die KP im Jahre 1934 alle künstlerischen Gruppierungen im Lande auf und führte die allgemein verpflichtende Arbeitsweise des »Sozialistischen Realismus« ein. Ebd.

12 | Ebd., S. 22.

13 | Ebd.

beide Autoren die noch größere Gewalt des reinen, unproduktiven Lebens entgegen, die alle Arbeitsanstrengung zunichte macht und die Welt immer wieder zurück auf den Nullpunkt bringt.«[14]

Als Kritiker des sowjetischen Lebens und Bewusstseins entwarf Bachtin Gegenmodelle, die er aus der russischen und europäischen Vergangenheit schöpfte.[15] Seine Erfahrung der postrevolutionären Avantgarde in Russland, sein Eindruck von der drohenden Versteinerung des Systems der Stalinära in den 1930er Jahren bereiteten seine Untersuchung zu François Rabelais vor, »als erste[n] Schritt im großen Unterfangen, die volkstümliche Lachkultur zu erforschen«, wie Renate Lachmann bemerkt.[16] Dabei verfolgte er, so Lachmann, zum einen »die Neulektüre des *Gargantua und Pantagruel*, die die Schlacken der puritanisch-puristischen und moralisierend-offizialisierenden ›Fehldeutungen‹ wegräumt und das Werk wieder freilegt im Sinnzusammenhang der Renaissance, jener einzigartigen Periode einer ›Annäherung von Volkskultur und Hochkultur‹, zum anderen die Rekonstruktion dieser Volkskultur in ihren verbalen, gestischen und rituellen Ausdrucksformen« anhand der Analyse des Rabelais'schen Romans.[17] Bachtin las Rabelais als Repräsentanten eines Umbruchs, in dem er den aktuellen seiner Zeit erkannte, was die elementare verwandtschaftliche Beziehung zwischen seinem *Rabelais und seine Welt* und dessen *Gargantua und Pantagruel* erklärt.[18] Speziell in Bachtins Kernkonzept einer ›Karnevalisierung der Literatur‹, das eine zutiefst ideologiekritische Absicht verdeckt,[19] findet sich nach Peter von Möllendorff der bedeutsame Zusammenhang zwischen Fest und literarischem Text, der eine Verbindung

---

14 | Ebd.

15 | Michail Bachtin: Literatur und Karneval. Zur Romantheorie und Lachkultur, übers. und mit einem Nachwort von Alexander Kaempfe, München 1969, S. 147.

16 | Michail Bachtin: Rabelais und seine Welt. Volkskultur als Gegenkultur, übers. von Gabriele Leupold, hg. und mit einem Vorwort von Renate Lachmann. Frankfurt/M. 1995, S. 7. Nach Lachmann kannte Bachtin aber auch den römischen Karneval des ausgehenden 18. Jahrhunderts, und zwar aus J.W. von Goethes *Das römische Carneval*. »Bachtin greift auf Goethes Beschreibung, die ihn in vielen Aspekten fasziniert, zurück, auch wenn er die Unterschlagung der ›kosmischen‹ Dimension beklagt. Seine Hauptquelle aber ist [...] Rabelais' Roman.« Ebd., S. 12.

17 | Ebd., S. 7.

18 | Nach Lachmann entstammt jeder der beiden (Bachtin und Rabelais) einem Zeitalter der Revolution und jeder entwickelt einen besonders offenen Sinn für den Text. Ebd., S. 8.

19 | »Nicht nur in der lichtdurchfluteten Renaissance, selbst im dunklen Mittelalter gab es, neben der Kultur des offiziellen Ernstes, eine Lachkultur – in der sowjetischen Gegenwart (von 1940) gibt es sie nicht. Die Sowjetkultur will eine Kultur des Volkes sein. Das Volk aber hat seit der Antike gelacht – wider alle Schicklichkeiten und Autorität. Soll

von Ästhetik und Lachen hervorruft.[20] Hierin bestimmt Bachtin die Formen
und Funktionen des Karnevalslachens, die er nicht mehr nur im Zusammenhang der römisch-katholischen Kirche und des Heiligen Römischen Reichs
in der Renaissance ergründet, sondern auch auf den Stalinismus überträgt.[21]
Die Überlegungen vom Festcharakter der Kunst als Unterbrechung des Arbeitsalltags, die Malewitsch und Bachtin formulierten, scheinen auch Benjamin nicht entgangen zu sein, der den Fokus seiner Konzeption vom Kindethe-
ater gerade auf den »Karneval in alten Kulten« und auf die »Aufführung« als
»große schöpferische Pause« (II, 768) lenkt, wovon später ausführlicher die
Rede sein wird.

KONSTRUKTIVISMUS UND MONTAGE

Gan schrieb 1922 in seinem *Konstruktivismus*-Buch: »Der Konstruktivismus
ist ein Produkt unserer Tage. Er entstand 1920 im Milieu der linken Maler
und Ideologien der ›Massenspiele‹.«[22] Kennzeichnend für den Konstruktivismus sind nach Gan die Disziplinen Tektonik, Faktur und Konstruktion, mit
denen man, folgt man seinen Ausführungen, »aus der Sackgasse des ästheti-
sierenden Professionalismus der traditionellen Kunst herauskommt und den
Weg einschlägt, auf dem die neuen Aufgaben der künstlerischen Tätigkeit
in der jungen kommunistischen Kultur zweckmäßig erfüllt werden«.[23] Gans
Parole der Bewegung lautete: »Ohne Kunst, allein durch intellektuell-materi-
elle Produktion, stellt sich der Konstruktivismus ins proletarische Glied für
den Kampf mit der Vergangenheit und um die Eroberung der Zukunft.«[24]
Nach Jörg Bochow war das Programm der Konstruktivisten in vieler Hinsicht
radikaler als das der Kubisten, der Suprematisten und der Literaten der *Levy
Front* (LEF).[25] Einem Manifest gleich formulierte Gan in seiner Broschüre *Konstruktivismus* die Thesen der Bewegung, die fortan »der spekulativen Tätigkeit in der künstlerischen Arbeit« »den unversöhnlichen Krieg« erklärten.[26]

---

ausgerechnet im ersten sozialistischen Volksstaat der Welt sein Lachen verstummen?«
Michail Bachtin: Literatur und Karneval, S. 140.

20 | Peter von Möllendorff: Grundlagen einer Ästhetik der Alten Komödie. Untersu-
chungen zu Aristophanes und Michail Bachtin, Tübingen 1995, S. 7.

21 | Michail Bachtin: Rabelais und seine Welt, S. 9.

22 | Alexej Gan: Der Konstruktivismus, S. 279.

23 | Ebd., S. 339.

24 | Ebd., S. 340.

25 | Jörg Bochow: Das Theater Meyerholds und die Biomechanik, hg. vom Mime Cen-
trum Berlin, Berlin 1997, S. 75.

26 | Alexej Gan: Der Konstruktivismus, S. 301.

Die Überwindung der traditionellen Kunst erhoffte sich Gan insbesondere durch das konstruktivistische Prinzip der Montage, das in allen Teilbereichen der Kunst Anwendung finden sollte und darauf abzielte, die Kunst insgesamt zu revolutionieren.[27] Indes verkündete er als einer der Ersten den Tod der Kunst und forderte den radikalen Austausch ästhetisch-künstlerischer Aspekte durch technisch-organisatorische Konstrukte.[28] Schöttker zufolge hatte der in Russland entstandene Konstruktivismus mit den Theorien und Werken von Le Corbusier und der niederländischen »De Stijl«-Gruppe auch westeuropäische Wurzeln.[29] So habe Lásló Moholy-Nagy 1923 in einem Brief an Alexander Rodschenko erwähnt, dass das Wort Konstruktivismus »in Deutschland in der letzten Zeit außerordentlich bekannt geworden« sei.[30] Die Konstruktivisten wollten Kunst und Technik miteinander verbinden: »Das Kunstwerk sollte wie ein industrielles Produkt aus vorgefertigten Teilen zusammengesetzt werden und gesellschaftliche Funktionen haben.«[31] In einer *Erklärung der internationalen Fraktion der Konstruktivisten* von 1922 heißt es: »Die Kunst ist ebenso wie die Wissenschaft und Technik eine Organisationsmethode des allgemeinen Lebens.«[32] Ähnlich äußerte sich Walter Gropius 1925 nach der Hinwendung des Bauhauses zum Konstruktivismus: »Das Kunstwerk ist immer auch ein Produkt der Technik.« Als solches habe es »im geistigen wie im materiellen Sinne genauso zu ›funktionieren‹ wie das Erzeugnis eines Ingenieurs«.[33]

Im Vorgriff auf eine bessere Zukunft verweist der Begriff Konstruktivismus auf den komplexen Umgestaltungsprozess der proletarischen Kulturrevolution, die sich die fundamentale Neugestaltung der Sowjetunion zum Ziel gesetzt hatte, wozu auch das Theater gehörte.[34] Das Theater im professionellen, westlichen Sinn war für Russland – wie die gesamte westliche Kunst – ein relativ neues Phänomen.[35] Das russische Theater begann sich erst nach der Mitte

---

27 | Selbst in seiner *Konstruktivismus*-Broschüre versuchte Gan, die typographische »›Montage‹« anzuwenden, die aus dieser ein Buchobjekt machte, das jene Dinglichkeit verkörperte, die dem Programm des Konstruktivismus entsprechend die herkömmliche Kunst durch die organisierte Produktion von technisch-maschinellen Konstruktionen ersetzen sollte. Alexej Gan: Der Konstruktivismus, in Boris Groys/Aage Hansen-Löve (Hg.): Am Nullpunkt, S. 356.

28 | Ebd.

29 | Detlev Schöttker: Konstruktiver Fragmentarismus, S. 156.

30 | Ebd.

31 | Ebd.

32 | Ebd.

33 | Ebd., S. 157.

34 | Jörg Bochow: Das Theater Meyerholds und die Biomechanik, S. 7ff.

35 | Während das Volkstheater in Form von »skomoroki« (wandernden Sängern und Clowns) und von »balagan« (volkstümlichen Schwänken, ähnlich dem Kasperle- und

des 19. Jahrhunderts durch Autoren wie Alexander Ostrowsky, Alexei Tolstoi und Anton Tschechow zu etablieren. Entsprechend spät entstanden Bühnenbilder und Kostümentwürfe für das professionelle Theater.[36] Die Theaterkunst der russischen Avantgarde, die sich im Zeitraum von 1890 bis 1930 entwickelte, bedeutete mehr als Ballett, Oper und Theater. Zirkus, Film, Massenveranstaltungen, Kabarett und Operette, sie alle dienten den Experimenten der Künstler und Regisseure, zu denen Wsewolod E. Meyerhold, Nikolaj Oklopkow, Alexander J. Tairow und Jewgeni B. Wachtangow zählten.[37] So schätzte beispielsweise Meyerhold den Zirkus höher ein als das Theater,[38] während Tairow um ein Theater bemüht war, das ohne Dichtung auskam.[39] Insgesamt rückte die Erneuerung der mimischen Kunst in den Mittelpunkt der Bühnenversuche, zugleich vollzog sich eine Retheatralisierung der alten komödiantischen Theaterformen Europas und des Orients.[40]

Das russische Avantgardetheater wird 1927 von Erik Gollerbach als »Spektakel« beschrieben; er beobachtete, dass »revolutionäres Theater sich von seinen Vorgängern im 19. Jahrhundert durch die Tugend des Strebens nach Konstruktion, weg von der Dekoration, nach raumgreifender Architektur, weg vom gerahmten Bild, unterschied«.[41] Andere Autoren schildern die Dekoration der russischen Avantgardebühne als ein »Spinnennetz« und die dadurch entstehende künstlerische Wechselwirkung zwischen Schauspieler und Zuschauer als einen »Schock«.[42] Obwohl das russische Theater, wie das westeuropäische, keine Synthese der unterschiedlichen Kunstrichtungen kannte, diese jedoch potentiell einschloss, ähnelte das neue Theater dem Kritiker

Puppentheater) seit Jahrhunderten existierte, gab es das dramatische Theater wie auch den Zirkus in Russland erst seit dem späten 18. Jahrhundert, die beide vor allem durch das besondere kulturelle Interesse von Katharina der Großen gefördert wurden. Heinz Spielmann (Hg.): Die russische Avantgarde und die Bühne 1890-1930 (Ausstellungskatalog), Schleswig 1991, S. 8.

36 | Ebd.

37 | Ebd., S. 7.

38 | Anatoly Lunacharsky: Teatr segodnja, Moskau/Leningrad 1928, S. 1071, zitiert nach Heinz Spielmann (Hg.): Die russische Avantgarde und die Bühne 1890-1930, S. 8.

39 | Alexander Tairow: Das entfesselte Theater. Aufzeichnungen eines Regisseurs, Berlin 1989, S. 16.

40 | Ebd., S. 18.

41 | E. Gollerbach/A. Golowin/L. Shewershew: teatralno – dekorazionnoe iskusstwo w SSSR 1917-X 1917, Leningrad 1927, S. 39, zitiert nach Heinz Spielmann (Hg.): Die russische Avantgarde und die Bühne 1890-1930, S. 20.

42 | W.R. Fuerst/S.J. Hume: Twentieth-Century Stage Dekoration, Bd. 1, New York 1967 (1929), S. 76, zitiert nach Heinz Spielmann (Hg.): Die russische Avantgarde und die Bühne 1890-1930, S. 7.

Wladimir Pias zufolge einer Konstruktion als einer »Häufung von unzusammenhängenden Einzelteilen«.[43] Auch das Theater griff nunmehr die Praxis der Montage für seine Zwecke auf, wo sie zum zentralen Gestaltungsprinzip avancierte.

ASJA LACIS' BERÜHRUNG MIT DER AVANTGARDEBEWEGUNG

Dass Lacis mit den Manifesten der russischen Avantgarde vertraut war, darf vorausgesetzt werden. Zweifellos gehörte sie zu der konstruktivistischen Bewegung, die politische, ökonomische und künstlerische Programme zum Aufbau eines besseren menschlichen Lebens entwickelte. Der erste Kontakt mit der russischen Avantgarde entstand in der Zeit, als sie im Herbst 1912, nach dem Abschluss des Gymnasiums in Riga, an der Allgemeinbildenden Fakultät des Psychoneurologischen Instituts von Wladimir Bechterev in St. Petersburg studierte.[44] Entscheidende Impulse für ihre spätere künstlerische Laufbahn erhielt sie hier durch die Auftritte des Dichters Wladimir Majakowski, die experimentelle Theaterarbeit von Meyerhold und Nikolaj Evreinov, der später ihr Theaterlehrer werden sollte.[45]

Paškevica stellt in ihrer Studie heraus, dass Lacis aufgrund ihrer politischen Grundsätze und theaterpraktischen Erfahrungen für die Entwicklung der russischen Avantgarde eine bedeutsame Stellung eingenommen hat. Als Schauspielerin, Kritikerin und Theaterregisseurin war sie maßgeblich an einer Neukonstruktion der sowjetischen Kunst- und Kulturszene beteiligt, die sich in produktiver Weise mit dem gesellschaftlichen Leben zu durchdringen suchte.[46] Nicht umsonst sah sich Lacis in der Rolle der Revolutionärin und machte sie sich zur Profession, auch wenn ihre Beschreibung der Revolutionsstimmung nach Paškevica »unter dem Einfluß der späteren Glorifizierung der Revolutionsereignisse in der Sowjetunion« als betont stilisiert erscheinen.[47] Noch Jahre später hielt sie in ihren Erinnerungen im Kontext ihrer proletarischen Theaterarbeit mit Kindern in Orel im Jahre 1918/19 fest: »Als ich die ersten Aufrufe ›An alle, an alle!‹, unterzeichnet von Lenin, an den Mauern der

---

43 | Wladimir Pias: Teatr slowa I teatr dwishenja, in: K. Erberg (Hg.): Iskusstwo staroe i nowoe, Petersburg 1921, S. 80, zitiert nach Heinz Spielmann (Hg.): Die russische Avantgarde und die Bühne 1890-1930, S. 8.

44 | Beate Paškevica: In der Stadt der Parolen, S. 24. Lacis blieb laut Studienbuch drei Semester am Neurologischen Institut in St. Petersburg, vermutlich ohne einen Abschluss zu machen.

45 | Ebd., S. 27.

46 | Ebd., S. 9.

47 | Ebd., S. 44.

Häuser las, war ich ganz für die Sowjetmacht. Ich wollte ein guter Soldat der Revolution sein und unter ihrer Führung das Leben verändern, und das Leben veränderte sich ringsum [...].«[48]

Dass sie sich auch bei ihrer Arbeit als »ein guter Soldat der Revolution« verstand, daran besteht nach Brenner jedoch kein Zweifel.[49] Als sie begann, ihre Eindrücke und Kenntnisse, die sie durch Künstler und Theaterregisseure des russischen Konstruktivismus erworben hatte, produktiv umzusetzen, war es an erster Stelle das Kindertheater, dem diese zukamen. In den Tagen der Oktoberrevolution, in denen sie sich für die Durchführung freier Kindertheaterarbeit in Orel entschloss, erlebte sie Massentheaterinszenierungen revolutionärer Stücke unter freiem Himmel nach dem Vorbild von Meyerholds Petrograder Inszenierung der »Eroberung des Winterpalais«, aus der sich die neue Dramaturgie des Sowjettheaters ergab.[50] Dabei erfasste Lacis die neue Aufgabe des Regisseurs, der nunmehr zum Dirigenten der Massen wurde. In seiner neuen Rolle strukturierte er das Gesamtarrangement vor und legte die Agitationsstrategie fest. Innerhalb dieses Rahmens bestimmte dann die spontane Improvisation den Verlauf; Texte waren nur skizzenhaft festgelegt, bemerkt Manfred Brauneck.[51]

Auch die Kindertheaterarbeit von Lacis nimmt Bezug auf die Prinzipien, wie sie von den konstruktivistisch inspirierten Theaterkünstlern in diesen Jahren gefordert und eingeführt wurden. Als sie Benjamin 1924 auf Capri kennenlernte und ihm von ihrer Praxis im Kindertheater erzählte, konnte sie sich bereits auf ihre professionellen Erfahrungen, die im Horizont des Konstruktivismus an der Schnittstelle zwischen der auf Meyerhold rekurrierenden Theateravantgarde und dem proletarischen Theater angesiedelt waren, beziehen. Insgesamt befruchteten die vom Konstruktivismus beeinflussten Kunst- und Theaterkonzepte der russischen Avantgarde, die die soziale Atmosphäre der Zeit zum Ausdruck brachten, die Idee von der Eingliederung eines neuen Menschen in den Aufbau einer neuen sozialistischen Gesellschaft. Wie es Gropius für das Kunstwerk beansprucht hatte, erforderte auch das Theaterkunstwerk eine Hinwendung zur Technik, die vom Theater verlangte, Produktionsstätte zu sein. Damit einher ging eine Auffassung vom Schauspieler, der den veränderten Bedingungen folgen und im neuen System Theater erzogen werden sollte. Daraus ergab sich für die konstruktivistische Bühne die ästhetische Am-

---

48 | Asja Lacis: Revolutionär im Beruf, S. 24.

49 | »Die Entschiedenheit, mit der sie ihren Beruf als revolutionäre Tätigkeit auffaßte, verbunden mit außergewöhnlicher Integrität, konnte auch eine zehnjährige politische Haft im eigenen Land nicht brechen.« Ebd., S. 133.

50 | Ebd., S. 24.

51 | Manfred Brauneck: Theater im 20. Jahrhundert. Programmschriften, Stilperioden, Reformmodelle, Reinbek bei Hamburg 1998, S. 320f.

bition, die vom Theaterschaffenden erwartete, Ingenieur zu sein.[52] Benjamin scheint sich auf den Bahnen der russischen Avantgarde zu bewegen, wenn er Lacis in der Widmung der EINBAHNSTRASSE »Ingenieur« (IV, 83) nennt bzw. aufgrund ihrer theaterpraktischen Kenntnisse und konstruktivistischen Verfahrensweisen in ihr einen solchen zu sehen glaubt.[53]

MEYERHOLDS THEATERWERKSTATTKONZEPT

Im Zusammenhang der dramaturgischen Prinzipien, die Lacis kennenlernte, ist hier zunächst das experimentelle Theaterkonzept von Meyerhold zu nennen, für dessen neuartige Methoden sie sich begeisterte.[54] So ist zu fragen, welche konkreten theaterästhetischen Impulse explizit von Meyerhold ausgingen, die Lacis verinnerlichte und später für ihre Kindertheaterarbeit produktiv einsetzte. Dabei genügt es nicht, die wenigen Eindrücke und Beobachtungen von Lacis im Hinblick auf das Theater Meyerholds darzulegen, vielmehr bedarf es einer genaueren Auseinandersetzung mit den Maximen seines Theaterstils, die hier im Abriss skizziert werden sollen.

Nachdem Meyerhold im Jahre 1908 die langjährige Zusammenarbeit mit dem von Konstantin Stanislawski geleiteten Moskauer Künstlertheater aufgegeben hatte, gründete er 1913 in St. Petersburg eine eigene Theaterwerkstatt, in der er bis 1917 tätig sein sollte. Als extremer Modernist, als der er mittlerweile galt, war er bestrebt, das illusionistisch geprägte Theater von Grund auf zu erneuern.[55] Diese erste, vorrevolutionäre Phase von Meyerholds Theaterarbeit war gekennzeichnet von heftiger Polemik gegen den Naturalismus auf dem Theater, die er in seinen Vorträgen und Schriften als Kritik am Theater- und Schauspielstil Stanislawskis und dessen Schule äußerte.[56] Meyerhold war von Tschechow beeinflusst, der Stanislawskis Realitätskonzept kritisierte und stattdessen von der Bühnenkunst eine bestimmte Bedingtheit verlangte, die eine

---

52 | Ebd., S. 13 u. 15.

53 | Im Jahr 1935 erwähnt Benjamin in seinem Essay PARIS, DIE HAUPTSTADT DES XIX. JAHRHUNDERTS den Begriff des Ingenieurs, der, wie er schreibt, »aus den Revolutionskriegen stammt«, und stellt ihn hier in den Zusammenhang mit dem technischen Prinzip der Konstruktion (V, 46).

54 | Asja Lacis: Revolutionär im Beruf, S. 24f.

55 | Jörg Bochow: Das Theater Meyerholds und die Biomechanik, S. 21.

56 | Ebd. Stanislawski stand den alten Formen des bürgerlichen Illusionstheaters nahe; sein Ansatz, das Theater nach dem Konzept »Wie-im-Leben« zu gestalten, stieß bei Meyerhold auf schärfste Kritik. Meyerhold fasste seine Kritik in dem 1906 erschienenen Buch *Naturalistisches Theater und atmosphärisches Theater* zusammen. Manfred Brauneck: Theater im 20. Jahrhundert, S. 316.

wirklichkeitsnahe Dramaturgie verhindern sollte.[57] Infolgedessen bezeichnete Meyerhold seinen eigenen Theaterentwurf als »bedingtes« Theater, wobei er sich auf die Traditionen des westeuropäischen Volkstheaters und des Mysterienspiels des späten Mittelalters sowie auf die der barocken Wanderbühnentruppen bezog.[58] Das ideale Volkstheater sah Meyerhold in den Jahrmarktspektakeln des 17. Jahrhunderts verwirklicht, im Besonderen in der »Einbeziehung vieler Menschen in das Spiel« und dem Bezug des Theaters zu den Themen und Bedürfnissen der einfachen Leute. Mit seiner Inszenierungspraxis verfolgte er das Ziel, einen neuen Schauspielertypus herauszubilden, der das Theater von innen her umgestalten sollte.[59] Diese Grundlagen der Biomechanik, wie Meyerhold seine Technik der szenischen Bewegungen nannte und zur Erforschung der Gegebenheiten des menschlichen Organismus ausarbeitete, zielten darauf, die Erschaffung eines neuen Menschen zu befördern, der in seinen Bewegungsoffenbarungen den Bedingungen der neuen, mechanischen Lebensweise entsprechen sollte.[60] Die Biomechanik Meyerholds war ein Ausbildungs- und Spielsystem für Schauspieler, das sich gegen die naturalistische, traditionelle Darstellungsform des Erlebens, der Einfühlung und Identifikation des Schauspielers in die künstlerische Gestalt (Rollenfigur) wandte.[61] Zudem suchte Meyerhold nach neuen Möglichkeiten, die ›Als-ob-Situation‹ und die imaginäre ›vierte Wand‹ zwischen Darstellern und Zuschauern aufzugeben und das Verhältnis von Bühne und Zuschauerraum nach neuen Gesetzmäßigkeiten zu gestalten.[62] Hierzu experimentierte er mit Formen der Commedia dell'arte und des traditionellen japanischen Kabukitheaters und stützte sich auf Ideen und Ideologien des modernen Technologie-Zeitalters. Das Üben der Techniken der Commedia dell'arte hatte für Meyerhold keineswegs restaurative Ziele. Deren Formen waren für ihn vielmehr ein Mittel zum Erlernen der Gesetze des Theaters und der praktischen Aneignung der schauspielerischen Fähigkeiten, woraus sich die Grundelemente der späteren Biomechanik herausbildeten. Im Hinblick auf den historischen Kontext ist die Biomechanik nicht abzulösen vom paradigmatischen Neuansatz europäischer Kunstkonzepte seit der Jahrhundertwende. »Rußlands bedeutendster Regisseur« (IV, 481), wie

---

57 | Jörg Bochow: Das Theater Meyerholds und die Biomechanik, S. 21.

58 | Manfred Brauneck: Theater im 20. Jahrhundert, S. 316 u. 317.

59 | Jörg Bochow: Das Theater Meyerholds und die Biomechanik, S. 12ff.

60 | Ebd.

61 | »Der ungeschminkte, biomechanisch trainierte Schauspieler in seiner Einheitskleidung war Prototyp und Lehrmeister des proletarischen Publikums.« Anja Hellhammer: Theater der Revolution – Revolution des Theaters, in: Elmar Buck (Hg.): Theateroktober. Russische Avantgarde 1917-1931 (Ausstellungskatalog), Köln 2006, S. 30-34, hier S. 30.

62 | Jörg Bochow: Das Theater Meyerholds und die Biomechanik, S. 20.

Benjamin Meyerhold in seinem Bericht DISPUTATION BEI MEYERHOLD nannte, hatte selbst in Bezug auf seine eigene Theorie und Praxis wiederholt auf Einflüsse anderer Theaterrevolutionäre wie Gordon Craig, Georg Fuchs und Max Reinhardt hingewiesen.[63]

Merkmale des bedingten, stilisierten Theaters von Meyerhold waren vor allem eine schlichte gestisch-mimische Technik, die den Schauspieler von der Fixierung auf eine zweidimensionale, gemalte Dekoration befreite und durch einfache Bühnenelemente einen wirklichen Bühnenraum erzeugte. Meyerhold lehnte die komplizierte Theatermaschinerie ab und verlangte nach einfach gestalteten Inszenierungen. Der Schauspieler sollte unabhängig von Dekorationen sein Spiel spielen können. Die technifizierte Bühne schien ihm natürlicher als jedes gemalte Kulissenarrangement. Bedingt war das neue Theater auch deshalb, weil die Spielfläche in der Höhe dem Zuschauerraum angepasst und dadurch die räumliche Trennung zwischen Schauspielern und Zuschauern aufgehoben wurde, was eine aktive Beteiligung des Zuschauers an der Aufführung möglich machte.[64] Durch extreme Rhythmisierung der Sprache sowie die körperlichen Aktionen des Schauspielers rückte die Darstellung in die Nähe des Tanzes.[65]

MEYERHOLDS PRINZIPIEN DES THEATRALEN

Ihren Erinnerungen nach lernte Lacis die Theaterpraxis von Meyerhold in dessen neu eingerichtetem Theaterstudio kennen.[66] Einige Bemerkungen von ihr weisen dezidiert daraufhin, dass sie die neuen Prinzipien seiner Theaterarbeit kannte. So hebt sie zum Beispiel seine »Theorie des Arrangements« hervor,[67]

---

63 | Ebd., S. 19.

64 | »Das stilisierte Theater bringt eine Aufführung hervor, die der Zuschauer mittels seiner Phantasie schöpferisch vollenden muß, die Anspielungen, die von der Bühne gegeben werden, ergänzend.« Wsewolod E. Meyerhold: Schriften. Aufsätze, Briefe, Reden, Gespräches. Bd. 1, Berlin 1979, S. 123.

65 | Meyerhold hatte sich in der Petersburger Zeit mit Émile Jacques-Dalcroze auseinandergesetzt und erkannte die Bedeutung des Rhythmus in dessen Arbeit. Der Zusammenhang von Musik und Bewegung, den er als wichtigen Aspekt in der Arbeit bei Jacques-Dalcroze wahrnahm, wurde fortan auch zum Zentrum seiner Schauspieltechnik. Jörg Bochow: Das Theater Meyerholds und die Biomechanik, S. 67f.

66 | Dass Lacis die konkrete Studioarbeit bei Meyerhold miterlebte und sich seine Arbeitsmethoden und Schauspieltechniken aneignen konnte, bleibt hypothetisch. Nach Paškevica gibt es keinen dokumentarischen Beleg dafür, dass sie das Studio persönlich besucht hatte. Beata Paškevica: In der Stadt der Parolen, S. 32.

67 | Asja Lacis: Revolutionär im Beruf, S. 18.

die im veränderten Rhythmus des Körperausdrucks des Schauspielers während seines Spiels begründet ist. Wie Meyerhold in seinen Schriften darlegte, war er davon überzeugt, dass »Gesten, Blicke und Schweigen« mehr als Worte die wahren Beziehungen der Menschen untereinander beeinflussen, weshalb er sie in den Mittelpunkt seines neuen Schauspielsystems stellte.[68] Zu den zentralen Bestimmungen seiner Bewegungstechnik zählten deshalb die körperliche Gebärde und die Ausübung der rhythmischen Bewegung auf der Bühne. Anstelle der zufälligen, ungeformten, auf lebensechte Abbildung zielenden Körperlichkeit des naturalistischen Schauspielers sollte bewusst geformte, kunsthafte Plastizität eine Bewegungspartitur erzeugen, indem Meyerhold die Konzentration auf die physische Komponente der Arbeit des Schauspielers verlegte und eine »reliefartige[n] Ausdrucksform des Arrangements« forderte, wie Paškevica bemerkt.[69]

Neben der Methode, die Schauspieler in rhythmischer Sprechweise zu trainieren, lag das Hauptaugenmerk also darauf, sie während ihrer Darstellung in kühler Diktion zu freskenhaften Arrangements zu gruppieren. Gerade durch das statuarische Innehalten der szenischen Darstellung erhoffte sich Meyerhold, den Naturalismus überwinden zu können.[70] Dies gelang ihm, indem er nach nichtnaturalistischen, explizit kunsthaften Gestaltungsmöglichkeiten griff. Dazu gehörte, dass er die Tiefe des Bühnenraums verkürzte und das Spiel im nahen Umkreis der Bühnenrampe platzierte, um den Darsteller in seiner Flächenartigkeit ins Bild zu setzen, was bedeutete, die Darsteller in Posen einfrieren zu lassen.[71] Der puppenhafte Eindruck, den die Darsteller dabei hinterließen, jene Kristallisierungen, die das ›Einfrieren‹ des Spiels hervorrief, wodurch der Schauspieler zur Marionette stilisiert wurde, bewirkte die von Meyerhold beabsichtigte Trennung zwischen dem Schauspieler und der zu spielenden Figur, so dass nach Lacis kritische Stimmen »den baldigen [...] Untergang des Theaters voraussagten«.[72] Gerade die Praxis der Biomechanik versuchte, die darstellerische Pose, das Moment des Fixierens, die bewusste Herausarbeitung der körperlichen Partitur und der kontrollierten Geste des Schauspielers zu unterstützen. Inspiriert dazu war Meyerhold von der künstlich verfremdeten Körperlichkeit, die er der Marionettenkonzeption und den Bewegungsstrukturen der Commedia dell'arte entnommen hatte.[73]

---

68 | Wsewolod E. Meyerhold: Schriften, Aufsätze, Briefe, Reden, Gespräche, Bd. 1, S. 129.

69 | Ebd., S. 23.

70 | Jörg Bochow: Das Theater Meyerholds und die Biomechanik, S. 23.

71 | Ebd., S. 27.

72 | Asja Lacis: Revolutionär im Beruf, S. 18.

73 | Jörg Bochow: Das Theater Meyerholds und die Biomechanik, S. 27.

Meyerhold war über die deutschen Romantiker E.T.A. Hoffmann und Maurice Maeterlinck auf das modellhafte Darstellungsprinzip der Marionette aufmerksam geworden. Auch wenn er Heinrich von Kleist nicht erwähnt, stand
Meyerhold in seiner Bewunderung des Kunstcharakters der Marionette auch
dessen Tradition nahe.[74] Craig hatte bereits unter dem Eindruck der Philosophie Friedrich Nietzsches die Verbannung des Schauspielers von der Bühne
und seine Ersetzung durch die »Über-Marionette« gefordert.[75] Auch das artifi-
zielle Spiel im traditionellen asiatischen Theater allgemein und im japanischen
Theater im Besonderen, der Tanzcharakter, die kunsthafte, graphische Körperlichkeit der Schauspieler, der kodierte, symbolhafte Charakter dieses Theaters
kamen Meyerholds Ideen entgegen. Anlässlich des »Marionetten-Streits«, der
zu Beginn des 20. Jahrhunderts zwischen Stanislawski und Meyerhold seinen
Anfang genommen hatte, schrieb Meyerhold: »Im japanischen Theater gelten bis heute die Bewegungen und Posen der Marionetten als Ideal, dem die
Schauspieler folgen sollen.«[76]

Nicht anders sieht auch Benjamin nach Rainer Nägele im symbiotischen
Verhältnis zwischen dem Schauspieler und seiner marionettenhaften Darstellung eine besondere »Theatralik und drastische Körperlichkeit« gegeben,[77]
gerade in Bezug auf das vorbürgerliche, vor allem barocke Theater im 18. Jahrhundert, wenn er im Rahmen seines *Trauerspiel*-Buchs festhält, dass das Trauerspiel selbst als eines von Puppen vorzustellen sei (I, 303; I, 262).[78] Daneben
äußert er sich in Kritiken und Rezensionen sowie in seinen RUNDFUNKGE-
SCHICHTEN FÜR KINDER (VII, 68-249), die in den Jahren zwischen 1929 und
1932 entstehen, zustimmend zu dem Bewegungsausdruck der Marionetten
und stellt an ihnen, so Primavesi, »eine emblemhaft präsentierte Mechanik
des Apparats« verwandte Charakteristik fest,[79] hier vor allem im Hinblick auf
das Puppen- und Kasperletheater. Schon 1921 betont er in einer Notiz zum KAS-
PERLETHEATER (VI, 133), »wo die Figuren skelettartig sich bewegen«, »die ecki-

---

74 | Ebd.

75 | Manfred Brauneck: Theater im 20. Jahrhundert, S. 55ff. u. 78ff.

76 | »Das Paradox, mit der Verleugnung der Individualität durch den Schauspieler ge-
rade die Möglichkeiten des Schauspielers zu erweitern, ihn zu einer überindividuellen
Darstellung zu führen, entlehnt Meyerhold nicht nur dem asiatischen Theater, sondern
auch den europäischen Formen des traditionellen Theaters.« Jörg Bochow: Das Theater
Meyerholds und die Biomechanik, S. 30.

77 | Rainer Nägele: Trauerspiel und Puppenspiel, in: Sigrid Weigel (Hg.): Leib- und
Bildraum: Lektüren nach Benjamin, Köln/Weimar/Wien 1992, S. 9-34, hier S. 10.

78 | »Die leibliche Erscheinung der Akteure selbst, zumal des Königs, welcher im Or-
nat sich zeigt, konnte puppenhaft starr wirken.« (I, 304)

79 | Patrick Primavesi: Kommentar, Übersetzung, Theater in Walter Benjamins frühen
Schriften, S. 338.

gen Bewegungen Kasperls« und schließt daraus, dass »die einfache Stofflich-
keit der Puppenbühne« im Spiel – mit einer Wiederkehr des Verdrängten – die
Phantasie freisetze.[80] Auch in seinem 1930 verfassten Text LOB DER PUPPE (III,
213-218), spricht er von der Puppe als »dem starren oder ausgeleierten Balg,
dessen Blick nicht stumpf ist sondern gebrochen«, was seinen »unerschöpflichen Magnetismus« (III, 214), seine geheime Anziehungskraft ausmache.
Ähnlich schreibt er in dem im gleichen Jahr entstandenen Hörstück BERLINER
PUPPENTHEATER (VII, 80-86), in dem er die Kunstpuppen gleichfalls als »wun-
derbares Theaterinstrument« (VII, 82) vorstellt.

Aufgrund einer handgeschriebenen Notiz von Lacis über die Marionette ist
davon auszugehen, dass sie mit der Theorie und Praxis der Marionettenkonzeption Meyerholds vertraut war, die dieser bereits im Theater der Kommissar-
schewskaja kennengelernt hatte.[81] Es handelt sich bei der Notiz wohl um ein
Fragment der Mitschrift eines Vortrags oder einer Aufzeichnung ihrer eigenen Gedanken zur Marionettentheorie, die sie unter dem Einfluss von E.T.A.
Hoffmanns Automatenfiguren und dem ›taylorisierten Menschen‹[82] des Bio-
mechaniksystems aus den 1920er Jahren verteidigte.[83] Auffällig ist ihre Zu-
stimmung zu dem Ansatz Meyerholds, einen Schauspieler zu kreieren, der mit

---

80 | Ebd., S. 341.

81 | Beate Paškevica: In der Stadt der Parolen, S. 33.

82 | Als Taylorismus bezeichnet man das von dem US-Amerikaner Frederick Winslow
Taylor (1856-1915) begründete Prinzip einer Prozesssteuerung von Arbeitsabläufen,
das auf die Steigerung der Produktivität menschlicher Arbeit abzielt. Taylors Methode,
die für Lenin zum Programm werden sollte, war in Russland bereits vor dem Ersten Weltkrieg bekannt geworden. Das technologische Konzept der amerikanischen Industrie, die
die Ökonomie der Arbeitsaufwendung zu maximieren suchte, fand seinen Niederschlag
nicht nur in der materiellen Produktion, sondern auch im Theater. Meyerhold schrieb
dazu: »Das Taylor-System des Theaters ermöglicht uns, in einer Stunde so viel zu spielen, wie wir jetzt in vier Stunden geben können.« Wsewolod E. Meyerhold: Schriften,
Aufsätze, Briefe, Reden, Gespräche, Bd. 2, S. 479.

83 | »Die Puppe ist kein Künstler. Deshalb sind einige Fanatiker des Theaters konse-
quent, indem sie ausrufen, daß im künftigen Theater anstatt der lebendigen Marionette
die Maschinen-Marionette sein wird. In der Tat beleidigt ein solches Theater nicht den
Menschen im Menschen, ein solches Theater ist auch technisch vollkommener. Die Marionette Mensch kann nicht so vollkommen in ihrer Bewegung, nicht so geometrisch
rhythmisch in ihrem Körper sein, wie die Maschinen-Marionette. Das heutige Theater
führt also zur Marionette. Das jetzige Theater fühlt sein Erstarrtsein und beginnt sich
hinter großen Bildern zu maskieren – [...], hinter schrillen Geräuschen, Feuerwerken. In
ihm herrscht die Maschinerie, die nach kolossalen Summen verlangt. Auf diesem Hintergrund stellt sich neben das Theater die Konkurrenz – das Kino. Im Theater kann der
Szenenwechsel nicht ein solches Tempo und eine solche Vielfalt erlangen wie im Kino.

der maschinell konstruierten Marionette mehr Ähnlichkeit hatte als mit der lebendigen Marionette, ein Ansatz, den auch die Futuristen und die neueren ästhetischen Auffassungen in Russland vertraten.

Lacis' Beobachtungen zum Konzept einer veränderten Körperlichkeit des Schauspielers im experimentellen Theater Meyerholds ergeben auch im Hinblick auf die Filmkunst eine interessante Akzentuierung. Sie stellt nicht nur fest, dass das neue Theater zur konstruktivistisch arrangierten Ausdrucksform der künstlichen Schauspielermarionette führt, sondern dass es mit seinen experimentellen Methoden mit dem Kino wetteifert, was hier vor allem auf das Verfahren der Montage zurückzuführen ist.[84] Genauer noch nimmt sie eine Analogie zwischen den marionettenhaften und technifizierten Bewegungen des von Meyerhold neu konzeptionierten Schauspielers und der künstlerischen Verfahrungsweise des Films wahr. Indes beobachtet sie, dass die Erfindung der Montage in der Filmkunst rückwirkend zu einer »Kinofizierung« des Theaters führte, womit die Einführung einer (filmischen) Episodenstruktur für das Theater gemeint war, bei der kurze Szenen in raschem Tempo wechselten.[85]

Nicht zufällig geht auch Benjamins Aufsatz ZUR LAGE DER RUSSISCHEN FILMKUNST, dessen Abfassung durch seine Moskaureise inspiriert war, auf diese Problematik ein. So erwähnt er im Zusammenhang seiner Beobachtungen

---

Also: das heutige Theater führt auch zum Film.« Asja Lacis zitiert nach Beata Paškevica: In der Stadt der Parolen, S. 33.

84 | Lacis war mit der neuen Filmtechnik vertraut, nachdem sie schon während ihres ersten Berlinaufenthalts im Jahr 1922 an Filmaufnahmen in Babelsberg bei Fritz Lang teilgenommen hatte. Jahre später war sie im Kinderkino in Moskau tätig (1928) und erhielt im Rahmen ihres zweiten Berlinaufenthalts in der Filmabteilung der sowjetischen Handelsmission eine Anstellung im Referat für Kultur- und Schulfilm. Unter diesem Eindruck entstand auch der Aufsatz *Berlínes teátru iespaidi* (*Eindrücke in den Berliner Theatern*), den sie im gleichen Jahr für die lettische Presse schrieb: »In Berlin konkurriert der Film mit dem Theater auf krasseste Art. Das bürgerliche Theater hat einen Kampf mit dem Film aufgenommen, einen Kampf, in dem es besiegt werden wird. Indem das Theater die Wesensart des Films sich aneignen und mit dem Film einen Wettkampf aufnehmen will, wird das Theater eine Niederlage erleben, weil es eine andere Beschaffenheit hat als der Film.« Asja Lacis zitiert nach Beata Paškevica: In der Stadt der Parolen, S. 65.

85 | Manfred Brauneck: Theater im 20. Jahrhundert, S. 321. Meyerhold konnte der sogenannten Kinofizierung des Theaters erst in den 1920er Jahren zustimmen, während er in seiner vorrevolutionären Phase den Film als »illustrierte Zeitung« und »unkünstlerisches Reproduktionsmedium« abgelehnt hatte. Mit dieser Technik sah er nun die Möglichkeit gegeben, komplexere aktuelle Prozesse einem Massenpublikum zu verdeutlichen, ohne dieses physisch zu ermüden.

des russischen Theaters und des Films den sowjetischen Kulturfilm in Verbindung mit dem technischen Kunstgriff der Montage. Die Rede ist von einem »Schema«, das »in Bruchteilen von Sekunden Bilder aufeinander folgen« lässt, das Benjamin für die avantgardistisch beeinflusste russische Filmkunst als signifikant beschreibt: »Immerhin sind die Aufnahmen charakteristisch für das Bestreben, Filme ohne dekorativen und schauspielerischen Apparat schlechtweg dem Leben selber abzugewinnen.« (II, 749) Dass es zwischen der marionettenhaften Ausdrucksweise des vom russischen Avantgardetheater geprägten neuen Schauspielers, vor allem aber des »Filmdarstellers« und dem Verfahren der Montage zu einer Korrespondenz kommt, ist auch Benjamin gegenwärtig, wie der *Kunstwerk*-Aufsatz zeigt. So greift er hier dieses wechselseitige Verhältnis wieder auf und analysiert die Leistung des »*Filmdarsteller[s]*«, im Gegensatz zum »*Schauspieler*«, der auf der Bühne agiert und sich in eine Rolle versetzt, als »keine einheitliche, sondern aus vielen einzelnen Leistungen zusammengestellt«, und führt sie auf »elementare Notwendigkeiten der Maschinerie« zurück, »die das Spiel des Darstellers in eine Reihe montierbarer Episoden zerfällen.« (I, 490) Speziell im epischen Theater Brechts und seiner experimentell angelegten »gestischen« Spielweise (II, 521) wird Benjamin gerade die Entwicklung wahrnehmen, wie sie Lacis am Theatermodell Meyerholds auffällig wurde, worauf noch ausführlicher einzugehen ist.

Nach Paškevica verfolgte Lacis die Studioarbeit bei Meyerhold nur bis zum Ende des Jahres 1913, da sie im Januar 1914 St. Petersburg verließ.[86] Offensichtlich hinterließen die Theaterexperimente von Meyerhold bei Lacis aber einen nachhaltigen Eindruck. Nicht nur, dass sie viele seiner Aufführungen miterlebt, sein Buch *O teatre* gelesen sowie seine Vorträge und Diskussionsabende besucht hatte,[87] mehr noch prägte sich ihr sein Theaterstil ein als eine »Kunst der Einmaligkeit und der Improvisation«.[88] Gerade für die frühe Arbeitsperiode von Lacis ist der Bezug auf die Improvisation und die Phantasie im theatralen Schaffensprozess kennzeichnend. Angefangen mit dem Kindertheater in Orel und den Experimenten im Theater der Linken Gewerkschaften, betonte Lacis immer wieder die Bedeutung der Spontaneität und Improvisation.[89] Meyerhold selbst hatte sein Programm mit folgenden Worten überschrieben: »Übungen zu Bewegungen ex improviso; der menschliche Körper im Raum;

---

86 | Beata Paškevica: In der Stadt der Parolen, S. 34.

87 | Nach Angaben von Paškevica ist Meyerholds Buch *O teatre* (ersch. 1913, deutsch: *Über das Theater*) die erste Publikation in der russischen Theatergeschichte, die von einem Regisseur geschrieben wurde. Sie enthält sämtliche bis dahin verfassten Texte Meyerholds. Ebd., S. 27.

88 | Ebd., S. 34.

89 | Ebd., S. 28.

die Geste als Schwingung des Lebens, hervorgerufen nur durch die Bewegung des Körpers.«[90] In der Tat zeigen Meyerholds programmatische Aussagen in dieser Zeit, einschließlich denen, die zu einem späteren Zeitpunkt Bestandteil der Biomechanik werden sollten, dass er der Improvisation große Bedeutung beimaß und ihr in seiner Studioarbeit einen breiten Spielraum zuerkannte.[91]

Für unseren Kontext ist festzuhalten, dass Lacis während ihrer Studienzeit in St. Petersburg Einblicke in die Theaterarbeit von Meyerhold gewann, die weniger pädagogischen Bestimmungen folgten, sondern vielmehr darauf ausgerichtet waren, mit neuen, an den Konstruktivismus angelehnten Darstellungs- und Ausdrucksformen zu experimentieren, dem Meyerhold seit 1921 verbunden war.[92] Meyerholds Petersburger Theaterarbeit blieb für Lacis zeitlebens ein Vorbild in der Regie, die Benjamin, wie in seinem Bericht DISPUTATION BEI MEYERHOLD zu lesen ist, als tendenziell bedroht einschätzte (IV, 481). Nach den Erinnerungen von Lacis zu urteilen, hatte sie die Technik des Arrangements, das Marionettenkonzept des Schauspielers, das Einfrieren in Gesten, die Dramaturgie der episodenhaften Szenenfolge bzw. die Montage sowie die von Spontaneität gekennzeichnete schöpferische Improvisation kennengelernt. Dabei wird ihr nicht entgangen sein, dass Meyerhold einige Veränderungen für den Theaterraum selbst vornahm, wie die Verlegung der Handlung ins Proszenium, die Abschaffung der Bühnenrampe, die Aufhebung der imaginären *vierten* Wand, das direkte Ansprechen des Zuschauers und dessen aktive Stellung im Gesamtkonzept des Theaterereignisses. Aus ihren Notizen geht hervor, dass sie die Verstärkung und Hervorhebung einer szenischen Bewegung eines oder mehrerer Akteure als eines der stärksten Mittel der theatralen Ausdruckskraft eindrücklich wahrnahm. Wie noch zu zeigen ist, beruht auch ihre praktische Kenntnis im Kindertheater auf ihren Beobachtungen der auf Meyerholds Radikalismus basierenden Theaterelemente, die sie sich später durch ihren Unterricht im Studio Kommissarschewskis aneignen sollte.[93] Das betonte Ausstellen der Theatralität und des Spielcharakters der Schauspieler, das eine Weiterentwicklung in Meyerholds Experimental- und Masseninszenierungen, die Lacis vielfach gesehen hatte, erleben sollte, führte dazu, dass das Theater Festcharakter annahm, wie es Malewitsch ehedem von der Kunst als unproduktiver Ausnahme gefordert hatte. So nimmt die Akzentuierung auf das Fest in der Gesamtkonzeption der Kindertheaterarbeit von Lacis eine weitere wichtige Stellung ein, die auch für den Entwurf des Kindertheaters bei Benjamin Aufschluss gibt.

---

90 | Jörg Bochow: Das Theater Meyerholds und die Biomechanik, S. 34.
91 | Beata Paškevica: In der Stadt der Parolen, S. 28.
92 | Jörg Bochow: Das Theater Meyerholds und die Biomechanik, S. 34.
93 | Asja Lacis: Revolutionär im Beruf, S. 24f.

EVREINOVS THEATRALITÄTSKONZEPT

Während ihrer Studienzeit in St. Petersburg boten sich Lacis weitere bedeutsame Eindrücke, die den Weg für ihre spätere Karriere bahnen sollten. Neben den Experimenten, die Meyerhold unternahm, um das Theater neu zu beleben, sollten die Theaterarbeiten Evreinovs, einem einflussreichen Theatertheoretiker, Dramatiker und Regisseur der historischen russischen Avantgarde, eine wichtige Rolle bei ihren eigenen Theaterversuchen spielen. Lacis lernte die Ideen Evreinovs während ihres Aufenthalts in St. Petersburg kennen, wo er zu der damaligen Zeit an mehreren Theatern und im Kabarett Brodjačaja sobaka (*Streunender Hund*) als Regisseur tätig war.[94] Lacis selbst erwähnt Evreinov, der in der Sowjetzeit als in Ungnade gefallener Emigrant in Vergessenheit geraten war, in ihren Büchern in Zusammenhang mit ihrem Schauspielunterricht im Studio von Fjodor Kommissarschewski.[95] Ihre Aufmerksamkeit galt dabei vorrangig seinen Überlegungen und Aussagen zum »theatralische[n] Verhalten« der Kinder, die sie, ohne sich ausdrücklich auf ihn zu beziehen oder diese näher zu erklären, für ihre spätere Kindertheaterarbeit nutzen sollte.[96] Evreinovs Betrachtungsweise vom theatralischen Verhalten des Kindes beruht auf seiner Idee der »Theatralisierung des Lebens«, die davon ausging, dass das Theater nicht das Leben, sondern das Leben das Theater imitieren sollte.[97] Lacis scheint von den Gedanken Evreinovs beeindruckt gewesen zu sein: Sie studierte sein Buch *Teatr dlja sebja* intensiv und bezog seine Theaterphilosophie, in der die Improvisation eine herausragende Stellung einnahm, in ihre Kindertheaterarbeit ein. Evreinov wandte sich mit seinem Entwurf einer improvisatorischen Theaterpraxis, die Unsicherheit und Unkalkulierbarkeit bewusst provozierte, gegen das konventionelle Theater, das auf Dichtung zurückgriff und eine Theaterbühne benötigte. Mit seiner Konzeption beabsichtigte er im Sinne der russischen Avantgarde, das Leben zur Bühne zu machen. Zu diesem Zweck wählte er die öffentliche Bühne, da diese es jedem Menschen ermögliche, ein Anderer zu sein oder zu werden; seiner Auffassung nach bewirkt die Theatralität auf der Bühne des Lebens die Generierung neuer Formen desselben. Evreinovs Theaterkonzeption entspringt dem zentralen Gedanken, dass jedes Individuum einen ursprünglichen Instinkt für die eigene

---

94 | Laut Paškevica las sie seine Schriften, die sie sich über ihren ersten Ehemann Jūlijs Lacis 1923 nach Berlin zukommen ließ, und spielte in Evreinovs Stück *Kulisy dušy* während einer Tournee durch die Tschechoslowakei die Rolle der pantomimischen Chansonette. Beata Paškevica: In der Stadt der Parolen, S. 36.

95 | Ebd., S. 36f.

96 | Ebd., S. 37.

97 | Ebd. »Das Leben ›theatralisieren‹ heißt, den Ausdruck der Lebendigkeit wiedererwecken.« Alexander Tairow: Das entfesselte Theater, S. 20.

Theatralisierung fühlt, wobei seine Überlegungen offensichtlich von der kindlichen Spielweise inspiriert waren.[98] Dementsprechend verwandte er den Begriff der Theatralität nicht mehr nur in Hinsicht auf das Theater, sondern betrachtete das Theater als eine Kunstform an der Grenze zum Alltag.[99] Das, was zu der damaligen Zeit Theater genannt wurde, hatte in der Auffassung Evreinovs keinen Bezug zum Theater. Abwegig galt ihm deshalb die Ästhetik des Naturalismus, der sich etwa das Moskauer Künstlertheater Stanislawskis verpflichtet fühlte. Auch boten ihm die frühen Ideen von Meyerhold keinen wirklichen Ersatz für ein Theater, das dieser als bedingt betrachtete, da Evreinov eine absolute Lebensnähe für das Theater als unmöglich erklärte.[100]

Evreinov begründete im Zuge seiner Theaterarbeit ein theatertheoretisches Programm, das er nach Paškevica mit dem Begriff »Monodramtheorie« kennzeichnete.[101] Zentral darin war die Idee einer Figurenperspektive, die Evreinov zufolge darauf zielte, »den Zuschauer möglichst vollständig über die innere seelische Verfassung des Handelnden zu unterrichten, die auf der Bühne dargestellte Welt so schildert, wie sie von dem Handelnden zu jedem Zeitpunkt seines szenischen Seins wahrgenommen wird«.[102] Evreinov ging dabei von der Überlegung aus, dass der Zuschauer für die Dauer des Bühnengeschehens die Darstellung auf der Bühne ausschließlich aus der Sicht der handelnden Rollenfigur betrachtete. Dabei sollte es seinem Verständnis nach, auf der Seite des Zuschauers zu einer Aneignung bzw. totalen Identifikation mit der dargestellten Figur auf der Bühne kommen, die selbst noch die zum Spiel nötigen Requisiten mit einbezog. Das Monodram forderte nunmehr vom Zuschauer, seine alte Rolle als passiv konsumierender Rezipient aufzugeben und gleichfalls eine aktive Rolle einzunehmen. Diese neue Technik, die eine veränderte Haltung des Zuschauers mit sich brachte, erlaubte es ihm, mit der dargestellten Figur zu einem *Ich* zu verschmelzen.[103]

Evreinovs Theaterkonzept war insofern neuartig, als es dem Theater eine Möglichkeit eröffnete, den Zuschauer aktiv in das Bühnengeschehen einzu-

---

98 | Ebd.

99 | Neuere Untersuchungen zum Theater Evreinovs stellen nach Paškevica »das Prinzip der Verwandlung des ›Ich‹, der Zugehörigkeit des Individuums zu einem theatralischen, die ganze Menschheit umfassenden Anfang, die Äußerung des Instinkts des Theatralischen« heraus, das in seiner Theaterkunst eine Mittelpunktstellung einnimmt. Beata Paškevica: In der Stadt der Parolen, S. 37.

100 | Ebd., S. 38.

101 | Ebd.

102 | Nikolaj Evreinov: Vvedenie v monodramu, in: Ders.: Demon teatral'nosti, Moskau/St. Petersburg 2002, S. 102, zitiert nach Beata Paškevica: In der Stadt der Parolen, S. 38f.

103 | Ebd., S. 38.

binden. Neu daran war, dass er den Ort der Handlung des Stücks in den Organismus der handelnden Figur verlegte. Seine Konzeption des ›Totalen Theaters‹ hatte die Auflösung der herkömmlichen Zuschauerrolle zur Folge, die auf diese Weise die klassische Theatersituation mit der Trennung von Darstellern und Zuschauern aufgab. Hierdurch erreichte Evreinov eine Theaterform, die nicht mehr auf Repräsentation abhob, sondern eine unmittelbare, intendierte Erfahrung evozierte.[104] Erzielt wurde eine Theatersituation, die, aus heutiger Perspektive betrachtet, der *Performance* nahestand. Wie Meyerhold griff er dazu Elemente der Commedia dell'arte auf und transformierte diese zu Beginn des 20. Jahrhunderts in eine zeitgenössische Theaterpraxis, die die Verfremdung des Alltags für jeden Einzelnen ermöglichen sollte. Mithilfe von Verfremdungsverfahren, wie sie den Formalisten eigen waren, versuchte er, unvorhersehbare und unplanbare Situationen zu schaffen, um die Gewohnheit und den Handlungsautomatismus des Einzelnen zu deautomatisieren bzw. zu unterbrechen.

Auf Evreinovs Überlegungen zur allgemeinen Theatralität der Gesellschaft geht zudem die Darbietungsform der Massenschauspiele in der frühen Sowjetzeit zurück.[105] Diese theatralischen Masseninszenierungen auf Straßen und Plätzen wurden meist im Zusammenhang mit Revolutionsfeiern durchgeführt. Evreinovs experimenteller Theateransatz wurde von anderen Künstlerkollegen der damaligen Zeit mit Interesse wahrgenommen, wie zum Beispiel von Tairow, der sich von seiner Idee der Theatralisierung des Lebens inspirieren ließ.[106] In der Nachfolge beeinflusste Evreinovs Theaterphilosophie auch den Regisseur Platon M. Kerschenzew, der ein Programm für die Bewegung der Masseninszenierungen und der Agitpropgruppen entwickelte.[107] Die neuartige Theaterform Evreinovs beinhaltete konzeptionelle Änderungen, die das Theater in seinen traditionellen Grundgegebenheiten aushebelte. Vor dem Hintergrund seiner

---

104 | Evreinovs theatertheoretische und dramatische Werke, die im Zeitraum von 1905 bis 1925 in St. Petersburg und danach, bis zu seinem Tod im Jahr 1953, in Paris entstanden, reflektieren das anhaltende Interesse ihres Autors für die zunehmende Theatralisierung verschiedener Bereiche des sozialen und politischen Lebens und weisen ihn als Schrittmacher der europäischen Theatralitätsforschung aus. Vgl. hierzu: Alexander Tairow: Das entfesselte Theater, S. 20f.

105 | Beata Paškevica: In der Stadt der Parolen, S. 39.

106 | Ebd.

107 | Kerschenzew ging indes von einem »dramatischen Theater« aus, das dem Proletarier ermöglichte, »seinen eigenen dramatischen Instinkt zum Ausdruck zu bringen«. Das dramatische Theater, das nicht mehr »Erholungs- und Zerstreuungsstätte«, nicht mehr eine »Stätte des schöpferischen Spiels« und der »Passivität der vielen« zu sein hätte, sollte sich vielmehr darum bemühen, das »Volksauditorium« dabei zu unterstützen, selber zu spielen. Platon M. Kerschenzew: Das schöpferische Theater. Reprint der dt. Ausgabe von 1922, Köln 1992, S. 54.

Theatralitätskonzeption, die er an der Grenze zum Alltag ansiedelte, gelang es ihm, mit der Theorie des Monodram(a)s auch den trennenden Raum zwischen Darsteller und Zuschauer aufzugeben, mit der Konsequenz, den Zuschauer zu aktivieren. Seine Methode beruhte in der Hauptsache auf der Spielform der Improvisation; sein Theater drängte auf die Straße und auf öffentliche Plätze, wo er sein Konzept des performativ angelegten Monodrams verwirklicht sah. Paškevica geht davon aus, dass Lacis mit dem experimentell ausgerichteten Theatermodell von Evreinov vertraut war. Auch wenn Meyerhold als Regisseur der Revolution angesehen wird, gelten Evreinovs Ideen des ›Totalen Theaters‹ als Vorläufer des Proletkult- und Agitproptheaters, die auch Lacis bei ihrer eigenen Regie- und Theaterarbeit konstruktiv einzusetzen wusste.

MAJAKOWSKIS »FUTURISTISCHES THEATER«

Ein weiterer Einfluss, der für Lacis' Regie- und Kindertheaterarbeit von Bedeutung werden sollte, waren die aufsehenerregenden Auftritte des Dichters Majakowski, die häufig im Psychoneurologischen Institut in St. Petersburg stattfanden.[108] Den Künstler Majakowski erlebt Lacis in St. Petersburg als interessierte Zuschauerin und Beobachterin.[109] Fasziniert war sie von der Art und Weise, mit der Majakowski gegen die Atmosphäre von Bürokratie und Akademismus und den konventionellen Kunstglauben der damaligen Zeit anging.[110] Zweifellos haben seine Vorträge und Dichtungen, die einen Gegenentwurf zu den ästhetischen Programmen und normierten Moralvorstellungen der damaligen Zeit darstellten, einen nachhaltigen Eindruck bei ihr hinterlassen, erwähnt sie diese doch noch als siebzigjährige Frau.[111] Als Lacis Majakowski in St. Petersburg kennenlernte, hatte dieser seine Malerkarriere aufgegeben, um sich der Literatur zuzuwenden.[112] Sein erster dramatischer Versuch geht zurück auf Evreinovs Monodramtheorie, wie Paškevica erklärt.[113] Die Darstellung der inneren Vorgänge einer einzigen Person auf der Bühne, wie sie in Evreinovs Theaterdenken verankert war, hatte seine eigene Theaterarbeit geprägt.[114] Ein anderer wichtiger Einfluss, auf den seine Arbeiten zurückzuführen sind, ergibt sich durch die Auffassung von Kunst und Literatur im Den-

---

108 | Asja Lacis: Revolutionär im Beruf, S. 19.
109 | Ebd.
110 | Ebd.
111 | Beata Paškevica: In der Stadt der Parolen, S. 41.
112 | Nyotta Thun: Ich – so groß und überflüssig. Wladimir Majakowski. Leben und Werk, Düsseldorf 2000, S. 54.
113 | Beata Paškevica: In der Stadt der Parolen, S. 16.
114 | Ebd.

ken der Futuristen, Formalisten und Konstruktivisten, mit denen Majakowski freundschaftlich verbunden war. Majakowski gehörte mit Roman Jakobson und Viktor Schklowski der Gruppierung russischer Formalisten und Futuristen an, die das literarische Schreiben als Technik auffassten.[115] So übertrug Majakowski das konstruktive Prinzip der Ingenieursarchitektur auf die Literatur und kannte wohl auch den Inhalt der ersten Publikation Schklowskis, das Manifest *Die Erweckung des Wortes* von 1914, das die Ideen der Futuristen und Formalisten zu verknüpfen suchte und forderte, das sprachliche Material zu reflektieren.[116] Diese konstruktive Einstellung zur Literatur hat nach Schöttker in Sergej Tretjakows Konzept des »operierenden Schriftstellers« seinen politisch wirkungsvollsten Ausdruck gefunden.[117] Über Tretjakows politische Aneignung des Formalismus hinaus gab es seit Anfang der 1920er Jahre Verbindungen zwischen formalistischer und marxistischer Theorie. Bei der Idee, sprachliche Experimente mit sozialrevolutionären Inhalten zu verbinden, sollte Majakowski eine wichtige Rolle spielen. Die Verbindung ergab sich durch die Interessengemeinschaft zwischen dem Moskauer *Opojaz* und der von Majakowski betreuten Zeitschrift *LEF*, des Organs der russischen Futuristen, deren gemeinsames Bestreben es war, wie Schöttker unter Bezug auf Viktor Zirmunskij schreibt, »nach einem Ausgleich der formalen Analyse und der marxistischen Soziologie« zu suchen.[118] Diese Intention zeigt sich nicht nur in Brechts Schriften, sondern auch in Benjamins Vortrag DER AUTOR ALS PRODUZENT, in die das Konzept integriert wurde, auf das im Zusammenhang mit dem Theater Brechts zurückzukommen ist.[119]

In den Diskussionen, die Lacis 1924 auf Capri mit Benjamin über das Theater im Allgemeinen und das Kindertheater im Besonderen geführt hat, wird sie ihr Wissen und die Kenntnisse über die russische Avantgarde und ihre profiliertesten Vertreter kaum ausgespart haben. Den Dichter Majakowski erwähnt sie bereits während der ersten Treffen mit Benjamin.[120] Und wie ihren Erinne-

---

115 | Schklowskis Aufsatz *Kunst als Verfahren* aus dem Jahr 1916 gilt als Gründertext der formalistischen Bewegung. Schklowski präsentierte darin die an den Begriff der Konstruktion angelehnte Formel:»Poetische Rede ist konstruierte Rede«, die fortan zum ersten Darstellungsprinzip im Formalismus wurde. Detlev Schöttker: Konstruktiver Fragmentarismus, S. 162.

116 | Ebd.

117 | Ebd., S. 164. Vgl. Sergej Tretjakow: Die Arbeit des Schriftstellers. Aufsätze, Reportagen, Porträts, hg. von Heiner Boehnke, Reinbek bei Hamburg 1972.

118 | Viktor Zirmunskij:»Formprobleme in der russischen Literaturwissenschaft«, in: Zeitschrift für Slawistik (1925), Bd. 1, S. 117-152, zitiert nach Detlev Schöttker: Konstruktiver Fragmentarismus, S. 164.

119 | Ebd.

120 | Asja Lacis: Revolutionär im Beruf, S. 48.

rungen zu entnehmen ist, wird dabei das Formproblem literarischer Darstellung zum zentralen Thema in ihren gemeinsamen Gesprächen, etwa, wenn Lacis Benjamins Arbeit am *Trauerspiel*-Buch infrage stellt und moniert, dass er sich mit »toter Literatur« befasse.[121] Benjamin entgegnet dem Vorwurf mit dem Argument, dass seine Arbeit »einen unmittelbaren Bezug zu sehr aktuellen Problemen der zeitgenössischen Literatur« habe und dass er beweisen wolle, »daß die Allegorie ein künstlerisch hochwertiges Mittel sei, mehr noch, es sei eine besondere Form des künstlerischen Wahrnehmens«.[122] So ahnungslos ihre Frage, welche Klasseninteressen das Barockdrama zum Ausdruck bringe, auch sein mochte, erkannte sie doch rückblickend die Bedeutung der Allegorie im politischen Theater der 1920er Jahre, insbesondere bei Brecht.[123]

Nach Schöttker setzen viele Ausführungen Benjamins im zweiten Teil des *Trauerspiel*-Buchs eine Kenntnis der avantgardistischen Literatur voraus, was schon Peter Bürger bemerkt hatte.[124] Demnach tauchen im *Ruinen*-Kapitel mehrere Begriffe auf, die auch in den Manifesten der Avantgarde zu finden sind, wie »Zertrümmerung«, »Fragment«, »Experimentieren«, »Technik«, »Gesamtkunstwerk« und »Verflechtung der Künste« (I, 353-358). Hinzu kommen Kategorien wie »Simultaneisierung des Geschehens« (I, 370), die schon erwähnt wurde, oder »planvolle, konstruktive Sprachgeberde« (I, 376). So konnte Benjamin, Schöttker zufolge, »avantgardistische Kategorien deshalb auf die Barockliteratur übertragen, weil die Idee des organischen Kunstwerks, die mit der Klassik zur Norm geworden war, nicht der Barockliteratur entsprach«.[125] Demnach führt Benjamin deren poetischen Besonderheiten auf das allegorische Verfahren zurück, dass er als »zerstückelndes, dissoziierendes Prinzip« (I, 382) begreift.[126] Auch Benjamins Ausführungen zur Sprach- und Schriftbehandlung im Barock verweisen auf eine Kenntnis der Avantgarde (I, 381).[127] Die Informationen, die Benjamin von Lacis erhielt, bestärkten seine eigene Position in der Frage nach der Idee der literarischen Konstruktion. Meyerholds experimenteller Theateransatz, Evreinovs Theaterphilosophie einer Theatralisierung des Lebens sowie Majakowskis literarisch und theatralisch geprägte Bühnendarbietungen ergaben für Lacis sicherlich ein dichtes künstlerisches

---

121 | Ebd.

122 | Ebd.

123 | Ebd.

124 | Nach Schöttker vertrat bereits Peter Bürger die Auffassung, dass Benjamins Deutung der Allegorie im *Trauerspiel*-Buch aus seinen Erfahrungen mit der Avantgarde hervorgegangen sei. Detlev Schöttker: Konstruktiver Fragmentarismus, S. 177 (Fußnote). Vgl. Peter Bürger: Theorie der Avantgarde, Frankfurt/M. 1974, S. 93.

125 | Detlev Schöttker: Konstruktiver Fragmentarismus, S. 178.

126 | Ebd.

127 | Ebd.

Erfahrungsnetz, angereichert mit konstruktivistischen Prinzipien der russischen Avantgarde, das sie später bei ihrer Kindertheaterarbeit produktiv umsetzen sollte. Wie noch darzulegen ist, finden die avantgardistischen Kategorien auch Eingang in Benjamins Plan vom Kindertheater, der die theaterästhetischen Eindrücke von Lacis aufnimmt und verwertet.

SCHAUSPIELUNTERRICHT BEI KOMMISSARSCHEWSKI

Während des Ersten Weltkriegs hielt sich Lacis in Riga, Orel und Moskau auf. Da sie Theaterwissenschaft studieren wollte, blieb sie schließlich in Moskau, wo sie in den Jahren 1915/16 als Studentin an der Moskauer Šanjavskij-Kulturuniversität eingeschrieben war.[128] Der Unterricht an der privaten Lehranstalt fand am Abend statt, so dass Lacis während des Tages vermutlich an einer lettischen Emigrantenschule als Lehrerin tätig sein konnte.[129] Moskau wurde für Lacis im Hinblick auf ihr anhaltendes Interesse am Theater und den neuen Theaterformen zur Quelle der Inspiration. Ihren Beobachtungen ist zu entnehmen, mit welchem Enthusiasmus sie die von Experimenten geprägte Theaterarbeit der in Moskau wirkenden Theaterschaffenden verfolgte.[130] Besonders interessierte sie sich für die Theaterarbeit von Tairow, der 1914 das Kammertheater in Moskau gegründet hatte, das mit neuen Theaterpraktiken experimentierte, die dem konventionellen Theater diametral entgegenstanden. Tairow entwickelte neben Stanislawski und Meyerhold ein eigenes Theaterkonzept, das er »Synthetisches Theater« nannte.[131] Darunter verstand er ein Theater, das alle Arten der Bühnenkunst organisch in sich vereinigt, so dass in ein und derselben Aufführung alle Elemente, die bisher künstlich auseinandergehalten wurden – die Elemente des Wortes, des Gesanges, der Pantomime, des Tanzes und sogar des Zirkus –, ein in harmonischer Verflechtung schließlich einheitliches Theaterwerk ergeben.[132] Das, was Lacis am Theaterkonzept von Tairow beeindruckte, war der betont artistische Zugriff auf die spezifischen Elemente des Theaters und die Art und Weise der Kombination und Zusammenfügung einzelner Teile unterschiedlicher Kunstformen theatraler Darbietung, die den besonderen Rhythmus und die Dynamik seiner Aufführungen ausmachten. Tairows re-

---

128 | An dieser privaten Lehranstalt studierten viele lettische Emigranten, darunter auch der Schriftsteller Linards Laicens, mit dem Lacis später durch eine enge Freundschaft und gemeinsame Arbeit am Theater der Linken Gewerkschaften verbunden sein sollte. Beata Paškevica: In der Stadt der Parolen, S. 42.

129 | Ebd.

130 | Ebd., S. 22f.

131 | Alexander Tairow: Das entfesselte Theater, S. 37ff.

132 | Ebd.

vuehafte Dramaturgie, die die Öffnung des Theaters für andere Kunstgattungen ermöglichte, wurde später als »Entfesseltes Theater« bekannt.[133] Entfesselt war das Theater zum einen dadurch, dass es sich nicht mehr den konventionellen Bedingungen eines naturalistischen Theaters, das damals noch immer die Bühnen beherrschte, unterzuordnen gedachte.[134] Zum anderen erreichte Tairow mit seinem »Theater des Neorealismus«[135] eine Emanzipierung der unterschiedlichsten künstlerischen Darstellungsformen wie der Pantomime, des Tanzes und des Zirkus und bereitete ihnen den Weg, gleichberechtigt neben dem dramatischen Bühnenschauspiel zu existieren. Lacis nahm diese neueren Tendenzen in der Moskauer Theaterszene während der Ereignisse der Februar- und der Oktoberrevolution wahr, die von vielen lettischen Intellektuellen mit Begeisterung aufgenommen wurden.[136] Lacis, die im März 1917 eine Schauspielausbildung im Studio von Kommissarschewski begann,[137] gibt einen Eindruck von ihrer Studienzeit, bei der »Hauptzweck war, die Phantasie zu entwickeln – deshalb machten wir viel Improvisation mit Texten. Das Studio war dem Theater Kommissarschewskis angegliedert – wir wirkten oft in Massenszenen und in kleinen Rollen mit. [...] Kommissarschewski wollte einen denkenden Schauspieler.«[138] Nach Lacis entwickelte Kommissarschewski eine eigene Theatertheorie, die den Inhalten von Meyerhold nur teilweise folgte. So vernachlässigte er beispielsweise den in Meyerholds Konzept verankerten Aspekt des aktiven Zuschauers[139] und sah die Hauptverantwortung des künstlerischen Prozesses allein beim Regisseur, der für das zu schaffende einheitliche theatrale Kunstwerk die Führung übernehmen sollte.[140] Auch äußerte Kom-

---

133 | Ebd., S. 7ff.

134 | Ebd., S. 16.

135 | Ebd.

136 | Beata Paškevica: In der Stadt der Parolen, S. 43.

137 | Zunächst Absolvent eines Architekturstudiums, fühlte sich Kommissarschewski zum Theater hingezogen. 1906 wurde er Spielleiter im Theater seiner Schwester Vera, gerade zu der Zeit, als Meyerhold dort engagiert war. Meyerhold, der nach dem Zerwürfnis mit ihr das Theater im Jahr 1908 verließ, hatte einen bleibenden Eindruck bei Kommissarschewski hinterlassen. 1910 gründete Kommissarschewski ein eigenes Schauspielstudio in Moskau, das 1914 in das *Vera-Kommissarschewskaja-Theater* umbenannt wurde und in dem er bis zum Jahr 1918 als Regisseur tätig war.

138 | In regelmäßigen Abständen wurde die Leistung der Schauspielschüler im Studio von Kommissarschewski durch externe Fachkräfte und Mitarbeiter überprüft. Evreinov gehörte zu den Prüfern, die die Arbeit von Lacis betreuten und bewerteten. Asja Lacis: Revolutionär im Beruf, S. 22.

139 | Beata Paškevica: In der Stadt der Parolen, S. 53.

140 | Fëdor Komissarževskij: Teatra nyja preljudii, Moskau 1916, S. 10, zitiert nach Beata Paškevica: In der Stadt der Parolen, S. 54.

missarschewski sich negativ gegenüber jeder Parteilichkeit in der Kunst und postulierte das L'art-pour-l'art-Prinzip.[141] Das Theater sollte seiner Ansicht nach allein der Kunst und nicht der Darstellung von politischen Bekenntnissen und Forderungen dienen oder die Veränderung des Lebens verlangen.[142] Indes griff er auf Meyerholds Schauspieltechnik zurück, da er wie dieser der Auffassung war, dass »Automatenfiguren« am besten die Forderung eines zeitgemäßen Theaters erfüllen können. Aus diesem Grund studierte Kommissarschewski mit seinen Schülern die Aufführungsmethoden der Commedia dell'arte, die im Schauspielunterricht von Lacis mit der Improvisation und den stillgestellten Arrangements der Körperhaltungen und Gesten zu den zentralen Übungseinheiten zählten. Mit seinem theaterästhetischen Stil gehörte Kommissarschewski nicht zu den vom Konstruktivismus beeinflussten Künstlern und Theaterschaffenden, die die Kunst mit gesellschaftspolitischen Inhalten zu verknüpfen suchten. Daher nimmt auch Lacis eine deutliche Gegenposition zu seinem Ansatz ein,[143] denn nach wie vor galt für sie der Anspruch, dass das Theater wesentlich politisch sein sollte. 1918 beendete Lacis ihre Schauspielausbildung. Paškevica zufolge entließ Kommissarschewski sie mit den Worten: »Sie müssen in ihrer Heimat ein gutes Theater aufbauen.«[144] Unter dem Eindruck der hereinbrechenden Revolutionsereignisse schrieb sie in ihren Aufzeichnungen rückblickend vom anbrechenden »Theateroktober«, der es mit sich brachte, dass das Theater auf die Straße und die Straße ins Theater drängte.[145] Meyerhold war es, der 1920 als neu ernannter Leiter der Theaterabteilung im sowjetischen Ministerium für Bildung und Kultur (TEO) den Begriff »Theateroktober« eingeführt hatte.[146] Meyerholds Proklamation des Theateroktobers war verbunden mit der neuen Kombination von Massenkultur und Militarisierung vieler Lebensbereiche, bedingt durch Bürgerkrieg und Kriegskommunismus.[147] Seine programmatische Parole forderte damit nicht nur eine Revolution des Theaters, sondern vor allem ein Theater der Revolution, das die scharfe Grenzziehung zwischen Theater, Kunst, Leben und Politik aufzuheben gedachte. Im Hinblick auf das Theater zielten seine Bestrebungen darauf, neue Formen der künstlerischen Tätigkeit zu schaffen, die schon zur Sprache kamen.[148] Diesen Zeitgeist

---

141 | Ebd.

142 | Fëdor Komissarževskij: Teatral'nyja preljudii, S. 116, zitiert nach Beata Paškevica: In der Stadt der Parolen, S. 57.

143 | Beata Paškevica: In der Stadt der Parolen, S. 56.

144 | Ebd., S. 53.

145 | Asja Lacis: Revolutionär im Beruf, S. 24.

146 | Elmar Buck: Theateroktober, in: Ders. (Hg.): Theateroktober. Russische Avantgarde 1917-1931, S. 7-11, hier S. 7.

147 | Jörg Bochow: Das Theater Meyerholds und die Biomechanik, S. 56f.

148 | Ebd.

scheint Lacis in ihren Notizen gut einzufangen.[149] Ihre Beobachtung, dass das Theater auf die Straße drang und umgekehrt die Straße ins Theater Einzug hielt, sollte für ihre weitere Entwicklung als Theaterregisseurin von zentraler Bedeutung werden. Unter dem Eindruck des Theateroktobers verließ Lacis Moskau, um in Orel ein Kindertheater ins Leben zu rufen.

EINE THEATERWERKSTATT FÜR KINDER

Nach der Ausbildung an der Theaterschule von Kommissarschewski kehrte Lacis 1918 nach Orel zurück. Und wie es ihr Theaterlehrer ihr ans Herz gelegt hatte, war es nun ihr sehnlichster Wunsch, beruflich im Theater Fuß zu fassen. Rückblickend schreibt sie:»1918 kam ich nach Orel. Ich sollte im Stadttheater von Orel als Regisseur arbeiten, also ein gebahnter Weg. Doch es kam anders.«[150] Anders war, wie im Folgenden darzustellen ist, dass sie ihre eigene Regie- und Theaterarbeit nicht am Stadttheater von Orel erprobte, sondern, vor dem Hintergrund der Kriegswirren während der Oktoberrevolution, auf der *Straße* begann, wo ihr bei ihrer Rückkehr»Scharen verwahrloster Kinder« begegneten, die sie mit den Mitteln des Theaters zu resozialisieren suchte:

Auf den Straßen von Orel, auf den Marktplätzen, auf den Friedhöfen, in Kellern, in zerstörten Häusern sah ich Scharen verwahrloster Kinder: die Besprisorniki. Darunter waren Burschen mit schwarzen, monatelang nicht gewaschenen Gesichtern, zerlumpten Jacken, aus denen die Watte in Strähnen hing, breiten langen Wattehosen, die mit einem Strick festgebunden waren, bewaffnet mit Stöcken und Eisenstangen. Sie gingen immer in Gruppen, hatten einen Häuptling, stahlen, raubten, schlugen nieder. Kurz gesagt, es waren Räuberbanden – Opfer des Weltkriegs und Bürgerkriegs. Die sowjetische Regierung bemühte sich, die streunenden Kinder in Erziehungshäusern und Werkstätten seßhaft zu machen. Aber sie brachen immer wieder aus.[151]

Lacis nahm in Orel nicht nur die auf den Straßen obdachlos herumstreunenden Kinder wahr, die ohne sichere Bleibe auf der Straße lebten und die ganze Härte der Revolution zu spüren bekamen, sondern auch die vielen Waisenkinder, die, vom Krieg traumatisiert, in den städtischen Heimen ihrem Schicksal ausgeliefert waren.[152] Angesichts dieser Situation ließ Lacis den Gedanken, am

---

149 | Asja Lacis: Revolutionär im Beruf, S. 24.

150 | Ebd., S. 25.

151 | Ebd.

152 | »In den städtischen Heimen waren die Kriegswaisen untergebracht. Ich besuchte sie. Diese Kinder hatten zu essen, waren sauber gekleidet, hatten ein Dach überm Kopf, aber sie blickten drein wie Greise: müde, traurige Augen, nichts interessierte sie. Kinder

Theater in Orel zu arbeiten, fallen, zugunsten eines Projekts, das bis heute nichts von seiner Anziehung verloren hat. Im Nachwort zu *Revolutionär im Beruf* bemerkt Brenner dazu:»1918 verzichtete sie auf ihre Karriere als Regisseurin an renommierten Schauspielhäusern und entwickelte mit Waisen- und kriminalisierten Kindern ein Modell politisch-ästhetischer Erziehung.«[153] Lacis hatte bereits in Moskau in der lettischen Flüchtlingsschule unterrichtet und dabei ihr als Schauspiel-Elevin vertraute dramatische Akzente eingeführt, die sie fortan dazu veranlassten, das theatralische Spiel in engem Zusammenhang mit kindlichem Lernen zu denken. Rückblickend schreibt sie in einem Brief vom 9. Februar 1970 an Melchior Schedler:»Ich meine, daß man das ganze Schulprogramm in theatralischer Form lehren kann. Als ich zwei Jahre Lehrerin war, überzeugte ich mich von dem positiven Ergebnis dieser Methode.«[154] Überdies mit der Fähigkeit ausgestattet, mit schwierigen Kindern zurechtzukommen, die sie in St. Petersburg während ihrer Tätigkeit als Hauslehrerin entwickelt hatte,[155] plante sie, in den Räumen ihres Wohnhauses eine Kindertheaterwerkstatt ins Leben zu rufen, die ihre Erfahrungen experimenteller Theaterarbeit einbezog.[156] Folgen wir Lacis, dann ist ihre Neigung für das Theaterspiel eng mit ihrer in Lettland verbrachten Kindheit verbunden.[157] Ihre proletarische Herkunft und die Überzeugung, dass man, wie sie schreibt, »die Kinder durch das Spiel wecken und entwickeln« könne,[158] führten sie in die Abteilung für Bildung der Stadtverwaltung in Orel, wo sie dem Leiter ihren Plan von der Gründung eines Kindertheaters für die Kriegswaisen in den städtischen Heimen sowie für die von Kriminalität bedrohten Straßenkinder

---

ohne Kindheit ... Dagegen konnte man nicht gleichgültig bleiben, da mußte ich etwas tun, und ich begriff, daß Kinderliedchen und Reigen hier nicht genügten. Um sie aus ihrer Lethargie herauszuholen, bedurfte es einer Aufgabe, die sie *ganz* zu ergreifen und ihre traumatisierten Fähigkeiten freizusetzen vermochte.« Ebd., S. 25f.

153 | Asja Lacis: Revolutionär im Beruf, S. 133. Vgl. hierzu: Melchior Schedler: Kindertheater. Geschichte, Modelle, Projekte, Frankfurt/M. 1972, S. 234.

154 | Ebd., S. 235.

155 | Um ihr Studium in St. Petersburg zu finanzieren, hatte Lacis gelegentlich als Privatlehrerin in einem Petersburger Haushalt gearbeitet und die beiden Söhne der Familie, mit denen sie auch Theater spielte, betreut. Beata Paškevica: In der Stadt der Parolen, S. 24ff.

156 | »Ich wohnte in einem schönen aristokratischen Haus, wo, wie man erzählt, die Helden von Turgenjews ›Adelsnest‹ gelebt haben sollen. Die Zimmer hatten große gotisch geschnittene Fenster, man sah durch die alten Akazienbäume bis in die Flußniederung. Diese Räume waren wie geschaffen für Kindertheater.« Asja Lacis: Revolutionär im Beruf, S. 26.

157 | Ebd., S. 9.

158 | Ebd., S. 26.

unterbreitete.[159] Die Umgestaltung ihrer eigenen Wohnräume zu einem Theaterstudio für Kinder erlaubte eine Theaterarbeit, wie sie diese selbst in St. Petersburg und in Moskau beobachtet und studiert hatte. Das Kindertheater, das
Lacis erstmals in Orel als ein solches initiierte, folgte dem Werkstattkonzept,
das sie durch Meyerholds Theaterarbeit kennengelernt hatte, dessen Ideen und
Neuerungen sie nicht umsonst als bedeutsames Vorbild bei ihrer Regiearbeit
im Kindertheater heraushebt:»Meine Regisseur- und Kritikertätigkeit in Orel,
Riga, Moskau, Kasachstan und Walmiera schuldet Meyerhold viel. Heute sehe
ich deutlich, welche Kraft in seinem bedingten Theater und in seiner Philosophie des Arrangements enthalten war und mit welch unerschöpflicher Phantasie er die theatralischen Ausdrucksmittel handhabte.«[160] In der Übertragung
ihrer theoretischen und praktischen Kenntnisse auf das Kindertheater wurde
ein Konzept möglich, das – der Eigenart des kindlichen Spiels folgend – auf eine
experimentelle Grundlage gestellt werden konnte und konstruktive Prinzipien
beachtete. Lacis schreibt:

Ich wollte die Kinder dazu bringen, daß ihr Auge besser sieht, ihr Ohr feiner hört, ihre
Hände aus dem ungeformten Material nützliche Sachen gestalten. Dazu teilte ich die
Arbeit in Sektionen ein. Um das Auge, das Sehen zu entwickeln, malten und zeichneten
die Kinder. Diese Sektion leitete Viktor Tschestakow, der später als Bühnenbildner mit
Meyerhold arbeitete. Ein Pianist leitete die musikalische Erziehung. Dann gab es das
technische Training; die Kinder bauten Requisiten, Gebäude, Tiere, Figuren usw. Weitere
Sektionen meines Schulmodells in Orel waren Rhythmus und Gymnastik, Diktion und
Improvisation.[161]

Bei der Arbeit in den verschiedenen Sektionen des von ihr geleiteten Kindertheaters wurde sie unterstützt von ihrer lettischen Freundin, der Schauspielerin
Elvira Bramberga, die mit ihrem Bruder und ihrer Mutter als Kriegsflüchtling
in Orel lebte.[162] Für die Kinder bedeutete die in unterschiedliche Arbeits- und
Betätigungsfelder eingeteilte Theaterarbeit im Turgenjew-Haus die Möglichkeit,
ihre Spontaneität zu erproben und ihren Neigungen lustbetont und ohne Zwang
nachzugehen. Lacis legte großen Wert darauf, dass durch das ausgedehnte An-
gebot künstlerisch-kreativer Spielmöglichkeiten, die den Kindern im Theater-
arbeitsprozess zur freien Verfügung standen, »verborgene Kräfte« der Kinder

---

159 | »Ich ging zum Leiter des städtischen Volksbildungswesens und entwickelte ihm
mein Projekt. Dem Iwan Michail Tschurin gefiel der Plan. Die Zimmer wurden vereinigt.
Es entstand ein Saal, die Wände wurden mit Fresken geschmückt. Wir rechneten mit
fünfzig Kindern, es kamen hunderte.« Ebd.

160 | Ebd., S. 25.

161 | Ebd., S. 22.

162 | Beata Paškevica: In der Stadt der Parolen, S. 87.

freigesetzt werden konnten, die sie später durch die Improvisation vereinigen sollte.[163] Auf diese Weise gelang es ihr, die Kinder aus ihrer Lethargie und traumatisch fixierten Depression herauszuführen und zu aktiven Teilnehmern des Kindertheaters zu machen. Das von ihr entwickelte Schulmodell fungierte als ein Mittel zur Entfaltung des psychisch-physischen Fonds der Kinder und ihren sozialen und ethisch konnotierten Beziehungen, die sie beim Ausprobieren, Experimentieren und beim Miteinanderspielen entwickeln konnten. Das Kindertheater bot dabei die Möglichkeit zur Eingliederung ins Kollektiv.[164] So spielen das Kollektiverlebnis und die Kollektivbildung, die Entstehung von Gemeinschaftsgefühl und Gruppensolidarität durch die gemeinsame Arbeit in der Kindertheaterkonzeption bei Lacis eine zentrale Rolle, die Benjamin später für sein Programm vom Kindertheater aufgreifen und weiterentwickeln sollte. Lacis war davon überzeugt, dass das Kindertheater in ansprechender und zugleich »kollektiver ästhetischer Form« die Chance bot, durch Theaterspielen das Kind als Ganzes zu erfassen. So schreibt sie in ihren Erinnerungen: »Ich wußte, welche ungeheure Kraft im Theaterspielen steckt.«[165] Als sie das Theaterspiel wählte, war sich Lacis sehr wohl bewusst, dass das Potential und die Ausdruckskraft der spielenden Kinder im Kinderkollektiv jedes zweckorientierte Kalkül sowie alle moralischen Regeln und bürgerlichen Wertmaßstäbe von Kunst und Erziehung außer Kraft setzen würden. Ein speziell für Kinder präpariertes Kindertheater, »wo Erwachsene sich zu Kindern herablassen, sich ›kinderlieb‹ machen, aber tatsächlich Kinder für dumme Wesen halten«, wie Schedler anmerkt, lehnte sie kategorisch ab.[166] Vielmehr setzte Lacis ein Theater durch, das den Kindern als Zuschauern und Akteuren ihre natürliche Fähigkeit zum Spielen beließ und ihrer unbändigen Neugier am Entdecken und Erforschen uneingeschränkt Raum gewährte. Mit ihrer politisch-ästhetischen Haltung entwickelte sie ein Theaterkonzept für Kinder, das sich als Instrument ihrer Selbstverwirklichung verstehen lässt. Zweifellos verließ sie mit ihrem Experiment vom Kindertheater die vorgezeichneten Bahnen der Ästhetik und Erziehung, mit dem Ziel, die ästhetischen Erfahrungsräume zu öffnen und neue Wahrnehmungs- und Darstellungsweisen zu provozieren. In dieser Hinsicht schaffte sie ein erstes Theaterlaboratorium für Kinder, das ihnen flexible Spielorte und Spielgelegenheiten und intermodale Wahrnehmungs- und Erfahrungsmöglichkeiten bot.

---

163 | Ebd.

164 | »Die Einschmelzung ins Kollektiv wird den Kindern nicht abstrakt gepredigt, man indoktriniert sie nicht, [...] sie eigneten sich an, was ihrer Erfahrung entsprach. Die Integration in die bolschewistische Gemeinschaft erreicht sie auf dem Weg über die Erfahrung der Kinder, die diese in der gemeinsamen Arbeit sammeln.« Melchior Schedler: Kindertheater, S. 241f.

165 | Asja Lacis: Revolutionär im Beruf, S. 27 u. 26.

166 | Melchior Schedler: Kindertheater, S. 232.

DAS PRINZIP DER BEOBACHTUNG

Bei ihrem Engagement, ein politisch orientiertes wie ästhetisch begründetes Kindertheater anzuleiten, griff Lacis zurück auf methodische Konzepte, die sie während ihres Studiums am Psychoneurologischen Institut bei Bechterew in St. Petersburg kennengelernt hatte. Besonders hatte sie dort Kenntnisse in allgemeiner und experimenteller sowie medizinischer Psychologie erwerben können, die für ihre proletarische Kindertheaterarbeit eine zu der damaligen Zeit beachtenswerte pädagogisch-therapeutische Grundlage darstellten. Außerdem hatten sie die Erfahrungen während ihrer pädagogischen Tätigkeit als Privatlehrerin und an der Emigrantenschule in St. Petersburg im Umgang mit schwer erziehbaren Kindern gelehrt, dass, so Paškevica, »Bitten oder Befehle« kaum etwas bewirkten. Vielmehr vertraute sie auf die pädagogische Praxis, das Kind unbewusst zu lenken,[167] indem dem Kind das Gefühl vermittelt wurde, selbsttätig nach freier Entscheidung zu handeln, ohne Beeinflussung und fremde Hilfe des Erwachsenen.[168] Aus diesem Grund konzentrierte sie ihre politisch-ästhetische und pädagogisch-therapeutisch geschulte Sensibilität darauf, die Kinder als Akteure und Bühnengestalter am Entstehungsprozess der Aufführung selbst zu beteiligen. Hierbei war es für Lacis von großer Bedeutung, dass sich die Erzieher des Kindertheaters gegenüber dem spontanen Spiel der Kinder weitgehend distanzierten, um den im Entstehen begriffenen selbsttätigen Schöpfungsprozess der Kinder im Theaterkollektiv nicht zu gefährden. Nach Lacis ist dies nur möglich, wenn der Raum des kindlichen Spiels und seiner darstellerischen Möglichkeiten von moralischen und disziplinierenden sowie ideologischen Eingriffen durch den Leiter freigehalten wird: »Ideologie wurde den Kindern nicht aufgedrängt, sie eigneten sich an, was ihren Erfahrungen entsprach. Auch wir, die Erzieher, lernten und sahen vieles neu.«[169] Mit diesem Bewusstsein ausgestattet, schränkte Lacis im Hinblick auf die theatralischen Prozesse im Kindertheater die erzieherischen Maßnahmen aufs Engste ein und erklärte die »Beobachtung« zum zentralen Ausgangspunkt in der Theaterarbeit:

Ausgangspunkt für Erzieher und zu Erziehende war für uns die Beobachtung. Die Kinder beobachten die Dinge, ihre Beziehungen zueinander und ihre Veränderbarkeit; die Erzieher beobachten die Kinder daraufhin, was sie erreicht haben und wie weit sie ihre

---

167 | Beata Paškevica: In der Stadt der Parolen, S. 87.

168 | »Meine proletarische Herkunft sowie das Studium bei Professor Bechterew in Petersburg verwiesen mich auf dieses Erziehungsprinzip, und ich versuchte es in Orel auf die proletarisch-ästhetische Kindererziehung anzuwenden.« Asja Lacis: Revolutionär im Beruf, S. 27.

169 | Ebd., S. 29.

Fähigkeiten produktiv anwenden können. Nicht nur im Studio wurde das Beobachten geübt und durch das Zeichnen, Malen, Musizieren weitergeführt, sondern auch im Freien.[170]

Aus der Sicht von Lacis ist das Ziel der kommunistischen Erziehung, »auf Grund eines hohen allgemeinen Bildungsniveaus Produktivität freizusetzen, dies bei speziellen wie nichtspeziellen Begabungen«.[171] Diese Forderung erhebt sie in strikter Abgrenzung zur bürgerlichen Erziehung, die ihrer Ansicht nach auf die Entwicklung einer besonderen Fähigkeit, eines besonderen Talents ausgerichtet ist und den Menschen nur einseitig fördert. In Anlehnung an Brecht schreibt sie: »[...] sie will den einzelnen und seine Fähigkeiten ›verwursten‹«,[172] eine Formulierung, die ähnlich auch im Kindertheatertext von Benjamin auftaucht (II, 764). Durch die Beobachtung, die sie für die Kindertheaterarbeit in pädagogischer Hinsicht als wesentlich für die Erzieher und in ästhetischer Hinsicht auch als zentral für die Kinder erachtete, erhoffte sie sich, ohne die moralisch regulierende Beeinflussung der Erzieher positiv auf die kindlichen Schöpfungskräfte einwirken zu können. Wie sie bestätigt, gelang dies ohne Schwierigkeiten mit den Kindern, die aus den städtischen Heimen ins Turgenjew-Haus kamen und von Anfang an in den theatralischen Prozess miteinbezogen wurden. Für die Straßenkinder sollte sie das Prinzip der Beobachtung jedoch noch steigern, das seinen Anfang auf der Straße genommen hatte.[173] Mit ihrer geduldigen und Distanz wahrenden Annäherung an die Besprisorniki bewirkte Lacis schließlich, dass auch diese mit der Zeit Vertrauen zu ihr fassten und eines Tages das Turgenjew-Haus besuchten. Während die Heimkinder für ihr Verständnis bereits eine wichtige Etappe bei ihrer Arbeit in den Sektionen erreicht hatten und den Wunsch äußerten, ihre Phantasie und die erworbenen Fähigkeiten an konkreten Objekten auszuprobieren, sollten sich nun auch die Straßenkinder an den theatralischen Aktivitäten im Kindertheater beteiligen. Wie aus den Erinnerungen von Lacis herauszulesen ist, stand, den eigenen Theatererfahrungen entsprechend, bei ihrer Kindertheaterarbeit die Improvisation im Vordergrund. Mit ihrem einfühlsamen, auf die Bedürfnisse der Kinder abgestimmten pädagogischen Geschick überblickte sie, dass die kindliche Phantasie – um sich, wie sie schreibt, »nicht

---

170 | Ebd., S. 27.

171 | Ebd.

172 | Ebd.

173 | »An die Besprisorniki aber kam ich lange Zeit nicht heran. Als ich sie das erste Mal auf dem Markt ansprach und sie aufforderte, zu uns zu kommen, verhöhnten sie mich [...]. Aber ich kam wieder. Sie gewöhnten sich an mich und an unsere Dispute, so daß, wenn ich längere Zeit ausblieb und dann wiederkam, sie mich als alte Bekannte mit Geheul umringten.« Ebd., S. 28.

[zu] verirren« – die Improvisation an konkreten Stoffen erforderlich machte.[174] Nicht zufällig wählte sie für ihre erste Arbeit mit den Heim- und Straßenkindern ein Kinderstück aus, das aus der Feder von Meyerhold stammte.[175] Mitten in die improvisierte Szene der Kinder mischten sich Lacis zufolge die Besprisorniki in das Spiel ein. Auch in dieser riskanten und für die Heimkinder möglicherweise angstvollen und fremden Situation bewährte sich in den Augen von Lacis die Regel, die Kinder zu beobachten, statt in ihr Spiel einzugreifen, als ein wirkungsvoller pädagogischer Ansatz im Kindertheater, der vor allem für den Erzieher zu gelten hat. Allen pädagogischen Regeln zum Trotz mischte sich Lacis nicht in das improvisierte Spielgeschehen ein und öffnete damit den Besprisorniki einen ersten Zugang zum Kindertheaterkollektiv. Ihre betont distanzierte Haltung zum Spiel der Straßenkinder sowie der gegebene Spielraum des Improvisierens selbst bewirkten unversehens die Inklusion der Besprisorniki in das bestehende Kollektiv des Kindertheaters. Im Falle des Kindertheaters von Lacis zielte das auf die Erzieher gerichtete Prinzip der Beobachtung darauf, dass die Kinder das theatralische Spiel als einen von Verboten, Moralität und Reglementierungen emanzipierten Aktions- und Bewegungsraum für sich entdecken konnten. Derart konzeptioniert, eröffnete das Kindertheater eine von Angst befreite Sphäre, die die Kinder ermutigte, mit den Mitteln der Improvisation spielerisch Beziehungen mit- und untereinander herzustellen und eine andere Qualität von Kontakt zu entwickeln, insbesondere weil hier das übliche Lehrer-Schüler-Verhältnis außer Kraft gesetzt war.

---

174 | Ebd.

175 | »Ich hatte ein Kinderstück von Meyerhold gewählt: ›Alinur‹ (nach dem Märchen von Oskar Wilde ›Der Sternenknabe‹). Die Kinder wußten von meinen Plänen nichts. Ich gab ihnen als Improvisationsaufgabe eine Szene daraus: Räuber sitzen im Wald um ein Feuer und prahlen mit ihren Taten. Mitten in eine solche Szene fiel dann, wenig später, der erste Besuch der Besprisorniki in unserem Haus. Die Kinder sprangen auf und wollten vor den Eindringlingen flüchten. Diese sahen zum Fürchten aus: Papierhelme auf dem Kopf, gepanzert mit Zweigen und Blechstücken, in den Händen Piken und Stöcke. Ich überredete die Kinder, weiter zu improvisieren und auf die Eindringliche nicht zu achten. Nach einer Weile trat Wanjka, ihr Häuptling, in den Kreis der Spielenden, gab seiner Gruppe einen Wink – sie drängten die Kinder beiseite und begannen, selber die Szene zu spielen. Sie renommierten mit Mordtaten, Brandstiftungen, Beraubungen, wobei sie sich gegenseitig an Grausamkeiten zu übertrumpfen suchten. Dann standen sie auf und schauten mit höhnischer Verachtung unsere Kinder an: ›So sind Räuber!‹ Allen pädagogischen Regeln zufolge hätte ich ihre wilden und schamlosen Reden unterbrechen müssen – doch ich wollte Einfluß auf sie gewinnen. Ich gewann das Spiel tatsächlich – die Besprisorniki kamen wieder und wurden später das Aktiv unseres Kindertheaters.« Ebd., S. 28f.

DIE IMPROVISATION ALS HERZSTÜCK DES KINDERTHEATERS

Neben der Beobachtung, die Lacis zur obersten Maxime des Kindertheaters erklärte, bildete die Improvisation das Herzstück für ihre Theaterarbeit mit Kindern. Wie anhand ihrer Beschreibungen durchgängig deutlich wird, war es die Praxis der Improvisation, die zum Zentrum der experimentellen Kindertheaterarbeit werden sollte. Ihr ganzes Interesse galt dem spontanen Spiel der Kinder, das vom Augenblick lebt und sich stets als unerwartet, unvorhersehbar und unplanbar erweist. Auf diese Weise wurde es möglich, den Kindern einen Zugang zu fremden, abstrakten oder erdachten Situationen zu eröffnen und den Sinn zu lockern, der den konkret von ihnen erlebten Situationen anhaftete. Mit dem Kindertheater bot sie den Kindern einen Rahmen, der es ihnen gestattete, ihre Umgebung und Wahrnehmungswelt im Rhythmus ihrer spontanen Neugierde spielerisch zu erkunden und situativ zu erforschen.

Das Interesse am spontanen Spiel der Kinder, das der Improvisation zugrunde liegt, geht, wie erwähnt, zurück auf die Beobachtungen und Theatererfahrungen, die Lacis sich im Studio bei Meyerhold, Kommissarschewski und bei Evreinov hatte aneignen können. Den spielenden Menschen hatte schon Meyerhold in den Mittelpunkt seiner Schauspieltheorie gestellt. Das nicht-illusionistische Spiel des Schauspielers war in seinem Theaterkonzept zentral, weswegen er die Bühne dem tieferliegenden Zuschauerraum angleichen wollte. Durch die Vereinfachung der Bühnentechnik sollte der schöpferische, spielende Mensch zur Schaltstelle des neuen Theaters werden. Das spielerische Theater führte Meyerhold zu unverfälscht traditionellen Spielformen, die die Technik der Improvisation erforderlich machten. Gerade das Ausstellen des Spielcharakters als Grundhaltung des Schauspielers setzte er dem »Erlebens«-Konzept des Literatur-Theaters gegenüber.[176] Um die schauspielerischen Kräfte zu entfalten, erhob auch Kommissarschewski die Improvisation zur wichtigsten Übung des schauspielerischen Könnens, mit der die Phantasie des Schülers zu entwickeln war.[177] Das Kind stellte für ihn den größten Lehrmeister der Improvisation dar, und sein Spiel galt ihm als »Urbild der Schauspielkunst«, bedingt durch das vom Kind selbst initiierte innovative, zwanglose und vollkommen zweckfreie Spiel.[178] Ebenso hebt Evreinov, der zu den von Lacis am

---

176 | Jörg Bochow: Das Theater Meyerholds und die Biomechanik, S. 30ff.

177 | Fëdor Komissarževskij: Tvorčestvo aktëra. Teorija Stanislavskogo, Petrograd 1916, S. 61, zitiert nach Beata Paškevica: In der Stadt der Parolen, S. 88.

178 | »Indem ich das Spiel zum Urbild des schauspielerischen Könnens erhebe, meine ich nicht die Spiele, in denen die Spielenden nur die traditionellen, ererbten Spiele nachahmen, die zu einer Schablone herabgesunken sind. Ich spreche nur über die Spiele, die durch das Kind oder einen ihm ähnlichen Menschen ausgehend von dem im realen Leben Beobachteten und in sich Aufgenommenen frei erfunden werden.« Fëdor

meisten beachteten Theaterpersönlichkeiten zählte, das von Phantasie beseelte Kinderspiel als Urquelle der Theatralität hervor;[179] den Spieltrieb betrachtete er als ursprünglichen Instinkt vor aller Ästhetik.[180] Aufgrund der Erfahrungen mit Improvisationstechniken, die Lacis während ihrer Studienzeit in Moskau sammeln konnte, ist davon auszugehen, dass ihr die Nähe der Improvisation zum kindlichen Spiel bewusst war. Die Betrachtungsweise, dass das naive Spiel des Kindes, insbesondere dessen Rollenspiel, die »genetische Vorstufe der Improvisation des Schauspielers« darstellt, gilt bis in die Gegenwart, ebenso wie die Überlegung, dass »jegliches Rollenspiel des Kindes eine Art Improvisation ist, denn das Kind spielt unmittelbar aus der Eingebung heraus«, wie Gerhard Ebert bemerkt.[181] Nicht zufällig entschied sich Lacis dafür, die Improvisation von Anfang an in den Mittelpunkt ihrer Kindertheaterarbeit zu stellen. Deshalb lehnte sie es auch ab, ein vorgegebenes Stück mit den Kindern einzustudieren, das der kindlichen Phantasie von vornherein eine Begrenzung auferlegt und einen fremden Willen aufgezwungen hätte:

Einfach wäre es gewesen – ein passendes Kinderstück finden, die Rollen verteilen, mit den Kindern proben und die Aufführung fertig stellen. Das hätte gewiß die Kinder eine Zeitlang beschäftigen können, würde aber ihre Entwicklung kaum gefördert haben. Sobald man ein vorgegebenes Stück mit Kindern probt, arbeitet von Anfang an alles auf ein festes Ziel hin – die Premiere. Die Kinder spüren unablässig einen fremden Willen, der sie leitet und zwingt – den Willen des Regisseurs. Auf diesem Wege hätte ich mein Ziel nicht erreichen können – ihre ästhetische Erziehung, die Entwicklung ihrer ästhetischen und moralischen Fähigkeiten.[182]

Stattdessen gab sie den Kindern nur eine Szene als Improvisationsaufgabe vor, die sie aus dem Kinderstück *Alinur* von Meyerhold auswählte, ohne genauere Angaben über die Zusammenhänge im Stück zu machen. Allein der Impuls einer bruchstückartigen Sequenz aus dem Stück war den Kindern Idee und Vorstellung genug, ihre Spontaneität zu entfachen und im theatralischen Spiel zu entfalten. So führt Lacis weiter aus: »Verborgene Kräfte, die durch den

---

Komissarževskij: Tvorčestvo aktëra, S. 13, zitiert nach Beata Paškevica: In der Stadt der Parolen, S. 89.

179 | Laut Paškevica sah Evreinov im Kinderspiel das Vorbild für die Theatralität im Alltagsleben. Denn das Kind, das beispielsweise beim Spiel seine Finger als Theaterfiguren benutze, mache es auf diese Weise zum ›Gott‹ oder zum Urheber der theatralischen Handlung. Beata Paškevica: In der Stadt der Parolen, S. 21.

180 | Alexander Tairow: Das entfesselte Theater, S. 20.

181 | Gerhard Ebert: Improvisation und Schauspielkunst. Über die Kreativität des Schauspielers, Berlin 1999, S. 73f.

182 | Asja Lacis: Revolutionär im Beruf, S. 26 u. 29.

Arbeitsprozeß freigesetzt, die Fähigkeiten, die ausgebildet wurden, vereinigten wir durch die *Improvisation*. [...] Das improvisierende Spiel war für die Kinder Glück und Abenteuer. Sie begriffen viel, und ihr Interesse regte sich. Es wurde ernsthaft gearbeitet – geschnitten, geklebt, getanzt und gesungen, Texte wurden gelernt.«[183] Bei ihrem Entwurf einer reduzierten Pädagogik, die den Erzieher vor der kreativen Theaterarbeit der Kinder zurücktreten ließ, konnte sich auf der Grundlage der Praxis der Improvisation ein die Grenzen zwischen Akteuren und Zuschauern überschreitendes Wechselspiel entwickeln, worauf im Kontext der Kindertheaterschrift zurückzukommen ist.

Die Konzeption des Kindertheaters, die Lacis im Turgenjew-Haus in Orel praktizierte, stellt eine Theaterform dar, die sich in einem Moment kollektiver Kreativität realisiert. Auf dieser Basis stiftete das Kindertheater ein gemeinschaftliches Erleben im Kinderkollektiv und ermöglichte, mit den Worten von Lacis, »ihre ästhetische Erziehung, die Entwicklung ihrer ästhetischen und moralischen Fähigkeiten«.[184]

DIE AUFFÜHRUNG ALS FEST

In dem durch die Praxis der Improvisation bestimmten Arbeitsprozess der Kinder ergab sich die Vorbereitung der Aufführung gleichsam wie von selbst, genauer: als ein zufälliges Nebenprodukt. Sämtliche zum Theater gehörenden theatralen Grundelemente und Materialien wie Bühneneinrichtung, Requisiten, Kostüme und das improvisierte Spiel selbst waren nunmehr das Werk der großen Entdeckungslust und Schöpferkraft der Kinder:

So entstand die Figur vom tatarischen bösen Knaben Alinur, der seine Mutter beleidigte und andere Kinder terrorisierte. Das Stück öffentlich aufzuführen wurde erst dann diskutiert, als die Arbeit der einzelnen Sektionen zur Synthese drängte. Da entstand die Forderung eines kollektiven Tuns – die moralisch-politische Erziehung im sozialistischen Sinne – und der Wunsch, das Spiel auch den Kindern der ganzen Stadt zu zeigen.[185]

Lacis kommt dem Wunsch der Kinder nach: Die Aufführung in der Stadt nimmt Festcharakter an, ganz im Sinne der großen Masseninszenierungen, die sie durch Meyerhold und Evreinov kennengelernt hatte:

»Die öffentliche Aufführung wurde zu einem Fest. Die Kinder unseres Studios gingen in einer Art Karnevalszug zur Freilichtbühne der Stadt. Sie trugen die Tiere, die Masken,

---

183 | Ebd., S. 29.
184 | Ebd., S. 26.
185 | Ebd., S. 29.

die Requisiten und Dekorationsteile durch die Straßen und sangen dazu. Kleine und große Zuschauer schlossen sich an. Abends folgten uns viele auf dem Rückweg zum Turgenjew-Haus.«[186]

Es zeichnet sich ab, dass neben der Methode der Beobachtung und der Technik der Improvisation, die Lacis für die Werkstattform ihres Kindertheaters entwickelte, das gemeinschaftliche Erleben der Kinder in der gemeinsam erarbeiteten Aufführung einen Zentrumspunkt ihrer proletarisch-kommunistischen Kindertheaterarbeit darstellte. Die Art und Weise, wie die Kinder durch die Straßen zogen und der Festzug von anderen Zuschauenden begleitet und gefeiert wurde, erinnert an die Beispiele des politischen, meetinghaften und *performance*nahen Theaters, das Meyerhold für seine Inszenierungen gefordert hatte, indem er zirzensische Motive (*Misterium Buffo*) und aktuelle, agitatorische Proklamationen (*Morgenröte*) miteinander vereinigte.[187] Vor allem wurden hierbei theatralische Elemente aus der Tradition des Volkstheaters, vornehmlich des Maskentheaters, der Pantomime und des Zirkus aufgegriffen. Die Polarisierung von Akteuren und Publikum war aufgehoben, so dass jeder als handelnde Person auftreten konnte, wie eine These der Bewegung lautete.[188] Aufgehoben war weitgehend auch die Grenze zwischen einem speziellen Ort einer Kunstveranstaltung (Bühne) und dem alltäglichen Lebensraum in der realen Öffentlichkeit, was eine Umkehrung und/oder Auflösung der gewohnten Theaterordnung bedeutete. Bei der Zirzensifizierung des Kindertheaters spielten zudem die Überlegungen ihres ehemaligen Lehrers Evreinov eine wichtige Rolle, der im Verständnis der russischen Avantgardebewegung das Leben zur Bühne machen wollte. Das Kindertheaterprojekt von Lacis, wie es sich am Ende in der Öffentlichkeit präsentierte, verwirklichte Evreinovs Theatralitätskonzept, das von der kindlichen Spielweise inspiriert war.[189] Seine Ideen des »Totalen Theaters« waren es, die wesentlich zum proletkultischen Theaterverständnis beitrugen.[190] So beeinflusste Evreinovs Konzeption auch das proletarische Massentheater von Kerschenzew, das, folgen wir Paškevica,

---

186 | Ebd.

187 | Jörg Bochow: Das Theater Meyerholds und die Biomechanik, S. 56f.

188 | So forderte Meyerhold: »Bald wird es keine Zuschauer mehr geben, alle werden Schauspieler sein, und erst dann erhalten wir die echte, wahrhafte Theaterkunst.« Wsewolod E. Meyerhold zitiert nach Burkhardt Lindner: Aufhebung der Kunst in Lebenspraxis? Über die Aktualität der Auseinandersetzung mit den historischen Avantgardebewegungen, in: W. Martin Lüdke (Hg.): ›Theorie der Avantgarde‹, Antworten auf Peter Bürgers Bestimmung von Kunst und bürgerlicher Gesellschaft, Frankfurt/M. 1976, S. 72-104, hier S. 78.

189 | Asja Lacis: Revolutionär im Beruf, S. 29.

190 | Beata Paškevica: In der Stadt der Parolen, S. 81.

»die Haupttendenz der Theaterästhetik« von Lacis ausgemacht haben soll.[191] Als Bühnenrevolutionär bemühte sich Kerschenzew um die Herstellung eines engen und aktiven Kontaktes zwischen Bühne und Zuschauerraum.[192] Um dies zu erreichen, plädierte er für ein Theater auf der Straße.[193] Diese Position scheint auch Lacis verinnerlicht zu haben. Im Verständnis von Malewitsch, der die Kunst als unproduktive Ausnahme und revolutionäres Fest begriff, realisierte auch sie die Zirzensifizierung des Theaters,[194] indem sie sie auf das Kindertheater übertrug.

Die Qualität der Zirzensifizierung des Kindertheaters von Lacis lässt sich durch Einbeziehung der von Bachtin entworfenen Theorie des Karnevals verdeutlichen, die, wie oben erwähnt, der Interpretation des Lebens von Malewitsch nahesteht. Im Denken von Bachtin lassen sich, so von Möllendorff, karnevalsartige Feste grundsätzlich als »Varianten kollektiven Spielens« verstehen.[195] Als solche stellen sie sich in Form von Massenhandlungen und karnevalistischen Einzelgesten dar, die das »karnevalistische Weltempfinden« befördern, »das alle Formen des Karnevals durchdringt«, wie Bachtin erklärt.[196] Im Kontext kollektiver und individueller Subjektgenese leistet der Karneval als eine synkretistische und offene Spielform einen Beitrag zur Entstehung von Subjektivität. Bachtin sieht im Karneval die Wahrnehmungsrelationen des Individuums aufgesprengt, indem die Alltagsnormen der offiziellen Welt subversiv unterlaufen werden.[197] Im Regelfall etablieren und tragen Individuum und Kollektiv in weitgehender Übereinstimmung die Alltagsnormen und errichten die entsprechenden Abgrenzungen nicht nur nach außen gegenüber fremden Individuen und Kollektiven, sondern – in Gestalt sozialer Hierarchien – auch innerhalb der eigenen Gesellschaft. Nach Viktor W. Turner ist das so gestaltete System Veränderungen gegenüber nicht aufgeschlossen, seine gesellschaft-

191 | Ebd.

192 | Melchior Schedler: Kindertheater, S. 214.

193 | »Die Kunst hat das Bestreben, die Wände der Wohnung zu verlassen, um auf die Straße zu gelangen. So wie sie es früher in die Enge der Privatwohnungen zog, in denen sie von auserwählten Kennern genossen wurde, so zieht es sie jetzt zur Freiheit der öffentlichen Plätze, der Straßen, wo sie die großen Massen begrüßen werden. ›Die Kunst auf der Straße!‹ das ist die Parole der heutigen Maler, Dekorateure, Musiker, Architekten. Möge jetzt die schöpferische Arbeit im grandiosen Maßstabe geleistet werden, nicht für wenige Auserwählte, sondern für die Gesamtheit, nicht für einen Wohnungsbesitzer, sondern für jeden Passanten, nicht um der Schönheit einer Wohnung, sondern um der einer Stadt willen!« Platon M. Kerschenzew: Das schöpferische Theater, S. 144.

194 | Elmar Buck (Hg.): Theateroktober. Russische Avantgarde 1917-1931, S. 30.

195 | Peter von Möllendorff: Grundlagen einer Ästhetik der Alten Komödie, S. 90.

196 | Michail Bachtin: Literatur und Karneval, S. 47.

197 | Ebd., S. 48.

liches Leben ermöglichende Stabilität, seine Normalität beruhen vielmehr auf einer prinzipiellen Unterordnung und Passivität seiner Mitglieder:

»Damit diese Normalität Vitalität erlangen und bewahren, damit aus dem starren Nebeneinander der Mitglieder der Gesellschaft kollektive Subjektivität, ›communitas‹, entstehen kann, die die Gesellschaft in die Lage versetzt, mit unregelmäßig auftretenden Krisen auf produktive Weise fertig zu werden, ist sie jedoch darauf angewiesen, auf den verschiedensten Ebenen das Ausgegrenzte zur Geltung zu bringen, also den Kreis ihrer Wahrnehmungsweisen zu erweitern und diese selbst zu dynamisieren.«[198]

Die Möglichkeit dazu bietet, so Bachtin, das konkret-sinnliche, in einem »Mischbereich von Realität und Spiel« angesiedelte, temporäre, karnevalistische Fest.[199] Insbesondere die *Straße* stellt für Bachtin den Ort der Handlung im Karneval dar, der auch hier eine Schwelle markiert[200] und dem Motiv der Straße bei Benjamin nahesteht. Bachtin entwickelt folgende bemerkenswerte Definition des Karnevals:

Karneval ist ein Schauspiel ohne Rampe, ohne Polarisierung der Teilnehmer in Akteure und Zuschauer. Im Karneval sind alle Teilnehmer aktiv, ist jedermann handelnde Person. Dem Karneval wird nicht zugeschaut, streng genommen wird er aber auch nicht vorgespielt. Der Karneval wird gelebt – nach besonderen Gesetzen und solange diese Gesetze in Kraft bleiben. Das karnevalistische Leben ist ein Leben, das aus der Bahn des Gewöhnlichen herausgetreten ist. Der Karneval ist die umgestülpte Welt.[201]

Die karnevalsartigen Feste tragen nach Bachtin dazu bei, die Grenze zum Anderen sichtbar und greifbar zu machen, so dass sie überschritten und die dialogische Verbindung zwischen dem Selbst und dem Anderen verwirklicht werden kann. Erst im Karneval ist ein neuer Modus der Beziehung von Mensch zu Mensch möglich, die sich nach Bachtin den »allmächtigen sozialhierarchischen Beziehungen des gewöhnlichen Lebens« entgegensetzt.[202]

Das Bachtin'sche Denken lässt sich durch das von dem Kinderanalytiker Donald W. Winnicott Anfang der 1950er Jahre im Zusammenhang mit der

---

198 | Peter von Möllendorff: Grundlagen einer Ästhetik der Alten Komödie, S. 92f. Vgl. Victor W. Turner: Dramas, Fields and Metaphors. Symbolic Action in Human Society, Ithaka/London 1974, S. 49ff. »Auf der ›communitas‹ beruhen Bereitschaft und Fähigkeit der Mitglieder, ihre Werte gemeinsam zu leben.« Peter von Möllendorff: Grundlagen einer Ästhetik der Alten Komödie, S. 49ff. u. 92f.

199 | Ebd., S. 146.

200 | Ebd., S. 144.

201 | Michail Bachtin: Literatur und Karneval, S. 48.

202 | Ebd.

individuellen Subjektgenese entwickelte Konzept des intermediären Bereichs veranschaulichen.[203] Diese Zwischensphäre des intermediären Raums konstituiert sich, so von Möllendorff, »beim frühkindlichen Übergang von einer Dominanz des Lustprinzips zu der des Realitätsprinzips und stellt einen auf der Grenze des individuellen Bewußtseins zu lokalisierenden, gleichwohl chronotopisch realen Raum dar, in dem dieser für die Herausbildung von Subjektivität entscheidende Übergang vermittels sogenannter Übergangsobjekte vonstatten geht«.[204] Der zwischen Ich und Anderem zu lokalisierende intermediäre Bereich erzeugt bei diesem Vorgang aus der Eigen- und Fremdwahrnehmung hervorgehende »imagines«, die nach Winnicott weder ganz Ich noch ganz Nicht-Ich sind und sich daher den sich konstituierenden Grenzen gegenüber zugleich stabilisierend und zerstörerisch verhalten.[205] Das intermediäre Feld zwischen dem Kind und dem Anderen, worauf im Kontext der Kindertheaterprogrammschrift noch ausführlicher einzugehen ist, stellt demnach ein Grenz- oder Schwellenphänomen dar.[206]

Die Zirzensifizierung des Kindertheaters in Gestalt des dem Karneval ähnlichen Umzuges, dessen Aufführungsort die zwischen den Häusern gelegene Straße war, ermöglichte ein spezifisches Theatermodell der *communitas*, das die Grenzen zwischen den Kindern und den Zuschauenden auflöste, was seine ästhetische und politische Bedeutung unterstreicht. Entsprechend bot das gemeinschaftliche Fest auf der Straße in Orel den Akteuren und den aktiv gewordenen Zuschauern vielfältige Möglichkeiten zur intermodalen Wahrnehmungserfahrung und dialogischen Verbalhandlung, die explizit eine gegenseitige Aufmerksamkeit füreinander beförderten. So ist bereits für das Theaterkonzept von Lacis von einem ›Kindertheater als Möglichkeitsraum‹ zu sprechen, da es in der Art und Weise seiner theaterpraktischen Bestimmungen einen transformierenden Spielraum schuf, in dem die Aufmerksamkeit aller am Theatergeschehen aktiv Beteiligten, Akteure und Zuschauer gleichermaßen, die Form der Beachtung annahm. Als solche geht sie über ein kognitiv und voluntativ verengtes Aufmerken weit hinaus, denn: »Wer Anderen gegenüber aufmerksam ist, bringt ihnen etwas entgegen und nimmt nicht nur zur

---

203 | Donald W. Winnicott: Vom Spiel zur Kreativität, übers. von Michael Ermann, Stuttgart 2010, S. 11.

204 | Peter von Möllendorff: Grundlagen einer Ästhetik der Alten Komödie, S. 93.

205 | Donald W. Winnicott: Vom Spiel zur Kreativität, S. 128.

206 | »Was in ihm stattfindet, ist für das Subjekt zugleich innen und außen, es spielt sich an seinen Grenzen ab und spielt mit ihnen, wobei sie nach der einen oder der anderen Seite ständig überschritten werden. [...] Es geht um das, was ins eigene Selbst aufgenommen oder ausgegrenzt wird, also um die schöpferische Konstitution der eigenen Grenzen.« Gabriele Schwab: Die Subjektgenese, das Imaginäre und die poetische Sprache, in: Renate Lachmann: Dialogizität, München 1982, S. 63-84, hier S. 71f.

Kenntnis, was der Fall ist«, wie Waldenfels im Zusammenhang des Aufmerk-
samkeitsphänomens im Alltag feststellt.[207] Derart nimmt die gegenseitige Aufmerksamkeit, die von vornherein eine soziale Konnotation aufweist,[208] in der
Offenheit des Kinderkollektivs bzw. in der karnevalistisch geprägten Theatersituation auf der Straße eine ethische Dimension an, die Bachtin seinerseits als
»sympathie apparentée à l'amour« bezeichnet.[209]

ASJA LACIS' THEATERSTIL IM KINDERTHEATER

Während Lacis' Regie- und Theaterarbeit außerhalb Lettlands kaum wahrgenommen wurde, erfuhr sie als engagierte Organisatorin und Spielleiterin
des Kindertheaters Anerkennung über die Grenzen Lettlands hinaus.[210] Vor
allem ihre erste und experimentelle Kindertheaterarbeit im russischen Orel
in den Jahren 1918/19 sollte durch Benjamins Schrift PROGRAMM EINES PRO-
LETARISCHEN KINDERTHEATERS die öffentliche Aufmerksamkeit erregen und
ein anhaltendes Interesse daran bewirken. Als bekennende Bolschewistin entwickelte sie ein Kindertheatermodell, das ihre politischen Ansichten mit ihrer
künstlerischen Theaterpraxis, die von den Inszenierungen Meyerholds und
den futuristischen Stücken Majakowskis, dem Theatralitätskonzept Evreinovs
sowie der Schauspielausbildung im Studio Kommissarschewskis geprägt worden war, produktiv miteinander verknüpfte.[211] Unter dem Eindruck des von
Meyerhold proklamierten Theateroktobers setzte sie sich in dem vom Bürgerkrieg betroffenen Orel dafür ein, Kriegswaisen und verwahrloste Kinder, die
häufig straffällig geworden waren, für die Theaterarbeit zu interessieren. Zu
dieser Zeit noch ungewöhnlich, beteiligte sie die Kinder gleichermaßen als
Akteure und Bühnengestalter am Theaterprozess.[212] Festzuhalten ist, dass, so
Paškevica, »die mit Kindern erlebte Experimentierfreude und Improvisations-
erfahrung« sowie die »Vorliebe für das Laientheater« bei Lacis, abgesehen von

---

207 | Bernhard Waldenfels: Phänomenologie der Aufmerksamkeit, Frankfurt/M. 2004,
S. 263.

208 | Ebd.

209 | Michail Bachtin: Esthétique de la création verbale, Paris 1984, S. 95.

210 | Beata Paškevica: In der Stadt der Parolen, S. 81.

211 | Orientierte sie sich bei ihrer früheren Regietätigkeit an der von Meyerhold kon-
struktivistisch geprägten Agitprop, sollte nach dem Zweiten Weltkrieg Brecht richtungsweisend für ihren Regiestil werden. Auch zählte ihr Lebensgefährte, der Reinhard-Regis-
seur Reich, zeitlebens zu ihren wichtigsten Beratern in Regiefragen. Ebd.

212 | »Man kann mit Sicherheit behaupten, daß Kinder unmittelbar in die Praxis einbe-
zogene Akteure waren, an denen Lacis ihre organisatorischen und künstlerischen Talente erproben konnte.« Ebd., S. 82 u. 86.

den allgemeinen theaterpolitischen Forderungen des Proletkults und des Theateroktobers von Meyerhold, auch auf ihre weitere Theatertätigkeit einen nachhaltigen Einfluss hatten.[213] Die Theaterarbeit mit Kindern gab den ausschlaggebenden Impuls für die gesamte spätere Laufbahn von Lacis als Regisseurin. Meyerholds zum Massenspektakel tendierendes Agitproptheater und die Technik der Kurzszenen im Agitpropstil, die das Verfahren der montierten Episodenstruktur berücksichtigten, sind charakteristisch für den Theaterstil von Lacis, der bei ihrer Theaterarbeit mit den Kindern zur Anwendung kommen sollte.[214] Insgesamt prägte seine experimentelle Arbeitsmethode, die, wie Lacis notiert, die »parteilich direkte Publizistik«, die »soziologische Charakteristik«, die »offene revuehafte Dramaturgie« sowie die »Konstruktionsbühne« einbezog, ihre Praxis im Kindertheater in Orel.[215] Die neue Ästhetik der Theaterkonzepte, die sich Lacis in ihrer Petersburger und Moskauer Zeit, vermittelt durch Künstler und Theaterschaffende der russischen Avantgarde, aneignen konnte, trug maßgeblich zu einer politisch wie ästhetisch motivierten Positionierung und Strukturierung ihrer Theaterarbeit mit Kindern bei. Die Theaterelemente, die durch konstruktivistisch geprägte Techniken wie Fragmentierung, Zerstückelung und montierende Zusammensetzung gekennzeichnet sind, bilden die Grundpfeiler für ihre praktische Arbeit im Kindertheater. Dergestalt fließen sie auch in Benjamins Kindertheaterprogramm untergründig ein, beispielsweise, wenn es um den von Benjamin geforderten »Rahmen« (II, 763) des Kindertheaters oder um die für das Spiel der Kinder so bedeutungsvolle »Improvisation« (II, 767) oder um das in der Kindertheaterprogrammschrift nicht weiter erläuterte Konzept der Geste (II, 766) geht, das auf die enge Verbindung mit dem Theater Brechts verweist. Insofern kommen die konstruktivistischen Formgesetze auch Benjamins Interesse an der »Phänomenologie des Allegorischen« entgegen, die sein Werk wie ein roter Faden durchzieht, wie Lindner bemerkt.[216] Die Theorie der Allegorie stellt den Angelpunkt von Benjamins Interpretation des barocken Trauerspiels dar und blieb bestimmend für eine große Zahl seiner späteren Analysen.[217] Im Zusammenhang der Bekanntschaft mit Lacis und seiner Hinwendung zum Kommunismus, die sich in der Freundschaft mit Brecht noch steigern sollte, beeinflusste die ästhetische Charakteristik des Allegorischen sicherlich auch Benjamins Konzept eines proletarischen Kindertheaters, auf das im Zusammenhang der Kindertheaterschrift noch ausführlicher einzugehen ist.

---

213 | Ebd., S. 82.

214 | Asja Lacis: Revolutionär im Beruf, S. 25.

215 | Ebd.

216 | Burkhardt Lindner: Allegorie, in: Michael Opitz/Erdmut Wizisla (Hg.): Benjamins Begriffe, Bd. 1, S. 50-94, hier S. 50ff.

217 | Ebd.

Bedeutungsvoll ist auch, dass Lacis bei ihrer Regietätigkeit und Kindertheaterarbeit die Aufführung zum öffentlichen, karnevalistischen Festakt gestaltete, bedingt durch die besondere Art, wie sie die Technik der Improvisation im Kindertheater einsetzte, die sich in der öffentlichen Aufführung noch verdichten sollte. In den Jahren des Theateroktobers hatte sie das politische Massentheater als Forum öffentlich-politischer Aktionen kennengelernt. Als ein »Teil von Demonstrationen« stand das Theater »im Mittelpunkt von Feiern von Ereignissen aus der Revolutionsgeschichte«, zu denen immer auch ein umfangreiches Programm mit Reden, Massengesängen und Versammlungen gehörte.[218] Das Theater war, so Brauneck, zum »Element einer proletarisch-revolutionären Öffentlichkeit geworden, die die Produktions- und Rezeptionsstrukturen der neuen Sowjetgesellschaft in den ästhetischen Aktionen antizipierte«.[219] Unbestritten ist Lacis' Arbeitsweise geprägt durch den Einfluss programmatischer Regiekonzepte und Theorien der russischen Avantgarde, die bereits die Theaterpraxis der *Performance* vorwegnehmen, die sie später Benjamin und Brecht vermitteln sollte.

---

218 | Manfred Brauneck: Theater im 20. Jahrhundert, S. 321.
219 | Ebd.

Teil III

Walter Benjamins Kindertheateridee und das Theater Bertolt Brechts

ZUR ENTSTEHUNGSGESCHICHTE DER SCHRIFT
Programm eines proletarischen Kindertheaters

Den Text PROGRAMM EINES PROLETARISCHEN KINDERTHEATERS entwarf Benjamin Ende 1928, eher Anfang 1929 in Berlin (II, 1491), inspiriert und motiviert durch seine Bekanntschaft mit Lacis. Für Lacis handelt es sich um die erste theoretische Grundlegung ihrer Kindertheaterarbeit, mit der sie sich bis dahin drei Mal befasst hatte, zuletzt im Sommer 1926, als sie im Moskauer Sokolniki-Park ihre Kinderarbeit aufnahm, die sie mit einem theatralischen Fest beendete.[1] Davor hatte sie mit vielen Schwierigkeiten die Einrichtung eines Arbeitertheaters in Riga durchgesetzt, in dem sie auch Kindern die Möglichkeit gab, vor Kindern zu spielen. Während dieser Zeit, in der sie von Verhaftung durch die lettische Regierung bedroht war, trug sie mit ihrem Engagement wesentlich zum Aufbau der im Untergrund wirkenden Pionierorganisation der verbotenen Kommunistischen Partei bei.[2] Vor allem aber ist hier ihre erste experimentelle Arbeit von 1918 in Orel zu nennen, die den entscheidenden Anstoß für Benjamins Kindertheaterschrift geliefert haben dürfte.

Ihren Erinnerungen zufolge war Lacis während ihres Berlinaufenthalts in ihrer Funktion als Mitarbeiterin beim Referat für Kultur- und Schulfilm Becher und Gerhart Eisler begegnet, denen sie ausführlich von ihrer Kinder- und Jugendarbeit in Orel berichtete. Aufgrund ihrer Schilderungen erwogen diese die Einrichtung eines Kindertheaters nach dem Modell von Lacis. Das Interesse der beiden ergab sich aus ihrem Engagement für die Agitpropgruppen, an deren Arbeit sie aktiv teilnahmen, wie zum Beispiel Eisler, der Mitglied des ›Roten Sprachrohres‹ war, das damals zu den wohl politisch engagiertesten

---

1 | Asja Lacis: Revolutionär im Beruf, S. 57f.
2 | Ebd., S. 56.

revolutionären deutschen Arbeitertheatern zählte.[3] Becher und Eisler kamen derlei Überlegungen gelegen, denn erst vor kurzem hatten sich erste Kinderspielgruppen der Kommunistischen Partei wie die ›Roten Trommler‹ gebildet. Zudem erwies sich der Zeitpunkt als günstig, da die Kommunisten ein halbes Jahr zuvor den Deutscher Arbeitertheaterbund (DAThB) unter Kontrolle und damit eine breite Basis für ihre szenische Massenaktivierung in die Hand bekommen hatten, die auch die Kinder mit einbeziehen sollte. So beauftragten Becher und Eisler Lacis, ein auf ihren Oreler Erfahrungen basierendes Programm für die Kommunistische Partei auszuarbeiten.[4] Lacis schreibt: »Das Modell einer ästhetischen Kindererziehung gefiel ihnen, und sie schlugen vor, ein solches Kindertheater im Liebknechthaus zu errichten.«[5]

Benjamin, der schon 1924 auf Capri ein außerordentliches Interesse an der Kindertheaterarbeit von Lacis gezeigt hatte, bot sich an, das theoretische Konzept für ein proletarisches Kindertheater zu formulieren: »Ich werde das Programm schreiben [...] und deine praktische Arbeit theoretisch darlegen und begründen.«[6] Benjamin entwarf eine erste handschriftliche Version, der jedoch vorgeworfen wurde, sie sei zu theoretisch ausgefallen, woraufhin Lacis Benjamin die Abfassung einer zweiten, »verständlicher« geschriebenen Version nahelegte.[7] So schrieb Benjamin eine zweite Programmschriftfassung, die als maschinenschriftliches Exemplar erhalten geblieben ist. In diesem zweiten Typoskript geht es aber nicht um ein Programm, das in seiner Konzeptualisierung widerstandslos den Ansprüchen der Kommunistischen Partei Folge leisten würde, sondern, basierend auf den Grundprinzipien der Theaterarbeit von Lacis, um ein politisch-ästhetisches Modell, das die Kinder als Handelnde und Gestaltende in den Mittelpunkt rückte. Zweifellos stellt der politische, theaterästhetische und pädagogische Standpunkt von Lacis einen wichtigen Ausgangspunkt für Benjamins Idee vom Kindertheater dar. Implizit waren es ihre politischen Grundsätze in Verbindung mit der durch die russische Avantgarde vermittelten theaterpraktischen Prinzipien sowie die Form ihres pädagogischen Stils, mit dem sie das Kindertheater leitete, die eine Folie für die Kindertheaterprogrammschrift lieferten. Besonders ihre eigene Theaterarbeit,

---

3 | Giulio Schiavoni: Zum Kinde, S. 380.

4 | Melchior Schedler: Kindertheater, S. 233.

5 | Asja Lacis: Revolutionär im Beruf, S. 29.

6 | Ebd., S. 30.

7 | Lacis fährt in ihren Notizen fort: »Er schrieb es wirklich. Aber in der ersten Fassung wurden meine Thesen ungeheuer kompliziert dargestellt. Im Liebknechthaus las man und lachte: Das hat dir ja Benjamin geschrieben! Ich gab Walter Benjamin das Programm zurück, er solle verständlicher schreiben. So entstand das ›Programm eines proletarischen Kindertheaters‹ in einer zweiten Fassung (die erste ist noch nicht wieder aufgefunden).« Ebd.

die, wie oben dargestellt, den »Bruch mit der künstlerischen Kunstpraxis«[8] vollzog, bildet gewiss einen zentralen Anhaltspunkt für die Kindertheaterprogrammschrift, deren Grundzüge sie in Gesprächen mit Benjamin diskutierte. Gleichwohl gibt Benjamins Text, der zur theoretischen Begründung des KP-Projekts dienen sollte, zu Missverständnissen Anlass. Da die erstellte Programmschrift nicht mit der offiziellen Parteilinie kollidieren durfte, Benjamin aber dennoch seine Kritik an der offiziellen KP-Politik darin Raum geben wollte, bietet sie nach Lindner ein instruktives Beispiel dafür, wie geschickt er hier seine eigenen Vorstellungen einbaut: »Das beginnt allein schon mit dem Titel. Denn das ›Programm‹ ist kein Programm im zu erwartenden Sinne klarer inhaltlicher Direktiven, sondern ein Programm zur Sabotage von Programmatik.«[9] Lehmann spricht in Bezug auf die umstrittene politische Einordnung der Programmschrift von einem anarchistischen Konzept, das »das Bild des Kindes und seiner Erziehung in eher nietzscheanischer, nach Benjamins Verständnis des Begriffs: surrealistischer, nicht aber marxistischer Beleuchtung« zeige.[10] Wenn der Text, wie beide Autoren betonen, gravierende Differenzen zum parteipolitischen Programm der Kommunistischen Partei aufweist, dann wird im Folgenden genauer danach zu fragen sein, mit welchen Mitteln Benjamin seinen Plan vom Kindertheater gestaltet, neben denen, die auf Lacis zurückgehen, deren Kindertheaterarbeit doch zumindest tendenziell parteipolitischen Interessen folgte. Denn betrachtet man Lacis' Erinnerungen an ihre Theaterarbeit im Vergleich zu Benjamins Programmschrift, so fällt auf, »dass hier der politische Kern ihrer damaligen Theaterarbeit – nämlich das Spiel mit vom Krieg traumatisierten Kindern und mit Kinderbanden auf der Straße – völlig weggefallen ist«, wie Lindner zu bedenken gibt.[11] Demnach ist vielmehr davon auszugehen, dass das von Benjamin entworfene Konzept in engem Zusammenhang mit Einsichten steht, die – gerade in Analogie zu seiner politischen Entwicklung – das Motiv der Straße beleuchten. Nach seinen Ausführungen im *Neapel*-Aufsatz, in der Einbahnstrasse und in seinen Reflexionen über Moskau zu urteilen, zeichnet es besonders die spielenden (proletarischen) Kinder und Straßenkinder als die erfindungs- und ideenreichsten aus und charakterisiert einen spezifischen Spielraum, der anarchistische Züge trägt. Demgemäß qualifiziert das von Benjamin entworfene Theaterkonzept die Kinder selbst zu Akteuren, wie es sich in seinen Grundpositionen, die vor allem die improvisatorische Methode herausstellen, elementar auf die Phantasie und den Ausdruckswillen der jungen Menschen in der kollektiven Arbeit verlässt. Dabei treten die Spielleiter vor dem Spiel der Kinder zurück, indem

---

8 | Asja Lacis: Revolutionär im Beruf, S. 134.

9 | Burkhardt Lindner: Die »Heiterkeit des Kommunismus«, S. 81.

10 | Hans-Thies Lehmann: Eine unterbrochene Darstellung, S. 181.

11 | Burkhardt Lindner: Die »Heiterkeit des Kommunismus«, S. 87.

sie sich den Kindern gegenüber, ohne es besser zu wissen, als Partner verhalten und sie bei der Entdeckung und Entwicklung ihrer Fähigkeiten unterstützen: »Mit diesem Vertrauen auf die Schöpferkraft der Kinder war nicht nur die Hoffnung auf ein anderes Theater verbunden, sondern auf die Veränderbarkeit der Welt«, wie Annett Israel in einem 2009 erschienenen Aufsatz zum Kinder- und Jugendtheater Benjamins Konzept erklärt.[12]

Im Rückblick ist die Bekanntschaft mit Lacis bedeutsam für den Vorstoß Benjamins in eine soziologisch-politische Richtung.[13] Von hier aus erhebt sich sein Interesse an der »Aktualität eines radikalen Kommunismus« (1, 351), der seinerseits, im Hinblick auf das Kindertheater, Momente einer höchst praktischen, an Erfahrung gebundenen sozial-ethischen Komponente in sich trägt, wie vor allem seine Begegnung mit der russischen Wirklichkeit anlässlich seines Moskaubesuchs zeigte. Benjamin macht sich insoweit die Einsicht des Kommunismus auch für seine Idee vom Kindertheater zunutze, als es ihm um die Erfahrung in der Gemeinschaft zu tun ist, von der allererst der eröffnende Spiel- und Möglichkeitsraum zwischen dem »Kollektivum der Kinder« (II, 765) und dem »kindliche[n] Kollektivum« (II, 766) zu denken ist. Dabei geht es vorrangig darum, miteinander zu spielen und ein gemeinschaftliches Erproben im improvisierten Spiel zu erleben, was eine andere, nämlich eine spielerisch vermittelte Auseinandersetzung mit der Welt bedeutet und eine Zunahme der Kreativität verspricht. Seine innere und äußere Verbindung hat dieser von spielerischen Möglichkeiten der Weltaneignung geprägte Erfahrungsraum insbesondere im transformierenden Straßenmotiv, das, seit den Tagen des Theateroktobers, durch Lacis Eingang in die Kindertheaterarbeit gefunden hatte und in der gemeinsamen schriftlichen wie theoretischen Zusammenarbeit mit Benjamin insgesamt als ein roter Faden zu beobachten ist. Dennoch drückt sich in der Schrift Programm eines proletarischen Kindertheaters weniger die politische Einstellung von Lacis als vielmehr Benjamins besonderes Verhältnis zum Kommunismus aus, das für seine Kindertheaterkonzeption eine Perspektive vorbereitet, die, sofern eine ideologische und pädagogische Beeinflussung aufgegeben wird, den Kindern eine frei zugängliche Teilhabe am Spiel im Kinderkollektiv ermöglicht und das Kindertheater zu einem gemeinschaftlichen Erlebnis werden lässt.

---

12 | Annett Israel: Entgrenzung. Das aktuelle Erscheinungsbild des Kinder- und Jugendtheaters und seine historischen Bezüge, in: Andrea Gronemeyer/Julia Dina Heiße/Gerd Taube (Hg.): Kindertheater Jugendtheater. Perspektiven einer Theatersparte, Berlin 2009, S. 22-43, hier S. 32.

13 | Pierre Missac: Walter Benjamins Passage, Frankfurt/M. 1991, S. 117.

ZUR REZEPTION DER SCHRIFT

Das ästhetische Kindertheatermodell von Lacis wurde in Deutschland in der Weimarer Republik als Gegenentwurf zum vorherrschenden Theater begriffen und reflektiert.[14] Dies ging einher mit einem steigenden Interesse an der proletarisch-revolutionären Kinderbewegung, die bald nach der Konstituierung der Kommunistischen Partei Deutschlands (KPD) im Dezember 1918 eingesetzt hatte. Bestimmenden Einfluss auf die Arbeit ihrer nun entstehenden Kindergruppen, die sich als Vorstufe der kommunistischen Jugendbewegung verstanden, nahm der württembergische Theologe Edwin Hoernle, der zum führenden pädagogischen Theoretiker der Partei arrivierte. Im Kontext der Öffentlichkeitsarbeit formulierte er Thesen zur Schaffung der kommunistischen Kindergruppen, in denen auch das Kindertheater zu parteipolitischen Agitationszwecken der Partei verstärkt Berücksichtigung finden sollte. So liefert sein Aufsatz *Die Arbeit in den kommunistischen Kindergruppen* von 1922 nicht nur eine kritische Bilanz der Arbeit in den neuen Kollektiven und der theoretischen Fundierung der künftigen pädagogischen Praxis, sondern auch einen ersten Entwurf für ein proletarisches Kindertheater in Deutschland, das die kommunistische Bewegung unterstützen sollte.[15] In der Art eines Erfahrungsberichts wird hier, so Schedler, die Kindergruppenarbeit definiert »als Erziehung zum proletarischen Klassenkampf, zur kollektiven Arbeit, die die reformpädagogische Vereinzelung aufhebt, und zur schöpferischen Initiative, die den mechanischen Drill der zur industriellen Ausbeutung hinführenden bürgerlichen Schule überwindet«.[16] Infolge der von Hoernle propagierten kommunistischen Kindergruppenarbeit entstand in Deutschland zwischen 1927 und 1933 eine Vielzahl von Kinder-Agitpropgruppen, die in Form ›Lebender Zeitungen‹ für die Rechte von Kindern eintraten.

Auch wenn in Hoernles Text in Bezug auf das Kindertheater kritische Töne dem bürgerlichen Theater gegenüber anklingen und Formulierungen auftauchen, die entfernt an das Kindertheatermodell von Lacis erinnern, wird die in Benjamins Programmschrift artikulierte Idee vom Kindertheater entschieden davon abrücken. Denn während die Theaterpraxis von Lacis der Entwicklung des Agitproptheaters nahestand und die allgemeinen theaterpolitischen Forderungen des Proletkults aufnahm, steht Benjamin aufgrund seiner besonderen Haltung zum Kommunismus dieser spezifisch parteipolitisch wirkenden Theaterform fern. In dem Kindertheatertext wird vielmehr ein Modell vorgestellt, das in der von Anarchie geprägten Selbstorganisation der Kinder seinen Bezugspunkt hat, jedoch (nicht zuletzt aufgrund des Vormarsches des

---

14 | Annett Israel: Entgrenzung, S. 31.

15 | Edwin Hoernle: Der Kindergruppenleiter, Heft I, Wien 1923.

16 | Melchior Schedler: Kindertheater, S. 211.

Nazismus) nie zur Aufführung kam und auch innerhalb der KPD keine große Verbreitung fand.[17]

Das Interesse an Lacis' experimenteller Arbeit mit Kindern führte in Folge der Ereignisse der 68er-Bewegung in der Bundesrepublik zur Etablierung eines engagierten, neorealistischen Kindertheaters. Dem voraus ging die Neuentdeckung der Schriften Benjamins in der Studentenbewegung, »die auf die verdrängten Debatten der zwanziger Jahre und des Exils stieß«, wie Lindner bemerkt.[18] In diesem Kontext wurde die Schrift PROGRAMM EINES PROLETARISCHEN KINDERTHEATERS zunächst als Raubdruck vom ›Zentralrat der sozialistischen Kindergärten von West-Berlin‹ herausgegeben, bevor sie 1969 im Rahmen der Veröffentlichung des Bandes *Über Kinder, Jugend und Erziehung* erscheinen sollte.[19] Damit verbunden war ein verstärktes Interesse auch an der von Lacis entwickelten Theaterarbeit mit Kindern, die die Diskussion sozialer Ideen in der Kindererziehung entfachte. Ihrem Beispiel folgend, kam es zur Gründung von alternativen Kinderläden, in denen antiautoritäres Lernen und Spielen mit den Kindern praktiziert und erprobt wurde.[20] Das Theater wurde als Lernort aufgefasst, der es dem Kind ermöglichte, die umgebende Wirklichkeit auf die ihm eigentümliche Weise zu entdecken. Dabei berief man sich auf die Traditionen sozialistischer Kollektiverziehung und die Praktiken der Agitpropgruppen des nachrevolutionären Russlands und der Weimarer Republik.[21] Bei der problematischen politisierenden Rezeption des Textes in den 1960er und 1970er Jahren verfielen solche Ideen jedoch, wie Lehmann anführt, »dem Verdikt der ›Metaphysik‹«, bis man erkannte, dass Benjamins Position weder marxistische noch reformpädagogische Inhalte vertrat und der Standpunkt aufgegeben werden konnte,[22] es gebe hier noch Reste »bürgerlich-romantizistischer Bewußtseinsbrocken«, wie Schedler annahm.[23] Der kritische Punkt, der sich in der ersten Phase der Rezeption aus dem Titel der Schrift PROGRAMM EINES PROLETARISCHEN KINDERTHEATERS ergab, führte zu der Auffassung, Benjamins Programmtext bewege sich in nächster Nähe zu den von Hoernle formulierten Prinzipien des kommunistischen Kindertheaters.[24] Wenig zutreffend ist deshalb auch die These von Paškevica, Benjamins Programm enthielte explizit »reformpä-

---

17 | Giulio Schiavoni: Zum Kinde, S. 380.

18 | Burkhardt Lindner: »Links hatte sich noch alles zu enträtseln ...«, S. 7.

19 | Giulio Schiavoni: Von der Jugend zur Kindheit, S. 63.

20 | Wolfgang Schneider: Kindertheater nach 1968. Neorealistische Entwicklungen in der Bundesrepublik und West-Berlin, Köln 1984, S. 11.

21 | Ebd.

22 | Hans-Thies Lehmann: Eine unterbrochene Darstellung, S. 201 (Fußnote).

23 | Melchior Schedler: Kindertheater, S. 249.

24 | Ebd., S. 212.

dagogische Ansätze«,[25] ebenso wie die Meinung, Benjamin begäbe sich mit seiner Programmschrift ganz auf die Linie der Kommunistischen Partei.[26] Als abwegig gilt nach heutiger Sicht auch die Theorie, Benjamins Konzeption einer proletarischen Erziehung sei im Kontext der Pädagogen kommunistischer Herkunft des weimarischen Deutschland wie Otto F. Kanitz, Siegfried Bernfeld und Otto Rühle zu verorten.[27] In der neueren Forschung geht man vielmehr davon aus, dass Benjamins Kindertheatermodell eine vielschichtige, von metaphysischen wie sprach- und moralphilosophischen Aspekten unablösbare Idee ›proletarischer‹ Erziehung impliziert, die, so Lehmann, in Kontinuität zu Positionen steht, wie er sie »im ideologisch so ganz andersartigen Zusammenhang seines ›idealistischen‹ Engagements im Umfeld von Jugendbewegung und Reformpädagogik vor dem Ersten Weltkrieg bereits entwickelt hatte«.[28]

Allerdings wird selbst in vergleichsweise neuen Untersuchungen mitunter noch die Ansicht vertreten, dass das Verdienst, Benjamin zu diesem Aufsatz motiviert zu haben, weniger Lacis als Natalie Sac zuzusprechen sei.[29] Sac engagierte sich bereits als Jugendliche für das frühe kommunistische Kindertheater und wurde kurz nach der Oktoberrevolution zur Leiterin des Moskauer Kindertheaters ernannt. Innerhalb weniger Jahre entwickelte sie kindgerechte Spielstücke, die von Erwachsenen für Kinder gespielt wurden und mit realistischen Inhalten die Aufgabe hatten, nicht die Welt zu erklären, sondern sie zu verändern.[30] Von einer experimentellen Arbeitsweise kann bei Sac nach Paškevica[31] jedoch keine Rede sein.[32] Die häufige Erwähnung von Sac im Zusammenhang mit Publikationen, die die Kindertheaterarbeit von Lacis

---

25 | Beata Paškevica: In der Stadt der Parolen, S. 95.

26 | Melchior Schedler: Kindertheater, S. 245.

27 | Vgl. Giulio Schiavoni: Von der Jugend zur Kindheit, S. 53.

28 | Hans-Thies Lehmann: Eine unterbrochene Darstellung, S. 181.

29 | Martin Vogg: Die Kunst des Kindertheaters. Analyse des künstlerischen Potentials einer dramatischen Gattung, Frankfurt/M. 2000, S. 65.

30 | Im Mittelpunkt ihres Interesses stand die Überlegung, die Theaterarbeit von den Erwartungen und dem Aufnahmevermögen der Kinder aus zu denken und zu inszenieren. Dabei griff Sac auf neue Aufführungsformen zurück und hob die herkömmliche Trennung zwischen Bühne und Publikum auf. Natalie Sac: Das Moskauer Kindertheater, Zürich 1934, S. 12.

31 | »Seiner Form nach war [...] dieses Theater die Fortsetzung der Tradition des sogenannten ›bürgerlichen‹ Theaters mit spezifischem kindgerechtem Repertoire.« Beata Paškevica: In der Stadt der Parolen, S. 85.

32 | Dagegen haben für Wolfgang Schneider sowohl Sac als auch Lacis Benjamins Kindertheaterprogrammschrift angeregt und beeinflusst. Wolfgang Schneider: Kindertheater nach 1968, S. 12.

betreffen, hängt, so Paškevica, wohl damit zusammen, dass »die offizielle kulturpolitische Linie die Arbeit von Sac als ›die (einzig) richtige‹ anerkannte«,[33] während das Engagement von Lacis wiederholt im Schatten von ihr gestanden habe.[34] So fällt die erste Theaterarbeit von Lacis in Orel mit dem Beginn der Aktivitäten von Sac als Leiterin des Kindersektors in der Sowjetregierung zusammen. Bereits 1918 organisierte sie die Kindersommerlager in Sokolniki, deren Beispiel Lacis 1926 in Moskau folgen sollte. In der Arbeit mit Kindern hat Lacis allerdings radikaler gedacht; die Herangehensweise an die Theaterarbeit mit Kindern bei Sac ist von der Lacis' grundverschieden.[35] Lacis stützte ihre Theaterarbeit vor allem auf Überlegungen zur Kindererziehung der Revolutionärin und Lebensgefährtin Lenins, Nadeschda K. Krupskaja, mit der sie 1926/27 in Moskau häufig zusammentraf. Diese lehnte »ein speziell für Kinder präpariertes Theater ab, wo Erwachsene sich zu Kindern herablassen, sich ›kinderlieb‹ machen, aber tatsächlich Kinder für dumme Wesen halten«.[36] Im Unterschied zu Sac konnte Lacis ihre Pläne jedoch nicht in vergleichbarem Maße realisieren. So scheiterte ihr Projekt eines Kinderkinos in Moskau genauso wie der Versuch, am dortigen Kindertheater eine Stelle als Hilfsregisseurin anzutreten, wovon Benjamin im MOSKAUER TAGEBUCH berichtet (VI, 382ff.). Auch die geplante Eröffnung eines Kindertheaters im Liebknechthaus und an der Volksbühne in Berlin im Jahr 1925 schlug fehl, wie ein Brief an Bramberga belegt.[37]

Wie die Untersuchung zeigen wird, führt Benjamin die Erfahrungen von Lacis in entscheidenden Punkten fort. Die Leitmotive, die er im Kindertheaterprogramm in Thesenform formuliert, finden ihre Untermauerung und Erweiterung jedoch nur teilweise in engem Dialog und Konfrontation mit den Maximen der kinderpädagogischen Theaterarbeit von Lacis. Deutlich wird zudem die Zurückhaltung Benjamins gegenüber den Forderungen einer kommunistischen Pädagogik und der von Hoernle propagierten sozialistischen Erziehung sowie den von ihm formulierten Prinzipien des kommunistischen Kindertheaters. Obwohl viele Gedanken in ihrer Ausführung eher unfertig bleiben, kommt es zu einer Umgewichtung und Umgestaltung der in Teilen gemeinsam verwandten Begriffe und pädagogischen Implikationen. Aus diesem Grund bedarf die Eigenart, wie Benjamin die Leitthemen für ein Kindertheatermodell vorbringt, in jedem Fall eines zweiten Überdenkens, gerade dann, wenn die von ihm verwandten Formulierungen beim ersten Lesen unproblematisch wirken.

---

33 | Beata Paškevica: In der Stadt der Parolen, S. 85.

34 | Ebd., S. 83.

35 | Ebd., S. 84.

36 | Asja Lacis: Revolutionär im Beruf, S. 60.

37 | Beata Paškevica: In der Stadt der Parolen, S. 83f.

Der skizzenhaft anmutende Programmtext ist in drei Teile gegliedert. Unter der Überschrift »*Vorbemerkung*« (II, 763) werden die Grundzüge einer »proletarischen« Pädagogik denen der herkömmlichen kommunistischen und bürgerlichen Pädagogik gegenübergestellt, die mit den Dispositionen des »Rahmens« (ebd.) schließen, in den Benjamin das proletarische Kindertheater eingelassen sieht. Daneben versammelt die Schrift in verdichteter Form unter den Überschriften »*Schema der Spannung*« (II, 764) und » *Schema der Lösung*« (II, 767) eine Reihe von Bestimmungen und Formulierungen, die auf die Eigentümlichkeit der kindlichen Wahrnehmungs-, Erfahrungs- und Ausdrucksweise Bezug nehmen und das von Benjamin gedachte Theaterkonzept für Kinder in seinen Kernaspekten in aller Kürze entwerfen. So ist unter »*Schema der Spannung*« von der »Aufführung« als »Schabernack« (II, 765), von der Erziehung im »Kollektivum« (ebd.) sowie von der Erziehung als »Beobachtung« (II, 766) die Rede, die im Dienst der Geste des Kindes als »Befehl und Signal« (ebd.) und seiner spontanen Aktionen unterstützend tätig sind, das »in seiner Welt als Diktator« lebt und befiehlt (ebd.). Im Vordergrund stehen dabei Benjamins Überlegungen zur »Improvisation« (II, 767), die weniger Wert auf die »›Ewigkeit‹ der Produkte« legt, sondern mehr dem »›Augenblick‹ der [kindlichen] Geste« (ebd.) geschuldet ist. Benjamins Anmerkungen zum »*Schema der Lösung*« reflektieren das im Kind herrschende »Genie der Variante« (ebd.), das »der erzieherischen Schulung gegenüber« »die radikale Entbindung des Spiels« (ebd.) heraufbeschwört. Überdies spielt in diesem Zusammenhang der Begriff der »›Jugendkultur‹« (II, 768) für die Kindertheateridee Benjamins eine wichtige Rolle. Schließlich runden seine Ausführungen zur »Aufführung« als »große schöpferische Pause im Erziehungswerk« (ebd.), die dem Fest des Karnevals eng verwandt ist, diesen Reigen ab.

Bei oberflächlicher Betrachtung von Lacis' Theaterarbeit und Benjamins »theoretischem Konzept« mag der Eindruck entstehen, es handle sich um »eine wahrhafte Harmonie der Theorie und Praxis«, wie Paškevica schreibt,[38] doch eine genauere Analyse zeigt eine subtile Nuancierung und zugleich die Komplexität des Benjamin'schen Denkens. Während Lacis' praktische Theaterarbeit mit Zielen übereinstimmt, wie sie die ästhetische Erziehung fordert,[39] ist es Benjamins Hauptinteresse, die theatrale Spielpraxis zurückzubeziehen auf den Boden lebendiger, kindlicher Erfahrung, dem sie entspringt.[40] Geht die ästhetisch orientierte kunstpädagogische Bildung eher davon aus, dass jeg-

---

38 | Ebd., S. 93.

39 | Asja Lacis: Revolutionär im Beruf, S. 26.

40 | Karin Burk: Aspekte der Geste im Kindertheatermodell Walter Benjamins. Walter Benjamins Programm eines proletarischen Kindertheaters (1929), in: Kristin Westphal/Wolf-Andreas Liebert (Hg.): Gegenwärtigkeit und Fremdheit, Weinheim/München 2009, S. 185-191, hier S. 188ff.

liches Material der Anschauung und des entdeckenden Handelns einseitig im Subjekt grundgelegt, verursacht und zentriert ist und nur als ein Selbstverwirklichungsmedium dient,[41] akzentuiert Benjamins Idee die Mitbestimmtheit des leiblichen Tuns des Kindes durch die Materialien und Dinge, mit denen es etwas tut, was eine ethische Dimension des Handelns mit einbegreift. Entworfen wird ein Konzept vom Kindertheater, das die kommunikative Seite des Körpers betont, gleichwie er als Erkenntnisgegenstand zu seinem Recht kommt. Im Vordergrund stehen Überlegungen, die die Rolle der körperlichen Erfahrung in der kooperativen Zusammenarbeit im Kinderkollektiv geltend machen, angesichts seiner im Text zum Kindertheater sich ankündigenden und vielfach aufdrängenden Denkfigur der Geste, die die zu ermittelnde Richtung künftiger Theaterspielpraxis angeben soll, worauf im Kontext von Benjamins Auseinandersetzung mit dem Theater Brechts ausführlicher einzugehen ist. Ausdrücklich die »kindliche Geste« in ihrer Besonderheit als »Befehl und Signal« (II, 766), die auf die kindliche Erfahrung im Kinderkollektiv verweist, bildet den Stimulus seiner Reflexionen zum Kindertheater und erweitert sein Konzept im Verhältnis zu dem von Lacis. Vor dem Hintergrund dieser Zusatzbestimmung müssen die Überlegungen zurückgewiesen werden, die das von Benjamin und Lacis erstellte Manuskript gleichsam in einem Fahrwasser sehen. Denn mit der Thematisierung der Geste und ihrer dezidiert politisch/a-politischen (weil nicht ideologischen), performativen oder auch »afformativen«[42] Aspekten geschuldeten Konnotation, die den Theaterraum pluraler Spielmöglichkeiten erst eröffnen, geht Benjamins Plan vom Kindertheater deutlich über die politisch-ästhetische Konzeption von Lacis hinaus. Angesichts dieser Absetzbewegung, die Benjamin in Übereinstimmung mit seinen Reflexionen zu dem Übergangsbereich und Möglichkeitsraum der Straße und seiner Denkfigur der Geste in einigen wesentlichen Punkten vornimmt, bleibt abzuwarten, ob das

---

41 | Bernhard Waldenfels: Findigkeit des Körpers. Kataloge und Essays, Bd. 1, Dortmunder Schriften zur Kunst, Norderstedt 2004, S. 8.

42 | Nach Katja Rothe macht Benjamin eine »Ökonomie der Zurückhaltung« zum Grundpfeiler seines Konzeptes einer revolutionären Pädagogik: »Diese experimentiert mit dem Unfeststellbaren, dem Sich-Entziehenden, dem ›Afformativen‹ des kindlichen Spiels, das er nicht disziplinieren will, sondern zum Forschungsgegenstand des Pädagogen macht, [..] der sich [...] zurückhalten soll.« Der Begriff des »Afformativen« wird von Werner Hamacher in Auseinandersetzung mit Benjamins Text ZUR KRITIK DER GEWALT eingeführt; als ein solcher sei er, wie die Autorin schreibt, eigentlich nicht definierbar, sondern verweigere sich vielmehr »dem Zugriff kategorialen Denkens und intentionalistischer Handlungstheorie«, worauf zurückzukommen ist. Katja Rothe: Nicht-Machen. Lassen! Zu Walter Benjamins pädagogischem Theater, in: Barbara Gronau/Alice Lagaay (Hg.): Ökonomien der Zurückhaltung. Kulturelles Handeln zwischen Askese und Restriktion. Bielefeld 2010, S. 331-352, hier S. 331f.

Programm vor allem als »Denkmodell« beeindruckt, wie Paškevica schreibt,[43] oder ob es etwa doch, zumindest in seinen Einzelteilen, eine brauchbare Anregung und/oder Anweisung für die künftige Theaterpraxis darstellt.

»VORBEMERKUNG«

Proletarische Erziehung vs. kommunistische Erziehung

Unter der Überschrift »Vorbemerkung« setzt die Kindertheaterschrift ein mit der Feststellung:

Jede proletarische Bewegung, die einmal dem Schema der parlamentarischen Diskussion entronnen ist, sieht unter den vielen Kräften, denen sie plötzlich unvorbereitet gegenübersteht, als die allerstärkste aber auch allergefährlichste vor sich die neue Generation. Die Selbstsicherheit des parlamentarischen Stumpfsinns kommt gerade daher, daß die Erwachsenen unter sich bleiben. (II, 763)

In der Form einer photographischen Momentaufnahme, eingerahmt in das polare Spannungsverhältnis von rückwärtsgewandter und vorwärtsgerichteter Beleuchtung, gibt Benjamin dem Leser eine präzise Erklärung davon, was unter »proletarische[r] Bewegung« zu verstehen bzw. was als ihre gegebene Konstellation anzusehen ist. Dabei lenkt er geradewegs den Blick, am »Schema der parlamentarischen Diskussion« vorbei, auf Kinder und Jugendliche, wenn er von der »neue[n] Generation« spricht, die in seinen Augen das »allerstärkste« und damit auch »allergefährlichste« Potential der proletarischen Bewegung ausmacht. Die Eigengesetzlichkeit der von Benjamin angesprochenen »proletarische[n] Bewegung« verweist nun einerseits darauf, dass es sich hierbei um eine *gemeinschaftliche* Bewegung handelt, die gerade im Kindes- und Jugendalter ihren spezifischen Ausdruck findet und an sich schon politischen Charakter hat, da hier eine neue Form des Zusammenlebens, jenseits vertrauter Familienstrukturen, miteinander ausprobiert und generiert werden kann. Mit Bedacht auf seine Zweifel am Weimarer Parlamentarismus verweisen die ersten Worte Benjamins in der Programmschrift andererseits implizit auf seine im *Gewalt*-Aufsatz formulierte Kritik am »Verfall der Parlamente« (II, 191) bzw. am Unvermögen der parlamentarischen Debatten der Republik, die »sich der revolutionären Kräfte, denen sie ihr Dasein verdanken, nicht bewußt geblieben sind« (II, 190f.).[44] Benjamin beanstandet das »schwindende Bewußtsein von

---

43 | Beata Paškevica: In der Stadt der Parolen, S. 97.

44 | »Sie bieten das bekannte jammervolle Schauspiel, weil sie sich der revolutionären Kräfte, denen sie ihr Dasein verdanken, nicht bewußt geblieben sind. In Deutsch-

der latenten Anwesenheit der Gewalt in einem Rechtsinstitut«, wofür seiner Ansicht nach »in dieser Zeit die Parlamente ein Beispiel« (II, 190) geben. Denn die Parlamente, wie Derrida bemerkt,[45] »zeitigen ihr Dasein, indem sie die Gewalt, die sie hervorgebracht hat, vergessen«.[46]

Benjamins Kritik richtet sich vor allem darauf, dass das Recht in einem Missverhältnis zur Gewalt steht, dass es seinen Gewaltursprung verleugnet und verdrängt.[47] Dahinter ist nichts anderes als die »Furcht« des Rechts auszumachen, die »im Widerstreit mit der eigenen Gewaltnatur des Rechts aus seinen Ursprüngen her liegt« (II, 192), was Benjamin als das »Morsche im Recht« (II, 188) definiert, das den Ausbruch einer »revolutionäre[n] Gewalt« (II, 202) geradezu provoziert. So drückt sich mit den ersten Worten in der Kindertheaterschrift auch Benjamins Konzeption der Gewalt und des Staates aus, die er hier in eine metaphysisch-theologische Perspektive rückt und die zugleich ein gewisses politisches Verhältnis zu seiner Epoche erkennbar werden lässt, ohne dabei, wie Lindner betont, »ihre Abstraktionen analytisch auf historische Ereignisse zu beziehen«.[48]

Benjamins Text erweckt mit diesem ersten Satz jedoch kaum den Eindruck, als handle es sich hierbei um ein Erziehungskonzept auf dem Gebiet des Kindertheaters, das, wie sein Einsatz mit dem Begriff »proletarisch[e]« andeutet, in einem politischen bzw. kommunistischen Zusammenhang seinen Ursprung hat, sieht er doch die Voraussetzungen hierfür weniger in seiner historischen Gegenwart als in eine zukünftige Zeit verlegt. Und dennoch setzt sich Benjamin zweifelsfrei mit Fragen der Erziehung auseinander, wenn es um politische und ästhetische Aspekte geht, die seine Idee vom Kindertheater als Ganzes umgreifen. Vor dem Hintergrund der Beobachtungen während sei-

---

land insbesondere ist denn auch die letzte Manifestation solcher Gewalten für die Parlamente folgenlos verlaufen. Ihnen fehlt der Sinn für die rechtsetzende Gewalt, die in ihnen repräsentiert ist; kein Wunder, daß sie zu Beschlüssen, welche dieser Gewalt würdig wären, nicht gelangen, sondern im Kompromiß eine vermeintlich gewaltlose Behandlungsweise politischer Angelegenheiten pflegen.« (II, 190f.)

45 | Nach Derrida reflektiert Benjamins Analyse ZUR KRITIK DER GEWALT die Krise, »in der sich das europäische Modell der bürgerlichen, liberalen und parlamentarischen Demokratie – und folglich der davon untrennbare Rechtsbegriff – befindet«. Jacques Derrida: Gesetzeskraft, S. 66.

46 | »Diese Verleugnung, die von einer Amnesie zeugt, ist keine psychologische Schwäche, sie ist vielmehr das Statut, der Status oder die Struktur der Parlamente.« Jacques Derrida: Gesetzeskraft, S. 98.

47 | Burkhardt Lindner: Derrida. Benjamin. Holocaust. Zur Dekonstruktion der »Kritik der Gewalt«, in: Klaus Garber/Ludger Rehm (Hg.): global benjamin. Bd. 3, S. 1691-1723, hier S. 1696.

48 | Ebd., S. 1717.

nes Moskaubesuchs, die, neben kulturpolitischen Interessen, dem Leben und der Wirklichkeitserfahrung der Kinder auf der Straße galten, lässt sich nun für unseren Kontext präziser bestimmen, was es mit dem Wort »proletarisch[e]« auf sich hat. Als solches taucht es schon im Titel der Schrift auf und wird bedeutsam, wenn es um die »proletarische Erziehung« im Kindertheater zu tun ist (II, 763).[49] Auszuschließen dabei ist, dass Benjamin unter dem Begriff eine Bezeichnung versteht, die allein auf den Gegensatz zur »bürgerlichen Erziehung« (ebd.) einzuengen wäre, wie Paškevica es tut.[50]

Unter Verzicht auf erziehungstheoretisch geleitete Vorgaben und Methoden kreisen Benjamins Überlegungen vielmehr um eine praktikable Zugangsweise, die es dem Erzieher gestattet, die Entwicklung des Selbstbildungsprozesses der neuen Generation von Kindern und Jugendlichen anzuregen, dergestalt, dass dieser von ihnen auf schöpferische Weise selbst organisiert und gesteuert werden kann. Erinnert man an das, was Benjamin in seinem Artikel Moskau geschrieben hatte, gelingt dies freilich nur dann, indem man »an die Parolen der Stadt selber, des ganzen kollektiven Lebens sich so dicht und so deutlich wie möglich« anschließt (IV, 322) und, in einem zutiefst praktischen Sinne, am Leben der Kinder auf der Straße teilhat. Benjamin nimmt in seinem Kindertheatertext darauf Bezug, wenn er hier, seiner Kritik am Parlamentarismus gemäß, ebenso von der »Selbstsicherheit des parlamentarischen Stumpfsinns« schreibt, die gerade daher komme, »daß die Erwachsenen unter sich bleiben« (II, 763), womit er eine Andeutung macht, wie im Umgang mit Kindern *nicht* zu verfahren ist. Begibt sich jedoch der Erzieher selbst auf die Straße und hat am Spiel der Kinder etwa als Betreuer und Beobachter teil, wofür das Kindertheater von Lacis und Benjamins eigene Betrachtungen auf den Straßen Moskaus ein genaues Beispiel gaben, wird die proletarische Erziehung »bei der Organisation von Scharen solcher Kinder« möglich und die Politik »so selbstverständlicher Beschäftigungsgegenstand« (IV, 323). Mit anderen Worten bedeutet dies: Die Politik, die Benjamin hier vor Augen steht, stellt sich spielerisch in Form eines Nebenprodukts ein, ja, wird selbst zum Spielgegenstand, »wie Kaufmannsladen oder Puppenstube für die Bürgerkinder« (ebd.).

Dem Spiel inhärent ist dabei »jene[r] universale[n] Aktionsbereitschaft«, von der im Text Eine kommunistische Pädagogik (III, 206-209) von 1929 die Rede ist, in dem Benjamin Hoernles Schrift *Grundfragen der proletarischen*

---

49 | Im Hinblick auf Benjamins Kindertheateridee weist Lehmann darauf hin, dass Benjamin die Herleitung des Wortes ›proletarisch‹ von lat. *proles* (Nachkomme) bewusst gewesen sei, »die Dialektik von Tradition und ›Generation‹, Überlieferung, Aktualität und Zukunft« habe große Bedeutung für das Denken von Benjamin gehabt und sei Grundlage für seine Ideen zur Geschichte ebenso wie die seiner Politik gewesen. Hans-Thies Lehmann: Eine unterbrochene Darstellung, S. 184.

50 | Beata Paškevica: In der Stadt der Parolen, S. 96.

Erziehung rezensiert.[51] Ihr Grundzug ist, wie Benjamin schreibt, »nicht humanistischer und kontemplativer« Art, sondern beruht auf der »aktiven und praktischen Universalität; der Universalität des Bereitseins« (III, 208), deren Fruchtbarkeit er für die Entwicklung der Heranwachsenden herausstellt. Diese Ausführungen lassen darauf schließen, dass Benjamin auch für das Kindertheater, das seinen engen Bezug zum Straßenmotiv nicht verbergen kann, mit dem Ausdruck »proletarisch[e]« auf die Anbindung an die aktive Spielgemeinschaft der Kinder im Theaterkollektiv hindeutet, deren gemeinschaftliches und improvisiertes Zusammenspiel den Zentrumspunkt darstellt, da es der Eigenheit und Eigentümlichkeit der kindlichen Ausdrucksweise zutiefst entspricht. In derselben Rezension wendet Benjamin sich mit Verweis auf Lenin gegen »den widerlichsten Zug der alten bürgerlichen Gesellschaft«, nämlich das »Auseinanderklaffen von Praxis und Theorie«, das offenbar auch in seinen nachfolgenden Ausführungen im Kindertheatertext eine Rolle spielt:

Über Kinder dagegen haben Phrasen gar keine Gewalt. In einem Jahre kann man erreichen, daß im ganzen Lande die Kinder sie nachsprechen. Die Frage ist aber, wie man es erreicht, daß in zehn oder zwanzig Jahren nach dem Parteiprogramm gehandelt wird. Und dazu vermögen Phrasen nicht das mindeste. (II, 763)

Was Benjamin damit anspricht, betrifft die Tatsache, dass Parteiphrasen, werden sie von Erwachsenen ausgesprochen, für Kinder nur leere und bezugslose Worte oder Dinge sind, da der (politische) Gegenstand, dem sie dienen sollen, kaum an die Erfahrungswelt der Kinder anknüpft. Was dagegen in ihrer Weltwahrnehmung greifbar ist, ist, neben dem Spielzeug – im besten Fall – der andere Mensch bzw. das andere Kind, mit dem es, wenn es seinem Bedürfnis entspricht, in spielerisch erfahrbaren Kontakt tritt oder treten kann. Politisch konnotierte Parolen, so scheint Benjamin sagen zu wollen, finden in der Lebenswelt der Kinder keinen Boden und ersetzen auch keineswegs die Erfahrungen, die fassbar einer proletarischen Bewegung zugutekommen würden. Seine Frage, »wie man es erreicht, daß in zehn oder zwanzig Jahren nach dem Parteiprogramm gehandelt wird«, beantwortet sich vielmehr vermöge des kommunikativen Potentials, wie es sich in seiner eigenen Erfahrung eingeschrieben hatte und im Essay über NEAPEL und MOSKAU sowie in der EINBAHNSTRASSE nachzulesen ist. Dort lag der Erfahrungswert im Miterleben der *Porosität*, der Improvisation und der vielgestaltigen spielerischen und szenischen Konstellationen im Sinne von Offenheit des Raums, der Situation, der Gesten und Gebärdensprache (IV, 316) und der Erfahrungszeit selbst, die den Zugang zu der wahrzunehmenden Umgebungswelt in Form eines Schwellenraums möglich machten.

---

51 | Edwin Hoernle: Grundfragen der proletarischen Erziehung, Berlin 1929.

Neben den dem Kind eigenen Motiven, die die Auseinandersetzung mit der Wirklichkeit auf der Straße bedingen und das gemeinsame Spiel mit dem anderen Kind initiieren, gilt es stets, Benjamins Kommunismus mit zu bedenken, der in seiner Grundanlage dem Spiel und dem Experiment nahesteht. Der Schlüssel zu einer proletarischen Erziehung, so ließe sich daraus ableiten, liegt daher nicht in der Verkündung von politischen Leitsätzen, die von Kindern als sinnleere Worthülsen nachgesprochen werden, sondern ist in der gemeinschaftlich betriebenen Aktivität des Spiels selbst begründet. Aus diesem Anlass rückt nun auch das kindliche Tun und Handeln in der Kindertheaterprogrammschrift in den Vordergrund, da es die definitive Erfahrungsgrundlage einer proletarischen Erziehung darstellt. Daher macht Benjamin auch für das Kindertheater die »kindliche Geste« (II, 766) zu einer konstruktiven ästhetischen Tätigkeit, die das spielerische Miterleben im Kinderkollektiv garantiert. Die Betonung des Handelns und Tätigseins unterscheidet seine Konzeption von den »Ansprüchen der bürgerlichen, wie jeder politischen« (II, 768) und damit ziel- und zweckorientierten Erziehung, indem sie dem Einfluss der organisierten, passiven Rezeption von ideologisch gefärbten Politparolen aus dem Munde der Erwachsenen widersteht und diese in die Schranken weist. Zweifellos gibt der Kindertheatertext einen bemerkenswerten Entwurf ab, der in die Grundfesten einer traditionell verankerten Erziehung differenzierend eingreift, und dies sowohl in Bezug auf die bürgerliche als auch auf die kommunistische Erziehungsphilosophie. Die Frage dabei ist, *wie* sich das von Benjamin gedachte pädagogisch-politische Unternehmen mit einer proletarischen Erziehung vereint und verträgt, wenn er weiter ausführt:

Die proletarische Erziehung muß vom Parteiprogramm, genauer: aus dem Klassenbewußtsein, aufgebaut sein. Aber das Parteiprogramm ist kein Instrument einer klassenbewußten Kindererziehung, weil die an sich höchst wichtige Ideologie das Kind nur als Phrase erreicht. Wir fragen ganz einfach, aber wir werden auch nicht aufhören zu fragen, nach den Instrumenten der klassenbewußten Erziehung proletarischer Kinder. Dabei werden wir vom wissenschaftlichen Unterricht im folgenden absehen, weil viel früher als Kinder (in Technik, Klassengeschichte, Beredsamkeit etc.) proletarisch gelehrt werden können, sie proletarisch erzogen werden müssen. Mit dem vierten Lebensjahre beginnen wir. (II, 763)

Benjamin ist darauf bedacht, das Kindertheater nicht einer für das Kind blinden und an kommunistischen Phrasen orientierten Spielart zu opfern. Er zeigt sich nicht einverstanden mit einem Konzept, das an Redensarten und Losungen der Parteifunktionäre angelehnt, in den Stand gesetzt wird, das proletarische Klassengefühl in die Öffentlichkeit zu tragen, wie es die organisatorische Basis der Kommunistischen Partei für das Kindertheater in Anspruch nimmt. Die Kritik hieran klingt schon im MOSKAUER TAGEBUCH an, wenn er sich »zur Lage

Rußlands« und zu »den außerordentlichen Schwierigkeiten der Restauration« (VI, 338) äußert, die elementar auch das Bildungsproblem betreffen. In diesem Zusammenhang kritisiert er, dass durch die kommunistische Organisation der Jugend »das Revolutionäre« nicht »als Erfahrung«, sondern lediglich »als Parole« zukomme (ebd.). Ohne einen eigenen Standpunkt zu benennen, mischen sich reformpädagogische Vorstellungen ein in die pädagogischen Debatten der Zeit, die auch vor dem Erziehungskonzept der Kommunistischen Partei nicht Halt machen. So misstraut Benjamin etwa Hoernles Formulierung, »daß die Erziehung der Kinder sich in nichts Wesentlichem von der erwachsener Massen unterscheide« (III, 208), und beklagt das Fehlen einer »dialektischen Anthropologie des proletarischen Kindes« (III, 209). Verfocht der politisch engagierte Pädagoge Hoernle zunächst noch im Sinne reformpädagogischer Richtlinien die These, »die proletarischen Kinder vor den vergiftenden Einflüssen der bürgerlichen Erziehung zu schützen und sie mit proletarischem Klassengefühl zu erfüllen«,[52] operierte er späterhin mit Extremwerten, die lediglich dazu taugten, die proletarischen Kinder für die um den Aufstieg bemühte Klasse fruchtbar zu machen. Das entspricht dem, wie es allgemein der aufklärerische pädagogische Realismus in den 1920er Jahren forderte, der sich im Einzelnen an pädagogischen Reformgedanken ausgebildet hatte.[53] Fundamental erhebt diese Bewegung den Anspruch an eine Welt des Kindes, das »von der Welt des Konfliktes der Großen fern und damit unter einer Glasglocke zu halten« ist.[54]

Benjamins Kindertheaterkonzeption wendet sich entschieden gegen die geltenden reformpädagogischen Tendenzen der damaligen Zeit, die vom Erziehungsdenken Jean-Jacques Rousseaus beeinflusst waren. Trotz aller Ausrichtung auf eine kindgemäße Erziehung, die vordergründig dem Eigensein des Kindes und seinem Selbst- und Weltbild mehr Raum zugesteht, als viele seiner Zeitgenossen es tun, fordert Rousseau uneingeschränkt Disziplin und Selbstzwang vom Kind, während im Hintergrund der omnipräsente Erzieher über die Spontaneität des Kindes wacht und die Kontrolle über seine Lernwege behalten möchte.[55] In diesem Erziehungsansatz tarnen die Dinge die Absicht

---

52 | Melchior Schedler: Kindertheater, S. 210.

53 | Ebd., S. 211. Vgl. hierzu: Otto Friedrich Bollnow: Existenzphilosophie und Pädagogik. Versuch über unstetige Formen der Erziehung, Stuttgart 1959.

54 | Giulio Schiavoni: Zum Kinde, S. 380.

55 | Das pädagogische Ziel von Rousseau ist es, dass sich das Kind seiner Natur nach entwickle, was seiner Auffassung nach nur dann gelingt, wenn das Kind in einer bewusst arrangierten Abhängigkeit von den Gegenständen erzogen wird, wobei dem Erzieher die Aufgabe zukommt, weniger zu erklären, als erleben zu lassen: »Haltet das Kind von den Dingen abhängig und ihr werdet es naturgemäß erziehen. Setzt seinen unvernünftigen Wünschen nur natürliche Widerstände oder Strafen entgegen, die aus seinen Handlungen selbst hervorgehen.« Jean-Jacques Rousseau: Emil oder Über die Erziehung, vollst.

des Erziehers; seine Absicht ist nur delegiert, das Kind ist nicht wirklich frei.[56] Mit seinem Gespür für die Themen Kind und Kindheit zieht Benjamin es vor, sich von Rousseau und den sich an ihm orientierenden reformpädagogischen Bestimmungen in der Erziehung des Kindes zu distanzieren. Dies führt zum Kern der Sache, zu dem, was Benjamin vor Augen hat, wenn er in seiner Rezension KOLONIALPÄDAGOGIK (III, 272-274) aus dem Jahr 1930 das Recht der Kindheit verteidigt und die Reformpädagogik als ein Erziehungssystem verwirft, für das »Psychologie, Folklore und Pädagogik nur Flaggen sind« (III, 274). Denn es ist nicht zu übersehen, dass der »lebfrische Reformismus« (ebd.) eine freie Entwicklung der kindlichen Individualität zwar propagiert, jedoch in Wirklichkeit die kindliche Innerlichkeit denselben Erziehern opfert, die die »zarte und verschlossene Phantasie des Kindes zutiefst verwirren« (III, 273). Im Wesentlichen soll das Kind in opportuner Anpassung an gesellschaftliche Erfordernisse erzogen werden, wobei seine eigentlichen Bedürfnisse unberücksichtigt bleiben.[57] An dieser Stelle offenbart sich, wie Benjamin ausführt, die »ungemeine Fragwürdigkeit, die das Kennzeichen unserer Bildung geworden ist« (III, 272).

Demgegenüber teilt er im Bunde mit Lacis die Auffassung, das Kind in Beziehung mit der gesellschaftlichen Umwelt zu erziehen, statt in einer künstlich erzeugten Wirklichkeit, die das Kind in Abhängigkeit von der Dingwelt zu disziplinieren sucht. Was sich in Benjamins Sätzen andeutet, ist ein Erziehungskonzept, das im Horizont des Klassenbewusstseins steht, jedoch reformpädagogische und propagandistische Einflussnahme strikt vermeidet. Übereinstimmend damit hält Benjamin für das Kindertheater an einer proletarischen Erziehung fest, verwirft aber zugleich die kommunistische Erziehungsidee, die, so Lehmann, »nur eine bürgerliche durch eine marxistische Indoktrination ersetzen würde«.[58] Denn Benjamin ist davon überzeugt, dass

---

Ausgabe in neuer deutscher Fassung besorgt von Ludwig Schmidts, Paderborn/München/Wien/Zürich 1971, S. 63, zitiert nach Claus Stieve: Von den Dingen lernen, S. 43.

56 | Ebd., S. 44 (Fußnote).

57 | Vgl. hierzu: Wolfgang Schneider: Zur Geschichte des Kindertheaters in Deutschland, in: Kinder- und Jugendtheaterzentrum in der Bundesrepublik Deutschland (Hg.): Reclams Kindertheaterführer. 100 Stücke für eine junge Bühne, Stuttgart 1994, S. 10f. Die Herausforderung für das bürgerliche Theater, ein Theater für Kinder einzurichten, wurde verstärkt durch die Reformpädagogik mit ihrer Ideologie vom Reich der Kindheit, die nach der Jahrhundertwende dem Kindertheater eine neue Kindertümlichkeit bescherte, die sich vor allem in der Sprache und Figurengestaltung äußerte. Zur Aufführung kamen Stücke voll wirklichkeitsferner Elemente als Ausdruck einer bürgerlichen Erziehungsphilosophie, die in der Dramatik der Kindertümlichkeit Kindern die Welt als heil vorgaukeln wollte.

58 | Hans-Thies Lehmann: Eine unterbrochene Darstellung, S. 188.

die Energien der Kindheit und Jugend »unmittelbar politisch« niemals zu beleben sind (II, 768), wie es in der Kindertheaterschrift heißt. Aus diesem Grund erwähnt Benjamin auch nicht Hoernle als wichtigste Autorität in Fragen der sozialistischen Erziehung, mit dessen Positionen er sich in seinem Aufsatz zur Arbeit in den kommunistischen Kindergruppen auseinandersetzt hatte.[59] Kein Wort liest man hier von Hoernles Wunsch nach werbender Wirkung des Kindertheaters auf die Zuschauer, nichts vom »gemeinsamen Kampfgesang« und auch nichts von »Einreihung der proletarischen Kinder in die Klassenfront der erwachsenen Arbeiter«.[60] Benjamin antwortet indirekt und negativ auf den parteipolitischen Anspruch einer proletarischen Kindererziehung und nimmt eine andere Perspektive ein. Obwohl Hoernle vom Theaterspiel als der Krönung aller künstlerischen Aktivitäten des Kindes ausgeht und davon spricht, dass die »aufgehäufte[n] Spannungen« der Kinder durch »Worte, Mimik und Gebärden zur Entladung« gebracht werden können, hat er doch eher das ergebnisbezogene Schauspiel der Kinder im Blick als das erlebnisbezogene Spiel der Kinder selbst. Dies gerade dann, wenn er schreibt, dass »die Schöpferkräfte des Kindes zu wecken und im Dienste der revolutionären Idee sich auswirken zu lassen« seien.[61] Dagegen beziehen sich Benjamins Begriffe von »*Spannung*« und »*Lösung*« ausdrücklich auf das Spiel im Kollektiv des Kindertheaters, während die Aufführung vor dem Publikum eher ein zufälliges Nebenprodukt der theatralen Arbeit darstellt, wie noch zu zeigen ist.

Demnach ist davon auszugehen, dass Benjamins Konzeption wenig mit dem gerade 1928/29 in Blüte stehenden Agitproptheater, den nach russischem Vorbild entstandenen jugendlichen ›Trommlergruppen‹, ›Lebenden Zeitungen‹ oder ›Blauen Blusen‹ zu tun hat.[62] Mit Benjamins Kindertheaterkonzeption setzt sich die pädagogisch-politisch ausgerichtete Debatte um eine kindgerechte Theaterpraxis in einer anderen Richtung fort, die sich auch vom Theaterkonzept von Lacis abhebt. Im Horizont von Benjamins Darstellung des Kindertheaters ist das proletarische Kind in seine »Klasse« hineingeboren, womit aber »kein doktrinäres Erziehungsziel« (III, 207), keine politische Einordnung, sondern vielmehr die Kinder und Jugendlichen selbst gemeint sind, deren genuines Vermögen es ist, sich im gemeinsamen Spiel kollektiv zu organisieren.[63] Genau genommen bestimmt die Erfahrung von der erfinderischen Spielkraft der Kinder, die auf den Straßen in Neapel und Moskau und in der mit Spielmöglichkeiten ausgestatteten EINBAHNSTRASSE wahrzunehmen

---

59 | Melchior Schedler: Kindertheater, S. 211ff. Vgl. Edwin Hoernle: Der Kindergruppenleiter, Heft 1, Wien 1923.

60 | Edwin Hoernle zitiert nach Melchior Schedler, Kindertheater, S. 211ff.

61 | Ebd., S. 212.

62 | Ebd., S. 216.

63 | Giulio Schiavoni: Von der Jugend zur Kindheit, S. 50.

war, Benjamins Entwurf vom Kindertheater, die, wie er feststellt, Hoernles Vorstellung von einem proletarischen Kindertheater in Gestalt einer marxistischen, dialektischen Anthropologie des proletarischen Kindes fehlt (III, 209). Aus diesem Grund zieht Benjamin eine Anthropologie vor, die weniger nach der Psychologie des Kindes als nach »den Prinzipien materialistischer Dialektik durchgearbeiteten Protokollen derjenigen Erfahrungen« fragt, »die in den proletarischen Kindergärten, Jugendgruppen, Kindertheatern, Wanderbühnen gemacht worden sind« (ebd.). So schöpft das Kindertheater sein Erziehungsinteresse aus einer dezidiert praktisch ausgerichteten »proletarischen Pädagogik«, die gegen eine »Politisierung des Kindes« (III, 207), das heißt in der Absage an jegliche lehrhafte Beeinflussung im gemeinsamen Spiel der Kinder mit sich selbst, den anderen und der Welt kulminiert und ihnen ihre Kindheit zugesteht. Entsprechend abgewandelt intendiert das pädagogische Experiment des Kindertheatermodells nach Benjamin weniger eine »sozialistische Gegenpädagogik«, wie Schedler annimmt,[64] sondern vielmehr, einen antiprogrammatischen Versuch von Pädagogik zu vermitteln.[65] Wie Benjamins »*Vorbemerkung*« deutlich macht, ist sein Konzept weder generell noch im Besonderen der kommunistischen Pädagogik zuzuordnen. Benjamin liegt es fern, das Kind moralisch zu disziplinieren oder es an dogmatischen Phrasen heranzuziehen; wohl aber sollte die Erziehung des Kindes aus dem Klassenbewusstsein erfolgen, was nach Lindner bedeutet, »die Generation der Kinder als eigene Gemeinschaft anzuerkennen, statt sie dem Klassenkollektiv der Erwachsenen zu subordinieren«.[66] Deshalb ist es für Benjamin von Bedeutung, dass die proletarische Bewegung das ›kommunistische Potential‹ in der von Bevormundung befreiten Kindheit erkennt und dabei einräumt, dass sie ihren Kindern noch »unvorbereitet gegenübersteht« als die »allerstärkste aber auch allergefährlichste« (II, 763) der von ihr freigesetzten Kräfte.[67]

Zweifellos sind diese Gedanken auf den *Gewalt*-Aufsatz von Benjamin zurückzubeziehen, der derartige »nicht bewußt gebliebene[e]« »revolutionäre[n] Kräfte« (II, 190) als »reine Gewalt« (II, 200) – im Gegensatz zur »mythischen Gewalt« (II, 197) – philosophisch »außerhalb der positiven Rechtsphilosophie, aber auch außerhalb des Naturrechts« (II, 181f.) zu begründen sucht. Von diesem »Standpunkt« aus, ist, wie Benjamin schreibt, eine »Kritik der Gewalt« erst zu finden (II, 181) und das, was »reine Gewalt« meint, allererst näher zu bestimmen. Mit der Anschauung einer »reine[n] Gewalt« verbindet sich für Benjamin eine sittliche und »echt revolutionäre[n] Konzeption« (II, 194), die sich »der Korruption der setzenden und rechtsetzenden Gewalt« entzieht,

---

64 | Melchior Schedler: Kindertheater, S. 211.
65 | Burkhardt Lindner: Die »Heiterkeit des Kommunismus«, S. 81.
66 | Ebd.
67 | Ebd.

wie Werner Hamacher bemerkt.[68] Die Aussicht auf eine derartig konzipierte »reine Gewalt«, die Benjamin mit einer gewissen *Gewaltfreiheit* zusammendenkt und diese hier wohl ebenso den Kindern zuspricht, erlaubt es mit Lehmann nunmehr auch eine »gewaltlose Leitung«" für das Kindertheater zu denken, die in ihrer Spezifizierung auf alle formende Setzung verzichtet und für das theatrale Spiel im Kinderkollektiv eine von Erziehung befreite Sphäre ausmalt.[69] Denn erst in der Ablehnung gegenüber jedem Versuch direkter, unmittelbarer Einwirkung von Erziehern als »sittliche Persönlichkeit« (II, 765) ergeben sich brauchbare Lösungen für das von Benjamin geforderte Kindertheater. In diesem Umkreis ist dann auch nach den »Instrumenten der klassenbewußten Erziehung proletarischer Kinder« (II, 763) zu suchen, die Benjamin im weiteren Verlauf des Textes entfaltet und bereits für das vierjährige Kind als notwendig erachtet.

Bürgerliche Erziehung

Benjamins Auffassung kommt noch deutlicher zum Ausdruck, wenn er, neben der kommunistischen, auch die bürgerliche Erziehung einer kritischen Beleuchtung unterzieht:

Die bürgerliche Erziehung der kleineren Kinder ist, der Klassenlage der Bourgeoisie entsprechend, systemlos. Selbstverständlich hat die Bourgeoisie ihr Erziehungssystem. Die Unmenschlichkeit seiner Inhalte verrät sich eben nur darin, daß sie vor dem frühen Kindesalter versagen. Auf dieses Alter kann nur das Wahre produktiv wirken. Von der bürgerlichen Erziehung der kleinen Kinder hat die proletarische zuallererst durch System sich zu unterscheiden. System aber heißt hier Rahmen. Es wäre für das Proletariat ein ganz unerträglicher Zustand, wenn so wie in den Kindergärten der Bourgeoisie alle sechs Monate eine neue Methode mit den neusten psychologischen Raffinements in ihre Pädagogik den Einzug hielte. Überall, und da macht die Pädagogik gar keine Ausnahme, ist das Interesse an der »Methode« eine echt bourgeoise Einstellung, die Ideologie des Weiterwurstelns und Faulenzerei. Die proletarische Erziehung braucht also unter allen Umständen zuerst einmal einen Rahmen, ein sachliches Gebiet, *in* dem erzogen wird. Nicht, wie die Bourgeoisie, eine Idee, *zu* der erzogen wird. (II, 763f.)

In der Sichtweise Benjamins bleibt das Erziehungssystem der Bourgeoisie unmenschlich, mit anderen Worten in jeder Beziehung wirkungslos, da es geradewegs am Kind vorbeigeht, und – mit Bezug auf seine Inhalte – vor dem frühen Kindesalter versagt. Erkennbar werde dies an dem ständigen Wechsel

---

68 | Werner Hamacher: Afformativ, Streik, in: Christiaan L. Hart Nibbrig (Hg.): Was heißt »Darstellen«?, Frankfurt/M. 1994, S. 340-371, hier S. 340.

69 | Hans-Thies Lehmann: Eine unterbrochene Darstellung, S. 187.

der Bildungsprogramme, den »alle sechs Monate« eingeführten »neusten psychologischen Raffinements in ihre Pädagogik«, von Benjamin als »eine echte bourgeoise Einstellung, die Ideologie des Weiterwurstelns und der Faulenzerei« charakterisiert. Denn hinter der formellen, oberflächlichen Erneuerung der Methoden und ihren im Wesentlichen unveränderlichen Bildungsinhalten macht Benjamin ein politisch-wirtschaftliches Interesse aus, dem sich die Erziehung der Kinder unterzuordnen habe (III, 206f.). Ohne explizit darauf hinzuweisen, scheint Benjamin auch der bürgerlichen Erziehungsphilosophie das Fehlen einer kindgemäßen Anthropologie vorzuwerfen. Denn was dabei verlorengeht, ist die Wirklichkeit, wie sie sich dem Kind in seiner natürlichen Umgebung bietet, und was hier fehlt, ist ein Umdenken, das auf die unmittelbare Erfahrung des Kindes ausgreift. Deshalb schreibt Benjamin: »Auf dieses Alter kann nur das Wahre produktiv wirken«, wobei ihm hier beispielhaft die Kinder vor Augen stehen mögen, die er im Straßenalltag Moskaus beobachtet hatte.

Benjamin ist weit davon entfernt, für seine Idee vom Kindertheater einer Erziehung zuzustimmen, die vom Bürgertum des 19. Jahrhunderts als »rationalistische Pädagogik« (IV, 610) bezeichnet wurde. Vielmehr charakterisiert er diese reformistisch orientierte Pädagogik herausfordernd als »Kolonialpädagogik« (III, 272), weil, so Schiavoni, »die Innerlichkeit der Individuen, auf die sie wirkt, zur ›Kolonie‹ der Pädagogen wird, zum *Markt*, auf dem die vom ›intelligenten Bürgertum‹ geforderte und verteidigte ›freie Erziehung‹ in ihrer Expansion ausgerichtet ist«.[70] Die Denkungsart des Bürgertums, die in der Hauptsache von den beiden Polen »Psychologie und Ethik« durchdrungen sei, zeigt sich für Benjamin in allen Bereichen als undialektisch gespalten und in sich zerrissen (III, 273). Deshalb gibt es ein vermehrtes Interesse von Benjamin, »die Formen aufzudecken [...], in denen das Bürgertum das pädagogische Ideal des 19. Jahrhunderts ›Sei hübsch, ordentlich und fromm‹ ausdrückte und noch ausdrückt«, wie Schiavoni bemerkt.[71] Was hier implizit durchschlägt, ist eine Kritik Benjamins an der rationalistischen Erziehungstheorie, die die kindliche Erfahrungswelt vorweg an den Maßstäben einer Erwachsenenvernunft misst. Daraus ergibt sich ein Lernmodell, in dem das *Lernen* primär aus einer Einsicht erwächst, die dem Tun vorauseilt.[72] Viel fehlt nicht, um von Benjamins Seite her auch eine indirekte Kritik an Jean Piagets Entwicklungspsychologie herauszuhören, auf die in den späten 1940er Jahren Merleau-Ponty in seinen *Vorlesungen an der Sorbonne* hingewiesen hat. Kritisiert wird hier unter anderem Piagets Vorgehen, das die kindliche Rationalität als bloße Vorstufe einer Erwachsenenvernunft versteht, wie Waldenfels schreibt:

---

70 | Giulio Schiavoni: Von der Jugend zur Kindheit, S. 52.

71 | Ebd., S. 40.

72 | Bernhard Waldenfels: Das leibliche Selbst, Vorlesungen zur Phänomenologie des Leibes, Frankfurt/M. 2000, S. 156.

»Demnach unterläge das kindliche Wachstum einer Entwicklungslogik, in der die aufeinander folgenden Phasen als Durchgangs- und als Vorstufen in einem Erwachsenenpa-
rameter kulminieren. Sie würden an einem Endziel gemessen und im Hinblick auf dieses
beurteilt: Vorzeitigkeiten gelten als positiv, Verzögerungen als negativ.«[73]

Auch wenn Benjamin sich nicht explizit gegen Piaget wendet, weisen seine
kritischen Bemerkungen zur »Psychologie« des Kindes (III, 206) oder zur
»Kinderpsychologie« (III, 273) doch spürbar in diese Richtung. So lautet auch
ein Eintrag im Moskauer Tagebuch: »Asja erinnerte an meine Absicht, gegen
die Psychologie zu schreiben und ich hatte von neuem festzustellen, wie sehr
bei mir die Möglichkeit, solche Themen in Angriff zu nehmen von dem Kontakt mit ihr abhängt.« (VI, 299) Gegen eine Psychologie, die das Kind aus der
Erwachsenenperspektive betrachtet, wenden sich daher wohl auch Benjamins
Ausführungen in seiner Kindertheaterschrift (II, 766). Denn, wie Helga Karrenbrock anmerkt, sieht Benjamin die früheren Entwicklungsstufen »nicht
qua Erklimmen der jeweils ›höheren‹ schon überwunden, nicht als Abfolge auf
einer planen Fortschrittsachse«, vielmehr forme sich die kindliche Selbst- und
Welterfahrung in der Auffassung Benjamins in »der Konjunktion individueller und kollektiver Aneignungsweisen«.[74]

Der Rahmen

Wie aber sieht nun Benjamins Plan vom Kindertheater aus, wenn er dem
Spieltrieb und der »Aktionsbereitschaft« (III, 208) des Kindes gerecht werden
möchte, jedoch sämtlichen Erziehungskonzepten, seien sie kommunistischer
oder bürgerlicher Art, eine Absage erteilt? Die Antwort, die Benjamin selbst
gibt, ist nirgendwo anders als in einer proletarischen Erziehung zu suchen,
die er zum Ausgangspunkt seines Kindertheaterprogramms erklärt. Bezüglich der gemeinsamen Aktivitäten im Theaterkollektiv gleicht diese eher einem Versuchsmodell und lässt von Pädagogik nur so viel zu, wie es gerade für
die Entfaltung des theatralen Zusammenspiels der Kinder im Kinderkollektiv
noch förderlich ist. Benjamin achtet betont auf die Situation im Kindertheater,
die auf der Folie einer proletarischen Erziehung keines Systems, sondern vielmehr eines »Rahmen[s]« (II, 763) bedarf, der »dem Wesen des Kindes« (III,
271) nachfragt. Doch was ist unter dem *Rahmen* zu verstehen, den Benjamin
dem kindlichen Spiel als angemessen zudenkt?

---

73 | Bernhard Waldenfels: Idiome des Denkens. Deutsch-Französische Gedanken-
gänge II, Frankfurt/M. 2005, S. 96.
74 | Helga Karrenbrock: Lese-Zeichen. Das Lesen, die Kinder und die Bücher bei Wal-
ter Benjamin, in: Klaus Garber/Ludger Rehm (Hg.): global benjamin. Bd. 3, S. 1511-
1525, hier S. 1521.

Zunächst ist davon auszugehen, dass Benjamin das Kindertheater selbst zum Rahmen erklärt bzw. dieses als einen signifikanten Raum bestimmt, in den sich die »kindliche Betriebsamkeit hineinzubauen« (III, 268) vermag. Entsprechendes sagte er in der Rezension CHICHLEUCHLAUCHRA (III, 267-272) aus dem Jahr 1930 von einer Fibel, deren Wert er darin erkannte, dass sie »spielhaft aufgelockert« (III, 267) sei und derart den kindlichen Neigungen ganz und gar entgegenkomme. Der Rahmen, den die proletarische Erziehung beansprucht, wie Benjamin weiter erklärt, zeichnet sich aus durch das Merkmal, »ein sachliches Gebiet« zu sein, »*in* dem erzogen wird« und nicht, »wie die Bourgeoisie, eine Idee, *zu* der erzogen wird« (II, 764). »Sachlichkeit« in Bezug auf das Kind hatte Benjamin schon im Text ALTE VERGESSENE KINDERBÜCHER (III, 14-22) von 1924 gefordert: »Das Kind verlangt vom Erwachsenen deutliche und verständliche, doch nicht kindliche Darstellung. Am wenigsten aber das was man dafür zu halten pflegt.« (III, 15) Dies gilt nun ganz ähnlich auch für das Kindertheater. Benjamin formuliert hier sehr genau seinen Anspruch an Erziehung, die nicht allein »das Kind, die kindliche Natur« (III, 207) ernst nimmt, sondern auch »die gesellschaftliche Lage des Kindes selbst«, die sich seiner Ansicht nach der »Schulreformer« (ebd.) niemals wirklich zum Problem werden lässt. Benjamin stellt seinem Erziehungsgedanken zwei aufeinander bezogene Forderungen zur Seite, die den anvisierten Rahmen fixieren, der in seinem spezifisch materialistischen Aufbau gewährleistet, dass das Kind realiter auch in seinen lebensweltlichen Bezügen gesehen wird:

Wir begründen jetzt, warum der Rahmen der proletarischen Erziehung vom vierten bis zum vierzehnten Lebensjahre das proletarische Kindertheater ist. / Die Erziehung des Kindes erfordert: *es muß sein ganzes Leben ergriffen werden.* / Die proletarische Erziehung erfordert: *es muß in einem begrenzten Gebiet erzogen werden.* / Das ist die positive Dialektik der Frage. Weil nun das ganze Leben in seiner unabsehbaren Fülle gerahmt und als Gebiet einzig und allein auf dem Theater erscheint, darum ist das proletarische Kindertheater für das proletarische Kind der dialektisch bestimmte Ort der Erziehung. (II, 764)

Benjamin geht davon aus, dass es für die Entwicklung des proletarischen Kindes vom vierten bis zum vierzehnten Lebensjahr von Bedeutung ist, einen geeigneten Spielort einzurichten, in dem »das ganze Leben« einen angemessenen Platz finden kann. Für Benjamin stellt dieser Ort das Theater, genauer: das proletarische Kindertheater dar, da es in gerahmter Form dem Kind in seiner unmittelbaren Um- und Mitwelt Rechnung trägt. Deshalb ist das Theater nach Benjamin der »dialektisch bestimmte Ort der Erziehung«, in dem er einerseits »das ganze Leben« des Kindes in seiner »unabsehbaren Fülle gerahmt« erfasst und andererseits zugleich ein begrenztes Gebiet umgreift, das einen konkreten Vollzug von Erfahrungen möglich macht, was eine Grundvoraussetzung für jede aktive Aneignung von Welt darstellt.

Wie oben bereits gezeigt wurde, steht Benjamins Denken des Theaters mit seinem Begriff der Passage in enger Verbindung, die auch hier den Bezug zur Straße offenkundig macht. Gerade die Ausführungen im Essay über NEAPEL, in der EINBAHNSTRASSE und im Städtebild MOSKAU, die das Motiv der Straße hervortreten ließen, sind hierbei aufschlussreich. Denn führen wir uns vor Augen, welche Bedingungen der genuine Lebensbereich der Straße dort im Einzelnen für das Kind bot, wird deutlich, dass dieser Erfahrungsraum nahezu durch nichts ersetzt werden kann. War es in Neapel die offene architektonische Struktur, die *Porosität*, die dem Kind eine durchlässige Wahrnehmungs- und Kontaktzone zur Umgebungswelt lieferte, wurde die EINBAHNSTRASSE zum Synonym für eine *Spielstraße* oder für eine »Arbeitsstätte«, »wo sichtbar die Betätigung an Dingen vor sich geht« (IV, 93). Moskaus Straßen boten derweil noch eine andere Erfahrungsdimension, indem sie den zwanglosen Kontakt zwischen den proletarischen Kindern und Arbeitern, zwischen Kindern und Erwachsenen Wirklichkeit werden ließen und ein Ineinander der proletarischen und bürgerlichen Kultur bewirkten. Hier führte die proletarische Bewegung zur Aufhebung der hierarchischen Beziehungen und gestattete eine veränderte Kommunikation untereinander. In allen Lebensbereichen kehrte die Straße ihre experimentellen Laborbedingungen hervor und stellte auch den Kindern ein interaktives Experimentierfeld zur Verfügung, das der Annäherung an ihre Lebenswelt diente.

Nicht anders ist nun auch der »Rahmen« zu denken, den Benjamin für das Kindertheater vorschlägt. Einzig das Kindertheater kann es mit den vielgestaltigen Konstellationen der Straße aufnehmen, die den Sinn für das Mögliche und Unfertige fördern und steigern. Anders gesagt: Das Kindertheater impliziert all jene variablen Bedingungen, die auch die Straße offeriert, wenn Benjamin im Kindertheatertext von der »unabsehbaren Fülle« des Lebens spricht. Das Kindertheater als der »dialektisch bestimmte Ort der Erziehung« (II, 764) gewährt den Kindern einen Freiraum für Spontaneität und gleichfalls zur Wiederholung ihrer Erfahrungen und Erlebnisse, wie das Beispiel von Lacis erkennen ließ. Der signifikante Begriff des Rahmens, den Benjamin in der Kindertheaterschrift am Ende der »*Vorbemerkung*« so sehr hervorhebt, deutet allerdings nur auf einen Ausschnitt des Straßenlebens hin, der als Teil- oder Bruchstück das Vorbild für das Kindertheater abzugeben scheint, was auf eine Verwandtschaft zu dem Theater Brechts verweist. Dies kommt aber auch Benjamins Denk- und Betrachtungsweise der Passage entgegen, die er im PASSAGEN-WERK als »eine Welt im Kleinen« (V, 83) beschreibt. So wie Benjamin in der EINBAHNSTRASSE sagt, dass sich die Kinder auf der Straße ihre Dingwelt bilden, »eine kleine in der großen, selbst« (IV, 93), so wird verständlich, was es mit dem Rahmen im Kindertheater genauer auf sich hat. Gewissermaßen taucht diese kleine Dingwelt der EINBAHNSTRASSE im Kindertheaterentwurf von Benjamin im Kleinformat, als Rahmen, wieder auf und gewinnt nun auch hier an Bedeutung.

Die konstruktive Basis, die Benjamin mit dem Rahmen der Konzeption des Kindertheaters zugrunde legt, rekurriert auf seine Theorie der Allegorie, die er einerseits in der Arbeit über das deutsche Barocktrauerspiel, andererseits in dem zum PASSAGEN-WERK gehörenden Komplex der Baudelaire-Arbeiten entwickelte. Nach Lindner entfaltet Benjamin »in der strengen Bindung an eine Epochenproblematik und an eine bestimmte Werkform die ästhetischen Charakteristika des Allegorischen – Destruktion des schönen Scheins und Ausdrucksform der Melancholie«, Aspekte, die hier im Einzelnen nicht näher erörtert werden können.[75] Bei der barocken Allegorie handelt es sich, wie Benjamin ausführt, »nicht sowohl um ein Korrektiv der Klassik als um eines der Kunst selbst« (I, 352), was bedeutet, dass das »allegorische Kunstwerk [...] die kritische Zersetzung gewissermaßen schon in sich« trägt (I, 952), während das symbolische Kunstwerk diesem Verfall ästhetisch enthoben scheint.[76]

Für unseren Zusammenhang ist von Belang, dass Benjamin in seinen Ausführungen zum Barocktrauerspiel bestimmte Verfahren herausarbeitete, die dem spezifischen Wesen des Allegorischen zugeeignet sind und in mehrfacher Hinsicht eine Verbindung mit dem Kindertheater aufweisen. So gehören Lindner zufolge auch die Formelemente »das Werk als konzeptionelle Ruine; Willkür ästhetischer Bedeutungssetzung; Fragmentierung; Zerstückelung und montierende Zusammensetzung; emblematische Wort-Bild-Kombinationen« zu der Technik der barocken Allegorie und betreffen gleichfalls auch die Prinzipien und Praktiken, die vorher im Kontext der sowjetischen Avantgarde, zu der Benjamin durch Lacis Zugang gefunden hatte, zur Sprache kamen.[77] Ein zentrales allegorisches Formprinzip, das mit Lindner »die sinnliche Präsenz des Scheins suspendiert« und die Totalität des symbolischen Kunstgebildes zerstört, ist die Unterbrechung, die Benjamin mit Begriffen wie das Ausdruckslose, die Zäsur, das Erhabene kennzeichnet (I, 196ff.; I, 832f.). Für Benjamin üben diese Unterbrechungen eine ihnen innewohnende »kritische Gewalt« (I, 832) des Wahren aus, die das symbolische Kunstwerk »zum Stückwerk zerschlägt« und im »bebende[n] Leben« der Schönheit ein Moment bannender Erstarrung bildet.[78]

---

75 | Burkhardt Lindner: Allegorie, S. 50. Anzumerken ist, dass Benjamins Kritik in Bezug auf die »antagonistische Unterscheidung zwischen (lebendigem) Symbol und (unkünstlerischer) Allegorie«, wie sie die Kunstphilosophie um 1800 noch vornahm, darauf zielte, die »Zurückweisung des Allegorischen als das Symptom einer Verdrängung und Verkennung des Barock« zugleich zu problematisieren und zu rehabilitieren. Ebd., S. 54.

76 | Burkhardt Lindner: Allegorie, S. 68.

77 | Ebd., S. 52.

78 | Ebd., S. 69.

Das Verfahrensprinzip der Unterbrechung, das den Formgesetzen der Fragmentierung und Zerstückelung eigen ist und eine Bedeutungsentleerung des künstlerischen Gegenstands erwirken kann, hatte Benjamin sowohl in der europäischen und russischen Avantgarde (Expressionismus, Dadaismus, Sturm-Kreis, Futurismus, Konstruktivismus) als auch speziell in der deutschen Avantgarde im Kontext des literarischen Konstruktivismus (Kraus, Brecht, Kafka und Bloch) wahrgenommen.[79] Lacis berichtet in ihren Erinnerungen, dass Benjamin die Verfahrensweisen der allegorischen Formenwelt in den Zusammenhang der kunstdestruktiven Avantgarden gestellt habe.[80] So bildet die den Avantgarden zugrunde liegende Idee der Konstruktion auch im *Trauerspiel*-Buch die Basis für die Analyse der literarischen Verfahren des Barock. Von hier aus erklärt sich, dass die Forderung nach einem Rahmen in Benjamins Plan vom Kindertheater in eben dieser Verknüpfung zu sehen ist, die den Ausdrucksformen des Barock und den damals aktuellen Formen der zeitgenössischen Literatur und Kunst entspricht, wobei dem ›Prinzip der Unterbrechung‹ eine herausragende Stellung zukommt. Übereinstimmend damit kennzeichnet den für das Kindertheater geforderte Rahmen eine allegorische Struktur, die, analog zu dem Trauerspiel als allegorische Schaustellung (I, 301), mit dem »streng begrenzten Raum« (II, 272) korrespondiert.[81] Zugleich stellt sie ein Prinzip der technischen Konstruktion dar, wodurch – mittels des allegorischen Stilmittels der Unterbrechung und der Technik der konstruktiven Montage, die das Aufwirbeln von Sinn zulassen – der Vieldeutigkeit, der Mehrperspektivität und der Pluralität von Welten ein Spielraum im Kindertheater zugestanden wird. Dass nämlich, wie Lindner ausführt, »›Dinge‹ – Sachen, Tiere, Pflanzen, mythologische Figuren, Teile des menschlichen Körpers usw. – Verschiedenes ›bedeuten‹ können«, eignet gerade der Allegorese.[82] Deutlich wird dies, wenn Benjamin im *Trauerspiel*-Buch von der »Willkür des Allegorischen« schreibt: »Jede Person, jedwedes Ding, jedes Verhältnis kann ein beliebig anderes bedeuten« (I, 350), womit Benjamin darauf verweist, dass hier multiple Kontextbedeutungen möglich sind.[83] Diese Bestimmung betrifft im Kern das epische Theater Brechts, das sich auf die Geste beruft; in ihrer spezifischen Wirkungsweise dürfte sie, Bettine Menke zufolge, den Grund dafür liefern, dass »das barocke Trauerspiel in Kontakt mit Formen oder Vorschlä-

---

79 | Detlev Schöttker: Konstruktiver Fragmentarismus, S. 145ff.

80 | Asja Lacis: Revolutionär im Beruf, S. 48.

81 | Von dem »streng begrenzten Raum« der Bühne als dem Schau-Platz, der das Geschehen ermöglicht, spricht Benjamin im Essay EL MAYOR MONSTRUO, LOS CELOS VON CALDERON UND HERODES UND MARIANNE VON HEBBEL. *Bemerkungen zum Problem des historischen Dramas* (II, 246-276) aus dem Jahr 1923.

82 | Burkhardt Lindner: Allegorie, S. 64.

83 | Ebd., S. 63.

gen des jüngsten Theaters« tritt, »in denen es sich theatral – post-dramatisch
[...] zu seiner Theatralität verhält«.[84] Die hier entdeckten Theatermittel haben
ihre Gemeinsamkeit nach Lehmann darin, »dass sie die Materialität des sinn-
lichen Ereignissses betonen und die Zeichenproduktion dahinter verschwinden lassen«, was (über ihre selbstreferentielle Thematisierung) die Störung der
Wahrnehmung von Mitteilung bewirkt.[85]

Dass diese Überlegungen sich mit der Selbst- und Weltauffassung des Kindes, das die Dinge »in eine neue, sprunghafte Beziehung zueinander setzt«
(IV, 95), verstehen, liegt auf der Hand. Denn auch »das Barock kennt nur die
Anhäufung von Rätseln, kein Geheimnis, nur abrupte Gegenwärtigkeit«, bemerkt Lindner.[86] Und dem Kind, das die Dinge auf der Straße aufsammelt, offenbart sich gerade im Abfall, im Sinne einer Allegorisierung des Alltäglichen
und Banalen, die gesamte soziale Welt. Das Kind, das wie der Baudelaire'sche
Flaneur an der Schwelle zur Großstadt steht, nimmt von ihr nur zerstückelte
Elemente wahr, so wie es Benjamin in den Texten NEAPEL, EINBAHNSTRASSE
und MOSKAU zu beschreiben suchte. Dem Kind geht es dabei wie dem Allegoriker, der bei den »Bruchstücken der Dingwelt« verharrt (I, 331). Der Zusammenhang, der sie verbindet, entgeht ihm, da sich ihm der Sinn ihrer Bedeutung nicht unmittelbar erschließt, sondern sich ihm erst eröffnen muss,
weswegen nach Stieve »das Tun, das ›Um-zu‹ im Vordergrund steht, nicht der
weitergehende Zweck«.[87] Denn »zwischen dem Zeitraum, in dem das Kind
noch nicht versteht, und dem Moment, in dem es versteht, besteht eine nicht
zu übersehende Diskontinuität«, erklärt Merleau-Ponty.[88] Aus diesem Grund
sind auch die Dinge »von der Fron frei [...], nützlich zu sein« (V, 53), da dem
Kind »das Sammeln nur ein Verfahren der Erneuerung« ist (VI, 390), was Benjamin im Text ICH PACKE MEINE BIBLIOTHEK AUS. Eine Rede über das Sammeln
(IV, 388-396) von 1931 betont. Insbesondere im Kind erkennt Benjamin den
»Physiognomiker der Dingwelt« (III, 217), denn die kindliche Leidenschaft für
das Sammeln drückt sich gerade im Spiel »anarchistisch« und »destruktiv«
(III, 216) aus.[89]

Wie zeitgenössische Konzeptionen in der Kindheitsforschung Benjamins
Anschauung zu bestätigen scheinen, begegnen dem Kind die Dinge in seiner
Wahrnehmungswelt viel radikaler als dem Erwachsenen. Dies geschieht, so
Merleau-Ponty, in zweifacher Form: »zuerst in einer vieldeutigen, ereignis-

---

84 | Bettine Menke: Das Trauerspiel-Buch, S. 19.
85 | Hans-Thies Lehmann: Dramaturgie des Postdramatischen, in: Bernd Stegemann:
Lektionen 1/ Dramaturgie, Berlin 2009, S. 284-291, hier S. 286.
86 | Burkhardt Lindner: Allegorie, S. 62.
87 | Claus Stieve: Von den Dingen lernen, S. 27.
88 | Maurice Merleau-Ponty: Keime der Vernunft, S. 65.
89 | Vgl. Walter Benjamin Archiv (Hg.): Walter Benjamins Archive, S. 11.

artigen Weise und erst dann in einer klareren, intersubjektiv vermittelten Funktion, einem Zweck, einer begrifflich, sprachlichen Fassung, die sich allmählich und immer im Widerstreit zu den ereignishaften Bedeutungen der Dinge findet«.[90] Daraus erklärt sich, warum das Erfahrungsfeld des Kindes so brüchig sein kann, warum sein Lernen so schöpferisch ist und warum die Dinge sich ihm gegenüber selten eindeutig zeigen. Und auch dann, wenn für den zur Allegorie gerinnenden Gegenstand gilt: Eine »Bedeutung, einen Sinn auszustrahlen, ist er von nun an ganz unfähig, an Bedeutung kommt ihm das zu, was der Allegoriker ihm verleiht« (I, 359), wie Benjamin schreibt, berührt dies ähnlich auch das Kind und sein Spiel mit den Dingen. Denn der kindliche Umgang mit Gegenständen zeigt, dass die Dinge in der ihnen zugemessenen Funktion nicht aufgehen. Auch im Denken von Benjamin generieren die Dinge und Gegenstände in der Hand des Kindes zum amorphen Bruchstück oder zur Allegorie, weswegen für sein Verständnis nur der »Rahmen« geeignet ist, das ganze Leben des Kindes zu ergreifen und es im »»Augenblick«« seines Spiels und seiner Geste (II, 767) einzufangen.

Jedoch nur unter Bezug auf Benjamins Philosophie der Geschichte erhält der »Rahmen« des proletarischen Kindertheaters seinen tieferen Sinn. Der eindringliche Satz in der Kindertheaterschrift: »Die proletarische Pädagogik erweist ihre Überlegenheit, indem sie Kindern die Erfüllung ihrer Kindheit garantiert« (II, 768), kann genau genommen nur in Hinsicht auf Benjamins Methode der Geschichtsaneignung interpretiert werden. Nach Benjamin basiert diese auf einem »konstruktiven Prinzip« (I, 702), bei dem die Ereignisse der Vergangenheit nicht rekonstruiert, sondern auf die »Jetztzeit« (I, 701) bezogen werden, ein Begriff, der schon im Kontext der Hinwendung Benjamins zum Kommunismus Erwähnung fand. Benjamin erläutert seine Idee der geschichtlichen Konstruktion im vierzehnten Kapitel der Thesen Über den Begriff der Geschichte mit den Worten: »Die Geschichte ist Gegenstand einer Konstruktion, deren Ort nicht die homogene und leere Zeit, sondern die von Jetztzeit erfüllte bildet.« (Ebd.) Benjamins These, die sich auch hier auf ein Axiom des Konstruktivismus zurückbezieht,[91] besagt damit, dass die Geschichte eine mit *Jetztzeit* geladene Vergangenheit ist, die aus dem Kontinuum der Geschichte herausgesprengt wird (ebd.). Für das Kind im proletarischen Kindertheater bedeutet dies konkret: Was es in seiner frühen Kindheit als Versprechungen eines künftigen Glücks wahrgenommen hatte, eine Welt von Zeichen und Bildern, die es registrierte, ohne sie zu verstehen und unbeholfen zu entziffern versuchte, erschließt und zeigt sich ihm möglicherweise als Gegenwärtiges erst beim Spielen im Kindertheater. Erst hier ergibt sich die Gelegenheit, im spontanen und gemeinschaftlichen Spiel mit anderen Kindern zu wiederho-

---

90 | Maurice Merleau-Ponty: Keime der Vernunft, S. 161f.

91 | Detlev Schöttker: Konstruktiver Fragmentarismus, S. 279.

len, was in der Vergangenheit erlebt und erfahren wurde. Die proletarische
Pädagogik, die nach Benjamin im Kindertheater wirksam werden soll, bezieht
ihre Überlegenheit daraus, die anfänglichen Erfahrungen des Kindes, die mit
denen des kollektiven Handelns auf der Straße eng verbunden sind und ihm
als eine lange Folge von Bilderrätseln erscheinen, in actu bzw. im *Augenblick*
des Spiels und des Spielens zu deuten. Indem nun das Kindertheater einen
Raum bzw. einen Rahmen bereitstellt, der bestimmte unterdrückte, vergessene oder unerlöste Fragmente aus dinglichen Elementen, Träumen, Bildern,
Gegenständen und Erfahrungen zur Gegenwart in aktuale Konstellation treten lässt, verliert das Kind seine Ohnmachtsgefühle und Ängste gegenüber
einer von Erwachsenen vorgefertigten und von Dingen bevölkerten fremden
Welt. So lässt sich nachvollziehen, wenn Benjamin der proletarischen Pädagogik, die der kollektiven Weltwirklichkeit des Kindes zugewandt ist, zuschreibt,
den Kindern eine erfüllte Kindheit zu versichern (II, 768), womit der Akzentuierung des Kindertheaters als Möglichkeitsraum entsprochen wird, da er die
direkten Erfahrungen mit den Spiel- und Alltagsgegenständen des Kindes in
den Mittelpunkt stellt und ihnen eine genuine Plattform bietet.

»SCHEMA DER SPANNUNG«

Episches Theater vs. bürgerliches Theater

Der zweite und mittlere Teil der Kindertheaterschrift beginnt mit den Worten:

> Dahingestellt lassen wir, ob nicht oder ob doch das Kindertheater, von dem nun die
> Rede sein wird, den genauesten Zusammenhang mit dem großen Theater auf den Höhe-
> punkten seiner Geschichte hat. (II, 764)

Mit diesem Satz bereitet Benjamin dem Kindertheater einen seiner Geschichtsbetrachtung sowie den allegorischen und konstruktiven Bedingungen verpflichteten Unterbau vor, der insoweit richtungsweisend ist, als er seinen Entwurf in Beziehung zu einem »großen Theater« setzt, dessen Identität er mit
keinem Wort – und dies gilt für den gesamten Programmtext – preisgibt. So
bleibt auch der Gedanke, dem er hier Ausdruck geben möchte, für den Leser
zunächst unzugänglich und uneindeutig, so dass sich der Zusammenhang
mit dem Theater Brechts nicht auf Anhieb erschließt. Erst über Benjamins
Auseinandersetzung mit dem Brecht'schen Theater lässt sich eine mögliche
Verbindung zu seiner Idee vom Kindertheater herleiten, die sich durch den
Kindertheatertext hindurchzieht, auch wenn sie nur bruchstückhaft formuliert ist. Hält man sich vor Augen, dass die Schrift als Auftragsarbeit für ein
Kindertheaterprojekt der KPD gedacht war, dessen parteipolitischer Program-

matik Benjamin eher negativ gegenüberstand, wird ersichtlich, mit welchem Geschick er *sein* Programm des Kindertheaters durchzusetzen versucht. Bemerkenswert ist, auf welche Weise Benjamin in die Theaterpraxis von Brecht einführt und zugleich vernehmbar macht, wie er im Kontext des Kindertheaters mit Brecht verfährt, wobei er den Abstand zwischen den eigenen und den Brecht'schen Intentionen hier möglicherweise zu überbrücken sucht. So gesehen deutet die Eigenheit seiner uneindeutigen Schreibweise darauf hin, dass er in Hinsicht auf das Kindertheater Denkräume eröffnen möchte, die, neben dem Einfluss von Lacis und Brecht, noch eine ganz eigene Betrachtungsweise nahelegen. Mit Blick auf das Theater Brechts taucht eine ähnliche Formulierung in Benjamins Schrift WAS IST DAS EPISCHE THEATER? ‹1›. *Eine Studie zu Brecht* (II, 519-531) von 1931 auf, die nach Nikolaus Müller-Schöll versucht, »mit der theatralischen Arbeit Brechts, den Stand der gegenwärtigen Bühnenkunst überhaupt und dabei das zum Zeitpunkt der Abfassung erst spärlich reflektierte Phänomen des ›epische[n] Theater[s]‹ [...] auf den Begriff zu bringen«.[92] Dort heißt es: »Die Formen des epischen Theaters entsprechen den neuen technischen Formen, dem Kino sowie dem Rundfunk. Es steht auf der Höhe der Technik.« (II, 524) So lösen wohl eigens die Merkmale des epischen Theaters Benjamins Rede vom »großen Theater auf den Höhepunkten seiner Geschichte« ein, wenn er hier dessen »genauesten Zusammenhang« für das Kindertheater suggeriert.

Es sieht ganz danach aus, als setze sich der avantgardistische Anspruch Benjamins in der Kindertheaterschrift weiter durch. Denn gerade in den Schriften Brechts und in seinem Theaterkonzept fand Benjamin nicht nur dem Barocktrauerspiel verwandte, sondern auch konstruktivistische Prinzipien verwirklicht, so dass es kein Zufall ist, dass Brecht für ihn zum wichtigsten Gesprächspartner und zum Repräsentanten der deutschen Avantgarde im Bereich des Theaters wurde. Zu Beginn der 1930er Jahre spielte die Freundschaft zu Brecht eine bedeutende Rolle sowohl in der theoretischen Entwicklung Benjamins als auch in seiner Stellung zum Kommunismus. Benjamin sah in Brecht einen Schriftsteller, der ein Gegenmodell zu Versuchen anstrebte, die er als reformistisch einschätzte, und dem es gelungen war, den Marxismus in sein Werk aufzunehmen und von daher eine Verknüpfung von Theorie und Praxis herzustellen, wie in seiner Rezension zu BRECHTS DREIGROSCHENROMAN (III, 440-450) von 1935 zu lesen ist.[93] Brechts Idee einer Veränderung der kulturellen Produktionsweisen ist sowohl für den *Kunstwerk*-Aufsatz wie für den Text DER AUTOR ALS PRODUZENT bestimmend. Ihre Berührung hat sie aber auch mit Benjamins Idee des Kindertheaters. Denn, wie Primavesi bemerkt, zeigt

---

92 | Nikolaus Müller-Schöll: Bertolt Brecht, in: Burkhardt Lindner (Hg.): Benjamin-Handbuch, S. 77-91, hier S. 80.
93 | Jean-Michel Palmier: Walter Benjamin, S. 976.

sich »die Tragweite von Benjamins Überlegungen zum Kindertheater erst im Kontext einer Theorie der epischen und nicht auf Einfühlung oder Identifikation beruhenden Darstellungsweise«.[94] So richtet Benjamin das Kindertheater im Verlaufe der Schrift immer wieder entlang der Fluchtlinie des Brecht'schen Theaters aus, wenn er sich dem »Theater der heutigen Bourgeoisie« (II, 764) entgegenstellt.

Benjamins Überlegungen sind im Kontext »eines noch nicht revolutionär veränderten Theaters« zu sehen, das seit etwa 1880 zur Krise des Dramas geführt hatte.[95] Was in ihr erschüttert wird und schwindet, ist mit Lehmann »eine Serie vom bis dahin fraglosen Konstituenten des Dramas: die Textform des spannungsgeladenen, entscheidungsträchtigen Dialogs; das Subjekt, dessen Wirklichkeit sich wesentlich in zwischenmenschlicher Rede ausdrücken läßt; die Handlung, die vorrangig in einer absoluten Gegenwärtigkeit abrollt«.[96] Auch Brecht, der sich, wie Andrzej Wirth bemerkt, »den Einstein der neuen dramatischen Form« nannte,[97] registrierte eine Müdigkeit und Blutleere des konventionellen Theaterbetriebes, wenn er in *Der Kampf ums Drama* notierte: »Die Leinwand fällt über unsere Bühne. Unser Publikum ist erschlafft, die Kritik neurasthenisch«,[98] und für das Drama in *Über eine neue Dramatik* konstatierte: »Die alte Form des Dramas ermöglicht es nicht, die Welt so darzustellen, wie wir sie heute sehen.«[99]

Benjamin hatte sich schon 1925 in dem gemeinsam mit Reich verfassten Aufsatz Revue oder Theater (IV, 796-802) gegen »das gegenwärtige Theater« ausgesprochen, das »den Ansprüchen eines Zeitalters nicht gewachsen ist« (IV, 801f.). Nach Benjamin »rechnet es mit dem Spießer und nicht mit dem Bourgeois, es ist unbrauchbar geworden, als der Einzug der Massen in die großen Städte begann« (IV, 802.). Aus diesem Grund kommt für ihn die Revue »dem Abwechslungsbedürfnis des Großbourgeois entgegen, mehr in der Zahl als in der Art und Einrichtungen ihrer Darbietungen« (ebd.). Auch Benjamins Überlegungen zum Zirkus, die er 1927 in der Rezension von Ramon

94 | Patrick Primavesi: Kommentar, Übersetzung, Theater in Walter Benjamins frühen Schriften, S. 354.

95 | Hans-Thies Lehmann: Postdramatisches Theater, Frankfurt/M. 1999, S. 78.

96 | Ebd.

97 | Andrzej Wirth: Vom Dialog zum Diskurs. Versuch einer Synthese der nachbrechtschen Theaterkonzepte, in: Theater Heute 1/1980, S. 16-19, hier S. 19, zitiert nach Hans-Thies Lehmann: Postdramatisches Theater, S. 47.

98 | Bertolt Brecht: Der Kampf ums Drama, in: Ders.: Gesammelte Werke in 20 Bänden, hg. vom Suhrkamp Verlag in Zusammenarbeit mit Elisabeth Hauptmann, Bd. 18, Frankfurt/M. 1967, S. 95-96, hier S. 96.

99 | Bertolt Brecht: Über eine neue Dramatik, in: Ders.: Gesammelte Werke, Bd. 15, S. 169-176, hier S. 173.

Gomez de la Sernas' *Le cirque* darlegt, führen in dieselbe Richtung, wenn er schreibt:»Die Krisis des europäischen Theaters rückt alle außertheatralischen Formen des Schauspiels in neue Beleuchtung.« (III, 70) Indem Benjamin für seine Kindertheateridee auf die Revue, die aus»einzelnen Szenen« (IV, 802) besteht, auf außertheatralische Formen wie den Zirkus sowie auf das moderne Theater und hier vor allem auf das epische Theater Brechts zurückgreift, grenzt er sich auch in der Kindertheaterprogrammschrift vom bürgerlichen Theater entschieden ab:

Dagegen müssen wir mit aller Entschiedenheit feststellen, daß dieses Theater nichts gemein hat mit dem der heutigen Bourgeoisie. Das Theater der heutigen Bourgeoisie wird ökonomisch durch den Profit bestimmt; soziologisch ist es vor und hinter den Kulissen vor allem Instrument der Sensation. Anders das proletarische Kindertheater. (II, 764)

Die gleichbleibende Bewunderung, die Benjamin Brecht entgegenbrachte, bezog sich ebenso auf sein Bühnenwerk wie auf seine Essays, die manche seiner theoretischen Ansichten beeinflussen sollten. So nehmen Brechts *Versuche* und seine neue Theaterpraxis eine bevorzugte Stellung in Benjamins Betrachtungen zur Bühne der Gegenwart ein, was sich Müller-Schöll zufolge »aus der Vielzahl der impliziten Verweise speziell des ersten Brecht-Essays auf das Trauerspielbuch ableiten« lässt.[100] Indem Benjamin in seinem Text WAS IST DAS EPISCHE THEATER? ‹1› das epische Theater als ein in seinen wesentlichen Grundzügen verändertes Theater wahrnimmt, stellt er fest, dass die Bühne hier »Podium« geworden ist, auf dem es sich einzurichten gilt (II, 519). Vor dem Hintergrund der desaströsen Lage der Republik, deren sich Benjamin bewusst war, wirbt er für das neue Theatermodell Brechts, indem er es von bekannten Theaterformen absetzt, wozu auch das Agitproptheater gehört. Dieses von Benjamin definierte und kritisierte »›Zeittheater‹ in Gestalt politischer Theaterstücke«, befördere »gesellschaftlich nur das Einrücken proletarischer Massen in eben die Positionen«, die »der Theaterapparat für die bürgerlichen geschaffen« (ebd.) habe. Und er fährt fort: »Der Funktionszusammenhang zwischen Bühne und Publikum, Text und Aufführung, Regisseur und Schauspieler blieb fast unverändert. Von dem Versuch, sie grundlegend abzuändern, nimmt das epische Theater den Ausgang.« (II, 520)

Benjamins Parteinahme für Brechts Theorie des epischen Theaters ist vornehmlich in der Bezugnahme auf den gesellschaftlichen Umbruch sowie in den medientechnischen Neuerungen der Zeit begründet.[101] Wie Benjamins Überlegungen zu Text, Bühne, Schauspielern, Publikum und Kritik deutlich

---

100 | Nikolaus Müller-Schöll: Bertolt Brecht, S. 77.
101 | Ebd., S. 80.

machen, handelt es sich um ein Theater, das sich den Herausforderungen einer Gesellschaft im Klassenkampf stellt und dabei an der Veränderung und Neugestaltung des eigenen Betriebes arbeitet, damit fortan »die Proletarier Stammgäste« (II, 524) werden können. Zentral ist dabei, so Müller-Schöll, dass die Bezeichnung »episches Theater« »weniger ein positives Programm als vielmehr eine Wendung gegen jene Tradition« ausdrückt, »die in normativer Umwandlung der deskriptiven Gattungspoetik des Aristoteles Epos und Drama systematisch voneinander geschieden wissen wollte«.[102] Brechts Entwurf eines epischen Theaters bricht mit jeder gegebenen Definition und Institution. Das proletarische Kindertheater von Benjamin verortet sich präzise in diesem Kontext. Seine Impulse und Anregungen bezieht es, neben der Theaterarbeit von Lacis, aus dem epischen Theater, das den Funktionszusammenhang der wechselseitigen Abhängigkeitsverhältnisse zwischen Bühne und Publikum, Text und Aufführung, Regisseur und Schauspieler sowie Autor und Theater auflöst und in neue Konstellationen zueinander setzt.

Proletarisches Kindertheater vs. bürgerliches Kindertheater

Benjamin beschreibt die Anfänge des proletarischen Kindertheaters folgendermaßen:

So wie der erste Griff der Bolschewiki die rote Fahne erhob, so organisierte ihr erster Instinkt die Kinder. In dieser Organisation hat sich als Zentrum das proletarische Kindertheater, Grundmotiv der bolschewistischen Erziehung, entwickelt. (II, 764)

Mit Blick auf die Erfahrungen der Revolutionseuphorie vor dem Hintergrund des russischen Theateroktobers, die auch Lacis erfasste, als sie sich zur aktiven Revolutionärin erklärte, waren auch Benjamin die avantgardistischen Paradigmen bekannt, die die Emanzipierung von Kunst und Leben gefordert hatten. Der Ort dieser konstruktiven Verbindung war die Straße, die zur neuen ästhetischen wie politischen Kategorie avancierte. Aufgrund dessen waren die russischen Theatermodelle zugleich Modelle einer neuen Welt. Mit dem von Benjamin betonten »Griff der Bolschewiki« nach der roten Fahne war das Leben Neukonstruktion, was sich ebenso in der Aktualisierung der Theaterbühne niederschlug.[103] Daher sind Benjamins Überlegungen wohl auch auf sein Interesse am Theater Brechts zu beziehen, in dessen Nähe er seine Idee vom Kindertheater ansiedelt (ebd.).

Am Bewusstsein des aktuellen, revolutionären Zeitgeistes orientiert, nahm vor allem Lacis die Theatralia des Theateroktobers auf, um sie für das Kin-

---

102 | Ebd., S. 81.

103 | Elmar Buck (Hg.): Theateroktober. Russische Avantgarde 1917-1931, S. 14.

dertheater fruchtbar zu machen. In diesen Kontext gestellt, machen Benjamins Worte erkennbar, dass er unter dem Begriff der »bolschewistischen Erziehung« das Grundmotiv einer Erziehung versteht, die der Intention der ›proletarischen Pädagogik‹ anhängt, deren Zentrum das proletarische Kindertheater ist. Entsprechend kreisen seine Gedanken einer bolschewistischen Erziehung um das Interesse, das Lacis in Orel zur Kindertheaterarbeit bewogen hatte, sowie um die Beobachtungen, die er in Moskau in Bezug auf das von Spontaneität und Improvisation geprägte Straßenleben der Kinder gemacht hatte. Wie Benjamin versichert, gibt es »zu diesem Faktum« die »Gegenprobe« (ebd.):

Sie geht auf. Nichts gilt der Bourgeoisie für Kinder so gefährlich wie Theater. Das ist nicht nur ein restlicher Effekt des alten Bürgerschrecks, der kinderraubenden fahrenden Komödianten. Hier sträubt vielmehr sich das verängstete Bewußtsein, die stärkste Kraft der Zukunft in den Kindern durch das Theater aufgerufen zu sehen. Und dies Bewußtsein heißt die bürgerliche Pädagogik das Theater ächten. (II, 764f.)

Diese Bemerkung ist geeignet, im Namen des proletarischen Kindertheaters eine erste Revision auszulösen. So findet sich hier die Haltung des Bürgertums zitiert, theatrale Arbeit für Kinder eher abzuwehren, statt zu fördern, da die erzieherischen Implikationen von Moral und Disziplin dabei zu zerfallen drohen. Benjamin nimmt Bezug auf das Theater des aufgeklärten Bürgertums, das seine Kinder belehrt, wobei nach Schneider an erster Stelle »Schicklichkeit, Artigkeit, Gehorsam, Fleiß und Demut« als moralische Qualitäten herausgestellt werden.[104] Auch im Theater wird vom Kind erwartet, dass es sich den Regelungen und Ordnungsleistungen der Erwachsenenwelt unterordnet, statt seinem spontanen Spielbedürfnis nachgehen zu dürfen. Dahinter verbirgt sich eine Pädagogik, die ein rationalistisches Theoriemodell von Erziehung vertritt und unterstellt, dass sich das kindliche Bewusstsein in nichts von dem des Erwachsenen unterscheidet, was Benjamin in seiner Diskussion um Hoernle kritisiert hatte (III, 208). Jedoch ist das Kind, so Merleau-Ponty, entgegen dieser Annahme kein »Miniaturerwachsener«, dessen Bewusstsein dem des Erwachsenen vergleichbar wäre und das sich lediglich durch Unabgeschlossenheit und mangelnde Perfektion auszeichnen würde.[105] Vielmehr verfügt das Kind, wie Merleau-Ponty weiter ausführt, »über ein anderes Gleichgewicht, und es ist ratsam, das kindliche Bewußtsein als ein positives Phänomen zu betrachten«.[106] So ist die kindliche Rationalität nicht als bloße Vorstufe oder als Mangel, sondern als Ausdruck einer eigenen Lebensform anzusehen.[107] Benjamins

---

104 | Wolfgang Schneider: Zur Geschichte des Kindertheaters in Deutschland, S. 9ff.
105 | Maurice Merleau-Ponty: Keime der Vernunft, S. 161.
106 | Ebd.
107 | Ebd., S. 11.

Überlegungen treffen sich an dieser Stelle mit denen von Merleau-Ponty, denn auch für ihn sind Kinder nicht »als kleine Männer oder Frauen« anzusprechen (IV, 515), sondern »selbst als kleine Menschen« (ebd.), wie er in seinem Text ALTES SPIELZEUG schreibt.

Für die bürgerliche Erziehung, die sich gegenüber unruhigen und undisziplinierten Kindern verweigert, ist es jedoch undenkbar, den spontanen Ausdruck der Kinder im Spiel zuzulassen, weswegen sie das Theater für Kinder ablehnt. Aufs Engste mit dieser Auffassung verbunden ist die Abgrenzung des Spiels gegen alles, was nicht Spiel und nicht-menschlich sein soll, die auch von Johan Huizinga als zentrale These des *Homo Ludens* gefordert wird.[108] Diese Begriffsstrategie hat ihren Ursprung in der idealistischen Anthropologie des 18. Jahrhunderts, ausgehend von Rousseau und vor allem von Friedrich Schiller.[109] In den Konzepten, die das Spiel als Beitrag zur Menschwerdung darstellen, wird dieses als ein geschützter Raum für diejenigen menschlichen Fähigkeiten und Bestimmungsmerkmale postuliert, die als bedroht gelten. Von Schiller bis Huizinga ist dies die Sichtweise der Ästhetik, Pädagogik und Kulturtheorie auf das Spiel.[110]

Mit Zitaten von Salomon Friedlaender führt Benjamin eine andere Perspektive auf die Welt des Spiels und der spielenden Kinder ein, die »nichts Menschliches« verbirgt (ebd.). Benjamin beobachtet »die grausame, die groteske, die grimmige Seite im Kinderleben«, »das Despotische und Entmenschte an Kindern«, das gerade im Spiel auffällig wird und hier eine wichtige Rolle übernimmt, da die Kinder »auch über die Kehrseiten des Lebens« lachen, was gerade »die herrliche Ausdehnung der strahlenden Heiterkeit« ausmache (ebd.). Anders als an Rousseau orientierte Prämissen interessiert Benjamin das zerstörerische, aggressive Moment im Spiel der Kinder, das Künstler wie Joachim Ringelnatz und Paul Klee an Kindern erkannt haben. Insgesamt sind die Denk- und Arbeitsweisen avantgardistischer Schriftsteller und Künstler für Benjamin bedeutsam, wenn es darum geht, sein pädagogisches Denken, das er seinem Kindertheatermodell vorgestellt sehen möchte, zu entzünden und zu untermauern. Aus seiner Sicht inhäriert die neue Kunst die beiden Teile »Zerstörung und Aufbau« (II, 1111), aus denen der Großteil menschlicher Arbeit besteht, wie er mit Bezug auf Adolf Loos bemerkt. Die Wahrnehmung einer veränderten Ästhetik, die der sozialen und ökonomischen Situation der Zeit entspricht, scheint dem Bürgertum zu entgehen, dessen defizitäre Einstellung dem Kind gegenüber bis ins Theater dringt und dessen Hauptanliegen nicht den Kindern selbst, sondern politisch-wirtschaftlich motivierten Interessen gilt.

---

108 | Johan Huizinga: Homo Ludens. Vom Ursprung der Kultur im Spiel, Hamburg 1956.
109 | Gunter Gebauer/Christian Wulf: Spiel, Ritual, Geste. Mimetisches Handeln in der sozialen Welt, Hamburg 1998, S. 190.
110 | Ebd.

Benjamins Wissen um die zerstörerische, von Aggressionen begleitete Seite im Kinderleben bewegt ihn dazu, vom »verängstete[n] Bewußtsein«
der Bourgeoisie zu sprechen, »die stärkste Kraft der Zukunft in den Kindern
durch das Theater aufgerufen zu sehen« (II, 765). Während die bürgerliche
Pädagogik sich dieser Kraft mit Widerstand entgegenstemmt, liegt Benjamin
vielmehr daran, gerade der destruktiv-despotischen Kraft der Kinder als Ausdruck einer eigenen Spiel- und Lebensform im Kindertheater Raum zu geben,
wie Primavesi bemerkt: »Freizusetzen und zu fördern wäre diese Kraft als das
Potential einer aggressiven Zeichensetzung und -zerstörung, womit sich die
kindliche Selbstdarstellung rhythmisch strukturiert.«[111] Der rhythmisch verfasste, zerstörerische wie aufbauende Charakter, den Benjamin am kindlichen
Spiel wahrnimmt und von dem er in SPIELZEUG UND SPIELEN sagt, dass es
gerade jene »ursprünglichen Rhythmen« sind, an denen das Kind im Spiel mit
Unbelebtem auf experimentelle Weise seiner selbst habhaft wird (III, 131), ist es
auch, der der spielerischen Aktion eine eigentümlich gerahmte und zeitliche
Dimension unterlegt. So tritt das Spiel des Kindes weniger im Kontinuum
von Raum und Zeit als vielmehr in diskontinuierlichen Schüben in Form von
Spielphasen auf, die seine Erfahrungsweise kennzeichnen.

Dies setzt allerdings ein Verständnis von Pädagogik voraus, das das Kind,
ähnlich wie Merleau-Ponty, als »quodammodo omnia« begreift, da man in ihm
alle nur möglichen Formationen vorgezeichnet oder angedeutet findet.[112] Im
Gegensatz zu Piaget, der die kindliche Rationalität als bloße Vorstufe einer Erwachsenenvernunft begreift, zieht Merleau-Ponty eine »stolpernde[n] Logik«[113]
in Betracht, die nach Waldenfels Einzelphasen nicht mehr als Fort- oder Rückschritt an einem Entwicklungsziel bemisst, sondern einräumt, dass »Verlust
und Verarmung an Möglichkeiten die Kehrseite jedes Zuwachses an Möglichkeiten bilden«.[114] So tritt nach Merleau-Ponty niemals etwas völlig Neuartiges
auf: »Es bekunden sich vielmehr Antizipationen, Regressionen und das Fortbestehen archaischer Elemente in neuen Formen.«[115] »Das Kind bestimmt sich

---

111 | Patrick Primavesi: Kommentar, Übersetzung, Theater in Walter Benjamins frühen
Schriften, S. 351.

112 | Maurice Merleau-Ponty: Keime der Vernunft, S. 11f. u. 170.

113 | Ebd., S. 98.

114 | Bernhard Waldenfels: Idiome des Denkens, S. 96.

115 | Maurice Merleau-Ponty: Keime der Vernunft, S. 34. An anderer Stelle schreibt
Merleau-Ponty: »[...] der Übertritt von der Kindheit ins Erwachsenenalter bedeutet nämlich nicht nur den Übergang von Unkenntnis zum Wissen, sondern ebenfalls den Übergang von einem Stadium der Polymorphie, das alle Möglichkeiten enthielte, zu einer geläuterten, bestimmteren, aber auch ärmeren Sprache. [...] Eine solche Entwicklung lebt
von *Vorwegnahmen* und *Rückgriffen*, von *Vordeutungen* und *Rückdeutungen*, die jeden
Reifungsprozess sprengen und jeder Normalisierung Grenzen setzen.« Ebd., S. 71 u. 11.

durch einen Vorsprung, den es mit den Mitteln der augenblicklichen Gegenwart ergreift«, denn das »Kind lebt in der Zukunft«, wie Merleau-Ponty sagt.[116] Diesem Bewusstsein nahestehend, ermöglicht auch das Spiel im Kindertheater von Benjamin die rhythmisch strukturierte Selbstdarstellung des Kindes, da die kindliche Entwicklung, wie die Sprach- und allgemeine Geschichtsentwicklung, eher einer prälogischen Ordnung folgt, deren Ausgang nicht sicher ist. Auch die Psychoanalyse des Kindes hebt gleichzeitig die mögliche Antizipation und Regression hervor. So macht Melanie Klein in ihren frühen Schriften darauf aufmerksam, dass sich neben den zerstörerischen Triebregungen im Spiel auch konstruktive Strebungen finden.[117] Indem Benjamin das aggressive sowie restitutive Potential des Kindes, das den beiden aufeinander bezogenen Momenten von destruktiven und konstruktiven Strebungen geschuldet ist, ernst nimmt, installiert er dem Kindertheater eine Konzeption von Pädagogik, die die bürgerliche, reformpädagogische Erziehungstheorie mit ihren intellektualistischen wie empiristischen Einschlägen widerruft. Indessen liegen seine Überlegungen nicht fern der Psychoanalyse bzw. Kinderanalyse und den neueren Betrachtungsweisen, wie sie von der pädagogischen Phänomenologie vertreten werden, die die Lebenswelten von Kindern unter den Aspekten der Phänomene des Leibes, des Milieus und der Sprache analysiert. Mit der Beachtung und Anerkennung des Verhältnisses zwischen der besonderen Wahrnehmungs- und Erfahrungsweise des Kindes und seiner sozialen Lebensweise nimmt Benjamin die eigentümliche Eigenart der rhythmisch verfassten Entwicklungsphasen des Kindes, wo eine Serie diskontinuierlicher Fortschritte den Ablauf bestimmt, in sein Programm mit auf. Für das proletarische Kindertheater bedeutet dies, dass dem Kind im Spiel mit anderen Kindern und Dingen alle Möglichkeiten der Ausdruckserscheinungen eingeräumt werden, die ihm eingeschrieben sind.

---

116 | Ebd., S. 324.

117 | »Spielanalysen zeigen, daß das Kind, sobald seine aggressiven Triebe ihre stärkste Ausprägung erreichen, nie müde wird, alle möglichen Dinge wie Papier, Streichhölzer, kleine Spielzeuge, die allesamt seine Eltern und Brüder und Schwestern sowie den Körper und die Brüste der Mutter repräsentieren, zu zerreißen und zu zerschneiden und zu zerbrechen, in Wasser zu ertränken und zu verbrennen; sie zeigen auch, daß diese Zerstörungswut unvermittelt mit Anfällen von Angst und Schuldgefühlen abwechselt. Wenn sich aber die Angst im Laufe der Analyse allmählich verringert, treten nach und nach konstruktive Strebungen in den Vordergrund. Der kleine Junge zum Beispiel, der bisher nichts anderes getan hat, als Holzstücke zu zerspalten, wird nun versuchen, aus jenen Stückchen einen Stift zu basteln.« Melanie Klein: Gesammelte Schriften, hg. von Ruth Cycon unter Mitarbeit von Hermann Erb, übers. von Elisabeth Vorspohl, Bd. I/2, Stuttgart/Bad Cannstadt 1996, S. 16.

Spiel(en) und Wirklichkeit

Benjamins Kindertheaterprogramm überschreitet die Grenzen der »bürgerliche[n] Pädagogik« (II, 765), die das Theater für Kinder »ächtet«, indem es
das kindliche theatrale Spiel von der menschlichen Kulturwelt nicht getrennt
betrachtet, sondern die für das Kind originär bestehende Überkreuzung von
Wirklichkeit und Spiel berücksichtigt, was den Vorstellungen über das Kindertheater bei den Fürsprechern einer bürgerlichen Pädagogik offenbar zuwi-
derläuft. Er schreibt:

> Wie würde sie [die bürgerliche Pädagogik, K.B.] erst reagieren, wo das Feuer – in wel-
> chem Wirklichkeit und Spiel für Kinder sich verschmelzen, so eins werden, daß gespiel-
> te Leiden in echte, gespielte Prügel in wirkliche übergehen können – aus der Nähe ihr
> spürbar wird. (Ebd.)

In Benjamins Kindertheater finden zwei Momente zusammen: Das theatrale
Spiel der Kinder ist hier unablösbar mit der Wirklichkeit verbunden, weswegen
auch nicht mehr zwischen gespieltem und wirklichem Leiden unterschieden
werden kann. Doch was haben wir genauer noch unter dem »Feuer« zu verstehen, in welchem, wie Benjamin formuliert, »Wirklichkeit und Spiel für Kinder
sich verschmelzen«? Wie können Wirklichkeit und Spiel im Kindertheater als
aufeinander bezogen oder, wie die Metapher des Feuers andeutet, als ineinander übergehend zu denken sein? Eine erste Annäherung an diese Frage, die
Benjamin in der Kindertheaterschrift nur indirekt beantwortet, findet sich
etwa in seinen Reflexionen zur KULTURGESCHICHTE DES SPIELZEUGS (III, 113-
117) von 1928. Diese weisen in die Richtung, Wirklichkeit und Spiel in enger
Verschränktheit miteinander zu denken, wenn er dort vermerkt: »Ist doch das
Kind kein Robinson, sind doch auch Kinder keine abgesonderte Gemeinschaft,
sondern ein Teil des Volkes und der Klasse, aus der sie kommen.« (III, 117)
Eine künstliche Trennung der beiden Bereiche, die etwa Rousseau vorgenom-
men hatte, hat keinen Platz im Denken von Benjamin. Sein Interesse an der
Kindheitsthematik zeigt vielmehr, dass die kindliche Welt und die Erwachsenenwelt von vornherein miteinander verklammert sind, bis hin zu einem
Punkt der Ununterscheidbarkeit, den ein Autor wie Proust zum Angelpunkt
seiner *Recherche* macht, an der Benjamin die Verflechtung von Kinder- und Erwachsenenwelt beobachten konnte.[118] Was nun das kindliche Spiel mit seinem
Wirklichkeitsbezug anbetrifft, verortet es sich präzise in dieser Sphäre der Ununterscheidbarkeit, die Benjamin hervorhebt, wenn er festhält:

---

118 | Giulio Schiavoni: Zum Kinde, S. 374. Vgl. hierzu: Marcel Proust: A la recherche du
temps perdu (Pléiade) 3 Bde., Paris 1954 – Dt.: Auf der Suche nach der verlorenen Zeit,
übers. von E. Rechel-Mertens. 7 Bde., Frankfurt/M. 1953-1957.

Wie nämlich die Merkwelt des Kindes überall von Spuren der älteren Generation durchzogen ist und mit ihnen sich auseinandersetzt, so auch in seinen Spielen. Unmöglich, sie in einem Phantasiebereiche, im Feenland einer reinen Kindheit oder Kunst zu konstruieren. (III, 128)

Dass jede menschliche Beziehung ausstrahlt und auf ihre Umgebung übergreift, wie Merleau-Ponty sagt, ist freilich auch Benjamin gegenwärtig.[119] Dies gilt nicht nur für den Erwachsenen und für sein Verhältnis zum Kind, sondern auch für das Kind selbst.[120] So erklärt sich auch, dass die kindliche »Merkwelt«, von der speziell Benjamins Betrachtung ausgeht, »überall von Spuren der älteren Generation durchzogen ist«, was sich »auch in seinen Spielen« niederschlägt. Denn zu der »Merkwelt des Kindes« gehören, neben den nahen Bezugspersonen, Materialien aller Art, Möbel, Einrichtungs- und Gebrauchsgegenstände, Kleidung, Werkzeuge, Dinge und Naturdinge, die sich ihm sämtlich in seiner Umgebungswelt bieten und die es bei seinem Spiel zum Spielzeug macht, was seine enge Verbindung mit der ihm vertrauten Umgebung fassbar macht. Derartig überkreuzen sich Spiel und Wirklichkeit und bilden nach Stieve über die Dinge »einen Zwischenraum zwischen dem eigenen Ich und der Welt, zwischen innen und außen«.[121] Eigens an der Spielweise von Kindern lässt sich beobachten, dass sie keine Grenze ziehen zwischen einer eigenen und einer fremden Welt der Erwachsenen. Auch von daher sind Benjamins Überlegungen im Zusammenhang mit dem kindlichen Erleben und Verhalten zu sehen, das durch einen »Polymorphismus« sowie »Synkretismus« gekennzeichnet ist und mit einer vorzeitigen Reifung einhergeht, weswegen Merleau-Ponty sagt: »Das Kind führt bereits von Anfang an ein kulturelles Leben. Es tritt sehr früh in eine Beziehung mit Gleichaltrigen ein und bezeugt ein Interesse für alle komplexen Phänomene seiner Umgebung.«[122] Untermauern lässt sich dies mit Blick auf Winnicotts Theorie des Spielens, die den Spielbereich explizit zur Übergangssphäre im Sinne eines »intermediären Spielplatz[es]«[123] erklärt, die die Verbindung zwischen der inneren und äußeren Welt des Kindes herstellt.

Wie vorher erwähnt, ist die Bedeutung des Spielens im Denken von Winnicott eng mit dem Thema der Übergangsphänomene und -objekte verknüpft. Winnicott beobachtete, Käte Meyer-Drawe und Waldenfels zufolge, »daß sich die Kommunikation zwischen Erwachsenen und Kindern nicht frontal,

---

119 | Maurice Merleau-Ponty: Keime der Vernunft, S. 12.

120 | Ebd.

121 | Claus Stieve: Von den Dingen lernen, S. 26.

122 | Maurice Merleau-Ponty: Keime der Vernunft, S. 402.

123 | Donald W. Winnicott: Vom Spiel zur Kreativität, S. 59.

face-to-face, ereignet, sondern immer den Weg über die Dinge nimmt«.[124] Entscheidend ist dabei, dass nicht das Objekt als solches einen Übergang darstellt, sondern es sich so verhält, dass das Objekt den Übergang des Kindes aus einer Phase der engsten Verbundenheit mit der Mutter in eine andere repräsentiert, in der es mit der Mutter als einem Phänomen außerhalb seines Selbst in Beziehung steht.[125] Diese Übergangsobjekte, wie zum Beispiel der Lieblingsteddybär oder die Schmusedecke, haben zwar ihre eigene Realität, gehören aber noch nicht ganz zur Außenwelt im Sinne eines Nicht-Ich. Weil Übergangsobjekte nicht phantasiert, sondern real sind, kann man sie auch nicht der Innensphäre zuschlagen. Vielmehr handelt es sich um Objekte im Übergang, die die ursprüngliche Symbiose von Kind, Mit- und Umwelt bewahren und zugleich mit Bruchlinien durchziehen.[126]

Winnicott setzte sich mit der Tiefendynamik bei der Herausbildung eines dauerhaft Gegenständlichen in der kindlichen Welt auseinander, weswegen seine Ausführungen die komplexen, vorsprachlich erlebten Zusammenhänge erhellen können, die auch für das Spiel des Kindes bestimmend sind. Folgen wir der Annahme, dass die Dinge für das kleine Kind noch Teil einer ungeschiedenen Welt sind und weder eine eigene Realität noch Intentionalität besitzen, ist dies darauf zurückzuführen, dass das Kleinkind sie beliebig verschwinden und wiederauftauchen lassen kann, indem es beispielsweise die Augen öffnet und wieder schließt, wie Jürgen Seewald bemerkt.[127] In den neuen Umgangsformen des Greifens und Hantierens zeigen die Gegenstände jedoch ihre »*Widerständigkeit*«, die nach Winnicott im Kontext mit den stark affektiv aufgeladenen Einverleibungswünschen des Kleinkindes einhergehen.[128] Es handelt sich dabei um einen destruktiven Angriff des Kleinkindes auf das Objekt, das diese Attacke jedoch übersteht.[129] In gewisser Weise zerstört das Kleinkind das

---

124 | Käte Meyer-Drawe/Bernhard Waldenfels: Das Kind als Fremder, in: Vierteljahrsschrift für wissenschaftliche Pädagogik, Heft 1/1988, S. 271-287, hier S. 281.

125 | »Der Spielbereich ist nicht Teil der intrapsychischen Realität. Er liegt außerhalb des Individuums, ist aber auch nicht Teil der äußeren Welt. In diesem Spielbereich bezieht das Kind Objekte und Phänomene aus der äußeren Realität ein und verwendet sie für Vorstellungen aus der inneren, persönlichen Realität. Das Kind lebt mit bestimmten, aus dem Inneren stammenden Traumpotentialen in einer selbst gewählten Szenerie von Fragmenten aus der äußeren Realität [...].« Donald W. Winnicott: Vom Spiel zur Kreativität, S. 63.

126 | Käte Meyer-Drawe/Bernhard Waldenfels: Das Kind als Fremder, S. 281.

127 | Jürgen Seewald: Leib und Symbol. Ein sinnverstehender Zugang zur kindlichen Entwicklung, München 2000, S. 330.

128 | Ebd.

129 | Donald W. Winnicott: Vom Spiel zur Kreativität, S. 105.

Objekt, weil es, Alexander Gurwitsch zufolge,[130] die primäre Ausdruckswelt »dekomponiert«.[131] Dies führt dazu, dass das hantierbare, ebenso in der Phantasie fortlebende Objekt vom Kleinkind als eigenständiges Gegenüber anerkannt wird, was die Objektbeziehung oder den Objektgebrauch erst möglich macht.[132] Daher konstituiert sich das Objekt für Winnicott als ein »kreativer Prozeß von phantasmatischer ›Zerstörung‹ und anschließender ›Auferstehung‹«, bemerkt Seewald.[133]

Die gleiche Problematik zeigt sich in Bezug auf die lebenden Objekte als noch komplexer. So wird in Zeiten hoher Spannung in der Mutter-Kind-Beziehung auch die Mutter zur »Objekt-Mutter« und »zur Zielscheibe für erregtes Erleben«, wobei das Objekt bedenkenlos benutzt wird; dagegen erscheint die Mutter in Phasen geringer Spannung als bergender und schützender Teil der guten Umwelt, weshalb sie von Winnicott »Umwelt-Mutter« genannt wird.[134] Das Dilemma für das Kind besteht nun darin, die beiden Muttererfahrungen, genauer: die Zweieinheit, das Verlassenwerden durch die Mutter und die anschließende Wiedervereinigung mit ihr, zu vereinbaren.[135] Da die Verarbeitung der Erfahrungen in dieser ambivalenten Situation für das Kind schwierig ist und Zeit benötigt, führen sie im Resultat zu dem Wunsch nach Wiedergutmachung, was sich darin äußert, dass das Kind der »Umwelt-Mutter« Geschenke macht.[136] Winnicott schließt daraus, dass der nehmende Modus aus sich heraus und bei entsprechender sozialer Umwelt die Fähigkeit, zu geben und zu schenken, hervorbringt. Auf diese Weise leistet das Kind eine Integration seiner Situationserfahrungen mit beiden Mutterrollen. Diese Integration ist, so Seewald, »ein schöpferischer Akt der Hervorbringung und keineswegs nur ein assoziatives Verknüpfen von Erinnerungsspuren«,[137] was eine wesentliche Grundlage für die spielerische Auseinandersetzung des Kindes mit seiner Wirklichkeit darstellt.

---

130 | Alexander Gurwitsch: Die mitmenschlichen Begegnungen in der Milieuwelt, hg. und eingel. von Alexandre Métraux, Berlin/New York 1977, S. 88.

131 | »Die Dekomposition einer expressiven Welt voller rivalisierender Dinge differenziert die symbiotische Verwicklung von Kind und Welt und ermöglicht in der Destruktion die Konstruktion einer Beziehung zu den Dingen als Nicht-Bewußtsein, als Nicht-Ich.« Käte Meyer-Drawe/Bernhard Waldenfels: Das Kind als Fremder, S. 281.

132 | Jürgen Seewald: Leib und Symbol, S. 331.

133 | Ebd.

134 | Donald W. Winnicott: Reifungsprozesse und fördernde Umwelt, übers. von Gudrun Theusner-Stampa. Frankfurt/M. 2001, S. 96f.

135 | Ebd.

136 | Ebd., S. 98.

137 | Jürgen Seewald: Leib und Symbol, S. 333.

Die kinderanalytische Betrachtungsweise von Winnicott zeigt gewisse Übereinstimmungen mit Überlegungen zur Weltauffassung des Kindes im Denken von Merleau-Ponty. Im Zusammenhang mit dem Nachahmungsproblem geht dieser, unter Berufung auf Paul Guillaume und entgegen der klassischen Konzeption, davon aus, dass das Kind vollständig auf den Anderen und auf die Dinge gerichtet ist und mit ihnen verschmilzt.[138] Analog zu Winnicott macht nun auch Merleau-Ponty einen mittleren Bereich zwischen dem Kind und seiner Umgebungswelt aus, der gerade durch die Dingwelt bestimmt ist. In dieser Perspektive ist, so Merleau-Ponty, »das dritte Glied zwischen dem Anderen und mir die Außenwelt der Dinge, auf die sich das Tun des Anderen sowie das meinige beziehen«, was bedeutet: »[...] wir verfügen zuerst nicht über ein Bewußtsein unseres Leibes, sondern der Dinge. Es besteht gleichsam eine Unkenntnis hinsichtlich der Handlungsmodalitäten, und dennoch bewegt sich der Leib hin zu den Dingen.«[139] Nachahmen heißt für Merleau-Ponty folglich nicht, »etwas tun, wie der Andere es tut, sondern zum selben Ergebnis gelangen«.[140] Für das Kind bedeutet dies, dass es mithilfe seiner eigenen Mittel zunächst das Ergebnis der Handlung nachahmt und es ihm dadurch gelingt, dieselben Bewegungen wie das Vorbild zu vollführen, statt, wie es die klassische Psychologie nahelegen möchte, bis zu den motorischen und muskulären Ursachen einer fremden Gebärde zurückzugehen und anschließend diese Bedingungen und Umstände zu wiederholen.[141] Vielmehr wird der Andere in der Nachahmung zunächst nicht als Körper betrachtet, sondern als Verhalten.[142] So nimmt in Wirklichkeit der Andere beim Kind den hauptsächlichen

---

138 | »Tatsächlich stellen das Ich und der Andere zwei Wesen dar, die das Kind erst in späterer Zeit voneinander trennt. Zunächst beginnt es mit einer totalen Identifizierung mit dem Anderen.« Maurice Merleau-Ponty: Keime der Vernunft, S. 50. Vgl. Paul Guillaume: L'imitation chez l'enfant, Paris 1969, S. 82ff.

139 | Ebd., S. 47. Diese Auffassung steht der von Piaget diametral entgegen. Piaget hebt am Spiel fast ausschließlich die subjektivierenden Prozesse des Kindes hervor, die egozentrischen Aktivitäten. Er übersieht dabei, dass das Kind auf seine Weise etwas für sich macht, was es bei anderen schon kennengelernt hat. Dieser Aspekt wird im Werk von Henri Wallon besonders hervorgehoben, den Merleau-Ponty für seine Überlegungen heranzieht.

140 | Ebd.

141 | Ebd., S. 45.

142 | »Die Wahrnehmung eines *Verhaltens* im Anderen und die Wahrnehmung des Eigenleibes durch ein umfassendes *Körperschema* bilden die beiden Seiten einer einzigen Organisation, welche die Identifizierung von Ich und Anderem bewerkstelligt.« Ebd., S. 49f. Das Konzept des Körperschemas entwickelte Paul Schilder: Das Körperschema, Berlin 1923. Dies gilt auch in der Anwendung auf die Sprache. Nachahmung bedeutet hier, sich durch die eigenen Mittel auf das Ziel bzw. auf das gehörte Wort zu richten:

Platz ein, und das Kind betrachtet sich selbst lediglich als einen »›anderen Anderen‹«; »der Mittelpunkt seines Interesses ist der Andere«, wie Merleau-Ponty
bemerkt.[143] Daher existiert beim Kind kein Bewusstsein eines einzigartigen
und unvergleichlichen Ichs: »Für das Kind ist der Andere wesentlich als der
Spiegel seiner selbst, woran sein Ich gefesselt ist.«[144]

Demgemäß berühren die Überlegungen von einer indifferenten, polymorph
und synkretistisch geprägten Weltauffassung des Kindes, die sein Spiel untrennbar mit der Wirklichkeit verschmelzen lässt, worauf Benjamin insistiert,
auch die Ich-Entwicklungsphase, in der sich sein ›Körperschema‹ bzw. die Vorstellung, die es vom eigenen Körper hat, entwickelt und die nicht angeboren
ist, sondern erlernt wird.[145] Daher definiert die Kinderanalytikerin Françoise
Dolto das Körperschema im Unterschied zum Körperbild als »das fleischliche
Leben, das in Kontakt mit der physischen Welt ist«.[146] Hierbei beruft sie sich
auf Jacques Lacan, der in seinem Essay über das Spiegelstadium zeigt, wie das
Ich sich erstmals im Spiegel entdeckt.[147] Dabei weist er, Jean Laplanche zufolge,
darauf hin, dass in der beginnenden Konstituierungsphase des menschlichen
Subjekts, im Zeitraum von sechs bis achtzehn Monaten, eine gewisse Zerstü-
ckelung des Körpers auftritt, die sich noch in Träumen bemerkbar macht.[148] Die
Phantasie des zerstückelten Körpers wird im Spiegelbild, das heißt in der kon-

---

»Das Kind ahmt nach, wie es zeichnet: nicht indem es dem Modell im einzelnen folgt,
sondern indem es sich auf ein Gesamtresultat bezieht.« Ebd., S. 49.

143 | Merleau-Ponty: Keime der Vernunft, S. 51.

144 | Ebd.

145 | Bernhard Waldenfels: Das leibliche Selbst, S. 121.

146 | Françoise Dolto: Das unbewußte Bild des Körpers, Weinheim/Berlin 1987, S. 16.
Es ist darauf hinzuweisen, dass das ›Körperschema‹ nicht mit dem ›Körperbild‹ ver-
wechselt werden darf. Beispielsweise besitzt ein Kind, das ohne Arme und Beine geboren wurde, ein behindertes Körperschema, indessen kann sein Körperbild gesund und
seine zwischenmenschliche Ausdrucksweise ebenso vollständig und befriedigend sein
wie bei einem nicht behinderten Individuum. Ebd., S. 17f.

147 | »Man kann das Spiegelstadium als eine *Identifikation* verstehen im vollen Sinne,
den die Psychoanalyse diesem Terminus gibt: als eine beim Subjekt durch die Aufnahme
eines Bildes ausgelöste Verwandlung.« Jacques Lacan: Das Spiegelstadium als Bildner
der Ichfunktion, in: Ders.: Schriften I, Weinheim/Berlin 1973, S. 61-70, hier S. 64.

148 | »[...] das Kind, das sich noch in einem Zustand der Ohnmacht und der unkoordi-
nierten Motorik befindet, antizipiert imaginär das Ergreifen und die Beherrschung der
Einheit seines Körpers. Diese imaginäre Vereinheitlichung geschieht durch Identifizierung mit dem Bild des Ähnlichen als einer totalen Gestalt; die Identifizierung geschieht
und aktualisiert sich in der konkreten Erfahrung, bei der das Kind sein eigenes Bild im
Spiegel wahrnimmt.« Jean Laplanche/J.-B. Pontalis (Hg.): Das Vokabular der Psychoanalyse, Frankfurt/M. 1973, S. 474.

kreten Erfahrung, bei der das Kind sein eigenes Bild im Spiegel wahrnimmt, erstmals zu einer gewissen Einheit gebracht, die immer auch von einem Phantasma, von einer Vorstellung begleitet ist, die etwas Künstliches enthält.[149] Das Kind sieht sich im Außen, ohne den Unterschied von Abbild und sich selbst als Abgebildetem zu bemerken.[150] Das freudige Begrüßen des eigenen Spiegelbildes, das von Lacan »Jubelreaktion« genannt worden ist,[151] wird auch vor dem Hintergrund der Zweieinheit mit der Mutter interpretierbar.[152] Die jubilatorische Aufnahme seines Spiegelbildes impliziert nunmehr die neu gewonnene Macht, sich zu bewegen und Akteur zu sein, lautet doch die Botschaft des Spiegels: »[...] ich kann auf magische Weise bewirken, dass sich etwas genauso bewegt wie ich«, wie Seewald schreibt. Dabei wird dieses »etwas«« seiner Ansicht nach noch nicht als getrennte Person wahrgenommen, nur die Gleichheit der »inneren«« Bewegungserfahrung mit dem »äußeren«« Bild wird mithilfe des Spiegels vom Kind bereits bemerkt, was ein Hochgefühl des »ich kann«« und »ich bewirke«« hervorruft.[153] Dadurch erlangt das Kind plötzlich die Fähigkeit, der Betrachter seiner selbst zu sein.[154] Wenn also auch Benjamin im Kindertheatertext weniger von der »Nachahmung«[155] als vom »Feuer« spricht, »in welchem Wirklichkeit und Spiel sich verschmelzen«, und hier von einer Sphäre der Ununterscheidbarkeit ausgeht, betrifft dies nicht nur die Ding- und Merkwelt, mit der das Kind umgeben ist, und den Anderen, sondern auch das Kind selbst, das sich als Teilstück der Wirklichkeit begreift.

Spiel(en) und Mimesis

Signifikant für Benjamin ist der Denkansatz, dass das Kind eine innige Gemeinschaft mit den Dingen unterhält, die es *in* und *mit* der Wirklichkeit ver-

---

149 | Bernhard Waldenfels: Das leibliche Selbst, S. 121.

150 | Das Spiegelbild verschafft dem Kind ein Gegenüber; es ist konstitutiv für seine Raumerfahrung. Ohne dieses wäre es verloren in der Unstrukturiertheit, sogar Unendlichkeit. Peter Widmer: Metamorphosen des Signifikanten. Zur Bedeutung des Körperbilds für die Realität des Subjekts, Bielefeld 2006, S. 28 u. 29.

151 | Jacques Lacan: Das Spiegelstadium als Bildner der Ichfunktion, S. 64.

152 | Jürgen Seewald: Leib und Symbol, S. 335. Der Spiegel befördert in diesem Alter noch keine Entzweiungserfahrung, vielmehr belebt er die Symbiose als phantasmatische Zweieinheit ebenso wie die Freude über die motorische Potenz.

153 | Ebd., S. 337.

154 | »Es ist nicht mehr nur ein gefühltes Ich, sondern ein Schauspiel. Es ist, was ein anderer betrachten kann.« Maurice Merleau-Ponty: Keime der Vernunft, S. 323.

155 | Benjamin bemängelt in seiner Rezension SPIELZEUG UND SPIELEN, dass »das Spielen [...] noch immer allzu sehr vom Erwachsenen her, allzu ausschließlich unter dem Gesichtspunkt der Nachahmung angesehen wird« (III, 130).

ankern. Gerade die »in der Kindheit statthabende Ankettung des Ich an die Dinge«, die im Gedächtnis festgehalten wird, markiert nach Michael Bröcker einen Zustand des Gefesseltseins von Anderem und Anderen, die der symbiotischen Verwicklung des Kindes mit seiner Umgebungswelt geschuldet ist.[156] Dies steht nach Gess in engem Zusammenhang mit Benjamins Interesse für die außereuropäischen Natur- und/oder Urvölker, die in den Human- und Geisteswissenschaften und in den Künsten des frühen 20. Jahrhunderts eine bedeutsame Rolle spielten.[157] Dies gelte, so führt Gess näher aus, vor allem für die Konstruktion eines »»anderen‹ (wahlweise als magisch, mythisch, mystisch, aber auch prälogisch, phantastisch oder egozentrisch bezeichneten) Denkens«, das den »»Primitiven‹ und in der Folge auch den Kindern, dem Unbewussten und seinen Spielfeldern (z.B. dem Traum) sowie dem psychisch Gestörten« zugeschrieben wurde.[158]

Benjamin zieht zahlreiche Verbindungslinien zwischen dem Kind und dem Primitiven, die sich beispielsweise in seiner Auseinandersetzung mit der Theorie des Spieltheoretikers Groos äußern, der den Illusionismus des spielenden Kindes zwischen der mythologischen Auffassung des Primitiven, für den die Imagination Wirklichkeit ist, und der ästhetischen Personifikation des erwachsenen Kulturmenschen, der Imagination und Wirklichkeit voneinander trennen kann, verortet.[159] So basiert das Kinderspiel bei Groos nach Gess »einerseits auf dem Glauben an die Wirklichkeit, die das Denken im Bann der Partizipation erschafft, zugleich trägt es aber auch schon den Keim der Entzauberung dieser Wirklichkeit in sich«, wie noch darzulegen ist.[160]

Enge Korrespondenzen, die die Beziehung zwischen dem Kind und dem Primitiven beleuchten, ergeben sich auch vor dem Hintergrund der von Benjamin verfassten sprachtheoretischen Aufsätze zur Mimesistheorie. Benjamin bestimmt Mimesis »als Urphänomen aller künstlerischen Betätigung« (VII, 666); sie ist magischen Ursprungs und findet ihre erste Grundlegung im Ritual.[161] Für Benjamin ist ihre leibliche Verankerung entscheidend, denn »der Leib ist die zentrale Instanz des Magischen« (VII, 676), weswegen auch »die magische Beschwörung einer Sache und das Nachspielen einer Sache noch nicht getrennt« sind, wie Lindner bemerkt.[162] Neben Bezügen zu Konzepten

---

156 | Michael Bröcker: Benjamins Versuch »Über das mimetische Vermögen«, in: Klaus Garber/Ludger Rehm (Hg.): global benjamin. Bd. 1, S. 272-281, hier S. 274.

157 | Nicola Gess: Walter Benjamin und »die Primitiven«, S. 31.

158 | Ebd.

159 | Ebd., S. 33. Vgl. Karl Groos: das Seelenleben des Kindes, Berlin 1904.

160 | Ebd.

161 | Burkhardt Lindner: »Das Kunstwerk im Zeitalter seiner technischen Reproduzierbarkeit«, S. 248.

162 | Ebd., S. 248f.

Ernst Cassirers und Piagets knüpfen Benjamins Überlegungen dabei an jene Partizipationskonzepte an, die zur gleichen Zeit in der Ethnologie und Psychologie diskutiert werden. So geht sein Aufsatz PROBLEME DER SPRACHSOZIOLOGIE (III, 452-480) von 1935 im Anschluss an Lucien Lévy-Bruhl Gess zufolge davon aus, dass das Denken der Primitiven dem Gesetz der »participation mystique« folgt, womit »der Glaube an sinnlich nicht wahrnehmbare und dennoch wirkliche Kräfte« gemeint ist.[163] Dabei beschäftigt Benjamin die Relevanz der Denkfigur der Partizipation nicht in Hinsicht einer Wiederbelebung, vielmehr geht es ihm um eine kritische Reflexion und dialektische Wendung des partizipativen Denkens, weswegen nicht der sogenannte Primitive, sondern das Kind in seiner Verwandtschaft, aber auch in seinen Differenzen zum Primitiven eine herausragende Rolle spielt.[164] Daher stellt er in der LEHRE VOM ÄHNLICHEN (II, 204-210) von 1933 im Zusammenhang seiner neuen Theorie der Sprache, die er »bei Studien der ersten Stücke der ›Berliner Kindheit‹ fixiert« (4, 163), eine Entsprechung zwischen dem Kinderspiel als der ontogenetischen Schule des »mimetischen Vermögens« und der Phylogenese des Menschen her, die durch dieses Vermögen geprägt sei (II, 210).[165] Benjamins Hypothese lautet, so Bröcker, dass »im Hinblick auf die Ausbildung des mimetischen Vermögens die Entwicklung des Individuums parallel zu der der Gattung verläuft und diese wiederholt«.[166] In Benjamins Sichtweise hat das mimetische Vermögen des Menschen, wie er in der Schrift ÜBER DAS MIMETISCHE VERMÖGEN (II, 210-213) aus dem gleichen Jahr schreibt, im Kinderspiel »in vielem seine Schule«: »Das Kinderspiel ist überall durchzogen von mimetischen Verhaltungsweisen; und ihr Bereich ist keineswegs auf das beschränkt, was wohl ein Mensch dem anderen nachmacht.« (II, 210) Dem von mimetischen Verhaltensweisen durchwirkten Spiel des Kindes treten die alten Völker an die Seite, deren Welt nach Benjamin voll mit »magischen Korrespondenzen« (II, 211) war. Das für das Leben der Alten charakteristische mimetische Genie zeichnet sich dabei durch »die höchste Fähigkeit« aus, »unsinnliche Ähnlichkeiten« (ebd.) hervorzubringen, die der »participation mystique« im Denken der Primitiven auf bestimmte Weise entspricht. Derart stimmt dieses ›andere‹ Denken auch mit dem Partizipationsvermögen des Kindes überein, das in seinem Universum gegebene, natürliche Korrespondenzen wahrnimmt.

Das Kind steht, wie die Menschen der Vorzeit, wie Benjamin schreibt, unter dem »ehemals gewaltigen Zwang[es], ähnlich zu werden und sich zu ver-

---

163 | Nicola Gess: Walter Benjamin und »die Primitiven«, S. 35.

164 | Ebd.

165 | Nach Palmier nimmt das »mimetische Vermögen« in der Reformulierung der Thesen in Benjamins Theorie der Mimesis den Platz ein, den in seinem Essay von 1916 die »adamitische Namensgebung« innehatte. Jean-Michel Palmier: Walter Benjamin, S. 662.

166 | Michael Bröcker: Benjamins Versuch »Über das mimetische Vermögen«, S. 274.

halten« (II, 210), der in seiner Verwandlung in die Gegenstände und Worte des Spiels zum Ausdruck kommt. Insbesondere dem Kind und seinem spezifisch magisch-animistischen Weltverständnis eignet das mimetische, unsinnliche Ähnlichkeiten erzeugende Vermögen, das zwischen ihm und der Lebenswirklichkeit vermittelt, die durch die Dingwelt bestimmt ist. Vor allem im Kontext von künstlerisch motivierten Verhaltensakten, Handlungen und Ausdrucksweisen kommt diese partizipierende Weltauffassung des Kindes zum Ausdruck, die es ihm ermöglicht, mit den Dingen seiner Umgebungswelt mimetisch in Beziehung zu treten. Entscheidend ist, dass das mimetische Vermögen in einem Zwischenbereich angesiedelt ist, in dem die Außen- und Innenwelt des Menschen aufeinander bezogen zu denken sind, ähnlich wie es die Überlegungen von Winnicott, Merleau-Ponty, Lacan und Groos zeigen. Entsprechend deutet auch Bröckers Analyse das Ähnlichkeiten erzeugende mimetische Vermögen des Menschen als eine »die Gegensätze und Trennungen überbrückende Form eines unmittelbaren, ›paradiesischen Weltbezugs‹, der in der Sprache sich niederschlägt«,[167] und der, so fügen wir hinzu, im Hinblick auf das kindliche Spiel die Sprache des Körpers mit einbezieht.

Benjamins Begriff der Mimesis hat deutliche Konsequenzen auch für das Spiel im Kindertheater, in dem die Fähigkeit, die eigene Körperlichkeit der der Dinge anzugleichen, eigens zum Thema gemacht wird. Für das Spiel der Kinder, das im Kindertheater engstens mit der Wirklichkeit verbunden ist, wird deshalb das mimetische Vermögen sowie die daran geknüpfte »Gabe, Ähnlichkeiten hervorzubringen« (II, 211), bestimmend. Zur Entfaltung kommt diese Fähigkeit, die genauer eine *Verwandlungsfähigkeit* bedeutet, insbesondere dann, wenn es auch hier darum geht, Ähnlichkeiten zu empfinden und Korrespondenzen mit dem Spielpartner und den Spielmaterialien herzustellen. Ähnlichkeiten lassen sich auf verschiedenen Wegen entdecken; dem Kind gelingt dies im spielerischen Tun und Handeln, so zum Beispiel in der Nachahmung von Windmühlen durch die kreisenden Armbewegungen, denn, wie Benjamin sagt, spielt »das Kind nicht nur Kaufmann oder Lehrer sondern auch Windmühle und Eisenbahn« (II, 210). Diese Gabe ist es, die das Kind in bestimmter Hinsicht aufgrund seiner Indifferenz und Nicht-Unterschiedenheit mit den Dingen und der Umgebungswelt sich selbst entrückt und entstellt, »um im Leben Fuß zu fassen« (IV, 261), wie es im Stück *Die Muhmerehlen* in der BERLINER KINDHEIT UM NEUNZEHNHUNDERT (IV, 235-304) aus den Jahren 1932/34 heißt. Dies ist nur möglich mittels einer mimetischen und prälogischen Erfahrungsweise, die ein partizipatives Denken voraussetzt. Derart konstituiert, gelingt es dem Kind, sich »Wohnungen, Möbeln, Kleidern« (IV, 261) ähnlich zu machen und mit ihnen zu *verschmelzen*. Andererseits ist im Innewerden

---

167 | Michael Bröcker: Sprache, in: Michael Opitz/Erdmut Wizisla (Hg.): Benjamins Begriffe, Bd. 2, S. 740-773, hier S. 770.

seiner Um- und Mitwelt das Kind in der Lage, nicht nur seine Ähnlichkeit, sondern auch seine Unterschiedenheit wahrzunehmen, wie Marleen Stoessel bemerkt.[168] Allererst im Umgang und im Ausgang vom Anderen und Anderem, die ihm, so Stoessel, »als Medium seiner fortschreitenden Selbsterfahrung« dienen, verliert das Kind der Wirklichkeit gegenüber seine Angst und Ohnmachtgefühle.[169] Festzuhalten ist, dass das Kind kraft seines mimetischen Vermögens und der Gabe, Ähnlichkeiten zu erkennen, einen Zugang zu der ihm fremden Weltwirklichkeit erlangt, die von anderen gestaltet und in die es hineingeboren wurde. Unterstützend wirkt hierbei vor allem das Spiel im Kindertheater, das dem Kind neue Fähigkeiten seines leibkörperlichen Selbst vermittelt, sich der Welt aktiv zu nähern oder auch Distanzen zu schaffen. Denn indem es dem Appel der Dinge folgt, die lockend oder drohend sich ihm bieten, gerät es zunehmend in die Anziehungskraft der Welt und verankert sich in neuen Beziehungen zu dieser.[170] Deutlich wird nunmehr auch, dass das Kind beim Spielen nichts anderes tut, als sich über die Dingwelt mit seiner Erlebniswirklichkeit zu verbinden, um auf diesem Wege seinen Handlungs- und Erfahrungspol in Bezug auf das Andere und Fremde zu konturieren und seinen Selbstfindungsprozess in Gang zu setzen.

Theaterspiel(en) und Wirklichkeit

Beleuchteten die vorausgegangenen Bemerkungen den Aspekt, auf welche Weise sich das Kind beim Spiel und Spielen mit den Dingen seiner Umgebungswelt nähert und wie sie zum Medium der Vergegenwärtigung dinglicher Erfahrung werden, verweisen die folgenden noch genauer auf jenes prozesshafte Geschehen im Hinblick auf das theatrale Spiel im Kindertheater. Benjamins Andeutungen in der Kindertheaterprogrammschrift zeigen, dass vor allem die theatrale Spielaktion dem Kind die Möglichkeit zur Selbsterfahrung und Auseinandersetzung mit seiner Weltwirklichkeit bietet. Seine Rede vom »Feuer«, in dem Spiel und Wirklichkeit sich überkreuzen (II, 765), meint ebenso eine Zwischen- oder Übergangssphäre, die das Spiel als Wirklichkeit und vice versa die Wirklichkeit als Spiel erfasst, ähnlich der wechselseitigen Beziehung, die wir vorher im Zusammenhang seiner Einstellung zum Kommunismus ausge-

---

168 | Marleen Stoessel: Aura. Das vergessene Menschliche. Zu Sprache und Erfahrung bei Walter Benjamin, München 1983, S. 170f.

169 | »Erobert das Kind in ständiger mimetischer Auseinandersetzung mit der Umwelt, [...] schrittweise sein Ich, werden dadurch die Dinge selbst, als Medium seiner fortschreitenden Selbsterfahrung, zunehmend von ihrer mythischen und sprachlosen Starre gelöst, so danken es ihm diese nicht nur im gefundenen Geschenk, sondern in jedem Fund, der dem Kind Geschenk der Dingwelt ist.« Ebd., S. 173.

170 | Vgl. Jürgen Seewald: Leib und Symbol, S. 336f.

macht haben, der ein experimentell-spielerischer Ansatzpunkt zugrunde liegt. Entsprechend versucht Benjamin auch mit Blick auf seine Betrachtungsweise des Theaterraums als Passage, die dem Motiv der Straße eng verbunden ist, dem Kindertheater eine außertheatralische und theaterfremde Form als ästhetisches Prinzip zu implantieren, das die konventionelle Denkweise in Bezug auf das Kindertheater im Kern erschüttert.

Wenn es nun um das theatrale Spiel und Spielen im Kindertheater zu tun ist, rekurriert Benjamin, wie später noch ausführlicher zu zeigen ist, auf Brecht, der davon ausgeht, dass das Kind eine Verstellung beim Theaterspiel ablehnt. So formuliert Brecht den Satz:»In der natürlichen Scham der Kinder / Die Verstellung ablehnen beim Theaterspiel [...] / Kommt zum Ausdruck, daß es unter der Würde des Menschen ist / Zu täuschen.«[171] Auch Jean-Paul Sartre zeigt in *L'imaginations*, dass sowohl das Kind als auch der Schauspieler weder eine Täuschung oder Verstellung begehen noch sich in einer Illusion befinden, sondern dass sie die Ebene des habituellen Lebens zugunsten eines oneirischen Daseins verlassen, das sie wirklich erleben:»Sie entwirklichen sich in der Rolle.«[172] Für Merleau-Ponty, der Sartres Worte kommentiert, bedeutet dies, dass die Kunst des Schauspielers nur »die Vertiefung einer Kunst« ist, die wir alle besitzen:»Mein Körperschema bezieht sich auf die wahrgenommene Welt und auf das Imaginäre ebenfalls«, weswegen uns im Theater eine Magie begegnet, wie auch Benjamin weiß.[173] Da der Schauspieler bei seinem Spiel den Körper des Zuschauers »in die Gestikulierungen seines Körpers« hineinzieht, die weniger »in einem Geist« begründet sind, sondern »im virtuellen Brennpunkt seiner Gebärden« liegen, der genau dasjenige darstellt, was als Drama bezeichnet wird, wie Merleau-Ponty sagt, existieren die Gedanken der Rolle nur in den Gesten und Verhaltensweisen.[174]

Auf das Kindertheater bezogen besagt dies einerseits, dass sich das spielende Kind – wie der Theaterschauspieler – im ungeschiedenen Übergangsbereich zwischen Spiel und Wirklichkeit befindet, andererseits bedeutet es, dass es sich bei dieser spielerischen Aktivität nicht um eine Täuschung, sondern um eine magische Beziehung handelt, die gerade aus der reziproken Anziehungskraft ihre prinzipielle Stoßrichtung bezieht. Damit geht einher, dass sich die Persönlichkeit des Kindes nicht von den Situationen unterscheidet,

---

171 | Bertolt Brecht: Reinigung des Theaters von den Illusionen, in: Ders.: Gesammelte Werke, Bd. 9, S. 776-777, hier S. 777.

172 | Jean-Paul Sartre: L'imaginations, Paris/Alcan 1936, S. 295, zitiert nach Maurice Merleau-Ponty: Keime der Vernunft, S. 68.

173 | So schreibt er im *Kunstwerk*-Aufsatz:»Das Theater kennt prinzipiell die Stelle, von der aus das Geschehen nicht ohne weiteres als illusionär zu durchschauen ist.« (I, 495)

174 | Maurice Merleau-Ponty: Keime der Vernunft, S. 437.

in denen sie verankert und engagiert ist: »Das Kind verschmilzt mit der Situation«, wie Merleau-Ponty sagt, was damit zusammenhängt, dass beim Kind noch keine klare Konzeption bezüglich der verschiedenen Zeitmomente und des Verhältnisses von Ursache und Wirkung besteht, weshalb es ganz in der Situation aufgeht.[175] So wird jede Situation in ihrer unmittelbaren Bedeutsamkeit aufgefasst, und jedes Verhalten ist gegenüber den vorherigen Verhaltensweisen autonom. Dem Kind eigen ist dabei das Interesse für die Gefühle des Anderen, das in seinem Spiel in Form von Verhaltensweisen mit zum Ausdruck kommt. Es handelt sich um »eine Art egozentrischer Sympathie«; »sie füllt einen Augenblick voll aus und hält an, doch befreit sich das Kind alsbald davon mit einer Art Gleichgültigkeit, die für den Erwachsenen höchst erstaunlich ist«.[176] Diese Sympathie besteht, so Merleau-Ponty, »in einer momentanen Erweiterung des eigenen Lebens«.[177] Sie besteht genau darin, für einen Augenblick in einem Anderen zu leben, was eine momentane Vereinnahmung des Anderen bis hin zur Einbeziehung und Einverleibung des Anderen bedeutet, was beim Kind zur Imitation von Menschen führt.[178] Der Übergang vollzieht sich im Spiel. Das Spiel stellt jene Funktion dar, mithilfe derer das Kind und die Eltern zum ersten Mal die Rollen tauschen. Das Kind ändert dabei seine Perspektive. Auf diese Weise lernt es, zwischen sich und dem Anderen zu unterscheiden. Erst im Spiel kommt es zu einer Akkommodation, die eine Imitation erlaubt. Das kindliche Verhalten im Spiel stellt somit ein Hin und Her zwischen Assimilation und Akkommodation, ein Pendeln zwischen Einbildung und dem Oneirisch-Traumhaften dar. Gerade dieses Übersteigen ermöglicht die Aneignung neuer Strukturen wie den Erwerb von Verhaltensweisen oder den der Sprache.[179]

Folgen wir diesen Überlegungen, dann ist dem spielenden Kind, wie Brecht betont, weder Täuschung noch Verstellung unterzuschieben, denn das Kind nimmt das Spiel völlig ernst.[180] Es handelt sich bei seinem Spiel auch nicht um eine Vorübung für das Leben der Erwachsenen, die beim Kind eine Unterordnung des Spiels unter das wirkliche Leben voraussetzen würde, sondern vielmehr um ein Verhalten, das dem magisch-partizipativen Denken des Kindes entspricht, indem es die Verbindung zum wirklichen Leben in Form eines Übergangs aufnimmt. Ausschlaggebend ist hierbei, dass jedes Spiel und jede spielerische Aktion des Kindes, sei es in der Bezugnahme auf Dinge oder auf den Anderen, eine momentane Ausweitung seiner selbst, seiner Welten,

175 | Ebd., S. 329.
176 | Ebd., S. 52.
177 | Ebd.
178 | Ebd.
179 | Ebd., S. 52f.
180 | Ebd., S. 240.

Empfindungen, Fähigkeiten und Möglichkeiten bedeutet, wie auch Marshall McLuhan das Spiel versteht.[181] Dabei ist es für das Kind von Bedeutung, jeden Ansatz einer Verstellung, die in eine körperliche Starre und Fixierung führen würde, vorher aufzulösen, wozu sein diskontinuierlich verfasstes Spiel und Spielen einen wichtigen Beitrag leisten. Diese Sichtweise kommt Benjamins Idee von der theatralen Spielweise des Kindes/der Kinder im Kindertheater entgegen. So zeigt beispielsweise seine schon erwähnte Erinnerung *Verstecktes Kind* in der Einbahnstrasse, die er später in der Berliner Kindheit um neunzehnhundert in der Ich-Form wieder aufgenommen hat, wie das Kind seine Spielaktion, eingelassen in die wirklichkeitsnahe Erfahrungswelt, selbsttätig rhythmisiert:

Ich kannte in der Wohnung schon alle Verstecke und kam in sie wie in ein Haus zurück, in dem man sicher ist, alles beim alten zu finden. Mir schlug das Herz. Ich hielt den Atem an. Hier war ich in die Stoffwelt eingeschlossen. Sie ward mir ungeheuer deutlich, kam mir sprachlos nah. [...] Das Kind, das hinter der Portiere steht, wird selbst zu etwas Wehendem und Weißem, zum Gespenst. Der Eßtisch, unter den es sich gekauert hat, läßt es zum hölzernen Idol des Tempels werden, wo die geschnitzten Beine die vier Säulen sind. Und hinter einer Türe ist es selber Tür, ist mit ihr angetan als schwerer Maske und wird als Zauberpriester alle behexen, die ahnungslos eintreten. Um keinen Preis darf es gefunden werden. [...] Wer mich entdeckte, konnte mich als Götzen unterm Tisch erstarren machen, für immer als Gespenst in die Gardine mich verweben, auf Lebenszeit mich in die schwere Tür bannen. Ich ließ darum mit einem lauten Schrei den Dämon, der mich so verwandelte, ausfahren, wenn der Suchende mich packte – ja, wartete den Augenblick nicht ab und griff ihm mit einem Schrei der Selbstbefreiung vor. Darum wurde ich den Kampf mit dem Dämon nicht müde. Die Wohnung war dabei das Arsenal der Masken. Doch einmal jährlich lagen an geheimnisvollen Stellen, in ihren leeren Augenhöhlen, ihrem starren Mund, Geschenke. Die magische Erfahrung wurde Wissenschaft. Ich entzauberte die düstere Elternwohnung als ihr Ingenieur und suchte nach Ostereiern. (VII, 418)

Das Kind, das, »seine Welt und sein Ich gründend«, sich mimetisch in die »Stoffwelt« projiziert, in sie eingeht, sich ihr anähnelt oder gleichmacht, muss, um doch gleichzeitig den Ablösungsprozess zu vollziehen, sich ihrem Bann entziehen, sich immer wieder neu von ihr befreien, wie Stoessel es formuliert: »Dies tut das Kind, das sich versteckte, im Schrei.«[182] Entscheidend ist, dass das Kind sein von Magie und Fiktion bestimmtes Spiel selbsttätig zerstört oder »entzaubert«, indem es den Rhythmus seines Spielflusses *unterbricht*.

---

181 | Marshall McLuhan: Die magischen Kanäle. Understanding Media, übers. von Meinrad Amann, Dresden/Basel 1994, S. 367.

182 | Marleen Stoessel: Aura. Das vergessene Menschliche, S. 170.

Wie Benjamin schreibt, dient dem Kind die Unterbrechung seines Spiels zur »Selbstbefreiung«, weshalb es auch nicht müde wird, sein Spiel zu wiederholen und von vorne zu beginnen. Diese Situation macht das Kind zum »Ingenieur«. Es befreit dabei nicht nur sich selbst, sondern dekomponiert bzw. *entzaubert* zugleich die Räumlichkeit seiner Umgebung. Im Spiel gelingt es dem Kind, von einem Zustand magischer Erfahrung in die gegebene Wirklichkeitswelt überzugehen. Zwischen dem Spiel und der Wirklichkeit besteht nicht nur ein fließender Übergang, sondern auch eine aufeinander bezogene Wechselbeziehung, die dem Kind für die Entwicklung seiner Selbsterfahrung und Weltgestaltung äußerst förderlich ist.

Wie sich nun das Kind im Verständnis von Benjamin in seiner dinglichen Umgebungswelt mimetisch verhält, sich ihr anähnelt und mit ihr spielt, so verschränken sich in der kollektiven Theateraktion der Kinder vermittels ihrer mimetischen Begabung, die den körperlichen Aspekt akzentuiert, die beiden Momente von Spiel und Wirklichkeit, Fiktion und Realität, Magie und Entzauberung. Dies macht auch die Rede von der bürgerlichen Konzeption der dramatischen Illusion im Kindertheater von Benjamin hinfällig und gegenstandslos. Um die genuine Spielfreude der Kinder freizusetzen, die ihr Spiel selbstbestimmt beginnen und beenden, um es in dieser Dynamik gleichfalls stetig fortzuführen, kommt es daher in Benjamins Konzeption vom Kindertheater gleichsam nebenbei zu einer dramaturgischen Neuerung, die er auch für das Theater Brechts als konstitutiv erklärt. Denn so, wie sich beim Spiel der Kinder eine Verschmelzung mit der Wirklichkeit ergibt, so ist auch das spezifische Merkmal des epischen Theaters, wie Benjamin schreibt, »der Ausdruck seiner Lebensnähe« (II, 520), die Brecht 1938 in der *Straßenszene* als *Grundmodell einer Szene des episches Theaters* untermauern wird.[183] Analog dazu gilt es auch für das Kindertheater mit der unwirklichen Vorstellung, das heißt, mit der Illusion zu brechen, die, seit der Neuentdeckung der aristotelischen *Poetik* in der Renaissance, das neuzeitliche Theater beherrschte: »Die Unterbrechung der Handlung, derentwegen Brecht sein Theater als das epische bezeichnet hat, wirkt ständig einer Illusion im Publikum entgegen.« (II, 698) Im Kontext einer Neuausrichtung des Theaters, wie Benjamin sie bei Brecht wahrnahm, geht es Benjamin auch in seinem Kindertheaterentwurf nicht um ein Spiel der Täuschungen. Vielmehr ist es ihm um das originäre Spiel der Kinder zu tun, das von sich aus in der Art eines zwischenleiblichen Geschehens »die Elemente des Wirklichen« in das Theater integriert und »im Sinne einer Versuchsanordnung zu behandeln« (II, 522) weiß, dergestalt, wie auch die russische Avantgarde den Grundgedanken des Konstruktivismus, nämlich die Angleichung von Kunst und Leben, umzusetzen suchte. Wie oben beschrie-

---

183 | Bertolt Brecht: Die Straßenszene. Grundmodell einer Szene des epischen Theaters, in: Ders.: Gesammelte Werke, Bd. 16, S. 546-558.

ben, sollte die avantgardistische Kunst anwendungsbezogen sein und in die Lebenspraxis eingreifen. Übereinstimmend damit waren auch die spielerischen Aktionen der Kinder im Kindertheater von Lacis gekennzeichnet durch einen Bezug zur Wirklichkeit, denkt man zum Beispiel an die Aufführung, die in Form eines karnevalesken Umzuges durch die Straßen der Stadt führte und zugleich Festcharakter hatte. Soweit die Konturen erkennbar sind, wird mit Benjamins Plan vom Kindertheater der frei fließenden Rhythmik des kindlichen Spiels in seinem prälogischen Verlauf, dessen Entwicklung nicht garantiert ist und der deshalb, wie Merleau-Ponty sagt, »alle Arten von Entgleisung« zulässt,[184] Rechnung getragen. Für das Kindertheater von Benjamin bedeutet dies letztendlich die Aufhebung jeglicher moralischen und disziplinären Begrenzungen im Dienst eines veränderten pädagogischen wie theatralen Bewusstseins, das dem befreiten und ungehemmten Spielfluss der Kinder, die selbstbestimmte Rhythmik von Antizipation und Regression, Wiederholung und Unterbrechung, Destruktion und Konstruktion einbegriffen, den gebührenden Möglichkeitsraum zuerkennt.

Die Aufführung als Schabernack oder: Die Bedeutung des Probens

Zunehmend zeichnet sich ab, dass Benjamins Kindertheaterkonzept vom klassischen Erziehungsdenken wie von den Bestimmungen des konventionellen Theaterbetriebs entschieden abweicht und bisher geltende Normierungen und Regelungen einer auf die Darstellung von Handlung verschriebenen Dramaturgie unterläuft. Die Divergenzen nehmen jedoch noch weiter zu, besonders dann, wenn Benjamin der Aufführung im Kindertheater den Status eines Nebenschauplatzes einräumt und für den »Leiter« anmerkt, dass er auf diesen Abschluss »weniger Wert« zu legen habe:

Jedoch: die Aufführungen dieses Theaters sind nicht wie die der großen Bourgeoisietheater das eigentliche Ziel der angespannten Kollektivarbeit, die in den Kinderklubs geleistet wird. Hier kommen Aufführungen nebenbei, man könnte sagen: aus Versehen, zustande, beinahe als ein Schabernack der Kinder, die auf diese Weise einmal das grundsätzlich niemals abgeschlossene Studium unterbrechen. Der Leiter legt auf diesen Abschluß weniger Wert. (II, 765)

Für den Leiter des Kindertheaters mag dies so, wie es Benjamin hier formuliert, zunächst unverständlich und irritierend sein. Er wird sich sodann die Frage stellen, worauf das Kindertheater zielt, wenn nicht auf die Aufführung als Ergebnis und Höhepunkt der intensiven Theaterarbeit. Und liest man in der Programmschrift weiter, erschließt sich nicht sogleich, warum die Auf-

---

184 | Maurice Merleau-Ponty: Keime der Vernunft, S. 98.

führung eher ein »Schabernack« und nicht der angestrebte Hauptteil und das erklärte Endprodukt der theaterpraktischen Tätigkeit der Kinder sein soll. Wie ist nun Benjamins Idee von einer Aufführung als »Schabernack«, der »aus Versehen« zustande kommt, zu verstehen? Besagen seine Worte, dass der Aufführung keine oder kaum eine Bedeutung zufällt, wenn sie hier offensichtlich eine Nebenrolle spielt und der Leiter darauf weniger Wert zu legen hat, oder besagen sie, dass die Theaterarbeit als solche, mit anderen Worten: das gemeinschaftliche theatrale Zusammenspiel im Kinderkollektiv der Aufführung gegenüber besonderen Wert erhält? Welches Gewicht kommt dem Theatergeschehen als schöpferischer Tätigkeit zu und welches der Aufführung als zufälliges Nebenprodukt im Kollektiv des Kindertheaters?

Darauf ist nun Folgendes zu erwidern: Benjamin strebt für das Kindertheater eine Umgewichtung des konventionellen »Funktionszusammenhangs zwischen Text und Aufführung« an (II, 520), wie er in Hinsicht auf das Brechttheater geschrieben hatte, indem er dem »Text«, der hier stellvertretend für den künstlerischen Herstellungsprozess im Theater selbst steht, einen höheren Stellenwert einräumt, als ihm bisher zukam. Nicht gelegen ist ihm an einer Theaterarbeit, die allein der Aufführung als Resultat Bedeutung beimisst, wie es zum Beispiel Hoernle für sein Kindertheatermodell vorschwebte, die primär agitatorischen Absichten dienen sollte. Dieses Umdenken der Aufführung als Teil- und nicht als Hauptgeschehen im Kontext der Kindertheaterarbeit, dem Benjamin hier seine ganze Aufmerksamkeit widmet, erweist sich für ihn in Bezug auf die spielerischen Aktionen der Kinder im Kindertheater auf die Dauer ergiebiger als das alte Konzept, das den ›Prozess der Herstellung‹ unbeachtet ließ. Wenn im bürgerlichen Theater die Aufführung zum Ziel erklärt wird, auf die sämtliche Theaterarbeiten konzentrisch zulaufen, bleibt der Herstellungsprozess in seiner Bedeutsamkeit für das Spiel der Kinder eher nebensächlich. Für Benjamin dagegen nimmt der einfallsreiche Entstehungsprozess im theatralen Spiel der Kinder eine Mittelpunktstellung ein, dessen Ausgang aufgrund seiner Unberechenbarkeit und Unvorhersehbarkeit im Unterschied zu herkömmlichen Theaterformen noch offen ist. Auch in dieser Hinsicht ist Benjamins Verhältnis zum Kommunismus wesentlich, da es einen grenzüberschreitenden Zwischenbereich markiert, in dem die Kategorien Spiel und Experiment in Auseinandersetzung mit der gesellschaftspolitischen Wirklichkeit fruchtbar ineinandergreifen. Die Grenze der beiden Sphären lässt sich für Benjamin nur deshalb überschreiten, da er die Bedeutung von Politik, wie Lindner sagt, in der »Freihaltung des Unverfügbaren« erkennt, wofür die spielerische Aktion des Kindes präzise das Vorbild abgibt.[185]

So sind Benjamins Überlegungen in Bezug auf den ideenreichen theatralen Gestaltungsprozess im Spiel der Kinder vor allem auf die theaterpraktische

---

185 | Burkhardt Lindner: Die »Heiterkeit des Kommunismus«, S. 81.

Arbeitsweise im Kindertheater von Lacis zurückzubeziehen, die durch unterschiedliche Arbeitsfelder strukturiert und in Sektionen unterteilt war. Bei der konkreten Ausgestaltung übernahm sie das Werkstattkonzept von Meyerhold, von dessen Theaterpraxis sie seit ihrer Jugendzeit geprägt war. Das Arbeitskonzept von Lacis war stets darauf ausgerichtet, den Kindern im Kindertheater den experimentellen Freiraum zu gewähren, den sie für ihre spontanen Theateraktivitäten im Kinderkollektiv von sich aus in Anspruch nahmen.[186] So nimmt auch schon im Kindertheater von Lacis der Herstellungsprozess als solcher eine besondere Stellung ein, was Benjamin dazu erwogen haben mag, ihrem Beispiel nachzufolgen. Zweifellos greift Benjamin für seine Ausarbeitung des Kindertheaterprogramms auf die Erfahrungen von Lacis zurück, wenn er von der »angespannten Kollektivarbeit [...] in den Kinderklubs« spricht, die er schon im Essay über MOSKAU erwähnt hatte. Gerade im Kontext des Schemas, das Benjamin in der Kindertheaterschrift als »*Spannung*« charakterisiert, scheint ihm zunächst der Herstellungsprozess im Kindertheater als Bestandteil eines, wie er es formuliert, »grundsätzlich niemals abgeschlossene[n] Studium[s]« beachtenswerter als die Aufführung selbst zu sein. Erst später wird er der Aufführung unter dem »*Schema der Lösung*« die bemerkenswerte Aufgabe zuschreiben, das fortwährende Studium im Leben der Kinder als »große schöpferische Pause« (II, 768) zu unterbrechen. Deutlich wird, dass einerseits das im Prozess verhaftete und nicht vollendete Werk, mit anderen Worten die gemeinschaftliche Theaterarbeit der spielenden Kinder und die Rede vom »grundsätzlich niemals abgeschlossene[n] Studium«, das besonders dem Kind eigen ist, aufeinander bezogen zu denken sind und für das Kindertheater von Benjamin einen wichtigen Zentrumspunkt darstellen.

Betrachtet man nun genauer, was Benjamin meint, wenn er vom »niemals abgeschlossene[n] Studium« des Kindes spricht, fallen die vielen Bemerkungen im Rahmen seiner theoretischen Betrachtungen zum Themenkomplex der Welt der Kindheit und der Kinderliteratur auf. Sein Augenmerk gilt hier vor allem dem »Üben« (III, 268) als charakteristischem Merkmal des kindlichen Lernens und expressiven Handelns im Bereich des Spiels und des Spielens. In engem Zusammenhang damit steht Benjamins Forderung nach einem angemessenen Betätigungsraum für das Kind, der »spielhaft aufgelockert« ist (III, 267). Einen solchen sieht er etwa in der ebenso neuen wie radikalen Form einer Schulfibel von Tom Seidmann-Freud gegeben, deren Erziehungsmethode »›nicht auf ›Aneignung‹ und ›Bewältigung‹ eines bestimmten Pensums gerichtet«‹ ist, »›diese Art des Lernens ist nur dem Erwachsenen gemäß‹«, sondern dem Wesen des

---

186 | »Damals [...] setzte ich meine Suche nach solchen Formen der Arbeit mit Kindern fort, die ihnen die größtmögliche Selbständigkeit ermöglichten, ihre Fähigkeiten entfalteten und sie aktiv zu sein lehrten.« Asja Lacis zitiert nach Beata Paškevica: In der Stadt der Parolen, S. 85.

Kindes Rechnung trägt, »»für das Lernen wie alles übrige von Natur aus ein gro-ßes Abenteuer bedeutet ...«« (III, 271). Für Benjamin heißt dies nichts anderes, als dass auch den »Unarten« des Kindes Raum gegeben wird (II, 268), denen er den Status einer »Weltkunde« (III, 270) zuschreibt. Was Benjamin hier so positiv an der Schulfibel hervorhebt, trifft nicht nur für den ›Umgebungsraum‹ zu, in dem sich das Kind befindet, wie er es in Verbindung mit dem Motiv der Straße ausdrücklich auch für den »Rahmen« des Kindertheaters (II, 763) einfordert, sondern im Detail ebenso für die ›Dingwelt‹, mit der sich das Kind tagtäglich auseinandersetzt. Wie im Folgenden zu zeigen ist, versteht Benjamin unter *Lernen* vielmehr »die unbewußte Übung durch Spiel, deren Erfolge sich hier der bewußten nach Vorschrift überlegen erweisen sollen« (III, 271).

Bei seinen Ausführungen verweist Benjamin insbesondere auf die Freud'sche Lehre vom Unbewussten, die in Hinsicht auf die wissenschaftliche Forschung über das kindliche Spiel einen entscheidenden Durchbruch bewirkt habe (ebd.). Hauptsächlich sind es die psychoanalytischen Erkenntnisse Freuds, die für Benjamin eine wichtige Orientierung abgeben, wenn es um die Themen Spiel und Spielzeug geht, wie eine Arbeitsnotiz aus dem Jahr 1927/28 belegt (VII, 813f.). Für das Verständnis dessen, was unter dem Begriff der Übung zu verstehen ist, lässt sich Benjamins spätere Theorie des Spielers ergänzend heranziehen, in der Freuds Theorie des Unbewussten eine zentrale Rolle spielt. Wie beispielsweise im Text DIE GLÜCKLICHE HAND. *Eine Unterhaltung über das Spiel* (IV, 771-777) von 1935 nachzulesen ist, ist ein Spieler nur dann glücklich und erfolgreich, wenn er sich dem »unbewusste[n] Wissen« anvertraut, das sich im Spiel in Bewegungen umsetzt: »Setzt es sich dagegen in das Bewußtsein um, so geht es für die Innervation verloren.« (IV, 775) So ist das Wissen des Spielers weniger auf sein kulturell geprägtes Bewusstsein zurückzuführen als auf ein unbewusstes, leibliches Wissen, das seinem Körper eingeschrieben ist. Das Denken verzichtet dabei, wie Adorno schreibt, »auf allen Schein der Si-cherheit geistiger Organisation, auf Ableitung, Schluß und Folgerung, und gibt sich ganz dem Glück und Risiko anheim, auf die Erfahrung zu setzen und ein Wesentliches zu treffen«.[187]

Wenn die Eingangspforte in die Psychoanalyse für Freud das Unbewusste ist, mit dem alles steht und fällt, bildet es für Benjamin eine Instanz, die die vorbewusste Innervation des Spielers affiziert und seinen glücklichen Zugriff auf das Spiel begünstigt. Dabei verlässt der Spieler sich weniger auf seinen Ver-stand, sondern zieht eher sogar einen Nutzen daraus, wenn er diesen vernach-lässigt und sich den Innervationen seines handelnden Körpers überlässt, dem ein sicheres Gespür für das spielerische Geschehen eignet. Davon ausgehend verhält sich der glückliche Spieler im Denken von Benjamin »wie ein Mensch

---

187 | Theodor W. Adorno: Benjamins *Einbahnstraße* (1955), in: Ders.: Über Walter Benjamin, S. 29.

im Augenblick der Gefahr‹«, was bedeutet, dass das disziplinierende Bewusstsein seine kontrollierende Funktion verliert und er dadurch in die Situation gerät, instinktiv operieren zu müssen, so, dass »der Körper sich mit den Dingen [...] über den Kopf hinweg‹« (IV, 776) verständigt. Deutlich wird: Das Spiel, wie es sich in Benjamins Theorie verankert, benötigt vor allem den Körper mit seinen unbewussten Energien, Potentialen und Ressourcen, die das kritische Bewusstsein ausschalten. Die Annahme eines unbewussten Denkens und unbewusster Motive, die sich der bewussten und willentlichen Lenkung entziehen, verwandelt das Ich nach Freud in ein »Grenzwesen«, das zwischen der Welt und dem Es vermittelt.[188] Es führt zur Umwertung der gewöhnlichen Aufmerksamkeit und lässt dagegen psycho-physiologischen Momenten wie Aufregung, Ermüdung, Zerstreuung und Ablenkung Raum, die Benjamin im *Kunstwerk*-Aufsatz als »eine Spielart sozialen Verhaltens« wertet (I, 502). Was damit für das Spiel gewonnen wird, behandelt Freud in der *Psychopathologie des Alltagslebens*, wenn er dort das alltäglich-unalltägliche Finden als einen Fall von Symptom- oder Zufallshandlung herausarbeitet, die eine »unbewusste ›Suchbereitschaft‹« der bewusst gelenkten Aufmerksamkeit als positiv gegenüberstellt.[189] Daraus entwickelt Freud für die psychoanalytische Praxis den vielbeachteten Gedanken einer »gleichschwebenden Aufmerksamkeit« im Kontrast zur normalen Aufmerksamkeit als einem »absichtlichen Aufmerken«, das auswählt, fixiert, sich dieses merkt, jenes ausscheidet und bei dieser Auswahl stets seinen Erwartungen und Neigungen nachgibt.[190]

Derart kommt es jedoch kaum in Berührung mit der Gefahr, sich allein dem körperlichen *(Nicht-)*Wissen zu überantworten, wie Benjamin es versteht. Dieser Zustand entspricht vielmehr dem Kind, dessen Bewusstheit noch weniger ausgeprägt ist, weshalb es zu den glücklichsten Spielern überhaupt zu zählen ist. Die direkte Erfahrung des Kindes, die noch nicht durch Sprache und Denken systematisiert ist, kennzeichnet präzise den Bereich, den Benjamin in seiner Notiz auch dem Spiel des Spielers »im Augenblick der Gefahr« zuspricht. Im Spiel begibt sich das Kind in den gefährlichen Zustand, der von Zufall und Unvorhersehbarem geprägt ist. Entgegen einem rein adaptiven Aufmerksamkeitsaspekt geht der Gedanke Benjamins vom Üben im Verständnis eines für das Kind fortdauernden Studiums von einer anderen Form der Aufmerksamkeit oder geradezu von einer Aufmerksamkeits*störung* aus, die sich auf einem anderen Schauplatz abspielt und körperlich-leibliche Vorgänge beeinflusst. Darauf nimmt auch das Denkbild *Übung* (IV, 406f.) aus Benjamins Textsammlung Ibizenkische Folge (IV, 402-409) von 1936 Bezug. Benjamin berichtet hier vom meisterhaften Spiel des Jongleurs Rastelli, dessen »Übung

188 | Sigmund Freud: Gesammelte Werke, Bd. XIII, Frankfurt/M. 1999, S. 286.

189 | Ebd., Bd. IV, S. 233.

190 | Ebd., Bd. VIII, S. 377.

von Jahrzehnten« bewirkt hat, dass, einem »Kinderspiel« (IV, 406) gleich, Körper und Ball »hinter seinem Rücken sich verständigten«: »Den Meister durch Fleiß und Mühe bis zur Grenze der Erschöpfung zu ermüden, so daß endlich der Körper und ein jedes seiner Glieder nach ihrer eigenen Vernunft handeln können – das nennt man üben.« (Ebd.)

Benjamins Idee einer Unterbrechung des intentionalen Bewusstseins, die Akzentuierung der »Pause« (ebd.), die seinem Konzept des Übens im Umkreis des Spielens und Lernens inhärent ist, betont die Ausbildung und Fähigkeit, vor- und unbewusst auf die Umwelt zu reagieren. In dieser Reichweite, die die körperlich-leibliche Wahrnehmungs- und Erfahrungsweise mit umgreift, sind dann auch die Vorgänge zu verorten, die das Kind im Sinne eines spezifischen »Grenzwesens« beim Spiel entfaltet, wie es Freud ausdrückte. Vor allem ist dabei sein rhythmisches, von Wiederholung und Unterbrechung, von aggressiver Zeichensetzung und -zerstörung durchwaltetes Spiel zu nennen, das genau den Grundzug von Studium und Übung markiert, den Benjamin für die prozessorientierte Theaterarbeit als relevant erachtet. Dies wird deutlich, wenn er unter Bezug auf Freuds *Jenseits des Lustprinzips* das Spiel als von Regeln und Rhythmen durchdrungen beschreibt, jedoch dabei »dem Gesetze der Wiederholung« (III, 131) besondere Bedeutung beimisst: »Nicht ein ›So-tun-als-ob‹, ein ›Immer-wieder-tun‹, Verwandlung der erschütterndsten Erfahrung in Gewohnheit, das ist das Wesen des Spielens.« (Ebd.)

Das Spiel eröffnet dem Kind, wie Primavesi schreibt, »im Unterschied zu allen zweckgebundenen Handlungen eine Verselbständigung der Geste in der Artikulation triebhafter Spannungen, nicht nur Bewältigung eines ersten Schreckens, sondern zugleich Wiederholung eines ersten Glücks«.[191] Deshalb versteht Benjamin die Wiederholung als »Seele des Spiels« und zugleich als »Wehmutter jeder Gewohnheit« (ebd.).[192] Insbesondere hierin liegt für Benjamin das charakteristische Merkmal des Übens begründet, das, einer frühen

---

191 | Patrick Primavesi: Kommentar, Übersetzung, Theater in Walter Benjamins frühen Schriften, S. 349.

192 | »[...] jedwede tiefste Erfahrung will unersättlich, will bis ans Ende aller Dinge Wiederholung und Wiederkehr, Wiederherstellung einer Ursituation, von der sie den Ausgang nahm. [...] Der Erwachsene entlastet sein Herz von Schrecken, genießt ein Glück verdoppelt, indem er's erzählt. Das Kind schafft sich die ganze Sache von neuem, fängt noch einmal von vorn an.« (III, 131) Und in einem Nachtrag schreibt Benjamin: »*Das Kind nicht zweimal sondern immer wieder, das ist nicht nur der Weg[,] durch Abstumpfung, mutwillige Beschwörung, Parodie über furchtbare Chocerfahrungen hinweg zu kommen (vgl. Märchen) sondern auch der Weg, Siege, Triumphe etc, durch Wiederholung, auf das intensivste durchzukosten. Der Erwachsene erzählt, das Kind schafft die Situation wieder und wieder. Was bei ihm als ›Gewohnheit‹ petrefakt, leer, unverständlich geworden ist hat in der Form des Spiels seinen guten Sinn. Vielleicht ist hier die tiefste Wurzel*

Notiz zum LERNEN UND ÜBEN (VI, 77f.) zufolge, »unstetig« ist, derart, dass der Fortschritt »ruckweise« oder gar »plötzlich« erfolgt, während das Lernen von »Stetigkeit« geprägt ist (VI, 77). Das Lernen im Sinne des fortwährenden Studiums ist also im Denken von Benjamin eng an den Moment des Übens geknüpft, das in der Art und Weise seines ruckhaften und plötzlichen Auftretens die dominante Struktur für die Form des Lernens darstellt.

Gemäß seiner Methode der Geschichtsaneignung als »›Konstruktion‹, ›Stillstellung des Geschehens‹, ›Aufsprengung‹ des historischen ›Kontinuums‹«, wie Schöttker zusammenfasst,[193] offenbart sich in Benjamins Betrachtungsweise eine Konzeption, die das Lernen als *Moment* (und nicht als Resultat) begreift, das heißt als ein sprunghafter Prozess, der sukzessive voranschreitet. So spielt auch beim Lernen und Üben im Kindertheater das »konstruktive Prinzip« (I, 702) seiner materialistischen Geschichtsschreibung eine wichtige Rolle, da sie sich auf die ›Jetztzeit‹ im Sinne der augenblicklich stattfindenden Spielaktionen des Kinder/der Kinder bezieht. Im Ganzen wird erkennbar, dass Benjamins Berücksichtigung des erfinderischen Herstellungsprozesses in der theatralen Arbeit dem im Spiel befassten Kind sehr nahe kommt, gerade aus dem Grund, da dieser dem Ablauf seiner diskontinuierlichen, stolpernden Wahrnehmungs- und Erfahrungsweise im Umgang mit den Dingen seiner Lebenswelt entspricht. Auch der Eigenart seiner partizipativen und phantasievollen, von destruktiven wie konstruktiven Impulsen geleiteten Spieltätigkeit kommt er entgegen, die, wie gezeigt wurde, eine Übergangssphäre in Gestalt eines Zwischenraums markiert, der zwischen ihm und seiner Wirklichkeit vermittelt. Implizit erfasst das Kindertheatermodell von Benjamin auf diese Weise die rhythmisierten Spielphasen des Kindes, die intermittierend in autonomen Schüben auftreten und durch den Modus der Unterbrechung gekennzeichnet sind.

In der Zusammenschau dessen, was schon zur Sprache kam, wird ersichtlich, dass sich Benjamin in dem Abschnitt »*Schema der Spannung*« hauptsächlich mit dem Herstellungs- und Gestaltungsprozess im Spielgeschehen der Kinder befasst. Mit der Rede vom Üben, die das Wesentliche der kindlichen Mentalität im Hinblick auf das Lernen unterstreicht, bringt Benjamin zum Ausdruck, dass er unter dem spielerischen Herstellungsprozess das im Tun und Handeln begriffene Kind versteht. Unstetes Üben, gekennzeichnet durch Unterbrechung und Wiederholung, markiert den Weg des kindlichen Lernens nunmehr auch im Kindertheater, weswegen der Aufführung selbst, die später noch ausführlicher behandelt wird, lediglich als Teil- oder Bruchstück, mit Benjamins Worten als »Schabernack«, im gesamten diskontinuierlichen Lern- und

---

für den deutschen Doppelsinn im Wort ›spielen‹: dasselbe wiederholen wäre das eigentlich Gemeinsame, die tiefste, die erschütterndste Erfahrung als Gewohnheit.« (VII, 814)
193 | Detlev Schöttker: Konstruktiver Fragmentarismus, S. 279.

Erfahrungsprozess des Kindes Bedeutung zukommt. Anders als das bürgerliche Theater impliziert Benjamins Kindertheaterkonzeption den Gedanken, dass die kindliche Erfahrung fremd gegenüber der des Erwachsenen ist und auf einer anderen Logik und einem anderen Denken beruht, weswegen spielerische Einübung und Gewohnheit für die Aneignung von Welt für das Kind so bedeutsam sind. Mit dieser Einstellung wird der Kindertheaterraum in Benjamins Denkweise zum Entdeckungsraum und zum intermediären Spielfeld, in dem sich das Spiel der Kinder mit den Dingen und dem Anderen überschneidet, worin eine Möglichkeit zur Bereicherung liegt. *Zu spielen* und auch: *Theater zu spielen* bedeutet in diesem Prozess eine Zwischensphäre des eigenen und fremden Handlungsentwurfs, was auch heißt, sich selbst auf eine Welt des Möglichen hin auszurichten. Zentral ist dabei die Bedeutung des körperlichen Handelns, wie es auch in der Theorie von Winnicott für das Spiel und Spielen konstitutiv ist[194] und schon Aristoteles in der *Poetik* hervorgehoben hatte.[195]

Benjamins Interesse für den Erfindungs- und Herstellungsprozess in der spielerischen Aktivität der Kinder zeigt sich nicht nur im Zusammenhang des Spiels und des Spielens, sondern auch im Hinblick auf das Spielzeug. Benjamin kehrt die »Einfachheit« (III, 129) hervor, die ein Spielzeug für Kinder interessant und brauchbar macht. Für Benjamin liegt sie nicht in den »Formen« begründet, sondern »in der Durchsichtigkeit seines Herstellungsprozesses« (ebd.), wie eine Notiz in RUSSISCHE SPIELSACHEN (IV, 623-625) von 1930 bestätigt.[196] Durchschaubar wird das Spielzeug für das Kind erst im spielerischen Umgang und Gebrauch mit ihm, wie Benjamin von einer Puppe sagt: »Einmal verkramt, zerbrochen, repariert, wird auch die königlichste Puppe eine tüchtige proletarische Genossin in der kindlichen Spielkommune« (IV, 515). Auf diese Weise vollziehen »die Kinder selber im Spielen« »die nachhaltigste Korrektur des Spielzeugs« (ebd.) und stimmen es in seiner Funktion als »Turngerät für die Seele«« (VII, 814) auf ihre Bedürfnisse ab, wozu sie eigens der destruktive Zug ihres Spielverhaltens ermächtigt.

Ähnliche Gedanken zum Verhältnis des Kindes zu seinem Spielzeug formuliert Charles Baudelaire in seinem Essay *La Morale du joujou* (Die Moral des Spielzeugs) von 1853. In diesem Text beschreibt Baudelaire das Spielzeug als die erste Einweihung in die Kunst oder als das Erste, worin Kunst sich für das Kind verwirklicht.[197] Das Bedürfnis des Kindes, nach einiger Zeit oder

---

194 | Donald W. Winnicott: Vom Spiel zur Kreativität, S. 52.

195 | Entsprechende Überlegungen finden sich schon bei Aristoteles, der in seiner Schrift *Poetik* den Begriff des Dramas mit »Handeln« übersetzte. Aristoteles: Poetik. Griechisch/Deutsch, übers. und hg. von Manfred Fuhrmann, Stuttgart 2002, S. 9 u. 11.

196 | Vgl. Walter Benjamin Archiv (Hg.): Walter Benjamins Archive, S. 56f.

197 | Charles Baudelaire: Sämtliche Werke/Briefe, Bd. 2: Vom Sozialismus zum Supranaturalismus. Edgar Allan Poe 1847-1857, hg. von F. Kemp und C. Pichois in Zusammen-

gleich zu Beginn des Spielens die »Seele« des Spielzeugs sehen zu wollen, rechtfertigt er, so Brüggemann, als eine »erste metaphysische Regung«, die »den Fingern und Nägeln eine seltsame Behendigkeit und Stärke« verleiht, die zerstörerische Züge zeigt.[198] Denn zuletzt, »wie das Volk die Tuilerien belagert, unternimmt das Kind eine letzte Anstrengung; endlich bricht es das Spielzeug auf, es ist der Stärkere. Aber *wo ist die Seele?* Hier beginnen dann die Bestürzung und die Trauer«.[199] So ist das destruktive Momentum im Spiel des Kindes beim Umgang mit seinem Spielzeug auch für Baudelaire wesentlich; nicht nur besteht das Kind darauf, das Spielzeug zu zerlegen oder zu vernichten, um in sein Inneres vorzudringen, sondern es verliert bei dieser lustbetonten Zerstörungstätigkeit zugleich die Angst und Furcht vor dem Gegenstand und erfährt etwas über dessen Materialität.[200] Einerseits ist es die Einfachheit des Spielzeugs selbst, die erhellt, was Benjamin für den Herstellungsprozess in Bezug auf Spiel als relevant erachtet. Andererseits wird anhand der Art und Weise, *wie* das Kind mit dem Spielzeug spielt und verfährt, ersichtlich, worauf er insistiert, wenn vom fortwährenden Studium bzw. vom stetigen Lernen die Rede ist, das in den einzelnen Übungsphasen ruckweise auftritt. Die Beziehung zwischen der Spieltätigkeit des Kindes und seinem Wissenstrieb gilt es also zu beachten, will man für Kinder schaffen, worauf Benjamin beispielsweise im Text *Baustelle* in der Einbahnstrasse hingewiesen hatte,[201] weswegen sich seine Worte auch wie eine Gebrauchsanweisung für das Spiel im Kindertheater lesen, für das er ebenso die ›Einfachheit‹ und ›Durchsichtigkeit des Herstellungsprozesses‹ einfordert.

Einzuordnen ist die Fokussierung auf den spielerischen, destruktiv-konstruktiven sowie rhythmisch strukturierten Herstellungsprozess, der mit dem kindlichen Lernen und Üben in enger Verbindung steht, in den Kontext der Überlegungen, die den Beobachtungen auf der Straße in Neapel, Riga, Berlin und Moskau gewidmet waren. Auch in diesen Texten ist ausdrücklich das Moment des Herstellens verankert, das nicht preisgibt, »wo noch fortgebaut wird und wo der Verfall schon eingetreten ist« (IV, 309), und eine Dynamik von sich

---

arbeit mit W. Droste, München/Wien 1983, S. 198f., zitiert nach Heinz Brüggemann: Walter Benjamin über Spiel, Farbe und Phantasie, S. 109.

198 | Charles Baudelaire zitiert nach Heinz Brüggemann: Walter Benjamin über Spiel, Farbe und Phantasie, S. 109.

199 | Ebd.

200 | Vgl. William Stern: Psychologie der frühen Kindheit bis zum sechsten Lebensjahr, Darmstadt 1965, S. 275.

201 | »Die Normen dieser kleinen Dingwelt müßte man im Auge haben, wenn man vorsätzlich für die Kinder schaffen will und es nicht vorzieht, eigene Tätigkeit mit alledem, was an ihr Requisit und Instrument ist, allein den Weg zu ihnen sich finden zu lassen.« (IV, 93)

fortwährend ändernden Situationen erkennen ließ, die den Schauplatz in neuen unvorhersehbaren Konstellationen zeigte (ebd.). Dabei war der Umstand bedeutend, dass keine Gestalt ihr »so und nicht anders‹« behauptete (ebd.). Und auch in der EINBAHNSTRASSE galt sein Interesse den Bau- und Umbauarbeiten, die besonders das Kind in seiner Tätigkeit als »Ingenieur« betrafen, wenn es in den Abfallprodukten das Gesicht der Dingwelt erblickte. Hier trat der Herstellungsprozess in den Vordergrund, da die Kinder im Spiel »Stoffe sehr verschiedener Art in eine neue, sprunghafte Beziehung zueinander setzen« (IV, 95). Desgleichen rückte in den Texten über MOSKAU das Moment des Herstellens und des Übens in den Vordergrund, wenn Benjamin das Leben der Kinder auf der Straße beobachtete, das in seiner lebendigen Wirklichkeitsdichte einer experimentellen »Versuchsanordnung« im »Laboratorium[s]« glich (IV, 325).

Die zerstörerischen gleichwie entfalteten Kräfte, die im kindlichen Spiel auf mannigfache Weise miteinander korrelieren und im Spielzeug ihr Pendant aufweisen, zeigen in ihrer Anordnung eine verwandtschaftliche Beziehung zu Begriffen, die in den Manifesten der Avantgarde zu finden sind. Dazu gehören die avantgardistischen Kategorien Zertrümmerung, Fragment, Zerlegung und Experimentieren, die Benjamin sämtlich als allegorische Verfahrensweisen erkannte und als das schon erwähnte »zerstückelnde, dissoziierende Prinzip« (I, 382) beschrieb, das auch die Arbeitsweise der Barockautoren bestimmte. Denn auch den barocken Trauerspielen eignet nach Benjamin eine »Freude an der Grausamkeit«, die der Darstellung angehört (I, 392). Offenbar avanciert die Figur des Kindes, die Vielförmigkeit seiner indifferenten und synkretistischen Weltanschauung wie seiner mimetischen und polymorphen Wahrnehmungs- und Erfahrungsweise zum Vorbild für die künstlerische Praxis der ästhetischen Moderne.[202] Ausdrücklich nimmt Benjamins Theorie das kindliche Denken auf und impliziert diese als Horizont seines politisch-ästhetischen Denkens und Schreibens.[203] So stimmt Benjamins konstruktivistisches Interesse auch mit dem Brecht'schen »Prinzip der konstruktiven Vereinfachung« (II, 522) überein, das Benjamin in den Mittelpunkt seiner Deutung des Brecht'schen Werkes gestellt hat.[204] Explizit verweist die Brecht'sche Lehrstücktheorie auf eine Theaterform der *Performance,* die sich mehr der Aktualität des Spiels selbst im Sinne einer kommunikativen Praxis zuwendet, indem sie den Zuschauer als einen am Theater beteiligten Partner mit einbezieht.[205] Wenn Benjamin für das Kindertheater »das grundsätzlich niemals abgeschlossene Studium« (II, 765) der Kinder hervorhebt, so liegt darin eigens eine künstlerische Korrespondenz zur fragmentarischen Gestalt des Lehrstücks, das Brecht mit

---

202 | Heinz Brüggemann: Walter Benjamin über Spiel, Farbe und Phantasie, S. 117.

203 | Nicola Gess: Walter Benjamin und »die Primitiven«, S. 40.

204 | Detlev Schöttker: Konstruktiver Fragmentarismus, S. 199.

205 | Hans-Thies Lehmann: Postdramatisches Theater, S. 244ff.

den Worten kommentiert: »Es ist nicht einmal ganz fertig gemacht«, womit er den experimentellen Charakter der Aufführung unterstreicht.[206] Die näheren Verbindungslinien der Kindertheateridee bei Benjamin zur Lehrstücktheorie bei Brecht werden später ausführlicher zu behandeln sein.

Erziehung im Kollektivum

Mit der Ausrichtung auf die betriebsame Theaterarbeit der Kinder, deren Spielen und Gestalten als fortdauerndes Studium im Kindertheater im Vordergrund stehen, worunter Benjamin ein zutiefst praktisches, körperlich-leibliches Üben, Ausprobieren und Aufmerken versteht, kommt es auch zu einer Umwertung der erzieherischen Aufgabe. In der Art und Weise, wie Benjamin unter dem »*Schema der Spannung*« die Aufführung im Verständnis eines fertiges Produkts an einen Nebenschauplatz relegiert, weist er signifikanterweise auch dem Erzieher im Kindertheater eine Nebenrolle zu, die dem bürgerlichen Theaterleiter fremd anmuten muss. Wenn es die Aufgabe des Erziehers ist, dem »Schabernack« der Kinder, das heißt, dem rhythmisch verfassten Prozess des gemeinsamen Spiels und Spielens selbst im Kindertheater Raum zu geben, kommt ihm nun verstärkt die Bestimmung zu, auf die »Spannungen« zu achten, »welche in solchen Aufführungen sich lösen« (II, 765). Benjamin erläutert dies mit den Worten:

Die Spannungen der kollektiven Arbeit sind die Erzieher. Die übereilte, viel zu späte, unausgeschlafene erzieherische Arbeit, die der bourgeoise Regisseur am Bourgeoisschauspieler vollzieht, fällt in diesem System fort. Warum? Weil im Kinderklub kein Leiter sich halten könnte, der irgendwo den echt bourgeoisen Versuch unternehmen wollte, unmittelbar als »sittliche Persönlichkeit« auf Kinder zu wirken. Moralische Einwirkung gibt es hier nicht. Unmittelbare Einwirkung gibt es hier nicht. (Und auf diesen beruht die Regie im bourgeoisen Theater.) Was zählt, ist einzig und allein die mittelbare Einwirkung des Leiters auf Kinder durch Stoffe, Aufgaben, Veranstaltungen. Die unvermeidlichen moralischen Ausgleichungen und Korrekturen nimmt das Kollektivum der Kinder selbst an sich vor. Daher kommt es, daß die Aufführungen des Kindertheaters auf Erwachsene als echte moralische Instanz wirken müssen. Es gibt keinen möglichen Standort für überlegenes Publikum vorm Kindertheater. Wer noch nicht ganz verblödet ist, der wird sich vielleicht schämen. / Aber auch das führt nicht weiter. (Ebd.)

Zweifellos wird im Kindertheater von Benjamin dem Erzieher die dominante Leitungsrolle und Führungsposition als Lehrer rückhaltlos aberkannt, denn die bürgerliche Erziehungspraxis einer unmittelbaren pädagogisch-didakti-

---

206 | Jan Knopf: Brecht-Handbuch in fünf Bänden, Bd. 1: Stücke, Stuttgart/Weimar 2001-2003, S. 68.

schen Beeinflussung erzeugt nach der Ansicht von Benjamin »Spannungen« im Kinderkollektiv, die dem impulsiven Spielprozess der Kinder hinderlich sind. Mit dem Begriff der Spannungen deutet Benjamin genauer noch negativ auf moralische und autoritäre Aspekte hin, die die Kindertheaterarbeit »im bourgeoisen Theater« für die Leitungsperson berechenbar und kontrollierbar machen, was jedoch für die spielerischen Aktivitäten der Kinder eine Begrenzung ihrer Entfaltungsmöglichkeiten bedeutet. Lösungen ergeben sich hier allererst in der Sicherstellung einer nicht autoritären Leitung und in der Ablehnung jeden Versuchs einer »unmittelbaren« Einwirkung von Erziehern als »sittliche Persönlichkeit«.

Um eine moralische und direkte Beeinflussung vom Spiel der Kinder abzuwenden, ist es erforderlich, den Erzieher abseits der produktiv-schöpferischen Theaterarbeit der Kinder im Kinderkollektiv zu positionieren, von wo aus er seine ihm von Benjamin zugeteilte Aufgabe der »Beobachtung« (II, 766) erfüllen kann. Indes plädiert Benjamin ausdrücklich für eine »mittelbare« Einwirkung auf die Kinder, die über Medien wie »Stoffe, Aufgaben und Veranstaltungen« erfolgen soll. Die »unvermeidlichen moralischen Ausgleichungen und Korrekturen« im Kindertheater nimmt, wie Benjamin schreibt, das Kollektivum der Kinder selbst an sich vor. Wie ist das gemeint? Wie soll Erziehung im Kindertheater garantiert sein, wenn dem Theaterleiter der erzieherische Auftrag entzogen ist und er sich nicht mehr auf seine Autorität zurückziehen kann? Und was versteht Benjamin unter der Selbsterziehung im Kollektivum, wenn er in Hinsicht auf das »laute und eingreifende Spiel von Gruppen« in CHICHLEUCHLAUCHRA schreibt, dass eine »kollektive Unterweisung ohne Autorität zu organisieren, niemals glücken wird« (III, 272).

Den Problemkomplex einer Erziehung, die nicht vom Erzieher, sondern vom Kollektivum selbst ausgeht, hatte Benjamin bereits 1913 in der Schrift DER MORALUNTERRICHT (II, 48-54) angesprochen.[207] In diesem Text legt er »auf dem Boden der Kantischen Philosophie« (II, 48) dar, dass eine *direkte* Erziehung zur Sittlichkeit undenkbar ist, da der Erzieher den sittlichen Willen des Kindes weder ergreifen noch moralisch beeinflussen kann (II, 49). Benjamin prangert die »Systemlosigkeit« (II, 51) des Moralunterrichts an, da dieser sich nicht nur eine unerfüllbare Aufgabe zum Ziel gesetzt habe, deren Grundlage gänzlich verfehlt sei, sondern weil er »in der Motivation und Legalisierung des reinen Willens« nur »der Unterdrückung der Freiheit« Tür und Tor öffne, worin die tiefste Gefahr des Moralunterrichts liege (ebd.). Was Benjamin damit zur Sprache bringt, richtet sich gegen das kantische Rechts- bzw. Sittengesetz, genauer: gegen sein ethisches Gebot von Sein und Sollen, das die wechselseitige Beachtung, Achtung und Aufmerksamkeit füreinander zu moralisieren, kon-

---

207 | Diese Schrift war der erste namentlich von Benjamin publizierte Text und erschien in Gustav Wynekens Reihe »Die Freie Schulgemeinde« (II, 899).

trollieren und sie einem freien Willen unterzuordnen versucht. Dies aber ist in den Augen von Benjamin nicht möglich. Zwar, so führt Benjamin weiter aus, »mag es traurig sein, daß das Kind derartige Einblicke ins Leben oft erst im Moralunterricht erhält, aber Eindruck übt diese Ausführung doch nur auf ein Kind aus, das Sympathie und Nächstenliebe schon kennt« (II, 51f.). Das bedeutet: Sittlichkeit als ein spezifisches Einfühlungsvermögen, dem ein ethischer Unterton zugrunde liegt, kann nicht von vornherein als gegeben vorausgesetzt oder rationalistisch anhand von Beispielen begriffen werden, sondern bedarf eines praktischen Fundaments zur Übung und Schulung. Denn vielmehr ist, wie Benjamin festhält, »der wahrhaft sittliche Wille streng definiert durch seine gänzliche äußere Motivlosigkeit« und gerade deshalb durch Erziehung nicht beeinflussbar, weswegen das Kind Sympathie und Nächstenliebe »nur in der Gemeinschaft, nicht im Moralunterricht« (II, 52) erfahren kann. Die »spezifische Energie des moralischen Sinnes« oder anders gesagt, das Potential des moralisches Einfühlungsvermögens wächst, so Benjamin weiter, nicht »im Aufnehmen der Motivationen, des Stoffes, sondern nur in der Betätigung« (ebd.). Die Idee einer ethisch-politischen Erziehung, die ohne den belehrenden und ideologischen Einfluss des Erziehers nur »in der Betätigung«, in der tätigen Gemeinschaft ihre Wirkmächtigkeit entfaltet, taucht fast wörtlich in der Programmschrift zum Kindertheater wieder auf. Auch hier führt sie schließlich zur Einschreibung einer Erziehung, die allein *im* und *durch* das Kollektivum der Kinder zu erfolgen hat, weshalb sie von Benjamin *proletarisch* genannt wird. Für den Erzieher gilt dabei ganz unmissverständlich, dass er sich nicht mehr auf seine ihm im bürgerlichen Verständnis zugewiesene Autorität zurückziehen kann, sondern dass es vielmehr darum geht, diese den Kindern zu überlassen, wenn Benjamin schreibt: »Die unvermeidlichen moralischen Ausgleichungen und Korrekturen nimmt das Kollektivum der Kinder selbst an sich vor.« (II, 765) Erinnern wir an die Kriterien der proletarischen Erziehung, wie sie von Benjamin für das Kindertheater eingefordert werden, bietet diese vor dem Hintergrund einer »»gewaltlosen Leitung««,[208] wie Lehmann sagt, eine geeignete Zugangsweise, die auf die Entwicklung des Selbstbildungsprozesses von Kindern und Jugendlichen in enger Verbindung mit ihrer direkten Erfahrungswelt zugeschnitten ist.

Die Betonung einer gewaltfreien Erziehung, die schon in der *»Vorbemerkung«* anklang, steht auch hier im Zusammenhang mit Benjamins Ausarbeitung einer philosophischen Theorie der Politik, in die sich sein *Gewalt*-Aufsatz einfügt. Mit seinem erkennbar akzentuierten dreiteiligen Aufbau und den spezifischen Fragestellungen, die das Recht, Gerechtigkeit sowie moralische Implikationen betreffen,[209] offenbart Benjamins Kritik auch eine gewisse Affini-

---

208 | Hans-Thies Lehmann: Eine unterbrochene Darstellung, S. 187.
209 | Burkhardt Lindner: Derrida. Benjamin. Holocaust, S. 1693.

tät zu dem Kindertheatertext. So kommt Benjamin in seiner Untersuchung zu dem Schluss, dass das elementare Grundverhältnis einer jeden Rechtsordnung dasjenige von Zweck und Mittel ist und daher nicht Ausdruck wahrhaftiger Sittlichkeit und Gerechtigkeit sein kann (II, 179). Dabei interessiert ihn, Axel Honneth zufolge, weniger die Stellung der Gewalt im modernen Recht als die Frage nach der »Quelle und Form von Gewalt, die von so umstürzlerischer Art ist, daß sie der gewaltsamen Institution des Rechts im Ganzen ein Ende bereiten kann«.[210] Die Rede von der umstürzlerischen Gewalt, die hier vor allem mit der *reinen* Gewalt zusammenschließt, begründet sich mithin auf dem Boden einer *gewaltfreien* Konzeption, die Benjamin im Sinne George Sorels im »proletarischen Generalstreik« (II, 196), der die Staatsgewalt vernichtet (II, 194), verwirklicht sieht, im Gegensatz zum »politischen Generalstreik« (II, 193), der das Recht erhält (II, 194). Der proletarische Generalstreik als »reines Mittel« gilt Benjamin als gewaltlos (II, 184), da er in seinem Vollzug (II, 194) »die Unterlassungen von Handlungen, ein Nicht-Handeln« darstellt und »überhaupt nicht als Gewalt bezeichnet werden dürfe« (II, 183f.).[211]

Dieser Sachverhalt ist aus mehreren Gründen auch für die Situation im Kindertheater von Bedeutung. Zum einen untermauert er indirekt Benjamins Auffassung von Erziehung, die den Verzicht auf jedwede zweckdienliche Interessenverfolgung beansprucht, zum anderen entwirft er in der Fluchtlinie des Klassenkampfes bereits eine Idee von gemeinschaftlicher Erfahrung, wie sie auch für das Kinderkollektiv im Kindertheater zutrifft, das sein genuines Potential erst mit der Aufhebung der herkömmlichen Autoritätsbeziehung entfalten kann. Denn wenn Benjamin im *Gewalt*-Aufsatz schreibt: »Die organisierte Arbeiterschaft ist neben den Staaten heute wohl das einzige Rechtssubjekt, dem ein Recht auf Gewalt zusteht« (II, 183), dann steht der Gebrauch dieses Rechts freilich auch dem Kollektivum der Kinder im proletarischen Kindertheater zu. Erst dieses Recht auf eine »umstürzlerische« Gewalt, die hier eine kindlich motivierte destruktive und theatrale Gewalt bedeutet, räumt den Kindern im proletarischen Kindertheater die Möglichkeit ein für ein *neues* Gesetz bzw. eine *neue* Spielregel, die nur vermittels einer Unterbrechung bzw. vermittels des Zustands einer anarchistischen oder anarchischen »Entsetzung des Rechts« (II, 202) erreicht werden kann.

Von den Bedingungen für eine solche Erziehung im Kollektiv, bei der die belehrenden Maßnahmen seitens der Erziehungsperson aufgegeben und von

---

210 | Axel Honneth: Zur Kritik der Gewalt, in: Burkhardt Lindner (Hg.): Benjamin-Handbuch, S. 193-210, hier S. 193.

211 | Nach Hamacher drückt sich in Benjamins *Gewalt*-Aufsatz die Skizze zu einer »Politik reiner Mittelbarkeit« aus. »Die Mittel dieser Politik heißen für Benjamin reine Mittel, weil sie nicht als Mittel zu Zwecken dienen, die außerhalb der Sphäre der Mittelbarkeit liegen würden.« Werner Hamacher: Afformativ, Streik, S. 340.

den Kindern selbst geleistet werden, hatte Benjamin 1924 auf Capri in Gesprächen mit Lacis über das Kindertheater gehört. Der Akzent ihrer praktischen Kindertheaterarbeit lag in der Hauptsache auf der Erziehung *im* und *durch* das Kinderkollektiv, die sie als Leiterin des Kindertheaters berücksichtigte. Richtungsweisend waren die theaterästhetischen Einsichten, die sie in der Auseinandersetzung mit Künstlern der von Meyerhold im Theateroktober auf die Spitze getriebenen russischen Avantgarde gewinnen konnte. Auch hier ging man von der Umgestaltung der sowjetischen Gesellschaft aus, die einem revolutionären Akt geschuldet war und in Bachtins Denken des Karnevals zurückgespiegelt wurde. Die Grundlagen für die praktische Ausrichtung einer solchen Erziehung sollte Benjamin jedoch erst bei seiner späteren Moskaureise in Erfahrung bringen, wie die Rede von den Kinderklubs im russischen Alltagsleben deutlich macht. Gerade seine Beobachtungen auf den Straßen Moskaus führten ihm die politische Praxis des Kommunismus vor Augen, die ihn aufforderte, eine »verbindliche Haltung« (2, 473) einzunehmen, und im Ganzen neue Ansatzpunkte für sein politisches Denken erbrachte. An diesem Punkt fühlt sich Benjamin mit Lacis verbunden, der, angesichts der verwilderten und verwahrlosten Kinder und Jugendlichen, nichts anderes übriggeblieben war, als selbst auf die Straße zu gehen. Denn sie war es gewesen, die beispielhaft im russischen Orel erreicht hatte, dass »hunderte von Kindern den Platz erfüllen« und sich im gemeinschaftlichen Spiel auf der Straße zusammenfanden (IV, 322).

Der Zusammenhang mit dem Motiv der Straße wird auch hier fassbar, das eine spezifische Form der gemeinschaftlichen Erfahrung impliziert und dem experimentellen Aspekt, der die Betrachtung des Spielerischen und Verspielten (IV, 329) mit bedenkt, besonderes Interesse entgegenbringt. Und wie Benjamin im Fragment gebliebenen Denkbild *Zum Planetarium* im Text EINBAHNSTRASSE geschrieben hatte, dass »der Mensch nur in der Gemeinschaft kommunizieren kann« (IV, 146f.), verweist er nach Lindner ausdrücklich auf die »Lebensnormen der befreiten kommunistischen Menschheit, die in der proletarischen Bewegung sich vorbereiten«,[212] die sich auch für seinen Plan vom Kindertheater konkretisieren. Die Reichweite seiner Überlegungen nimmt ihren Ausgang, wo Benjamin bei der Organisation von Scharen solcher Kinder befürwortet, »an die Parolen der Stadt selber, des ganzen kollektiven Lebens sich so dicht und so deutlich wie möglich an[zu]schließen« (IV, 322f.), wie er sich im Essay über MOSKAU ausdrückte. Dann erst ist, so Benjamin, davon auszugehen, dass auch die Politik »selbstverständlicher Beschäftigungsgegenstand« und »evidentes Anschauungsmaterial« werden kann (IV, 323). Die Straßen Moskaus oder »das Milieu«, wie Benjamin schreibt, hatten ihn gelehrt, dass das Kollektivum »den einzig zuverlässigen Erzieher« abgab (IV, 328). Hier fanden sich genügend Anzeichen, die ihm signalisierten, die

---

212 | Burkhardt Lindner: Die »Heiterkeit des Kommunismus«, S. 80.

Bedeutung einer proletarischen Erziehung in ihrer »polytechnische[n] Ausbildung« zu erkennen, die zum »Gemeingut« wird, wie Benjamin später auch im *Kunstwerk*-Aufsatz schreiben sollte (I, 493). Die politische Richtung, die Benjamin anvisiert, liegt weniger in einer ideologischen Orientierung als vielmehr in einer ethischen Konnotation begründet, die durch die Verdichtungen der Wahrnehmungen für die Kinder neue Erfahrungsräume eröffnet. Davon ausgehend, gilt auch in dem von Benjamin vorgeschlagenen Theater für Kinder die Formel, sich »dicht« (IV, 322) an das »Kollektivum der Kinder« (II, 765) anzuschließen, die schon die Kinder im Kindertheater von Lacis praktiziert hatten. In diesen Sätzen Benjamins zeichnet sich sein politisch-pädagogischer Anspruch für das Kindertheaterprogramm ab, die bürgerliche Erziehung des Einzelnen zugunsten einer proletarischen Erziehung im Kollektiv aufzugeben, derart, dass die Erziehung weniger durch die Erzieher als durch das Kinderkollektiv selbst zu erfolgen habe, was ein entscheidendes Merkmal des Kindertheaters darstellt.[213] Denn auch hier fungiert das Kollektivum als ein Mittel, durch das die proletarische Pädagogik ihre Überlegenheit darin erweist, den Kindern die Erfüllung ihrer Kindheit zuzusichern (II, 768), sofern kein Erzieher ihr impulsives und von Spontaneität geprägtes Spiel stört, dem eine spezifische »Gemeinschaftsrhythmik« (IV, 93) zugrunde liegt.

Dies ist darin verankert, dass das Kollektivum, dessen Wohnraum die Straße ist (V, 994), die besten Voraussetzungen hat, die Korrekturen an sich selbst vorzunehmen, übt und probiert es doch spielerisch in der Gemeinschaft vielfältige Möglichkeiten und Formen der intermediären Wahrnehmungserfahrung und kommunikativen Einstellung, die nachhaltig eine gegenseitige Aufmerksamkeit und Verantwortlichkeit befördern. Vor diesem Hintergrund wird verständlich, wenn Elisabeth Lenk bemerkt, dass im mystischen Kollektivum »ein ›Mehr‹« begründet liegt, »das die Einzelbewußtseine übersteigt«.[214] Angesprochen ist damit nicht nur eine soziale Komponente, die Übung der Sorgfalt, die in der gegenseitigen Achtung ethische Züge annimmt, sondern auch das destruktiv-despotische wie entfaltende Potential der Kinder, das hier als Widerlager die Stoßrichtung des Spiels vorgibt. Erst in der Verflechtung dieser Kräfte, die in einer ›anderen‹ Aufmerksamkeit fundiert ist, kulminiert die politische Erfahrung, die sich im gemeinschaftlichen Spiel auf der Straße als Nebenprodukt einstellt. Das Kollektivum, wie Benjamin es versteht, zeich-

---

213 | Schiavoni zufolge beobachtete Benjamin, dass »die ›Autorität‹, die sich in die Innerlichkeit des bürgerlichen Individualismus zurückgezogen hatte und ihrem Untergang entgegenging«, nun verstärkt wieder im Kollektiv auftauchte. Giulio Schiavoni: Von der Jugend zur Kindheit, S. 58.

214 | Elisabeth Lenk: Das ewig wache Kollektivum und der träumende Seher. Spuren surrealistischer Erfahrung bei Walter Benjamin, in: Klaus Garber/Ludger Rehm (Hg.): global benjamin. Bd. 1, S. 347-355, hier S. 351.

net sich in Anbetracht einer veränderten Aufmerksamkeitserfahrung durch eine bestimmte Form der Überbestimmtheit aus, die für die Forderungen, Bedürfnisse und Neigungen, für Untertöne und Zwischentöne in der Gruppe empfänglich ist. Somit ist auch das »Kollektivum der Kinder« (II, 765) im Kindertheater in die Lage versetzt, die »moralischen Ausgleichungen und Korrekturen« selbst an sich vorzunehmen, denn, wie Benjamin im *Kunstwerk*-Aufsatz mit Bezug auf die Reaktionen der Einzelnen, »deren Summe die massive Reaktion des Publikums« im Kino ausmacht, schreibt: »[...] indem sie sich kundgeben kontrollieren sie sich«. (I, 497) Diese originäre und produktive Fähigkeit des Kollektivs schreibt Benjamin nicht nur dem »Kollektivum der Kinder« (II, 765) zu. Ebenso belegt er sie für die biographische Vielfalt des einzelnen Kindes selbst, mit seinen physiologischen, emotionalen, libidinösen und ortsgebundenen Eigenarten und Codierungen, wenn er im Hinblick auf das »Kollektiv als Publikum« vom »kindliche[n] Kollektivum« (II, 766) spricht, das für das »proletarische Kindertheater« unerlässlich ist:

Proletarische Kindertheater erfordern, um fruchtbar zu wirken, ein Kollektiv als Publikum ganz unerbittlich. Mit einem Worte: die Klasse. Wie denn andererseits nur die Arbeiterklasse ein unfehlbares Organ für das Dasein der Kollektiva besitzt. Solche Kollektiva sind die Volksversammlung, das Heer, die Fabrik. Solch ein Kollektivum ist aber auch das Kind. Und es ist das Vorrecht der Arbeiterklasse, für das kindliche Kollektivum, welches der Bourgeoisie nie zu Gesicht kommen kann, das offenste Auge zu haben. Dieses Kollektivum strahlt nicht nur die gewaltigsten Kräfte aus, sondern die aktuellsten. Unerreicht ist in der Tat die Aktualität kindlichen Formens und Gebarens. (Wir verweisen auf die bekannten Ausstellungen der neuesten Kinderzeichnung.) (II, 765f.)

Benjamin bringt in seinem Kindertheaterprogramm zum Ausdruck, dass das »Kollektivum der Kinder« im Kindertheater nicht nur aus Akteuren, sondern auch aus Zuschauern besteht, wobei die Polarisierung der Kinder in Akteure und Zuschauer zweitrangig ist, da alle am theatralen Schaffensprozess aktiv beteiligt sind, ganz ähnlich, wie es Bachtin als Spezifikum des Karnevals formuliert hatte.[215] Der explizite Verweis darauf, den Benjamin hier liefert, zeigt die zentrale Bedeutung, die damit für das Kindertheater verknüpft ist. Denn Benjamin weiß, dass die Dynamik des theatralen Spiels davon abhängt, inwieweit der wechselseitige Austausch zwischen den handelnden Akteuren und den beobachtenden Zuschauern gewährleistet ist, der möglich wird, weil das Kind die genuine Fähigkeit besitzt, spontan und abrupt die Perspektive zu wechseln, wie vorher gezeigt wurde. Deshalb ist allein das Kind in seiner Doppelfunktion als Akteur und Zuschauer und als Teil des Kollektivums gleichermaßen für Benjamin mit den »gewaltigsten« und »aktuellsten« Kräften

---

215 | Michail Bachtin: Literatur und Karneval, S. 48.

ausgestattet, wovon auch Kinderzeichnungen ein Zeugnis abgeben. Darauf Bezug nehmend, hebt er in seiner 1929 verfassten Rezension zu Hartlaubs Buch *Der Genius im Kinde. Ein Versuch über die zeichnerische Anlage des Kindes* (III, 211-212) hervor, dass »alle falschen Angleichungen an das Schaffen bewußter Künstler [...] hier vermieden« sind, weswegen auch nicht vom Genie, sondern vom »*Genius* im Kinde« die Rede ist (III, 212), der aus der spezifischen Konstellation von Außen- und Innenwelt hervorgeht und in der kindlichen Ausdrucksweise zur Wirkung kommt.[216]

Der Genius im Kinde drückt nach Hartlaub die schöpferische Kraft des Kindes aus, »das Tote zu b e l e b e n und zu p e r s o n i f i z i e r e n«.[217] Als eine »Urtatsache des geistigen Vermögens des Kindes« ist sie wesentlich für dessen gestaltende, künstlerische Tätigkeit, die hier psycho-physisch und kulturtheoretisch fundiert wird.[218] Benjamin bezieht sich etwa auf die Äußerungen Hartlaubs wie: »Das Kind spricht nicht sich durch die Dinge, sondern die Dinge durch sich aus. Schaffen und Subjektivität haben im Kinde noch nicht ihre verwegene Begegnung gefeiert.« (ebd.) Und wenn Benjamin in diesem Zusammenhang von der »Aktualität kindlichen Formens und Gebarens« spricht, die nicht zuletzt in Kinderzeichnungen sich ausdrückt, geht es ihm dabei um die Einbildungskraft und um die Verwandlungsfähigkeit des Kindes im Spiel im Sinne einer *Einverleibung*,[219] die etwa auch im Stück *Die Farben* in der BERLINER KINDHEIT UM NEUNZEHNHUNDERT bedeutsam ist.[220] Wenn also Benjamin in

---

216 | Heinz Brüggemann: Walter Benjamin über Spiel, Farbe und Phantasie, S. 166.

217 | Gustav Friedrich Hartlaub: Der Genius im Kinde. Ein Versuch über die zeichnerische Anlage des Kindes, 2. erw. Auflage mit 35 farbigen und 92 Schwarzdruckbildern, Breslau 1930, S. 108f., zitiert nach Heinz Brüggemann: Walter Benjamin über Spiel, Farbe und Phantasie, S. 166.

218 | Benjamins Wertschätzung für Hartlaub liegt in dessen offenem Sinn für alles, was an »Analogien urgeschichtlichen und psychopathischen Ursprungs« (III, 211) an die Kinderzeichnung angrenzt. So tritt die Kinderzeichnung als Dokument für die leiblich-seelischen Bedingungen der Bild-Erzeugung neben die psycho-physischen Zustände des Traums und des Rauschs. Ebd.

219 | »Die wirklichen Kinder haben nicht eigentlich ›Phantasie‹ im Sinne freischöpferischer Hervorbringung (wie bei erwachsenen Künstlern); sie sind eher n ü c h t e r n. Dagegen haben sie ›Ein-Bildungskraft‹ im eigentlichen Sinne: ein Vermögen, feinsinnliche Sachverhalte sich in Form von Bildern e i n z u v e r l e i b e n, unbewußt Symbole zu bilden.« G.F. Hartlaub zitiert nach Heinz Brüggemann: Walter Benjamin über Spiel, Farbe und Phantasie, S. 169.

220 | »In unserem Garten gab es einen verlassenen, morschen Pavillon. Ich liebte ihn der bunten Fenster wegen. Wenn ich in seinem Innern von Scheibe zu Scheibe strich, verwandelte ich mich; ich färbte mich wie die Landschaft, die bald lohend und bald verstaubt, bald schwelend und bald üppig im Fenster lag. Es ging mir wie beim Tuschen,

seiner Kindertheaterschrift auf die Kinderzeichnung verweist, zieht er dezidiert die kindliche Wahrnehmungs- und Erfahrungsweise in Betracht, die sich jenseits der ›zugelassenen‹ Ausdrucksformen bewegt. Die Kinderzeichnung wird so zum maßgeblichen Indiz für die besondere Kommunikationsform, die zwischen dem Kind und seiner Umgebungswelt besteht, für die es sich empfänglich und sensibel zeigt. Für die realistische Zeichnung des Kindes trifft es daher zu, dass sie solidarisch mit seinem Milieu verbunden ist.[221]

Diese Solidarität bekundet sich ebenso im gemeinschaftlichen Spiel im Kindertheater vor dem Hintergrund der Vielschichtigkeit der eigentümlichen kindlichen Weltauffassung, die, eingelagert in eine simultan aufgesprengte theatrale Wahrnehmungssituation, den Weg für eine »simultane[n] Kollektivrezeption« (I, 497) im Kindertheater ebnet, ähnlich wie es Benjamin im *Kunstwerk*-Aufsatz beschreibt. Auf diese Weise ist ein *Spielraum* garantiert, in dem sich neue Möglichkeiten der gemeinschaftlichen, interaktiven und von multiplen Perspektiven gekennzeichneten Wahrnehmungs- und Aufmerksamkeitserfahrung zwischen den Kindern ergeben können. Dem theatralen Spiel inhärent ist dabei die offene Konstellation, die Außen- und Innenwelt miteinander verschränkt, indem die Ausdruckshaltung des Kindes und die Einverleibung seiner Umwelt wechselseitig aufeinander bezogen sind. Wirksam wird auch hier der Begriff der *Porosität* aus dem *Neapel*-Aufsatz, der als architektonische Struktur und als Wahrnehmungsmodell par excellence einen offenporigen, politisch-ästhetischen Durchdringungsprozess kennzeichnete, der das urbane, kollektive Zusammenleben auf der Straße regulierte. Der entscheidende Punkt für die Kinder und Jugendlichen ist schließlich der, dass das theatrale Spiel im Kindertheater einen Möglichkeitsraum eröffnet, der Ansatzpunkte für neue Praktiken gemeinsamer Handlungsentwürfe und Sinnstiftungsprozesse erprobt und mit einbezieht. Dass damit eine betont körperlich-leibliche Akzentuierung mit auf dem Spiel steht, die auch in Benjamins Theorie des Spielers angelegt ist, verstärkt sich in seiner Rede vom Kollektivum, das »leibhaft« ist, wie Benjamin im PASSAGEN-WERK festhält (V, 1010). Auch aus diesem Grund stellt sich das Kindertheater als eine Zwischensphäre und Übergangspassage im Sinne von Entwicklungsraum dar, in dem »das Kollektivum als ein ewig waches, ewig bewegtes Wesen, das zwischen Häuserwänden soviel erlebt, erfährt, erkennt und ersinnt wie Individuen im Schutze ihrer vier Wände« (V, 1051), zu seinem Recht kommt.

Ausschlaggebend ist hierbei die Umkehrung des Erziehungsverhältnisses, der »Umsturz der Beziehungen« zwischen dem Erziehenden und den zu Erziehenden, der von den Kindern als »Triumph« wahrgenommen wird, wie

---

wo die Dinge mir ihren Schoß auftaten, sobald ich sie in einer feuchten Wolke überkam.«
(VII, 424)

221 | Maurice Merleau-Ponty: Keime der Vernunft, S. 207.

Merleau-Ponty unter Bezug auf Klein bemerkt.[222] Ausgehend von Freud betrachtet Klein die Stellung des Kindes in der Familie als »Position der Rivalität«.[223] Die von Rivalität geprägte Anfangssituation wird vom Kind als gefährlich und bedrohlich empfunden. Es fehlt ihm an Mitteln, es ist ohne Zuflucht und ohne Hilfe in einer Situation, derer es sich nicht erwehren kann, was eine Blockierung bei ihm auslöst.[224] Benjamin, der mit Freuds Theorie vertraut war, setzt nun im Hinblick auf eine Erziehung im Kollektivum, die ohne Erzieher auskommt, für das Kindertheater an dem Punkt ein, der einer solchen Blockierung nachhaltig entgegenwirkt, was seine Idee vom Theater als Möglichkeitsraum unterstützt.

Eine derartig eigenwillige Umkehrung der Autoritätsverhältnisse ist auch in seinem bereits erwähnten Hörspiel RADAU UM KASPERL auszumachen, wenn Kasperl, der erfahrene, berühmte Freund der Kinder (IV, 677), das Mikrophon dafür einsetzt, die Erwachsenen zu beschimpfen (IV, 678).[225] Der gleiche Ansatz einer radikalen Veränderung der Autoritätsbeziehungen findet sich zudem in der Lehrstücktheorie Brechts, bei der die Trennung von Darstellern und Zuschauern aufgehoben wird. Wie oben schon angedeutet wurde und später noch ausführlicher dargelegt werden soll, wird das Lehrstück ausdrücklich zum Spielstück für die Spielenden, zum »Experiment«, das heißt zur »Erprobung einer neuen Form ästhetischer Praxis«, einer ›kollektiven Kunstübung‹,[226] durch das der Spielende spielend lernt und versteht, was sich über den kognitiv-abstrakten Begriff nicht lernen und verstehen lässt. Letztlich sind die Bezüge für eine Umwertung der erzieherischen Verhältnisse in Benjamins Reflexionen zu einer Theorie des Karnevals zu suchen, auf die im Zusammenhang mit dem »Schema der Lösung« genauer einzugehen ist. In Anbetracht dieser Umkehrungsverhältnisse, die einen Zustand herbeiführen, in dem die Kinder im Kindertheater über den Erzieher die Macht gewinnen und somit über die Angst triumphieren, wird einsichtig, warum es »keinen möglichen Standort für überlegenes Publikum vorm Kindertheater geben« (II, 765) kann. Vielmehr tritt ein, wie Benjamin formuliert: »Wer noch nicht ganz verblödet ist, der wird sich vielleicht schämen.« (ebd.) Lässt man diesen Satz unbefangen auf sich wirken, so kommt man nicht auf Anhieb auf den Gedanken, dass Benjamin sich auch hier *für* die Kinder und *für* die Umkehrung der Macht- und Autoritätsverhältnis-

---

222 | »Das Kind stellt einen Vergleich zwischen sich und den Eltern bzw. den Menschen seiner Umgebung auf, wobei es sich selbst als klein betrachtet, während die Eltern und die übrigen Personen als groß wahrgenommen werden. Der Triumph besteht für das Kind im Umsturz der Beziehungen.« Ebd.

223 | Ebd.

224 | Ebd.

225 | Das Stück wurde am 10. März 1932 in Frankfurt/M. im Abendprogramm unter Benjamins Regie gesendet. Sabine Schiller-Lerg: Die Rundfunkarbeiten, S. 415.

226 | Jan Knopf: Brecht-Handbuch in fünf Bänden, Bd. 1, S. 68.

se im Kindertheater ausspricht, derart, dass gerade die Ordnungsvorstellungen der Erwachsenen infrage gestellt werden.

Das Genie der Erziehung: die Beobachtung

Wenn das Zusammenspiel der Kinder auf die Weise gelingen soll, wie es vorher beschrieben wurde, ist es unerlässlich, dass der Erzieher sich an die Aufgabe hält, die ihm im Kindertheaterprogramm von Benjamin zugewiesen wird. Und wenn es das erklärte Interesse ist, das »Kollektivum der Kinder« und das »kindliche Kollektivum« als eine zentrale Konstellation im Kindertheater anzuerkennen, die in der Lage ist, moralische Korrekturen an sich selbst vorzunehmen, ist es von elementarer Bedeutung, dass der Leiter seine Autorität an das Kinderkollektiv abgibt und sich auf die der »Beobachtung« (II, 766) zurückzieht. Indem er weder fordernd noch hemmend in das Spiel der Kinder eingreift, aktiviert er »das eigentliche Genie der Erziehung« und wird zum Zuschauer und Zeugen der künstlerisch-produktiven Handlungen der Kinder und ihrer vielgestaltigen Ausdrucks- und Erfindungsprozesse, was Benjamin mit folgenden Worten erläutert:

> Das Kaltstellen der »moralischen Persönlichkeit« im Leiter macht ungeheure Kräfte frei für das eigentliche Genie der Erziehung: die Beobachtung. Sie allein ist das Herz der unsentimentalischen Liebe. Jede erzieherische Liebe, welcher nicht in neun Zehntel aller Fälle des Besserwissens und des Besserwollens die Beobachtung des kindlichen Lebens selbst den Mut und die Lust verschlägt, taugt nichts. Sie ist sentimental und eitel. Der Beobachtung aber – hier fängt Erziehung erst an – wird jede kindliche Aktion und Geste zum Signal. Nicht so sehr, wie dem Psychologen beliebt, Signal des Unbewußten, der Latenzen, Verdrängungen, Zensuren, sondern Signal aus einer Welt, in welcher das Kind lebt und befiehlt. (Ebd.)

Die spezifische Rücksichtnahme, dem kindlichen Spiel nicht vor- oder in das Spiel der Kinder nicht einzugreifen, wie es Benjamin mit den Worten vom »Kaltstellen der ›moralischen Persönlichkeit‹ im Leiter« drastisch ausdrückt, war auch zentraler Bestandteil der Kindertheaterarbeit von Lacis gewesen.[227] Während Lacis die Beobachtung in der Nähe reformpädagogischer Ideen ansetzte, derart dass auch *die Kinder* die Dinge beobachteten, wendet Benjamin den Terminus Beobachtung nur auf die Erzieher und nicht auf die Kinder an. Insofern kann nicht von einer »harmonischen Verschmelzung« beider Ansätze gesprochen werden, wie Paškevica dies tut.[228] Deren These möchte die vorliegende Arbeit widersprechen, auch wenn Lacis und Benjamin, wie die Auto-

---

227 | Asja Lacis: Revolutionär im Beruf, S. 27.
228 | Beata Paškevica: In der Stadt der Parolen, S. 93.

rin zu Recht bemerkt, oftmals mit den gleichen Schlüsselbegriffen operieren, wie in diesem Fall von der »Beobachtung als Ausgangspunkt für Erzieher und zu Erziehende«[229] im Konzept von Lacis oder der »Beobachtung« als »das eigentliche Genie der Erziehung« bei Benjamin (ebd.). Denn speziell was den von beiden verwandten Begriff der Beobachtung angeht, lässt sich zwischen Benjamin und Lacis kaum eine Kongruenz feststellen.

Wie vorher geschildert, geht es in Benjamins Kindertheaterentwurf für die spielenden Kinder im Kinderkollektiv in der Hauptsache darum, einem unbewussten Wissen Tür und Tor zu öffnen, das dem *Leib* eingeschrieben ist (V, 1010; VII, 676) und sich im Spiel in Bewegungen umsetzt (IV, 775). Derartig wird die entscheidende Barriere des kulturierten Bewusstseins durchbrochen, so dass eine Umwertung der Aufmerksamkeit in Gang gesetzt wird, die Benjamins Gedanken vom fortdauernden Studium bzw. vom Lernen und Üben entspricht und körperliche Abläufe mit einbezieht. Diesen Prozess unterstützend, geht es Benjamin in Hinsicht auf den Erzieher und seine besondere Aufgabe im Kindertheater um eine Beobachtung, die eng mit seinem Begriff der Erfahrung verbunden ist.[230] Von hier aus gelangt Benjamin zu einer eigenen Bestimmung von Beobachtung, die sich von der von Lacis deutlich unterscheidet. Was aber lässt sich nun unter der Formel von der »Beobachtung« als dem »eigentliche[n] Genie der Erziehung« verstehen, wenn sie im Bezogensein auf Benjamins Erfahrungsbegriff zu denken ist?

Nach Thomas Weber gehört der Erfahrungsbegriff von Beginn an zu Benjamins theoretischer Biographie und folgt deren Wendungen und Konstellationen,[231] die notwendigerweise auch das Kindertheater im Kern berühren, begreift doch Benjamin das Theater (wie den Film) als ein »*Übungsinstrument*« (I, 505), das neue Wahrnehmungs- und Erfahrungsweisen ermöglicht.[232] Gerade wenn Benjamin so vehement auf der Beobachtung als dem »Genie der Erziehung« insistiert, wie es Lacis in diesem Maße kaum getan hat, sind diese Überlegungen in ein Gradnetz einzuordnen, das auf seine frühen Schriften im Zusammenhang seiner Teilnahme an der »Freideutschen Jugend« rekurriert, die den Anspruch vertrat, einen radikalen Bruch mit der bürgerlichen Welt zu vollziehen.[233]

---

229 | Asja Lacis: Revolutionär im Beruf, S. 27.

230 | Hans-Thies Lehmann: Eine unterbrochene Darstellung, S. 186.

231 | Thomas Weber: Erfahrung, in: Michael Opitz/Erdmut Wizisla (Hg.): Benjamins Begriffe, Bd. 1, S. 230-255, hier S. 230.

232 | Burkhardt Lindner: Technische Reproduzierbarkeit und Kulturindustrie. Benjamins »Positives Barbarentum« im Kontext, in: Ders. (Hg.): Walter Benjamin im Kontext, S. 180-223, hier S. 196.

233 | »Der Name ›Freideutsche Jugend‹ wurde von F. W. Fulda geprägt, einem der Führer des Wandervogels, um diese Bewegung von politischen und konventionellen Orga-

Die frühesten zusammenhängenden Äußerungen Benjamins zu diesem Thema finden sich in seinem Aufsatz ERFAHRUNG (II, 54-56) aus dem Jahr 1911, den er unter dem Pseudonym *Ardor* in *Der Anfang* veröffentlicht hatte.[234] Zentral darin ist der Gedanke, »alle rebellischen Kräfte der Jugend gegen das Wort ›Erfahrung‹ mobil« zu machen (II, 902). Dies gelingt aus der Perspektive von Benjamin nur dann, wenn die Erfahrung gegenüber dem Diskurs der »Erwachsenen« geschützt wird, der diesen lediglich dazu dient, die Jugend eben dieser rebellischen Kräfte zu berauben und im eigenen Interesse die Vergeblichkeit der Rebellion zu predigen (II, 54). Unter Bezugnahme auf eine romantische Religiosität und eine kantische Sichtweise zeigt Benjamin in seinem Text auf, dass die Erfahrung im Diskurs der Erwachsenen zur Phrase verkommt und »geistlos« wird (II, 55).[235] Benjamin geht es um eine »andere Erfahrung« (II, 56), eine, die ihren Inhalt nicht dem gewöhnlichen, »niederen« Leben entnimmt: »Wir selber aus unserem Geiste werden ihr Inhalt geben.« (II, 55)

Sind derart die Konturen einer Kritik der Erfahrung gezeichnet, die Benjamin in seiner 1918 verfassten Schrift ÜBER DAS PROGRAMM DER KOMMENDEN PHILOSOPHIE (II, 157-171), anders als Kant, im metaphysischen Sinne als »echte Erfahrung« (II, 162) und »reine Erkenntnis« (II, 163) deutet, definiert er einen Erfahrungsbegriff, der, genau genommen, eine Verkehrung der Autoritätsverhältnisse impliziert. Fundamental liegt hierin eine Idee von Erziehung begründet, die zu Demut und Ehrfurcht vor der Jugend/dem Kind verpflichtet und als ein bestimmender Grundzug auch in seiner Kindertheaterschrift aufzufinden ist. Benjamins Jugendschriften explizieren eine Thematik seines frühen Denkens, die in der Schrift zum Kindertheater eine Neuformulierung findet, gerade dann, wenn er das »Kaltstellen der ›sittlichen Persönlichkeit‹ im Leiter« so sehr betont und darauf abhebt, jede Erfahrung des Erwachsenen, die doch nur als Phrase und Redeweise »des Besserwissens und des Besserwollens« übermittelt wird, aus der spielerischen Aktion der Kinder herauszuhalten. Überdies offenbaren sie Benjamins frühes Ansinnen von einer freiheitlichen Entwicklung der Kinder und der Jugend in der Gemeinschaft, die erst dann zur Entfaltung kommt, wenn jede moralisierende und politisierende Beeinflussung aufgegeben wird. Auch hier klingen Bestimmungen an, wie sie Benjamin in seinem

---

nisationen zu unterscheiden.« Jean-Michel Palmier: Walter Benjamin, S. 183 (Fußnote).

234 | Dazu zählen die Schriften: DAS DORNRÖSCHEN (1911), DIE SCHULREFORM, EINE KULTURBEWEGUNG (1912), UNTERRICHT UND WERTUNG (1913), ROMANTIK (1913), METAPHYSIK DER JUGEND (1913), GEDANKEN ÜBER GERHART HAUPTMANNS FESTSPIEL (1913), ZIELE UND WEGE DER STUDENTISCH-PÄDAGOGISCHEN GRUPPEN AN REICHSDEUTSCHEN UNIVERSITÄTEN (1913), DIE JUGEND SCHWIEG (1913), STUDENTISCHE AUTORENABENDE (1914), EROTISCHE ERZIEHUNG (1914), DIE RELIGIÖSE STELLUNG DER NEUEN JUGEND (1914), DAS LEBEN DER STUDENTEN (1914).

235 | Jean-Michel Palmier: Walter Benjamin, S. 188.

Gewalt-Aufsatz verzeichnet hatte, der von dem Gedanken geleitet war, dass die eigentliche Form politischen Handelns, entgegen einer Verstellung der Sittlichkeit und ohne Absehen auf Zwecksetzungen und individuelle Machtinteressen, allein in einer (gemeinschaftlichen) Erfahrung gründet.

Dass Benjamin im Jahr 1929, also zur Zeit seiner Ausarbeitung der Kindertheaterschrift, die Erfahrungsthematik von 1913 wiederaufgenommen hat, belegt eine Notiz, in der er das Wort Erfahrung als »ein tragendes Element in vielen meiner Sachen« bezeichnet (II, 902). So taucht die Rede von den »rebellischen Kräften der Jugend« mit den ersten Sätzen in der Kindertheaterschrift wieder auf, wo Benjamin auf die »allerstärkste[n] und allergefährlichste[n]« Kräfte der neuen Generation verweist (II, 763), die sich vermittels eines proletarischen Erziehungsstils, der sich dem Potential der kindlichen Kräfte und Aktionen bewusst ist, ausentwickeln lassen. Daher beansprucht Benjamins Begriff der Beobachtung vom Leiter des Kindertheaters nichts anderes als ein aufmerksames Gegenwärtigen der Erfahrungsweise des Kindes, die das Unwägbare und Unvorhersehbare mit ins Spiel bringt und seine Erfahrung als eine einzigartige, individuell zu erlebende Wirklichkeit anerkennt, von der, wie er an Gustav Wyneken geschrieben hatte, nichts zu opfern ist.[236] Das bedeutet: Erfahrung soll den Kindern im Kindertheater nicht aufoktroyiert werden, vielmehr soll sie, die »das Schönste, Unberührbarste, Unmittelbarste« ist (II, 56), beim unbeeinflussten Spiel lebendigen Ausdruck finden können. Dann erst kommt etwa der auffallende Satz Benjamins im Brief an Wyneken zur Wirkung: »Die Jugend aber gehört nur den Schauenden, die sie lieben und in ihr die *Idee* über alles.« (1, 264)

Das enge Wechselverhältnis zwischen den Begriffen Beobachtung und Erfahrung zeigt sich deutlicher noch in seiner Dissertation Der Begriff der Kunstkritik in der deutschen Romantik (I, 7-122) von 1921, in der Benjamin beide Begriffe an den Ausfall bewusster Verarbeitung von Eindrücken gebunden hat.[237] Benjamin konstruiert eine Theorie der Beobachtung, die den Gedanken der Beschränkung auf das erkennende Bewusstsein vernachlässigt

---

236 | Als Wyneken 1914 begann, den Krieg als ethisches Erlebnis für die Jugend zu feiern, brach Benjamin jede Beziehung zur Jugendbewegung ab. Jedoch bleibt gerade die Idee der Jugend Benjamins Eigenstes, wie sein Abschiedsbrief an Wyneken belegt, mit dem er sich von seinem früheren Lehrer »gänzlich und ohne Vorbehalt« lossagt: »Die *theoria* ist Ihnen erblindet. Sie haben den fürchterlichen scheußlichen Verrat an den Frauen begangen, die Ihre Schüler lieben. Sie haben dem Staat, der Ihnen alles genommen hat, zuletzt die Jugend geopfert. Die Jugend aber gehört nur den Schauenden, die sie lieben und in ihr die *Idee* über alles. Sie ist Ihren irrenden Händen entfallen und wird weiter namenlos leiden. Mit ihr zu leben ist das Vermächtnis, das ich Ihnen entwinde.« (1, 264)
237 | Darauf nimmt folgende Notiz Benjamins aus dem Jahr 1928 Bezug: »Die Identität von Erfahrung und Beobachtung ist zu erweisen. S. den Begriff der ›romantischen Beob-

und hingegen fordert, den Gegenstand der Erkenntnis für das Denken nicht als gegen die Untersuchung nur passiv, sondern als aktiv Wirkendes aufzufassen, das aus sich selbst und durch sich selbst Erkenntnisse erzeugt (I, 54). Daher zielt die Beobachtung bei Benjamin, Lehmann zufolge, auf »nichts Einzelnes, nichts Bestimmtes« an ihrem Objekt, sie fasst nur »die aufkeimende Selbsterkenntnis im Gegenstande ins Auge«, weswegen ihre Bedeutung auch nicht in einer spezifizierten Erkenntnis liegt, sondern vielmehr »als Suspens allen Wissens« aufzufassen ist.[238] Mit anderen Worten: Erst im Schauen, Sehen und Beobachten kommt es zu einer Mimesis, in der man identisch mit dem Gegenstand ist, wie es auch Benjamins vorher erwähnte Theorie des Spielers belegt. Für den Leiter im Kindertheater bedeutet dies konkret, auf ein Eingreifen in das Spiel der Kinder zu verzichten und eher auf die eigene Wahrnehmung zu vertrauen, die weniger rational als mehr vom Körper her gedacht wird. Dergestalt nähert sich diese als leiblich aufzufassende Erfahrungsweise im Sinne einer mimetischen Verhaltensform dem an, was Benjamin unter dem Begriff »Versenkung« versteht. Genauer noch bedeutet dieser bei Benjamin einen »Zustand tiefer Kontemplation und Konzentration« (VI, 75) und eine »unvollständige[n], wenngleich tiefe[n], aber immer geistesabwesende[n] Versunkenheit« als höchste Form der Geistesgegenwart (VI, 76), die den Bestimmungen von Freuds ›gleichschwebender Aufmerksamkeit‹ nicht unähnlich ist.

Spätestens an dieser Stelle wird deutlich, dass es im Kindertheaterkonzept von Benjamin gerade über das Stichwort der Beobachtung zu Korrespondenzen kommt, die zwischen der Aufgabe des Erziehers und dem Spiel der Kinder im Kinderkollektiv vermitteln, derart, dass die eitlen Ambitionen »des Besserwissens und des Besserwollens« seitens »der ›moralischen Persönlichkeit‹ im Leiter« (II, 766) von vornherein aufgehoben sind. Dieses produktive Wechselverhältnis, dem Benjamin mit der Praxis der Beobachtung zum Einsatz verhelfen will und das auf der Seite des Leiters gewiss auch der Übung bedarf, ist vor allem in der Unterbrechung des intentionalen Bewusstseins fundiert. Geschuldet ist dies der direkten Erfahrung des Kindes, die noch nicht durch Sprache und Denken systematisiert ist und sich, wie Benjamin weiß, auf kein »Unbewußtes« zurückbeziehen lässt, zumal das Kind zunächst über kein eigenes Unbewusstes verfügt.[239] Vielmehr bestätigt nach Benjamin das Leben der Kinder den Erwachsenen gegenüber ein grundsätzliches »Fühlen auf ihre Weise« (III, 116). Ähnlich wie im epischen Theater der Zuschauer bzw. das Publikum mit erhöhter Achtsamkeit zu beobachten versteht,[240] fungiert im Kin-

---

achtung‹ in meiner Dissertation. – Beobachtung auf Versenkung beruhend.« (VI, 89) Vgl. hierzu: Hans-Thies Lehmann: Eine unterbrochene Darstellung, S. 186.

238 | Ebd., S. 187.

239 | Bernhard Waldenfels: Idiome des Denkens, S. 258.

240 | Erdmut Wizisla: Benjamin und Brecht, S. 14.

dertheater die Beobachtung als das von Benjamin ausgezeichnete »Genie der Erziehung« als eine sensible Aufmerksamkeitsbereitschaft. Auf diese Weise eignet sie im besonderen Maße auch der erzieherischen Praxis im Kindertheater, die ein achtsames und nicht eingreifendes Verhältnis zum Spiel der Kinder unterhält. Als notwendige Bedingung fügt sich das aufmerkende und wahrnehmende Verhalten des Erziehers in Benjamins Kindertheater ein, das sich, wird diese erfüllt, als Möglichkeitsraum zur Ausentwicklung der kindlichen Ausdruckskräfte verstehen lässt.

Die kindliche Geste als Befehl und Signal

Die beobachtende und Distanz wahrende Haltung des Leiters den spielenden Kindern gegenüber, die bei Benjamin zu einer der dringlichsten Voraussetzungen für das Kindertheater gemacht wird, bildet auf der anderen Seite genau die Stärke aus, die allererst »jede kindliche Aktion und Geste zum Signal« werden lässt (II, 766). Denn wenn Erziehung auf alle formende Setzung verzichten kann, dann steht der Faszination des Kindes durch den Anderen und durch das Andere, die eine gemeinsame Welt mit konstituieren, nichts mehr im Wege, und das Kind wird auf diese Weise zum »Diktator« in einer Welt, in welcher es lebt und befiehlt (ebd.). Hier zeigt sich die Übereinstimmung Benjamins mit Lacis, wenn er in der Programmschrift zum Kindertheater formuliert:

Die neue Erkenntnis vom Kinde, die in den russischen Kinderklubs sich ausbildete, hat zu dem Lehrsatz geführt: das Kind lebt in seiner Welt als Diktator. Daher ist eine »Lehre von den Signalen« keine Redensart. Fast jede kindliche Geste ist Befehl und Signal in einer Umwelt, in welche nur selten geniale Menschen einen Blick eröffnet haben. Allen voran tat es Jean Paul. (Ebd.)

Auffallend ist hier zunächst der Verweis auf die »russischen Kinderklubs«, der einen Zusammenhang mit der Kindertheaterarbeit von Lacis erkennen lässt, jedoch genauer noch nach Moskau führt, wo Benjamin die Organisation von proletarischen Kinderklubs mit eigenen Augen gesehen hatte und beobachten konnte, welchen positiven Einfluss sie auf die Kinder hatten. Wie sein Essay über Moskau zeigt, galt es, die proletarischen Kinder sowie die »namenlos traurigen Besprisornye« vermittels spielerischer Aktionen zu organisieren, weswegen der Erzieher gefordert war, »auf die Straße zu gehen« (IV, 322). Benjamins Augenmerk richtete sich weniger auf den Impetus, dem Lacis bei ihrer Arbeit folgte, wenn sie speziell die Straßen- und Heimkinder für das Kindertheater interessieren wollte, sondern lenkte den Fokus insgesamt auf die politisch-erzieherische Komponente, die wirksam wurde, sofern man sich an die Parolen der Straße anschloss, wie er es gerade dem Erzieher anempfohlen hatte. Bei seinen Ausführungen mag die Kinderarbeit von Lacis das Vorbild abgegeben haben, wenn er die Bedingungen nennt, die diese erzieherische Arbeit auszeichnet (IV, 323). Von der Straße aus ließ sich die »befreite[n] Haltung der Kinder« allererst beobachten, wie Benjamin im *Moskau*-Aufsatz schreibt.[241] Benjamins Beobachtungen bereiten hier bereits den gedanklichen Boden vor für das, was er in der Kindertheaterschrift unter dem Begriff der »kindliche[n] Geste«, die »Befehl und Signal« ist (II, 766), zu beschreiben und ins Zentrum zu rücken sucht. Nicht nur, dass ihm der zwanglose Kontakt zwischen den proletarischen Kindern und den Arbeitern auffällt, der zur Aufhebung der hierarchischen Beziehungen und zu einer veränderten Kommunikation unter- und miteinander führte. Vor allem ist seine Betonung der »befreiten Haltung der Kinder« ein wichtiges Indiz für ein körperliches Verhalten, das Benjamin seinem Plan vom proletarischen Kindertheater zugrunde legt, wenn er von der befehlenden und signalisierenden Geste des Kindes spricht und in diesem Zusammenhang den »Lehrsatz« anführt: »das Kind lebt in seiner Welt als Diktator« (ebd.). Was ist damit gemeint? Was darf man sich darunter vorstellen?

Zunächst ist anzuführen, dass die konstitutive Bedeutung der kindlichen Geste, wie sie im Rahmen des Kindertheaters dem Kind zugeschrieben wird, insgesamt mit der kindlichen Entwicklung verknüpft ist, zu der, wie Forschungen zur frühen Kindheit bestätigen, die außer- oder vorsprachliche Entwicklung genauso gehört wie die Entwicklung des Sprechens und der Sprache. Indem Benjamin ausdrücklich der kindlichen Geste Beachtung schenkt, die in vielgestaltigen Ausprägungen in der frühen Entwicklung beim Kind auftaucht und seine symbiotische Verwicklung mit der Welt bezeugt, verlässt er sich nicht nur auf die sprachliche Verständigung, als könnten sich wirkliche soziale Beziehungen erst sprachlich entfalten,[242] sondern bezieht die Reichhaltigkeit der vorsprachlichen, körperlichen Kommunikation für seinen Plan vom Kindertheater mit ein.

Wie bereits erörtert, steht gerade die destruktiv-konstruktive Aktion des Kindes, die in triebhaft-unbewussten Impulsen und Strebungen verankert ist, im Brennpunkt von Benjamins Kindertheatermodell, dessen Grundzug eingedenk seiner politischen Positionierung anarchistischen Bestimmungen folgt. In eben dieser Ausrichtung entwickelt Benjamin auch die Formel vom Kind als Diktator und seiner signalisierenden Geste. Die diktatorische und signalisierende Geste steht in engem Zusammenhang mit den unterschiedlichsten

---

241 | »Mitten in allen Bildern eines noch längst nicht bezwungenen Kinderelends wird aber der, der aufmerkt, eins gewahr: wie der befreite Stolz mit der befreiten Haltung der Kinder zusammenstimmt. Nichts überrascht auf einem Studiengang durch Moskauer Museen mehr und schöner, als anzusehen, wie durch diese Räume in Gruppen, manchesmal um einen Führer, oder vereinzelt, Kinder und Arbeiter in aller Unbefangenheit sich bewegen.« (IV, 323)

242 | Käte Meyer-Drawe/Bernhard Waldenfels: Das Kind als Fremder, S. 281.

schöpferischen Hervorbringungen, über die das Kind im Zeichen seiner Autonomieansprüche verfügen will. Damit verbunden sind Ambivalenzkonflikte in
der Beziehung zwischen dem Kind und seinen engsten Bezugspersonen, die
vorher schon zur Sprache kamen. Aus diesem Umstand erwachsen Zweifel,
Ängste und Verunsicherungen, die das Kind in eine Krise führen und »den
Pol des ›Selbermachenkönnens‹ in der Dialektik von Welteroberung und Ausleibung« verstärken, wie Seewald schreibt.[243] Diese krisenhafte Situation ist gekennzeichnet durch den entscheidenden Augenblick, in dem die unsichtbaren
Fäden der Symbiose zerreißen und die Mutter den kindlichen Körper freigeben
muss. Während es für die Mutter phantasmatisch einen Prozess der Ausleibung bedeutet, der mit Trauer und andererseits auch mit Freude verbunden
ist, gerät das Kind in Bezug auf seinen Wunsch nach engem Körperkontakt
und dessen gleichzeitige Vermeidung in das Dilemma, zwischen Nähe und
Abgrenzung entscheiden zu müssen. Dem zugrunde liegen Angstgefühle,
aus denen heraus die Aggressionen zu deuten sind. Im Kontext der BERLINER
KINDHEIT UM NEUNZEHNHUNDERT berührt Benjamin im Text *Das Karussell*
präzise diesen für das Kind mit Angst besetzten Moment.[244]

Nach Beobachtungen von Klein bekundet sich in einer gegen die Mutter ge-
richteten Aggressivität das Begehren, »vom mütterlichen Körper Besitz zu ergreifen, ihn sich einzufügen, ihn zu zerreißen, zu verschlingen und zu zerstören«.[245] In einem Text aus dem Jahr 1927 spricht sie von der »Zerstörungslust
des Kindes«, die die frühinfantile Situation immer wiederherzustellen sucht,
die den phantasierten Angriff auf den Mutterleib und den dort stattfindenden
Kampf mit dem Penis des Vaters symbolisiert.[246] Die Angst, so kommentiert
Merleau-Ponty die Überlegungen von Klein, wird durch das Begehren und den
unendlichen Willen im Kind verständlich: »Dieser Wille ist unmittelbar und
geht direkt auf das Ziel, weil nicht die geringste Artikulierung zwischen Mittel
und Zweck stattfindet.«[247] In dieser Ausgangssituation liegt der Antrieb für
die Aggressivität und die Angst, die dazu führen, dass die charakteristische
Einstellung des Kindes in einer Haltung der Ambivalenz als dem doppelten
Gefühl von Omnipotenz und Ohnmacht zu verorten ist. Das Kind vermag
nichts und verlangt alles.[248] Aus dieser Situation heraus macht sich das Kind

---

243 | Jürgen Seewald: Leib und Symbol, S. 377 u. 375f.

244 | »Musik setzt ein, und ruckweis rollt das Kind von seiner Mutter fort. Erst hat es
Angst, die Mutter zu verlassen. Dann aber merkt es, wie es selber treu ist. Es thront als
treuer Herrscher über einer Welt, die ihm gehört.« (VII, 431)

245 | Maurice Merleau-Ponty: Keime der Vernunft, S. 377.

246 | Melanie Klein: Frühstadien des Ödipuskomplexes. Frühe Schriften 1928-1945,
Frankfurt/M. 1991, S. 12.

247 | Maurice Merleau-Ponty: Keime der Vernunft, S. 374f.

248 | Ebd., S. 375.

innerhalb der Familie, wie Klein sagt, zum »Hauptakteur«, zum »Herrn der Situation«,[249] was mit ambivalenten Verhaltensweisen und Gestimmtheiten einhergeht.[250]

In dem Maße, wie das »Kollektivum der Kinder« im Kindertheater bei Benjamin eigenständig über die Autorität verfügt bzw. den Umsturz der Autoritätsbeziehungen bewirkt, verfügt ebenso das »kindliche Kollektivum«, genauer: das Kind als Individuum, über ein aggressives Potential, das sich in seiner befehlenden und signalisierenden Geste Ausdruck verschafft und es zum Diktator und Herrn der Situation werden lässt. Seinen kämpferischen Willen bezieht das Kind nicht nur aus den »gewaltigsten«, sondern auch aus den »aktuellsten« Kräften (II, 766), die sich hier ebenso mit den »revolutionären Kräfte[n]« (II, 190) aus dem *Gewalt*-Aufsatz verstehen. So beruft Benjamin sich mit Recht auf die »Kommandogewalt« (III, 312) der kindlichen Geste, die für das Spiel im Kindertheater so entscheidend ist, da sie allein es vermag, eine Unterbrechung in den Erziehungsverhältnissen herbeizuführen. Den Begriff der Kommandogewalt erwähnt Benjamin in seinem Text GRÜNENDE ANFANGSGRÜNDE (III, 311-314) von 1931 im Zusammenhang der schon erwähnten Spielfibeln von Seidmann-Freud, auf die er als Rezensent zweimal ausführlich eingegangen war. An der Art und Weise, wie die Autorin und Zeichnerin die Schulfibel für den Elementarunterricht gestaltet hatte, macht er auf die »Souveränität« des spielenden Kindes aufmerksam:

An jeder Stelle hat man Bedacht genommen, dem Spielenden die Souveränität zu wahren, ihn keine Kraft an den Lehrgegenstand verlieren zu lassen und das Grauen zu bannen, mit dem die ersten Ziffern oder Lettern so gern als Götzen vor dem Kind sich aufbauen. (III, 312)

Wie oben erörtert, bedeutet es Benjamin viel, dem kindlichen Lernen, das im Spiel in intermittierenden und diskontinuierlichen Schüben erfolgt, im Kindertheater den gebührenden Raum zu geben. Deshalb geht es Benjamin nicht um ein bezauberndes, sondern vielmehr um ein »bezaubernd-entzauberndes Spiel« (III, 314), das, vermittels der Unterbrechung und Zerstörung, die das Kind dabei anwendet, seine Furcht und Ohnmacht überwindet, die es gegenüber den Dingen und den Erwachsenen empfindet. Dafür ist, wie Gess anführt, entscheidend, dass das Kind in seiner Spielwelt immer wieder seine Souverä-

---

249 | Melanie Klein: Gesammelte Schriften, Bd. I/2, S. 16.

250 | Auch Erik H. Erikson bemerkt, ähnlich wie Winnicott und René Spitz, auf dem Hintergrund seiner kinderanalytischen Erfahrungen: »Kleine Kinder beherrschen und erziehen ihre Familie genauso weitgehend, wie sie von jenen beherrscht werden.« Erik H. Erikson: Kindheit und Gesellschaft, Stuttgart 1984, S. 63.

nität behauptet,[251] weswegen Benjamin in der Kindertheaterprogrammschrift sagen kann: »[...] das Kind lebt in seiner Welt als Diktator.« (II, 766) Zwar ist das Kind dem Zwang unterworfen, sich ähnlich zu machen, wie Benjamin vom mimetischen Vermögen sagt, jedoch ist es – im Unterschied zum »Primitiven« – imstande, sich aus seiner Lage selbst zu befreien, wodurch Benjamin, Gess zufolge, dem Despotismus des Kindes ein emanzipatives Element abgewinnt.[252]

Diese Überlegungen führen in direkter Linie zu Jean Paul, dessen Name von Benjamin im Kontext der diktatorischen Geste genannt wird. Das Denken von Jean Paul ist gleich in mehrfacher Hinsicht für Benjamins Kindertheateridee interessant. Zum einen sind es seine Gedanken zur Erziehung, die Benjamin begeistert haben dürften, wenn dieser etwa in seiner Schrift *Levana* dem sechsten Kapitel, das das »Ge- und Verbieten« thematisiert, die Überschrift gibt: »Habt keine Freude am Ge- und Verbieten, sondern am kindlichen Freihandeln.«[253] Jean Paul, der in seiner *Erziehlehre* »als Anwalt des kindlichen Freihandelns, des Eigensinns und der Eigenwertigkeit der Kindheit« auftritt, wehrt einer Haltung, die das Kind am Gängelband des Erwachsenen hält und dessen Forderungen unterwirft.[254] Zum anderen kann es Jean Paul zufolge nicht sein, dass Erziehung im Dienst der »Staatsbrauchbarkeit« eingesetzt wird, die das Kind zur uneingeschränkten Folgsamkeit zwingt, wie es auch nicht sein kann, seinen Tag mit Lehrstunden auszufüllen.[255] Vielmehr ist es ihm darum zu tun, die Kindheitsautonomie zu verteidigen und darum, dass bereits das Kind als freies Individuum anerkannt wird, was auch bedeutet, seine Welt für alle Entfaltungsmöglichkeiten offenzuhalten.[256] In diesem Sinne ist das frühe kindliche Spiel als »die erste Poesie des Menschen« zu verstehen, das »alle Kräfte« bildet »ohne *einer* eine siegende Richtung auszuweisen«.[257] Aus der Perspektive von Jean Paul ist das frühe Spiel zugleich ein Medium der kindlichen Phantasie, deren Hervorbringungen, Gegenstände, Formen und Sprachspiele er unermüdlich betont. Wie Brüggemann bemerkt, ist Benjamin ihm dabei in vieler Hinsicht gefolgt.[258]

---

251 | Nicola Gess: Walter Benjamin und »die Primitiven«, S. 40.

252 | »Es lässt sich [...] von den Gegenständen seines Spiels verzaubern, gebietet aber gleichzeitig über diese mit einer ›Kommandogewalt‹, die es in Freiheit setzt.« Ebd.

253 | Jean Paul: Werke in zwölf Bänden, hg. von Norbert Miller, Nachworte von Walter Höllerer, Bd. 2, München/Wien 1975, S. 619, zitiert nach Heinz Brüggemann: Walter Benjamin über Spiel, Farbe und Phantasie, S. 75.

254 | Ebd.

255 | Ebd.

256 | Ebd.

257 | Jean Paul: Werke, Bd. 2, S. 622, zitiert nach Heinz Brüggemann: Walter Benjamin über Spiel, Farbe und Phantasie, S. 76.

258 | Ebd.

Den Hintergrund, in dem die Phantasie im Denken von Jean Paul einge-
zeichnet ist, bilden seine ästhetisch-poetologischen Reflexionen, auf deren
Grundlage er seine »Größenlehre der ›Phantasie‹« ausarbeitet.[259] Entgegen der
herkömmlichen psychologischen Theorie, die den Schwerpunkt auf die überwiegend reproduktive Einbildungskraft, die hier noch »als bloßes Empfangen,
Umformen und Wiederhervorbringen äußerer Eindrücke« aufgefasst wurde,
gelegt hatte, verlagert Jean Paul diesen auf die »produktive« oder »absolute
Phantasie«, wobei das Gefühl oder die Empfindung eine unentbehrliche kom-
plementäre Größe der Ästhetik ausmacht.[260] Seiner Ansicht nach ist, so Bodo
Lecke, das Hauptkriterium aller Ästhetik die »*Anschauung*«, die von Empfindungen nicht abzulösen ist.[261] In der Sichtweise von Jean Paul ereignet sich
der »Akt der Empfindung« in einer psycho-physischen Wechselwirkung. Für
ihn ist die Phantasie eine »aktive Reaktion auf Empfindungen«, Phantasie und
Empfindungen sind weder voneinander auszuschließen, noch ist das eine zur
vollständigen monistischen Erklärung des anderen heranzuziehen.[262] Jean
Pauls Ausführungen zum kindlichen Spiel, zu Phantasie und Empfindung
begleiten Benjamins Überlegungen zum Kindertheater wie ein Grundtenor,
besonders dann, wenn es darum geht, die ästhetischen Voraussetzungen für
das kindliche Spiel im Kindertheater abzustecken, dessen Epizentrum offenbar in der Aktion der kindlichen Geste begründet liegt. Auch für Benjamin ist
die ständige Bereitschaft und Aktivität der Phantasie ein konstitutives Moment
im Spiel, weswegen sie einen wichtigen Anhaltspunkt für das Kindertheater
darstellt. Entsprechend entfalten die Denkversuche Jean Pauls ihre Wirkung,
wenn Benjamin im Kindertheatertext weiter ausführt:

Es ist die Aufgabe des Leiters, die kindlichen Signale aus dem gefährlichen Zauberreich
der bloßen Phantasie zu erlösen und sie zur Exekutive an den Stoffen zu bringen. Das
geschieht in den verschiedenen Sektionen. Wir wissen, daß – um von der Malerei allein
zu sprechen – das Wesentliche auch in dieser kindlichen Betätigungsform die Geste ist.
Konrad Fiedler hat in seinen »Schriften über Kunst« als erster bewiesen, daß der Maler
kein Mann ist, der naturalistischer, poetischer oder ekstatischer sieht als andere Leute.
Vielmehr ein Mann, der mit der Hand da näher zusieht, wo das Auge erlahmt, der die

---

259 | Bodo Lecke: Zwischen Empfindung und Phantasie. Zur Poetik Jean Pauls, in: Heinz
Ludwig Arnold (Hg.): Jean Paul, Text + Kritik, Zeitschrift für Literatur, Sonderbd., 3. erw.
Auflage, München 1983, S. 17-23, hier S. 17.

260 | Ebd.

261 | Ebd., S. 19.

262 | »*Seele, Herz, Geist* und *Affekt* reagieren aktiv auf die Gefühlseindrücke, die nicht
mehr nur passiv wahrgenommen werden. Der Schauplatz der *Empfindungen* ist zugleich
auch der freie Spielraum dieses an sich selbst aktiven *Geistes*, das heißt der *Phantasie*
oder *Einbildungskraft*.« Ebd., S. 20.

aufnehmende Innervation der Sehmuskeln in die schöpferische Innervation der Hand überführt. Schöpferische Innervation in exaktem Zusammenhang mit der rezeptiven ist jede kindliche Geste. Die Entwicklung dieser kindlichen Geste zu den verschiedenen Formen des Ausdrucks, als Anfertigung von Requisiten, Malerei, Rezitation, Musik, Tanz, Improvisation fällt den verschiedenen Sektionen zu. (II, 766f.)

Wie Primavesi erläutert, eröffnet der Hinweis in der Kindertheaterschrift auf Jean Paul die doppelte Gewalt der Phantasie, Gestalten nicht nur zu schaffen, sondern ebenso zu zerstören.[263] Darin drückt sich vornehmlich die rhythmische Struktur der kindlichen Selbstdarstellung aus, wie sie Benjamins Reflexionen zum Spiel, Spielen und Spielzeug zeigten, die partiell auf die Freud'sche Topik des Unbewussten zurückgriffen. Entscheidend ist für unseren Kontext, dass Gestaltung mit Entstaltung einhergeht, wie Benjamin später noch präzisiert hat: »Entstaltendes Geschehen ist der Stoff Jean Paulscher Dichtung. Es ist die Stelle, an der sie mit der Traumwelt sich berührt.« (III, 416) So definiert sich auch von Jean Paul herkommend das bezaubernd-entzaubernde Spiel des Kindes als paradoxe Formel, worin sich das Befreiende des Spiels geltend macht, das der diktatorischen Geste des Kindes aufgegeben ist: »Freilich bleibt Spielen immer Befreiung«, heißt es in Benjamins Bericht über die Spielzeugausstellung im Märkischen Museum (IV, 514). Dem Befreienden im Spiel den Raum zu schaffen, in dem die Souveränität des Spielenden sich erproben und bewähren kann, dazu bietet das Kindertheater alle Möglichkeiten. Daher kommt nach Gess der signalisierenden Geste bei Benjamin eine »revolutionäre Bedeutung« zu, da in ihr Oppositionen dialektisch verhandelt werden: »Rezeption‹ und ›Schöpfung‹, Natur (›Innervation‹) und Subjekt (›schöpferisch‹), Zeitfluss (des Theaterstücks) und ›Augenblick‹ (der Geste), Mittelbarkeit und Unmittelbarkeit, insofern die Geste als ein in Teilen mimetisches Zeichen mit konativer Funktion zu betrachten ist«.[264]

Der Hinweis auf den deutschen Kunsttheoretiker Konrad Fiedler in diesem Zusammenhang führt nach Lehmann zu der Einsicht, dass nicht das künstlerische Bewusstsein im Vordergrund steht, sondern »ein notwendigerweise bewußtloses Zusammenspiel der leiblichen Innervationen«,[265] die auch das Glücksspiel des Spielers und das akrobatische Spiel des Clowns Rastelli bestimmten und beide als Meister des Geschehenlassens auswiesen. Indem der Leiter dies gewahr wird und indem er dem Kind seine diktatorische Geste lässt bzw. dieser zum Ausdruck verhilft, wird das Kind auch im Kindertheater »aus dem gefährlichen Zauberreich der bloßen Phantasie« erlöst und darin,

---

263 | Patrick Primavesi: Kommentar, Übersetzung, Theater in Walter Benjamins frühen Schriften, S. 352.

264 | Nicola Gess: Walter Benjamin und »die Primitiven«, S. 40.

265 | Hans-Thies Lehmann: Eine unterbrochene Darstellung, S. 190.

so Gess, dem »minimalistischen Konstruktivismus des neuen Barbaren« verwandt, »zur Exekutive an den Stoffen« gebracht.[266] Im Zentrum dieser Bewegung steht die »signalisierende Geste«, als die sich die Kommandos des Kindes äußern.[267]

Was nun die Kindertheaterkonzeption von Benjamin im besonderen Maße auszeichnet, ist die Akzentuierung und gleichfalls Installierung der diktatorischen Geste des Kindes. In ihrer triebhaft-unbewussten Doppelnatur ist sie schöpferisch und rezeptiv (II, 766) verfasst und ermöglicht eine Erfahrung, die mit zum Ausdruck bringt, wie sich die Dinge und die Mit- und Umwelt *durch* das Kind darstellen, was Benjamin von Hartlaub aufgegriffen hatte. Insofern ist die despotische, kindliche Geste in einem bestimmten Sinne an das körperlich-leiblich dimensionierte Selbst gebunden, das auf mannigfache Weise am Gang der Erfahrung beteiligt ist. Zwar nicht als Urheber all jener intentionalen Akte, die dem Bewusstsein zugeschrieben werden,[268] sondern als Gewahren des eigenen Leibes, das nicht anders als in Bezogenheit auf das Andere bzw. auf die Dinge und den Anderen zu denken ist. Aus dieser Perspektive besehen, haben wir es bei der kindlichen Geste im Verständnis eines plötzlich hereinbrechenden Befehls und Signals, wie Merleau-Ponty sagt, mit einem »rohen Ausdruck«« zu tun, der dem Augenblick der Unmittelbarkeit, dem Gewaltsamen und Hemmungslosen geschuldet ist.[269]

Benjamins Kindertheaterkonzeption erklärt damit, dass dem Spiel des Kindes/der Kinder ein außermoralisches und anarchistisches Verhalten zugrunde liegt, das sich im schöpferisch-rezeptiven Prozess gerade in der diktatorischen Geste unmittelbar und gewaltsam entlädt. Dies geschieht im Namen der frühkindlichen Autonomieansprüche, die das Kind zum Akteur und zum Mittelpunkt eines Handlungsraumes im Sinne eines möglichen Handlungsspielraumes macht, der gleichzeitig den Spielraum der Phantasie kennzeichnet. Hierin artikuliert sich die von Benjamin hervorgehobene Kommandogewalt der kindlichen Aktion und Geste, die das Kind zum Souverän der Situation werden lässt. Auf diese Weise verschwistert sich die im Kindertheater verankerte despotische kindliche Geste mit der revolutionären Aktion, die in seiner Theorie der Politik als »reine[n]«, nicht zum zweckhaften Mittel verdorbene »Gewalt« (II, 203) ihr Pendant hat. Nach Lehmann bedeutet sie indes ein »›reines‹ Setzen, ein Herbeirufen, Provozieren, das nichts Fixiertes setzt«,[270] was Hamacher in seiner

---

266 | Nicola Gess: Walter Benjamin und »die Primitiven«, S. 40.

267 | Ebd. Die signalisierende Geste ist Gess zufolge in Bezug zur Sprache des Urteils zu setzen, die Benjamin auch der magischen Seite der Sprache zuordnet.

268 | Bernhard Waldenfels: Grundmotive einer Phänomenologie des Fremden, Frankfurt/M. 2006, S. 71.

269 | Ders.: Deutsch-Französische Gedankengänge, Frankfurt/M. 1995, S. 146f.

270 | Hans-Thies Lehmann: Eine unterbrochene Darstellung, S. 194.

Lesart der Benjamin'schen Studie mit dem Begriff »afformativ« zu bezeichnen vorschlägt.[271] In diesem politisch orientierten Zusammenhang zeigt sich nunmehr auch, so Primavesi, die »reine Gewalt des Spiels« als »das Prinzip eines gestischen Theaters«, wobei die Geste weniger als Anzeichen des Unbewussten zu deuten ist, sondern vielmehr als Signal aus der kindlichen Welt.[272]

Das Kind als Diktator

Für eine tiefergehende Interpretation von Benjamins Überlegungen im Kindertheatertext zu dem Kind, das in seiner Welt »als Diktator« lebt und befiehlt (II, 766), lassen sich insbesondere seine Gedanken aus dem *Trauerspiel*-Buch und der darin entfalteten Theorie der Souveränität heranziehen, die er der *Politischen Theologie* (1922) Carl Schmitts entlehnt.[273] So ist für unseren Kontext zunächst zu bemerken, dass sich auf dem Untergrund des Trauerspiels, das Benjamin als einen Formtypus behandelt sehen möchte, dessen »›sachliche Kristallisationen‹ ›der König, der Intrigant, das Martyrium, der Schauplatz, die Apotheose‹ abgeben«,[274] deutlich die Rolle des Monarchen und seiner Handlungen als Hauptperson des Trauerspiels heraushebt. »Der Souverän als erster Exponent der Geschichte ist nahe daran für ihre Verkörperung zu gelten« (I, 243), er »repräsentiert die Geschichte« (I, 245). An Schmitts Definition: »Souverän ist, wer über den Ausnahmezustand entscheidet«, nimmt Benjamin nach Menke eine Umgewichtung vor.[275] Ist bei Schmitt die wichtigste Funktion des Souveräns, den Ausnahmezustand kraft seiner »diktatorische[n] Entscheidungsgewalt« auszuschließen, repräsentiert er bei Benjamin bereits Geschichte als »*verstörte[n] Schöpfung*« (I, 250), die gerade die souveräne Entscheidungsunfähigkeit zwischen rechtsvernichtendem Akt und rechterhaltender Gewalt zur Darstellung kommen lässt. Benjamins Lesart des barocken Souveräns ist, so Menke, eine implizite Auseinandersetzung mit Schmitt, »mit der dezisionistischen Illusion reiner Entscheidung – über den und als Ausnahmezustand«.[276] So benutzt Benjamin, wie Menke weiter ausführt, »die Landschaft des barocken Trauerspiels, um den Souveränitätsgedanken zur Schau zu stellen und den Sou-

---

271 | Werner Hamacher: Afformativ, Streik, S. 355.

272 | Patrick Primavesi: Kommentar, Übersetzung, Theater in Walter Benjamins frühen Schriften, S. 351.

273 | Carl Schmitt: Politische Theologie. Vier Kapitel zur Lehre von der Souveränität, München 1922. Auf eine differenzierte Diskussion von Benjamins Schmitt-Rezeption muss hier jedoch verzichtet werden.

274 | Bettine Menke: Das Trauerspiel-Buch, S. 69.

275 | Bettine Menke: »Ursprung des deutschen Trauerspiels«, in: Burkhardt Lindner (Hg.): Benjamin-Handbuch, S. 210-229, hier S. 216.

276 | Ebd.

verän im grellen Scheinwerferlicht der Bühne ›im Stande seines armen Menschenwesens‹ vorzuführen«.[277] Zur Darstellung kommen vorrangig die Laster und Tugenden der Fürsten, die Intrigen der Höflinge und ihre politischen Machenschaften. Der Souverän hält das historische Geschehen in der Hand wie ein Szepter, was Repräsentation als äußerliche und gestische bestimmt.[278] Dies entspricht dem Souveränitätsgedanken des 17. Jahrhunderts, der die Handlungen des Monarchen an das geltende Staatsrecht bindet: »Theatralität ist im Konzept der Souveränität Teil der staatsrechtlichen Begründung selbst.«[279]

Die Theatralität ergibt sich dabei aus der Konstruktion der Zwillingschaft des Königskörpers, das heißt seines *natürlichen Körpers*, der sichtbar, hinfällig und sterblich ist, während sein zweiter, sein *politischer Körper*, der als symbolischer nicht sterben kann, die Ewigkeit der königlichen Würde garantiert, die das vergängliche Fleisch repräsentieren muss.[280] »Souveränität ist demnach nicht Sache bloß der sichtbaren Repräsentation, die theatral gedoppelt würde, sondern jener Akte, die Sichtbarkeit erst erzeugen, und die in-Szene-gesetzt werden müssen«, wie Menke festhält.[281] Was den Herrscher in dieser konflikthaften Situation zu Fall bringt, ist nicht seine Schändlichkeit, sondern seine Unentschlossenheit und Unfähigkeit, die Souveränität auszuüben, weshalb er nicht anders als stets auf der Schwelle operiert. Neben der fiktiven Zweiheit des natürlichen und des symbolischen Körpers des Königs ist, Menke zufolge, nach Louis Marin die »imaginäre Identifikation« entscheidend, die »die ›Korporealität‹ der Verkörperung von Ganzheit und deren transzendenter Begründung« erst hervorbringe.[282] Denn erst im Spiegel seiner Repräsentation wird der Monarch zum vollkommenen Herrscher, mit anderen Worten: Erst in der phantasmatischen Identifikation mit seinem Spiegelbild gelingt die Konstruktion der absoluten Macht.[283]

277 | Helmut Lethen: Benjamin und die politische Anthropologie, in: Klaus Garber/ Ludger Rehm (Hg.): global benjamin. Bd. 2, S. 810-826, hier S. 823.

278 | Bettine Menke: »Ursprung des deutschen Trauerspiels«, S. 215.

279 | Ebd.

280 | Benjamins Auseinandersetzung mit den juristischen Lehren des Mittelalters (I, 245), aus denen der barocke Souveränitätsbegriff resultiert, findet durch Bezug auf E. Kantorowicz' *The King's Two Bodies* (1957) eine Bestätigung. Seine Studie zur politischen Theologie des Mittelalters wird in den letzten fünfzehn Jahren in signifikanter Parallele und Konkurrenz zu der von Schmitt für das Konzept des ›politischen Körpers‹ herangezogen. Bettine Menke: Das Trauerspiel-Buch, S. 71f.

281 | Bettine Menke: »Ursprung des deutschen Trauerspiels«, S. 216.

282 | Louis Marin: »The Portrait of the King's Glorious Body«, in: Ders.: Food of Thought, Baltimore 1989, S. 189-217, hier S. 200, zitiert nach Bettine Menke: Das Trauerspiel-Buch, S. 73.

283 | Ebd.

Unter Bezug auf Samuel Weber bemerkt Helmut Lethen, dass Benjamin neben der Kreatürlichkeit besonders der »Entschlußunfähigkeit des Tyrannen« (I, 250) Beachtung schenkt. Wie Benjamin schreibt, kehre dieser zwar in »stoischen Redensarten« (I, 251) unverdrossen seine Souveränität hervor, sei aber der jähen Willkür »eines jederzeit umschlagenden Affektsturms« (I, 251) ausgesetzt, so dass er sich unversehens in der Rolle des Märtyrers wiederfinden könne.[284] Nach Benjamin drängt die »Theorie der Souveränität, für die der Sonderfall mit der Entfaltung diktatorischer Instanzen exemplarisch wird, [...] darauf, das Bild des Souveräns im Sinne des Tyrannen zu vollenden« (I, 249). Dies geschieht, so Benjamin weiter, in der »Geste der Vollstreckung« als »Charakteristikum des Herrschenden« (ebd.), des Befehls, der sich in sich selbst begründe.[285] Dieser ist allein der Gerechtigkeit geschuldet (und damit auch der Dekonstruktion), denn Gerechtigkeit im Entscheidungsereignis wird nach Derrida vom »Unentscheidbaren« beherrscht,[286] was Lindner zufolge »vergleichbar ist mit der Ungewißheit über die Wirklichkeit reiner Gewalt bei Benjamin«.[287] Daher wird die »Norm des Herrschertums [...] sogar durch die erschreckendste Entartung der fürstlichen Person nicht eigentlich entstellt« (ebd.), vielmehr führt der Tyrann die Paradoxien der Souveränität auf.[288] Vor dem Hintergrund, dass die Souveränitätslehre von Schmitt in die Welt der Väter verwoben ist, geht es auch Benjamin um die Destruktion der Väterwelt, die auf eine Nähe zum Anarchismus verweist.[289]

Benjamins Souveränitätskonzept im *Trauerspiel*-Buch gewinnt für das Kindertheater an Bedeutung, indem sich hier analoge Verhaltensweisen und Handlungen herauskristallisieren, die das Kind und den barocken Herrscher gleichermaßen an den Zustand der »repräsentativen Verdopplung *und* deren hybrider Einheit«[290] binden, wie Menke formuliert, und somit auf eine Stufe stellen, der einer gesteigerten Theatralität eignet. Steht der barocke Souverän

---

284 | Helmut Lethen: Benjamin und die politische Anthropologie, S. 823.

285 | Bettine Menke: »Ursprung des deutschen Trauerspiels«, S. 216.

286 | Nach Derrida ist »das Unentscheidbare [...] nicht einfach das Schwanken oder die Spannung zwischen zwei Entscheidungen, es ist die Erfahrung dessen, was dem Berechenbaren, der Regel nicht zugeordnet werden kann [...].« Jacques Derrida: Gesetzeskraft, S. 49. Weiter führt Derrida aus: »Diese Gerechtigkeit, die kein Recht ist, ist die Bewegung der Dekonstruktion: sie ist im Recht oder in der Geschichte des Rechts am Werk, in der politischen Geschichte und in der Geschichte überhaupt, bevor sie sich als jener Diskurs präsentiert, den man in der Akademie, in der modernen Kultur als ›Dekonstruktionismus‹ betitelt.« Ebd., S. 52.

287 | Burkhardt Lindner: Derrida. Benjamin. Holocaust, S. 1714.

288 | Ebd.

289 | Helmut Lethen: Benjamin und die politische Anthropologie, S. 825.

290 | Bettine Menke: »Ursprung des deutschen Trauerspiels«, S. 216.

im Zwiespalt zwischen »absoluter Herrschaft und der armen Menschennatur«
(I, 250), der das Dilemma seiner konflikthaften Entschlussunfähigkeit heraufbeschwört (I, 250f.), zeigt auch das frühkindliche Verhalten eine auffällige
Diskrepanz in der Entscheidungsfindung, gerade dann, wenn das Kind seinen
triebhaften Strebungen nach Selbstbehauptung und Autonomie nachkommen
möchte. Auch das Kind ist in seinen frühen Entwicklungsstadien verfangen in
einer Haltung der Ambivalenz als dem doppelten Gefühl der Omnipotenz und
der Ohnmacht, aus dem seine Angst und Zerstörungslust entspringen, die seinen Status als »Diktator« und Herrscher über die Situation verursachen. Analog zur Figur des barocken Souveräns, entdeckt auch das Kind sich erstmals im
Spiegelbild als eigenständige Person, was von Lacan »Jubelreaktion« genannt
worden ist[291] und was für das Kind ein Hochgefühl des »ich kann« und »ich
bewirke« hervorruft,[292] das nun auch über seine »diktatorische Gewalt im Ausnahmezustand« (I, 245f.) bestimmt und seinen Triumph über die Allmacht der
Eltern besiegelt. Auf diese Weise wird das Kind zum Diktator; unantastbar in
seinen Entscheidungen lässt es sich bei seinem Spiel nicht stören und entzieht
sich daher jeglicher *setzenden* Gewalt.[293] Anhand des Begriffs der Souveränität
konturiert sich zunehmend heraus, welche Idee vom Kindertheater Benjamin
vorschwebt, woraus sich greifbar seine Formgestalt ergibt und woraus die Theatralität der kindlichen Aktion und Geste allererst erwächst, die stets aus einem
krisenhaften Ausnahmezustand hervorzugehen scheint. Es ist das an das barocke Trauerspiel angelehnte Souveränitätskonzept, das sich, dem konflikthaften *double bind* von Omnipotenz und Ohnmacht des barocken Herrschers und
seinem »jederzeit umschlagenden Affektsturm[s]« (I, 251) verpflichtet, über
Benjamins Rede vom »Kind als Diktator« und der »kindlichen Geste als Befehl
und Signal« in seinen Plan vom Kindertheater einschreibt. Vor diesem Hintergrund öffnet sich eine andere Dimension von Kindertheater, das im Zeichen
der betont körperlichen, despotisch-theatralen Geste des Kindes und seiner
Welteroberung zu sehen ist, die in der Ausleibung und Erweiterung des Selbst
begründet liegt. Als pränormales Erleben und Verhalten im Kontrast zum ›normalen‹ Verhalten des Erwachsenen offenbart sich in der souveränen Geste die
Weltauffassung des Kindes, die darin ihren kunstartigen Ausdruck findet.

Eine »politische Utopie« liegt daher nicht im Theaterspielen ›für‹ Kinder, wie Primavesi bemerkt, sondern »im Spiel der Kinder selbst, das die reine Sprache der Geste freisetzt«,[294] was Benjamin mit dem Satz umschreibt:
»Unerreicht ist in der Tat die Aktualität kindlichen Formens und Gebarens.«

---

291 | Jürgen Seewald: Leib und Symbol, S. 335.

292 | Ebd., S. 336.

293 | Werner Hamacher: Afformativ, Streik, S. 340.

294 | Patrick Primavesi: Kommentar, Übersetzung, Theater in Walter Benjamins frühen
Schriften, S. 351.

(II, 766) »Die schon für Benjamins Übersetzungstheorie grundlegende Frage nach der reinen Sprache als einer vom Sinn der Mitteilung abgelösten Form der Darstellung« lässt, wie Primavesi weiter ausführt, »die Geste als eine ›andere‹ Übersetzung erscheinen – oszillierend zwischen Wort und Tat mit einer Energie, die nicht im ›Sinn‹ aufgeht«.[295] Demnach liegt die »reine Geste« im Verständnis einer genuin kindlichen Geste mehr in der synkretistischen und diffusen Sozialität fundiert, in einer Unfertigkeit, die das Kind für Erfahrungen empfänglich hält. So kennzeichnet der Zustand des ungenauen Status des Kindes eine Zwischensphäre, von der Lehmann schreibt: »Zwischen *vouloir-dire* und Körper liegt das Reich der Geste, ein Zwischen-Reich, in dem, ungehemmt von ›Kultur‹, das Stumme beredt wird.«[296]

Die spezifische Formulierung von der kindlichen Geste in ihrem Doppelcharakter als »Befehl und Signal« im Kindertheaterprogramm, die hier wesentlich das *Unausgesprochene* thematisiert, lässt es nunmehr ergänzend mit Merleau-Ponty zu, eine *Kluft* anzusetzen zwischen dem, was vom Kind erlebt wird, und dem, was durch das Kind mit der Geste zum Ausdruck gebracht wird. So kommunizieren auch im Kindertheater im Übergang durch die Wahrnehmung der Geste das »kindliche Kollektivum« und das »Kollektivum der Kinder« über diese Kluft hinweg. Die Geste gehört daher dem Schwellenbereich an, in den für Benjamin die Dinge und der Andere einbrechen und dabei den Augenblick der Selbstvergessenheit und Ausdruckslosigkeit allererst erzeugen. Insofern entspricht sie auch dem bestimmenden allegorischen Formelement im *Trauerspiel*-Buch, das Benjamin als *Unterbrechung* kennzeichnet.[297] Daher beschreibt Giorgio Agamben die Geste bei Benjamin als eine Form des Übergangs, »eine Potenz, die nicht in den Akt übergeht, um sich in ihm zu erschöpfen, sondern als Potenz im Akt verbleibt und in ihm tanzt«.[298] Die Geste, die eine zentrale Stellung in Benjamins Kindertheaterkonzeption einnimmt und im Zusammenhang mit dem Theater Brechts noch genauer zu beleuchten ist, markiert präzise den Übergangsbereich zwischen den Körpersymptomen des Kindes und seinem sprachlichen Verhalten, deren Entzifferung dem Erwachsenen aufgegeben ist. Wird der Entfaltung der Geste des Kindes, die hier als Ausdruck einer eigenen Lebensform zu verstehen ist, Rechnung getragen, wird sie sich in vielgestaltigen Formen verwirklichen können – so im Kindertheater durch die »Anfertigung von Requisiten, Malerei, Rezitation, Musik, Tanz, Improvisation« in den verschiedenen Sektionen, wobei Benjamin vor allem der »Improvisation« einen zentralen Platz einräumt.

---

295 | Ebd., S. 353.

296 | Hans-Thies Lehmann: Eine unterbrochene Darstellung, S. 191.

297 | Burkhardt Lindner: Allegorie, S. 69.

298 | Giorgio Agamben: Noten zur Geste, in: Jutta Georg-Lauer (Hg.): Postmoderne und Politik, Tübingen 1992, S. 97-108, hier S. 106.

Improvisation

Es verwundert nicht, dass Benjamin am Ende des zweiten Teils seiner Kindertheaterprogrammschrift unter der Überschrift »*Schema der Spannung*« auf die »Improvisation« zu sprechen kommt, stellt sie doch den Schwerpunkt für das Spiel der Kinder im Kollektiv des Kindertheaters und das Fundament ihrer spontanen Aktionen und Ausdrucksbewegung dar, wie er im Rückbezug auf das Spektrum der theatralen Arbeitsfelder betont: »In ihnen allen bleibt die Improvisation zentral; denn schließlich ist die Aufführung nur die improvisierte Synthese aus ihnen.« (II, 767) Und weiter führt er aus:

> Die Improvisation herrscht; sie ist die Verfassung, aus der die Signale, die signalisierenden Gesten auftauchen. Und Aufführung oder Theater muß eben darum die Synthese dieser Gesten sein, weil nur sie die unversehentliche Einmaligkeit hat, in welcher die kindliche Geste als in ihrem echten Raume steht. Was man als runde »Leistung« aus Kindern herausquält, kann nie an Echtheit mit der Improvisation sich messen. Der aristokratische Dilettantismus, der es auf solche »Kunstleistungen« der armen Zöglinge abgesehen hatte, füllte schließlich nur deren Schränke und Gedächtnis mit Plunder, der sehr pietätvoll behütet wurde, um in Erinnerung an die frühere Jugend die eigenen Kinder wiederum zu plagen. Nicht auf die »Ewigkeit« der Produkte, sondern auf den »Augenblick« der Geste stellt alle kindliche Leistung es ab. Das Theater als die vergängliche Kunst ist die kindliche. (Ebd.)

Führt man sich vor Augen, dass mit Einsetzung des Begriffs der »Improvisation« sämtliche bisher dargestellten Parameter seines Kindertheaterentwurfs im Hintergrund mit anklingen, lässt sich vielleicht ermessen, welche Bedeutung ihr hier von Benjamin zugewiesen wird. So korrespondiert die Improvisation, die dem Wortsinn nach etwas ohne Vorbereitung, aus dem Stegreif tun und an anderer Stelle, auf das Theater der Commedia dell'arte bezogen, »das Unvorhergesehene« (*all'improviso*) bedeutet,[299] dem »Feuer – in welchem Wirklichkeit und Spiel für Kinder sich verschmelzen« (II, 765); hierin liegt das Potential der aggressiven Zeichensetzung und -zerstörung, die die kindliche Selbstdarstellung rhythmisch strukturieren. Auch ist dadurch die Prozessualität von Studium und Übung, die Autorität des Kinderkollektivs und die von Spontaneität geprägte despotische Geste des »kindlichen Kollektivums« (II, 766) begründet, sofern das »Genie der Erziehung: die Beobachtung« (ebd.) zugunsten des produktiven Spiels der Kinder seine Bestimmung und Anwendung findet. Wie der Textstelle zu entnehmen ist, räumt Benjamin insbesondere den signalisierenden Gesten des Kindes, die den aktuellen Einstellungen seines

---

299 | David Esrig (Hg.): Commedia dell'arte. Eine Bildgeschichte der Kunst des Spektakels, Nördlingen 1985, S. 19.

despotisch-destruktiven Erlebens und Verhaltens eng verbunden sind, Bedeutung für die Improvisation ein. Dies vor allem dann, wenn sich, wie er schreibt, »Aufführung oder Theater« aus der durch Improvisation gewonnenen »Synthese dieser Gesten« zusammensetzt, welche, verfasst in »die unversehentliche Einmaligkeit« und »Echtheit« ihres Ausdrucksgebarens, in ihrer Aktualität nicht zu überbieten sind. Auch in diesem Abschnitt der Kindertheaterschrift drückt sich Benjamins Widerstand gegen den, wie er es nennt, »aristokratische[n] Dilettantismus« des bürgerlichen Theaters aus, der darauf aus ist, dem Kind eine »runde ›Leistung‹« abzuverlangen. Erneut widerspricht Benjamin einer Auffassung von Theater, die davon ausgeht, dass Kinder im Theater ein Ergebnis abzuliefern haben, statt ihrem gemeinsamen Spiel und dem zugrunde liegenden dynamischen bzw. rhythmisch strukturierten Spielfluss Raum zu geben. Auch bezieht er den Aspekt mit ein, dass die Improvisation, die für den Spielenden einen schöpferisch-praktischen Zugang zum lebendigen, spontanen Spiel bedeutete, sich unabhängig von der Dichtkunst entwickelt hatte, weswegen die bürgerlichen Theaterkünstler der willkürlichen Improvisation den Kampf angesagt hatten.[300] Denn gerade aus diesem Grund war sie für Benjamin für die Kinder im Kindertheater geeignet, das weniger die Sprache als die körperliche Geste zum Ausgangspunkt der spielerischen Aktion erklärte.

Da Benjamin über Lacis die Spielformen der Improvisation kennengelernt hatte, lässt sie sich nun auch als eine die Konzepte verbindende Gemeinsamkeit verzeichnen. Lacis war es gewesen, die, im Rückgriff auf ihre eigenen Erfahrungen mit Improvisationstechniken im Umkreis der russischen Avantgarde, Benjamin hiermit vertraut gemacht hatte. So war die Wiederentdeckung der Improvisation vor allem in Gestalt der Spielverfahren der Commedia dell'arte für die moderne Kunst den großen Erneuerern des europäischen Theaters zu Beginn des 20. Jahrhunderts Craig, Meyerhold, Tairow und Wachtangow zu verdanken.[301] Sie hatten sich eigens dem Studium der Commedia gewidmet, wovon schließlich auch Lacis durch ihre Theaterstudien bei Meyerhold, Evreinov und ihrem Schauspiellehrer Kommissarschewski profitieren konnte. Wie ihre Aufzeichnungen zeigen, war ihr der Bezug der Improvisation des Schauspielers zum naiven Spiel des Kindes sehr wohl bewusst. Dies veranlasste sie zur sensiblen Beachtung der kindlichen Spontaneität, die sich im Zuge der Improvisation ohne jedwede Einflussnahme des Erziehers ergab und die, wie Lacis ihre Beobachtung vom improvisierten Spiel und Spielen notiert, den Kindern »Glück und Abenteuer«[302] bedeuteten.[303]

---

300 | Johann Christian Brandes: Meine Lebensgeschichte, Leipzig 1924, S. 40.

301 | Ebd., S. 242.

302 | Asja Lacis: Revolutionär im Beruf, S. 29.

303 | Vgl. Florian Vaßen: Lernen und Üben. Erfahrung und Wahrnehmung, ›Unstetigkeit‹ und ›Einsehen‹ im ästhetisch-sozialen Prozess des Theater-Spielens, in: Ders.

Auch die Texte Benjamins, die in Zusammenarbeit oder unter dem Eindruck von Lacis entstanden, verlegten den Akzent in nuce auf die Improvisation. Insbesondere wird die Dynamik auffällig, mit der die Improvisation
als das »unerschöpflich neu zu entdeckende Gesetz des Lebens« (IV, 311) eingeführt wird. Auskünfte zur Improvisation erhalten wir im Essay über NEA-
PEL, der den Begriff der *Porosität* mit der »Leidenschaft für Improvisieren«
zusammendenkt, wobei gerade »das Unfertige« herausgestellt wird, »dem
Raum und Gelegenheit auf alle Fälle gewahrt werden muß« (IV, 309f.). Ebenso
unterstreicht die EINBAHNSTRASSE die experimentelle Improvisation, die Benjamin ausdrücklich dem Kind in seiner Tätigkeit als »Ingenieur« zuschreibt,
beachtet man hier seine Ausführungen in *Vergrößerungen* oder *Chinawaren*, wo
das Kind sich mit der Improvisation im zwielichtigen Übergangsbereich zwischen Haus und Straße verschwistert, der mit unberechenbaren Übergangserlebnissen verbunden ist. Schließlich tritt im Kontext seiner Aufzeichnungen
über Moskau die Improvisation auf den Plan, wenn er schreibt: »Daß nichts
so eintrifft, wie es angesetzt war und man es erwartet« (IV, 329). Diese Worte lassen nicht nur seine Position zum Kommunismus, sondern auch seine
Denkart in Bezug auf die spezifische Wahrnehmungsweise des Kindes und
die Eigentümlichkeit seines von Unberechenbarkeit geprägten erfinderischen
Spiels erkennbar werden. Demgemäß definiert er die Praxis des Kommunismus als ein Experimentierfeld und einen Möglichkeitsraum, wie er auch die
Lebensgestaltung im russischen Alltag als »Versuchsanordnung« ansieht, die
für ihn ein allgemein russisches Phänomen darstellt: »Es steckt in dieser herrschenden Passion ebensoviel naiver Wille zum Guten wie uferlose Neugierde
und Verspieltheit« (IV, 326), die, dem Kind darin verwandt, »jede Stunde überreich, jeden Tag erschöpfend, jedes Leben zum Augenblick« (IV, 330) machen.

Den zentralen Gedanken von der Improvisation, der von der Straße aus seine Initialzündung erhält und in Benjamins Perspektive wesentlich bedeutet,
unvorbereitet auf unerwartbare Ereignisse spontan reagieren und fortwährend
Entscheidungen treffen zu müssen, legt er auch dem Kindertheater zugrunde,
wenn von der »unversehentliche[n] Einmaligkeit« der kindlichen Geste oder
dem »Augenblick« der Geste die Rede ist. Denn auch im improvisatorischen
Spiel der Kinder werden fortlaufend Entscheidungen getroffen, die ungewöhn-
liche und unvermutete Situationen, von Spontaneität geprägte Aktionen und
Reaktionen hervorrufen und das theatralische Geschehen, das von Unterbrechungen und Wiederholungen gekennzeichnet ist, in Gang bringen. Deutlich
wird zudem, dass Benjamin den Begriff der Improvisation nicht nur auf die
Kunst und das Stegreiftheater bezieht, sondern seine Bedeutung insgesamt
auf das Leben und die Politik erweitert. Betrachtet man nun genauer, was his-

(Hg.): Korrespondenzen. Theater – Ästhetik – Pädagogik, Berlin/Milow/Strasburg 2010,
S. 129-145, hier S. 139.

torisch unter Improvisation zu verstehen ist, entdeckt man, dass das improvisatorische Geschehen den Merkmalen der kindlichen Geste, die wir in den
Raum zwischen den Körpersymptomen des Kindes und seinem sprachlichen
Verhalten verortet haben, ebenso einen Übergangs- und Schwellenbereich
markiert. Als solcher kommt er den mimetischen, Ähnlichkeit erzeugenden
und betont handlungsbezogenen Aktionen des Kindes im Kindertheater näher als andere Schauspieltechniken, gerade weil es weniger die Sprache als die
gestische Suggestions- und Ausdruckskraft des Körpers benötigt. So bildet vor
allem der Körper den Ausgangspunkt für die Improvisation im Kindertheater
von Benjamin, deren zentrales Kriterium darin besteht,»die Eigentümlichkeit
der Talente zu völlig freier Entwicklung [zu] bringen«, wie es schon der Schauspieler Eduard Devrient im Jahre 1846 gefordert hatte.[304]

Marcel Mauss definiert den Körper als »das erste und natürlichste Instrument des Menschen«, »oder [...], ohne von Instrument zu sprechen, das
erste und natürlichste technische Objekt und zugleich technisches Medium
des Menschen«.[305] Die Bedeutung des Körpers als erstes Instrument des
Menschen ist auch in Bezug auf die Genesis der Improvisation zu denken,
die entwicklungsgeschichtlich am Anfang jeglicher mimetischen Äußerung
des Menschen steht, ohne dies hier im Detail darstellen zu können. Den
Auftakt bildeten rituelle Tänze und die Pantomime, bis sie auf einer späteren Entwicklungsstufe, in der Schauspielkunst, sich ausentwickelten.[306] Auch
Agamben konstatiert in seinem Essay *Kindheit und Geschichte*, »dass der Ursprung der meisten uns bekannten Spiele in heiligen antiken Zeremonien, in
Tänzen, rituellen Kämpfen und Weissagungen liegt«.[307] Und schon die frühen
Aufzeichnungen ÜBER DAS MIMETISCHE VERMÖGEN, in denen Benjamin das
Kinderspiel mit dem mimetischen Genie der Alten in Beziehung treten lässt,
berichten von einem »Lesen vor aller Sprache«, einem Lesen »aus den Einge-
weiden, den Sternen oder Tänzen« (II, 213), wobei diese Lesbarkeit mit einer
bestimmten partizipativen Weltwahrnehmung zusammenfällt.[308]

Die ersten mimetischen Äußerungen des Menschen waren nach Ebert
»Fruchtbarkeits- bzw. Vermehrungszeremonien und dienten elementarem

---

304 | Eduard Devrient: Dramatische und dramaturgische Schriften, Leipzig 1846,
S. 363.

305 | Marcel Mauss: Les techniques du corps, in: Journal de la Psychologie normale et
pathologique 32/1936, Heft 3/4, S. 271-293, hier S. 278f., zitiert nach Marion Koch:
Salomes Schleier. Eine andere Kulturgeschichte des Tanzes, Hamburg 1995, S. 14.

306 | Gerhard Ebert: Improvisation und Schauspielkunst, S. 19.

307 | Giorgio Agamben: Kindheit und Geschichte. Zerstörung der Erfahrung und Ur-
sprung der Geschichte, übers. von Davide Giuriato, Frankfurt/M. 2004, S. 102.

308 | Walter Benjamin: Kairos. Schriften zur Philosophie, ausgew. und mit einem Nach-
wort von Ralf Konersmann, Frankfurt/M. 2007, S. 327.

praktischem Bedürfnis«.[309] Es handelte sich hierbei um frühe Tanzimprovisa-
tionen, um intuitive Tänze, die ohne Proben getanzt wurden und deren Bewegungsablauf begrenzt war. Zu einem späteren Zeitpunkt wurde die praktische
Unterweisung, wie Ebert schreibt, »durch eine magische Aufführung ersetzt,
in der die Mitglieder der Clans dadurch, dass sie das erfolgreiche Unternehmen der Nahrungsbeschaffung mimisch vorwegnahmen, sich selbst die für
das tatsächliche Vorhaben erforderliche kollektive [...] Tatkraft suggerierten«.[310]
Denn primitive Magie beruht auf der Vorstellung, man könne durch Erzeugung der Illusion, dass man die Wirklichkeit beherrsche, diese in der Tat beherrschen.[311] Diese sich bereits gestisch-mimisch gebärdenden Bewegungsäu-
ßerungen entstammen einem keimenden Bewusstsein des Zusammenhangs
mit anderen Personen und Dingen, aus Empfindungen, Wahrnehmungen
und Vorstellungen einer Menschheit, deren Glieder sich als Einzelwesen noch
nicht begriffen haben und eher dem Kollektivbewusstsein zuzuschreiben
sind. Kennzeichnend für diese primitive Gesellschaft war der Tatbestand, dass
nichts profan, sondern jede Handlung und Tätigkeit als sakral angesehen wurde.[312] Karl Bücher zufolge zog sich beim Gesang und Tanz des mimetischen
Ritus »jeder Mitwirkende unter der hypnotischen Wirkung des Rhythmus aus
dem individuellen Bewusstsein der Wirklichkeit in die unterbewusste Welt
der Phantasie zurück, die für alle gemeinsam, kollektiv war, und aus dieser
inneren Welt kehrten sie, mit neuer Kraft zum Handeln erfüllt, in die Wirklichkeit zurück«.[313] Jedoch ließ nach Ebert ein solches, vom Kollektiv durchge-
führtes magisches Zeremoniell als ein »Sich-Zurückziehen in Inneres« eine
Entfaltung der Improvisation nicht zu, deren Lebenselement das Individuelle
ist, das wach empfindende und reagierende Individuum. Denn wurden die sa-
kralen Bewegungsabläufe mit ihrem jeweils mehr oder weniger ausgeprägten
rituellen Zeremoniell analog der »Sage«, die weitergesagt wurde, als »Spiele«
weitergespielt, erstickte gerade das tradierte Reglement das Improvisatorische.
Folglich lassen sich zwei Entwicklungslinien der frühen Tanz-Improvisationen
ausmachen, die zum einen introvertiert ins Religiöse, zu zelebralem Ritual,
zum anderen extravertiert in die Wirklichkeit, vom Rituellen weg, hin zu indi-
viduellem Spiel führten.[314] Im Zeichen der Ausbildung der Sinne stellten die

---

309 | Gerhard Ebert: Improvisation und Schauspielkunst, S. 19.

310 | Ebd.

311 | George Thomson: Aischylos und Athen, Berlin 1957, S. 13, zitiert nach Gerhard
Ebert: Improvisation und Schauspielkunst, S. 19.

312 | »Essen und Trinken, Ackerbau und Jagd unterliegen einem eigentümlichen Ver-
fahren, das streng vorgeschrieben und heilig ist.« Gerhard Ebert: Improvisation und
Schauspielkunst, S. 19f.

313 | Ebd., S. 20.

314 | Karl Bücher: Arbeit und Rhythmus, Leipzig 1924, S. 335.

Tanz-Improvisationen einen wichtigen Faktor für die psychische Entwicklung der Menschen der Urgesellschaft dar, die der individuellen Ausprägung der Improvisation als vital-sinnliche mimetische Spiegelung der Wirklichkeit, als ›bildhaftes Entdecken der Welt‹ dienten.[315]

Bemerkenswert ist, dass der mimetische Vorgang in früheren Entwicklungsstadien aus der noch kaum durch Arbeitsteilung aufgespalteten Gemeinschaft hervorging, die noch nicht zwischen Spieler und Zuschauer unterschied. Anstelle eines Publikums gibt es Mitwirkende, die sich als Einheit Spielender und Schauender begreifen; jeder kann in dem Maße mitspielen, wie er an dem unteilbaren Prozess der Erhaltung des Lebens mitwirkt.[316] Im Mittelpunkt der ungeprobten Tanz-Improvisationen stehen deshalb vor allem die körperlichen Gesten und Gebärden der Spielenden, ihre körperliche Suggestionskraft, mit der sie beispielsweise den Ablauf einer ganzen Elefantenjagd in ihren einzelnen Handlungsphasen darstellen.[317] Folgen wir dem, dann reihten derartige Improvisationen, einen Wirklichkeitsablauf spiegelnd, einzelne Vorgänge spontan und zufällig aneinander. So bestand die Improvisation aus einer Kette von Einzelvorgänge spiegelnden Mini-Improvisationen, die je nach Spiellaune und Publikumsgunst verworfen oder neu erfunden wurden.[318] Diese Überlegungen charakterisieren die Improvisation als genuine, mimetische Ausdrucksbewegung des Menschen, als Mimesis einfacher Vorgänge, die die Form des Mimus als sein Urelement und Quelle des Schauspielerischen ausbildete, worunter eine ursprüngliche Verschmolzenheit von Tanz, Spiel, Mimik, Gestik, Pantomimik, Gesang und Wort zu verstehen ist.[319]

---

315 | Julius E. Lips: Vom Ursprung der Dinge, Leipzig 1951, S. 362, zitiert nach Gerhard Ebert: Improvisation und Schauspielkunst, S. 21.

316 | Martin Gusinde: Urwaldmensch am Ituri, Wien 1948, S. 51, zitiert nach Gerhard Ebert: Improvisation und Schauspielkunst, S. 21.

317 | »Ein Vorbereitungslied und ein Triumphgesang beteiligen das Wort. Der Rüssel wird mit einem Arm angedeutet. Naturgetreu war der trompetende Rüssellaut, nachdem der Speer den Koloß von unten getroffen hatte und er zusammengesackt war. Auch das Ausbrechen der Zähne wurde nicht vergessen. In der Freude des Erlegens mischte sich die ... Angst vor der Rache des Jagdtieres.« Carl Niessen: Handbuch der Theaterwissenschaft, Emsdetten 1949, S. 141, zitiert nach Gerhard Ebert: Improvisation und Schauspielkunst, S. 23.

318 | Ebd.

319 | Der in Attika, Indien, im Orient wie im Okzident aufzufindende Mimus geht ursprünglich von niedrigeren Volkskreisen aus, weswegen er kaum ein Verhältnis zur idealistischen Poesie unterhält. Ebert zufolge existierte die Improvisation originär nur, bis der Mensch fähig wurde, Gesprochenes schriftlich zu fixieren. An diesem Punkt trennte sich die Improvisation von der Schauspielkunst. Ebd., S. 23ff.

Aus der Improvisation, deren Ursprünge hier nur im Abriss aufgezeigt werden können,[320] sedimentieren sich Prozesse und damit verbundene, auf den Körper bezogene kulturelle Techniken und Praktiken, die auch in das Kindertheater eindringen. Dies vor allem dann, wenn sich, wie Benjamin schreibt, »Aufführung oder Theater« aus der Synthese der improvisierten Gesten ergeben, die unmittelbar der genuin kindlichen Empfindungs-, Wahrnehmungs- und Vorstellungswelt entstammen. So lässt sich mit Bestimmtheit sagen, dass die mit den Anfängen der Improvisation verknüpften Bedingungen präzise denen der ersten kindlichen Regungen und Aktivitäten entsprechen, wo auf Sprache noch nicht zurückgegriffen werden kann, und die gerade ein bildhaftes Entdecken der Welt begünstigen. Die Improvisation kommt nicht nur den ersten mimetischen Äußerungen des frühen Menschen, sondern auch dem frühkindlichen Ausdrucksgebaren und Spielbedürfnis entgegen. Wie die Improvisation in der primitiven Gesellschaft bestimmte Aspekte der elementaren Bedürfnisbefriedigung auf der Grundlage ihrer Lebens- und Arbeitsinhalte zu erfüllen suchte, erfüllt und befriedigt die Improvisation auch im Kindertheater das Bedürfnis der Kinder nach Auseinandersetzung und Kommunikation mit der Welt, die ihren Sinn auf einer präreflexiven Ebene offenbart. Ähnlich wie der frühe Mensch sich als Teil des Kollektivs wahrnahm und zunehmend sein Individualbewusstsein auf dem Boden kollektiver Erfahrungen entfaltete, entwickelt sich auch das Kind im Kindertheater von Benjamin in einer kollektiv tätigen Spielgemeinschaft, auf deren fruchtbarem Boden die Sinnwelt des »kindliche[n] Kollektivum[s]« (II, 766) sich positiv ausbilden kann. Für das Kindertheater, das aus der Improvisation seine theatrale Aufführungsform bezieht, ist zudem entscheidend, dass die Wirklichkeit mit einer betont reduzierten theatralen Körpertechnik, weniger spiegelnd als wiederholend, dargestellt werden kann, und zwar in der einfachen Art der gestischen Aneinanderreihung von Einzelvorgängen, die in der von Spontaneität geprägten gestalterischen Umsetzung jeweils verworfen oder neu erfunden werden können. Insoweit gleichen sie, Merleau-Ponty zufolge, den »graphischen Erzählungen« des Kindes, die auf einem einzigen Bild die aufeinander folgenden Szenen einer Geschichte zusammenbringen.[321] Zudem gleichen sie der ›experimentellen Versuchsanordnung‹, wie sie Benjamin in der Verstrickung mit der Lebens-

---

320 | Ebd., S. 26. Eine wissenschaftliche fundierte Darstellung der Improvisation und ihrer Ursprünge ist nach wie vor ein Desiderat der Forschung.

321 | Nach Merleau-Ponty stellt das Kind die invariablen Elemente des äußeren Dekors nur einmal dar oder lässt jede Person nur einmal in der jeweils zum Augenblick der Erzählung passenden Haltung auftreten, so dass »im betreffenden Augenblick eine jede für sich allein die ganze Geschichte trägt und alle zusammen durch die Dichte der Zeit hindurch miteinander im Dialog stehen und nach und nach die Phasen der Geschichte abstecken«. Maurice Merleau-Ponty: Die Prosa der Welt, S. 166.

wirklichkeit etwa auf den Straßen Neapels und Moskaus wahrgenommen hatte, und auch der konstruktiven Montage, deren Verfahren von den avantgardistischen Theaterkünstlern Meyerhold, Lacis und Brecht eingesetzt wurden und die Bezüge zu der destruktiven, zerstückelnden Formensprache der Allegorie aufweist.

Offenbarte die primitive Gemeinschaft eine magische Beziehung zur Außenwelt und stimmte sie die gestischen Tanz-Improvisationen vermittels des Kollektivbewusstseins darauf ein und ab, vollzog sie das, was Turner »Übergangsrituale« nennt, die in der experimentellen Sphäre der Kultur eine Erfahrung der »Liminalität« kennzeichnet,[322] von der vorher schon die Rede war. Steht der rituell gerahmte Spielraum dem gesellschaftlichen Umgang mit Ereignissen zur Verfügung, verweist er implizit auf menschliche Beziehungen als Schwellenzustand, denen eine politische Dimension zugrunde liegt. Da im Gegensatz zur erwachsenen die frühkindliche Körperwahrnehmung autoerotisch, labil und polymorph anarchisch zerstückelt ist, wie Lacans *Spiegelstadium* besagt, befindet sich auch das Kind, das noch unfähig ist, zwischen Ich und Umwelt zu unterscheiden, in einem unstrukturierten Raum, in dem es sich als ein Körper ohne Grenzen erlebt, in eins mit seiner Umwelt, worauf seine magisch-animistischen Verhaltensweisen zurückzuführen sind. Beispielen einer solchen mimetisch verfassten partizipativen Erfahrung, die über die kindlichen Körpergrenzen hinausgeht, begegnen wir immer wieder in der BERLINER KINDHEIT UM NEUNZEHNHUNDERT, hier stets verbunden mit der kindlichen Geste. So etwa die tastend ausgestreckte Hand im Stück *Die Speisekammer* (IV, 250) oder im Stück *Die Muhmerehlen*, wenn das Kind »beim Tuschen« sitzt und die Farben, die es mischt, es selbst färben (IV, 262). Auch im Stück *Schmetterlingsjagd* (VII, 392f.) ist dies auffällig, wenn das Kind in der Rolle des Jagenden beim (Fang-)Spiel mit dem Schmetterling, in dem Augenblick, da es den Schmetterling mit dem Kescher in der Hand zu greifen sucht, den eigenen Körper offenbar verlässt.[323]

Dass die Improvisation dem kindlichen Denken und seiner magischen, oder wie es Benjamins Reflexionen zu Kind und Kindheit belegen, bezaubernd-entzauberten Weltauffassung entgegenkommt und ein Verwischen der Grenzen zwischen Traum, Phantasie und Realität ermöglicht, die der Kunst-

---

322 | Victor W. Turner: Vom Ritual zum Theater, Frankfurt/M. 1989, S. 42. Vgl. hierzu: Ders.: Betwixt and Between. The Liminal Period in Rites de Passage, in: Ders.: The Forest of Symbols. Aspects of Ndembu Ritual, Ithaca/London 1967, S. 93-111.

323 | »Und wie lag das Revier in meinem Rücken! Gräser waren geknickt, Blumen zertreten worden; der Jagende selber hatte als Dreingabe den eigenen Körper seinem Kescher nachgeworfen, und über so viel Zerstörung, Plumpheit und Gewalt hielt zitternd und dennoch voller Anmut sich in einer Falte des Netzes der erschrockene Schmetterling.« (IV, 244f.)

praxis der Surrealisten nahesteht, lässt sich also auch von der Genesis der Improvisation her erklären. Benjamin tut gut daran, gerade die Improvisation im Kindertheater zum Herzstück zu machen, *handelt* das Kind doch mehr, als es spricht, nicht zuletzt angesichts der Tatsache, dass die Sprache noch keinen tragenden Boden bereitstellt.[324] So verfügt es in besonderem Maße über ein *mimetisches Vermögen*, um sich in die »Stoffwelt« (IV, 253) zu projizieren, in sie einzugehen und sich ihr gleichzumachen. Gerade die Improvisation bietet dem Kind die Möglichkeit, eine magische Gemeinschaft mit den Dingen einzugehen, ihm für Augenblicke die dämonische Kraft des Bannens zu verleihen und – anders als der »primitive« Mensch – gleichzeitig den Ablösungsprozess zu vollziehen, sich ihrem Bann zu entziehen, sich immer wieder neu von ihnen zu befreien, wie Stoessel es ausdrückt.[325] So ermöglicht die Improvisation als zentrales Element im Kindertheater, den Zugang zu einem angstfreien, nicht-herrschaftlichen Umgang mit den Dingen zu stiften. Verantwortlich dafür ist die diktatorische Geste des Kindes, die mit ihrer theatralischen Gewalt und despotischen Ausdruckskraft jeden erstarrten Bewegungsablauf zunichte macht. Deshalb kann Benjamin von der »›Einmaligkeit‹« und dem »›Augenblick‹« (II, 767) der kindlichen Geste sprechen, der imstande ist, den heiligen Ritus zu zerstören, zu unterbrechen und zu verändern, so, dass das Spiel überleben kann, auch wenn es im Verhältnis zwischen Ritus und Spiel zu Überschneidungen kommt, wie Agamben unter Bezug auf Emile Benveniste sagt.[326] Dies legt den Zusammenhang mit Benjamins Rede vom »destruktiven Charakter« nahe, der das Bestehende in Trümmer legt, »nicht um der Trümmer, sondern um des Weges willen, der sich durch sie hindurchzieht« (IV, 398), wie es oben erwähnt wurde. So kennt der »destruktive Charakter«, der, wie einsichtig wird, besonders dem Kind eignet und der seine Wirksamkeit vor Zeugen ständig erneuern muss, auch »nur eine Parole«: »Platz schaffen; nur eine Tätigkeit: räumen« und nur ein »Bedürfnis«: das »nach frischer Luft und freiem Raum« (IV, 396).[327]

Es dürfte deutlich geworden sein, dass Benjamin mit der Einsetzung der Improvisation in das Kindertheater, die hier den ersten Platz unter den thea-

---

324 | Maurice Merleau-Ponty: Keime der Vernunft, S. 367.

325 | Marleen Stoessel: Aura. Das vergessene Menschliche, S. 170.

326 | »Im Spiel überlebt nur der Ritus, nur die *Form* der heiligen Handlung wird beibehalten, in der jedes Mal alles neu gestellt wird. Man hat dabei aber den Mythos, die Ansammlung von prägnanten Worten, die den Handlungen ihren Sinn und ihren Wert geben, vergessen oder abgeschafft.« Emile Benveniste: Le jeu comme structur, in: Deucalion: Cahiers de philosophie 2, 1947, S. 159-167, hier S. 165, zitiert nach Giorgio Agamben: Kindheit und Geschichte, S. 102 u. 103.

327 | Burkhardt Lindner: Zu Traditionskrise, Technik, Medien, in: Ders. (Hg.): Benjamin-Handbuch, S. 451-464, hier S. 453.

tralen Spiel- und Darstellungsmethoden einnimmt, dem spontanen und von Aktualität bestimmten gemeinschaftlichen Spiel der Kinder zu seinem Recht verhelfen will. Sowohl der Wiederholung als auch der Einmaligkeit des gestischen Tuns und Handelns des Kindes, die in der Prozessualität von Studium und Übung aufgehen, schenkt Benjamin Beachtung.[328] Dabei ist auch hier das Spiel der Improvisation gekennzeichnet durch das Merkmal der Unterbrechung und bewirkt die Entstellung des Sinns von Dingen, die das Kind in seiner Lebenswelt findet. Als aus dem Zusammenhang herausgelöste Fundstücke oder Trümmer erlauben sie einen für das Kind handlichen Umgang mit ihnen. Auch hier zeigt sich, dass das Kind die Dinge nicht nur zerstört um ihrer selbst willen, sondern dass die Zerstörung oder die Zerlegung der Dinge dem Kind dazu dienen, sich ihnen anzunähern, sie sich brauchbar zu machen oder zu erneuern, wie Benjamin sagt (VI, 390). So viel ist sicher: Vermittels der Improvisation, die das kindliche Spiel im Besonderen auszeichnet, entwickelt das Kind einen ersten Kontakt zu seiner nahen Umgebungswelt und ist in die Lage versetzt, seinen Lebensraum zu entdecken und zu erkunden. Explizit die Brüchigkeit seiner Wahrnehmung drückt sich in seinem erfinderischen Spiel aus, das auf die instabilen wie labilen Zusammenhänge seiner Erfahrungswelt auf diese Weise antwortet.[329] Über den Körper als Medium der Wahrnehmung werden in der Interaktion im Kindertheater spielerisch Erfahrungen gemacht, so dass der Körper, wie Marion Koch schreibt, »als dessen Projektion und Produkt die Institution ›Ich‹« entwickelt, wobei das Ich ein System ist, das stets interaktiv mit anderen gekoppelt ist.[330] So unternimmt das Kindertheater den Versuch, der Vielfalt und Mehrdeutigkeit von Erfahrungen eine Stimme zu verleihen, indem es allen Elementen der kindlichen Erfahrung gerecht wird, insbesondere der Sinnenwelt. Derart fungiert die Improvisation in Benjamins Kindertheater für das Kind im Sinne eines Werkzeuges zur Erweiterung seiner selbst und bildet einen von Möglichkeiten bestimmten Übergangsraum zwischen dem eigenen Ich und der Welt bzw. zwischen dem eigenen Selbst und dem Anderen, »dort, wo die Wege sich kreuzen«, wie Merleau-Ponty sagt.[331]

---

328 | Das »Moment der Einmaligkeit und der Wiederholung« (I, 936) nennt Benjamin schon in der *Erkenntniskritischen Vorrede* seines *Trauerspiel*-Buches im Kontext der Begriffsbildung und Analyse des Ursprungs. Vermutet wird, dass Benjamin mit der Niederschrift im Mai oder Juni 1924 auf Capri begonnen hatte, diese jedoch nicht mit dem Habilitationsantrag einreichte (I, 924).

329 | Claus Stieve: Von den Dingen lernen, S. 26.

330 | Marion Koch: Salomes Schleier, S. 14.

331 | Maurice Merleau-Ponty: Das Sichtbare und das Unsichtbare, gefolgt von Arbeitsnotizen, hg. und mit einem Vor- und Nachwort von Claude Lefort, übers. von Regula Giuliani und Bernhard Waldenfels, München 2004, S. 209.

»SCHEMA DER LÖSUNG«

Das Genie der Variante

Überschrieb Benjamin den zweiten Teil seines Kindertheatertextes mit dem Titel »*Schema der Spannung*«, der mit seinen Begrifflichkeiten, Verbindungen und Konstellationen ein, mit Primavesi gesprochen, »revolutionäres Denken des Theaters«[332] offenbarte, gibt Benjamin dem dritten Teil der Programmschrift den Titel »*Schema der Lösung*«, der sich in seiner Eigenart zum vorhergehenden nicht nur differenzierend abgrenzt, sondern, wie die Formulierung der Überschrift suggeriert, als ein sich im Extrem bewegender Gegensatz dazu darstellt. Wie zu zeigen sein wird, unterliegen die auseinanderliegenden Pole »*Schema der Spannung*« und »*Schema der Lösung*« jedoch einer Dynamik, die in ihrem Entwurf miteinander korrelieren und ineinanderspielen. Zeigt Benjamin in den vorausgehenden Bemerkungen, mit welchen Spannungen in »dem erzieherischen Aufbau« der Kindertheaterarbeit zu rechnen ist und auf welche spannungsreichen Bedingungen sie trifft, wenn sie ihre experimentellen Möglichkeiten auslotet, eröffnet der letzte Teil seines Textes Bestimmungen, die maßgebend zur »*Lösung*« und *Ent*-Spannung der theatralen Arbeit beitragen. War vorher die Rede von der »Aufführung« als »Schabernack« (II, 765) und als ein dem Zufall untergeordneter Nebenschauplatz, die Benjamin besonders unter dem Aspekt ihrer Herstellung interessierte, geht es ihm im letzten Abschnitt um die Aufführung als solche, die sich, wie gezeigt wurde, aus der Improvisation und der Synthese ihrer Gesten zusammensetzt. So schreibt er:

> Dem erzieherischen Aufbau der Arbeit in den Sektionen steht die Aufführung gegenüber als der Spannung die Lösung. Vor ihr tritt der Leiter gänzlich zurück. Denn keine pädagogische Klugheit kann vorhersehen, wie Kinder die geschulten Gebärden und Fertigkeiten mit tausend überraschenden Varianten zu einer theatralischen Totalität zusammenfassen. Kommt schon für den Berufsschauspieler die Erstaufführung als ein Anlaß der glücklichsten Varianten in der einstudierten Rolle nicht selten in Betracht, so bringt sie im Kinde das Genie der Variante zur vollen Herrschaft. Die Aufführung steht der erzieherischen Schulung gegenüber als die radikale Entbindung des Spiels, dem der Erwachsene einzig und allein zusehen kann. (II, 767)

Führen sämtliche Parameter der Theaterarbeit im Kindertheater zu einem auf die Bedürfnisse des Kindes abgestimmten Spiel- und Übungsraum, der »das grundsätzlich niemals abgeschlossene Studium« (II, 765) im kindlichen Er-

---

332 | Patrick Primavesi: Kommentar, Übersetzung, Theater in Walter Benjamins frühen Schriften, S. 353.

leben und Verhalten in seinem intermittierenden Lauf auf spezifische Art und Weise unterstützt und fördert, kommt es nun zu Konfigurationen, die spezifischer noch die Potentialität seiner despotischen und theatralischen Geste freisetzen. Daher spricht Benjamin hier ausdrücklich von dem »Genie der Variante«, das die souveräne Willkür der diktatorischen Geste des Kindes »zur vollen Herrschaft« bringt. Wichtigste Voraussetzung dafür ist, wie Benjamin hinzufügt, dass der Leiter vor der Aufführung gänzlich zurücktritt, denn auch für das »Schema der Lösung« gilt, dass sich der Erzieher bei allem, was »Aufführung oder Theater« (II, 767) der Kinder anbetrifft, völlig unterzuordnen und seine erzieherische Tätigkeit aufzugeben hat. Für die Kinder bedeutet dieser entscheidende Moment nicht nur die für ihre autonome Entwicklung und rhythmische Selbstdarstellung erforderliche Umkehrung der Autoritätsverhältnisse, sondern auch die Eroberung des Theaterraums, die der spontanen Mobilität ihrer schöpferischen Phantasie Tür und Tor öffnet. Deshalb versteht Benjamin die Aufführung »als die radikale Entbindung des Spiels, dem der Erwachsene einzig und allein zusehen kann«. Geht es dem bürgerlichen Kindertheater in der Hauptsache darum, zum Ende der Theaterarbeit den Zuschauern gegenüber eine »runde ›Leistung‹« (ebd.), eine exakte Reproduktion abzuliefern, zählt für Benjamin gerade nicht das fertige Theaterprodukt. Vielmehr gilt es, »die unversehentliche Einmaligkeit« und den »›Augenblick‹« der kindlichen Geste auszulösen, die, verstanden als ein unbewusst-triebhaftes, von leiblichen Innervationen und kollektiver Aktion geprägtes Erfahrungsgeschehen, vor allem der Aktualität geschuldet ist, wenn er schreibt: »Nicht auf die ›Ewigkeit‹ der Produkte, sondern auf den ›Augenblick‹ der Geste stellt alle kindliche Leistung es ab. Das Theater als die vergängliche Kunst ist die kindliche.« (ebd.) So geht es für die Kinder im Kindertheater bei Benjamin weniger darum, die Welt durch Belehrung in sich aufzunehmen, als darum, die Welt noch einmal selbst zu entdecken, selbst neu zu erschaffen. »Sie wollen sich nicht mit den Erfahrungen anderer vollstopfen«, sondern »verwandeln sich blitzschnell in alles, was sie sehen, und verwandeln alles in das, was sie wünschen«, wie Max Reinhardt sagt.[333]

Auch für die Kindertheaterarbeit von Lacis galt, die Aufführung aus der Synthese der Sektionen, das heißt der gesamten theatralen Tätigkeitsbereiche im Kindertheater zusammenzuführen und sie in einem improvisierten Fest mit karnevalistischem Charakter theatralisch zu bündeln. Auch hier kam es zur Entfaltung der mannigfachen spielerischen Varianten der Kinder, die auf der Straße ihre Bühne fanden. So verdanken sich wesentliche Aspekte für Benjamins Auseinandersetzung mit dem theatralen Spiel und der ›Aufführung als Lösung‹ oder auch als Loslösung, womit unter Bezug auf Bachtin die Loslösung

---

333 | Max Reinhardt: »Rede über den Schauspieler (1929)«, in: Manfred Brauneck (Hg.): Theater im 20. Jahrhundert, S. 351-354, hier S. 353.

von der herrschenden Ordnung gemeint ist, der intensiven Beschäftigung mit den neuesten Tendenzen des sowjetischen Theaters und ihrer Verbindung zu konstruktivistischen Verfahrensweisen.

Das »Genie der Variante« war Benjamin aber auch auf den Straßen von Neapel, Riga, Berlin und Moskau begegnet; hier bot sich ihm das Schauspiel des Lebens als ein Spielraum für das Nichtfestgelegte und Unplanbare als »Schauplatz neuer unvorhergesehener Konstellationen« (IV, 309). Die Überlegungen, die das »Genie der Variante« betonen und damit außertheatralische und theaterfremde Formen des Schauspiels in Benjamins Kindertheateridee aufnehmen, stehen deshalb in engem Zusammenhang mit den Ausführungen zum »Rahmen« (II, 763), der für die Kinder einen Ausschnitt aus der »unabsehbaren Fülle« des Lebens präsentiert (II, 764). In dieser Form impliziert der so gefasste Theaterraum für Kinder Benjamins Idee der Geschichtsaneignung, die, mit Bezug auf sein kommunistisches Denken, das alltägliche Leben, Kunst und Politik verbindet. Gerade deshalb gilt Benjamins Hinweis auf das »Genie der Variante« vor allem der Synthese der improvisierten Gesten des Kindes, die in ihrer zufälligen Anordnung die Aufführung als eine Art »Versuchsanordnung« erscheinen lassen. »Die Einsicht«, schreibt Primavesi, »daß gerade das Theater ›der gegebene Ort solcher Versuchsanordnungen‹ ist, legt [...] nahe, die Veränderung dieses Ortes als Raum und Rahmen, den die Geste nicht nur erfüllt, sondern auch umformt und aufbricht«, zu beschreiben.[334] Durch den Aspekt des Umformens und Aufbrechens der Geste ergibt sich eine Verbindung mit dem allegorischen Formprinzip der *Unterbrechung*, das alle bisherigen Kategorien und Merkmale des Kindertheaters im Kern bestimmte und zusammenführte.

In dieser Perspektive betrachtet, verschwistert sich Benjamins Rede von den Gebärden und Fertigkeiten, die das Kind »mit tausend überraschenden Varianten zu einer theatralischen Totalität« (II, 767) zusammenfasst, hier zudem mit einer anderen, der künstlerischen Avantgarde verpflichteten experimentellen Theaterform, wie sie etwa Brecht seinem Spieltypus des Lehrstücks zugrunde legt, wo es um den »Versuch der Erneuerung ästhetischer Praxis« geht.[335] Vor allem berührt das »Genie der Variante«, das Benjamin auch in der Kinderzeichnung umgesetzt sieht, die Eigenart des kindlichen Spiels, seine diskontinuierlich verfassten und rhythmisch strukturierten Spielphasen ebenso wie dessen mimetischen Verwandlungsaspekt mit seinen implizit magisch-animistischen Korrespondenzen. So nähert sich im Spiel das Kind den Dingen und entfernt sich von ihnen, entstellt sie gemäß seinen eigenen Erfahrungen. Dabei treten »nicht die Dinge dem Kind entgegen«, wie Benjamin

---

334 | Patrick Primavesi: Kommentar, Übersetzung, Theater in Walter Benjamins frühen Schriften, S. 353.
335 | Jan Knopf: Brecht-Handbuch in fünf Bänden, Bd. 1, S. 66.

in AUSSICHT INS KINDERBUCH in Bezug auf Ausmalbücher sagt, sondern »im Schauen dringt es selber als Gewölk, [...] in sie ein«.[336]

Das Spiel der Kinder, die mit der Sprache so wie mit Dingen spielen, entfaltet aufgrund von »produktiven Fehlern« eine »Polyfunktionalität der Dinge«, die einem vorgefertigten Spielzeug, das allzu deutlich nur *einen* Zweck anbietet, nur schwer zu entlocken ist. Denn oft »verwenden und verwandeln Kinder in ihrem Spiel einen Gebrauchsgegenstand *zu* und *in* etwas, wozu er gar nicht hergestellt wurde«, wie Waldenfels in Bezug auf kindliche Erfahrungen im Zusammenhang mit künstlerischen Erfahrungen bemerkt.[337] Die Art und Weise des Umgangs mit den Dingen und/oder mit dem Spielzeug, wenn die Kinder es in ihren Händen hin und her wenden, es schütteln, es zu Boden werfen, es auseinandernehmen und zerstückeln, um dessen Inneres zu ergreifen versuchen,[338] ruft das »Genie der Variante« auf den Plan. Diese Situation lässt sich auf das theaterspielende Kind und seine Improvisationen im Kindertheater übertragen. Affiziert von den Dingen und »verführt zum Leben«, wie Laplanche in seiner Theorie der Verführung sagt, dabei, wie Merleau-Ponty und Benjamin auf eine dritte Sphäre, einen Übergangsbereich insistierend, der hier »weder mit der physischen, durch Wahrnehmungen erschlossenen Außenwelt noch mit der psychischen, durch triebhafte Projektionen und Phantasien geprägten Innenwelt zusammenfällt«,[339] wird jedes Spiel ein theatralisches Verwandlungsspiel. Dergestalt macht sich das Kind nicht nur zum Werkzeug, sondern die Dinge der Welt selbst kommen im Kind zur Erscheinung und zur Darstellung, was auf seine Körperlichkeit verweist oder eine *Körpersprache* im eigentlichen Sinne mit berücksichtigt, die nicht nur am Sprechen beteiligt ist, sondern selber eine Sprache ausbildet, was auch Benjamin mit dem Ausdruck der *Einverleibung* (VII, 257) anzudeuten sucht. So verwandelt das Kind den Holzstab in ein Flugzeug und sich zum Piloten, die Papierschachtel zum Auto und sich zum Chauffeur.[340] Wie Schiavoni in seinen Überlegungen zum Kindertheater bei Benjamin bemerkt, imitieren die Kinder dabei weniger die Werke der Erwachsenen, als dass sie die verschiedensten

---

336 | »In solch farbenbehängte, undichte Welt, wo bei jedem Schritt sich alles verschiebt, wird das Kind als Mitspieler aufgenommen. Drapiert mit allen Farben, welche es beim Lesen und Betrachten aufgreift, steht es in einer Maskerade mitten inne und tut mit. [...] Kinder, wenn sie Geschichten sich ausdenken, sind Regisseure, die sich vom Sinn nicht zensieren lassen.« (IV, 609)

337 | Bernhard Waldenfels: Das leibliche Selbst, S. 180.

338 | Giorgio Agamben: Kindheit und Geschichte, S. 105.

339 | Bernhard Waldenfels: Idiome des Denkens, S. 251. Nach Waldenfels entwickelte Laplanche seine psychoanalytische Betrachtungsweise unter dem Eindruck des Denkens von Walter Benjamin. Ebd., S. 255.

340 | S.L. Rubinstein: Grundlagen der allgemeinen Psychologie, Berlin 1959, S. 732.

Materialien in neue und originelle Beziehungen zueinander setzen. »Sie schaffen sich damit allein ihre Welt der Dinge, ein Mikrokosmos im Makrokosmos«, als eine Fähigkeit, »ohne Rücksicht auf die Konstruktionen der Großen« dem Bedürfnis nachzugehen, »aus dem ganzen Bauplatz des Lebens und aus den Abfällen der herrschenden Klasse die Bewegung der alternativen Konstruktion zu entwickeln«.[341]

Jugendkultur und Kindertheater

Im Rahmen der Auseinandersetzung mit dem »*Schema der Lösung*« kommt Benjamin auf Gedanken zurück, wie er sie – im Kontext seines Engagements in der Jugendkulturbewegung – in seinen frühen Jugendschriften ausgeführt und in Aufsätzen, Vorträgen und Polemiken als Schüler und junger Student der Philosophie zwischen 1911 und 1916 publiziert hatte.[342] Dass Benjamin im dritten Teil der Kindertheaterschrift abermals das Thema der Jugend aufgreift, das zuvor schon in der »*Vorbemerkung*« und im Kapitel »*Schema der Spannung*« im Zusammenhang von zentralen Erziehungsfragen zur Sprache gekommen war, zeigt einmal mehr, wie sehr der juvenile Diskurs dem Kindheitsthema verbunden ist, der sich hier konkret am Kindertheater festmacht. Benjamin schreibt:

Die Verlegenheiten der bourgeoisen Pädagogik und der heranwachsenden Bourgeoisie machen sich neuerdings in der Bewegung für »Jugendkultur« Luft. Der Widerstreit, den diese neue Tendenz zu vertuschen bestimmt ist, liegt in den Ansprüchen der bürgerlichen, wie jeder politischen, Gesellschaft an die unmittelbar politisch niemals zu belebenden Energien der Jugend. Vor allem der kindlichen. Nun versucht »Jugendkultur« den aussichtslosen Kompromiß: sie entleert den jugendlichen Enthusiasmus durch idealistische Reflektionen über sich selbst, um unmerklich die formalen Ideologien des deutschen Idealismus durch die Inhalte der Bürgerklasse zu ersetzen. Das Proletariat darf sein Klasseninteresse an den Nachwuchs nicht mit den unsauberen Mitteln einer Ideologie heranbringen, die bestimmt ist, die kindliche Suggestibilität zu unterjochen.

---

341 | Giulio Schiavoni: Von der Jugend zur Kindheit, S. 54.

342 | »Die Jugendkulturbewegung entwickelte sich vor 1910 im Zuge der Schulreformbewegung um Gustav Wyneken, schloss sich 1913 beim ersten freideutschen Jugendtag auf dem Hohen Meißner dem Bündnis der Freideutschen Jugend an, wurde jedoch etwa ein Jahr danach wieder ausgeschlossen. Die Jugendkulturbewegung unterschied sich wesentlich von anderen Gruppierungen der Freideutschen Jugend, etwa dem Wandervogel.« Karin Stögner: »Der Traum vom Erwachen« – Zum Verhältnis von Jugendbewegung, Körperkult und Zionismus bei Walter Benjamin, in: Sascha Kirchner/Vivian Liska/ Karl Solibakke/Bernd Witte (Hg.): Walter Benjamin und das Wiener Judentum zwischen 1900 und 1938, Würzburg 2009, S. 196-133, hier S. 106.

Die Disziplin, welche die Bourgeoisie von den Kindern verlangt, ist ihr Schandmal. Das Proletariat *diszipliniert* erst die herangewachsenen Proletarier; seine ideologische Klassenerziehung setzt mit der Pubertät ein. (II, 767f.)

Wie schon im Abschnitt »*Schema der Spannung*« nimmt Benjamin auch in dem »*Schema der Lösung*« überschriebenen Kapitel, das vornehmlich dem Aspekt der Aufführung im Kindertheater gilt, eine deutliche Gegenposition zur »bourgeoisen Pädagogik« ein. Diese Versuche, wie er kritisierend formuliert, ihre Verlegenheit damit auszugleichen, dass sie die Bewegung der »»Jugendkultur'«« für ihre hergebrachten Erziehungszwecke verwerte, um sie der »heranwachsenden Bourgeoisie« angedeihen zu lassen. Auffällig ist, Johannes Steizinger zufolge, seine betont ablehnende Positionierung nicht nur der bürgerlichen Pädagogik, sondern auch der Jugendkulturbewegung gegenüber, der er einst selbst als Gymnasiast angehört hatte (1, 64).[343] So ruft diese neue Tendenz erhebliche Zweifel bei Benjamin hervor, entlarvt er sie doch als eine Vertuschung der Ansprüche der bürgerlichen bzw. jeglicher politischen Gesellschaft »an die unmittelbar politisch niemals zu belebenden Energien der Jugend«, in der sich, wie Schiavoni bemerkt, »das mittlere und hohe Bürgertum widergespiegelt, fortgesetzt und fortgepflanzt sehen möchte«.[344] Während die bürgerliche Pädagogik im Bunde mit der Jugendkulturbewegung daran festhält, die »Energien der Jugend« unmittelbar zu erwirken, weiß Benjamin, dass dies niemals möglich ist. Dies trifft in der Sichtweise Benjamins für die »Energien der Jugend« *und* für die »kindlichen« zu, zwischen denen er hier so offenkundig eine Beziehung herstellt. Ganz ähnlich argumentiert Benjamin, wenn es um die »ideologische Klassenerziehung« der »herangewachsenen Proletarier« geht, wenn er »die Disziplin, die die Bourgeoisie von den Kindern verlangt«, als »Schandmal« verurteilt. In Anspielung auf den einen wie den anderen erziehungspolitischen Hintergrund wird noch einmal deutlich, dass Benjamin sich gegen beide pädagogischen Hauptlinien seiner Zeit verwahrt. Weder eignet dem Kind eine Erziehung, die ihm eine ideologische Indoktrination zuteil werden lässt, indem sie parteipolitische Phrasen einschärft, noch greifen die Konstrukte oder Vorstellungsinhalte einer Moralität, die mit pragmatischen Regeln und entsprechender »Disziplin« an das Kind herangetragen werden. Benjamins Kritik findet in folgender Bemerkung ihren Anhalt:

Die proletarische Pädagogik erweist ihre Überlegenheit, indem sie Kindern die Erfüllung ihrer Kindheit garantiert. Der Bezirk, in dem dies geschieht, braucht darum nicht vom

---

343 | Johannes Steizinger: Zwischen emanzipatorischem Appell und melancholischem Verstummen. Walter Benjamins Jugendschriften, in: Daniel Weidner/Sigrid Weigel (Hg.): Benjamin-Studien, Bd. 2, S. 225-238, hier S. 228.

344 | Giulio Schiavoni: Von der Jugend zur Kindheit, S. 32.

Raum der Klassenkämpfe isoliert zu sein. Spielweise können – ja müssen vielleicht – seine Inhalte und Symbole sehr wohl in ihm Platz finden. Eine förmliche Herrschaft über das Kind aber können sie nicht antreten. Sie werden das nicht beanspruchen. So bedarf es denn auch im Proletariat all der tausend Wörtchen nicht, in denen die Bourgeoisie die Klasseninteressen ihrer Pädagogik maskiert. Auf »unbefangene«, »verständnisvolle«, »einfühlende« Praktiken, auf »kinderliebe« Erzieherinnen wird man verzichten können. (II, 768)

Bemerkenswerterweise ergibt sich mittels dieser Textpassage eine Verbindung zu dem Standpunkt, den Benjamin einnimmt, wenn er in der Programmschrift einerseits das Selbstbildungspotential des Kinderkollektivs, andererseits die Position des Leiters im Kindertheater bestimmt. In diesen Überlegungen, die sein Konzept einer proletarischen Pädagogik konturieren, zeichnet sich die Idee einer ethisch-politischen Erziehung ab, die vor allem, neben dem Eindruck von Lacis und seinem neuen Interesse an der Realität des Kommunismus, auf den Diskurs in der Jugendphase zurückzubeziehen ist. Wie oben dargestellt, plädiert Benjamin für eine proletarische Erziehung, die auf den belehrenden Einfluss des Erziehers verzichtet und auf die spielerische Betätigung im Kinderkollektiv konzentriert ist, besonders dann, wenn die kindlichen Energien und Ausdrucksweisen gefragt sind. Aus diesem Grund gebietet es die Aufgabe des Leiters weniger, mit »einfühlende[n]« Praktiken, sondern mehr als beobachtender Zuschauer teilzunehmen und die Spielaktionen dahingehend zu unterstützen, dass er nicht direkt und unmittelbar, sondern *indirekt* und *mittelbar* durch Stoffe und Materialien Impulse zu setzen und die Phantasie der Kinder zu entfachen versucht. Gerade die Rede vom »Kaltstellen der ›moralischen Persönlichkeit‹ im Leiter« (II, 766) impliziert Benjamins Gedanken von der Unterbrechung gängiger Erziehungsmuster, die für das Kindertheater den Umschwung der Autoritätsbeziehungen herbeiführt. Insoweit knüpfen diese Überlegungen auch an vorausgegangene Bemerkungen an, die das Thema der Erziehung im Kindertheater problematisieren, und setzen es fort, wenn es hier ausdrücklicher noch um die »kindlichen« Energien geht, »die unmittelbar politisch niemals« zu beleben sind, wie Benjamin betont.

In dieser Relation besehen, stellt sich die Frage nach den Zusammenhängen von Benjamins emphatischer Bezugnahme auf den, wie Steizinger formuliert, »phantasmagorischen Umgang mit dem Begriff der Jugend«, der für die Jahrhundertwende so bezeichnend war[345] und nun auch für das Kindertheater Bedeutung erlangt. Wie erwähnt, gehörte Benjamin der ideologischen Aufbruchbewegung der Jugend an, wobei er vorwiegend moralisch-theologische Interessen verfolgte, die zuerst an der Persönlichkeit seines Lehrers Wyneken

---

345 | Johannes Steizinger: Zwischen emanzipatorischem Appell und melancholischem Verstummen, S. 228.

eine Orientierung fanden, ohne wesentliche Distanz zu den idealistischen Forderungen der deutschen Jugendbewegung einzunehmen.[346] Bei der Bewegung
für »Jugendkultur«, die Benjamin an dieser Stelle anspricht, handelte es sich
nach Steizinger um »einen schmalen Seitenarm im [...] Strom der Jugendbewegungen des frühen 20. Jahrhunderts«, deren »Suche nach eigenen Lebensund Ausdrucksformen als ein Teil der Gebildeten-Revolte im spätkaiserlichen
Deutschland« angesehen werden kann.[347] Daran entzündete sich ein Streit um
das Thema Erziehung, das zum hart umkämpften Schauplatz um die Gestalt
der künftigen Gesellschaft wurde.[348]

Unter dem Eindruck von Wyneken, der auf der Grundlage eines reformpädagogischen Konzepts eine autonome Erziehung der Jugend verteidigte, zeigte
auch Benjamin missionarischen Eifer für die Idee der Jugend und ein enthusiastisches Engagement in der Jugendkulturbewegung.[349] Vor allem die Schule
sollte der Ort dieser Jugendkultur sein, weshalb auch Wyneken in Wickersdorf
eine auf seinen Vorstellungen beruhende »Freie Schulgemeinde« gründete, die
die Selbstentfaltung der Schüler gestattete. Außerdem wurden mit der Zeitschrift *Der Anfang* und Institutionen wie dem »Sprechsaal« oder dem »Akademischen Comité für Schulreform« Orte einer jugendlichen Gegenöffentlichkeit
geschaffen, die den unter Einundzwanzigjährigen insoweit entgegenkamen, als
sich ihnen hiermit, obwohl ihnen nach damals geltendem Recht unter anderem
das »Grundrecht auf Meinungsäußerungsfreiheit« und die damit verbundene
»materielle Pressefreiheit« versagt waren, Foren öffentlicher Meinungsäußerungen boten.[350] Vor dem Hintergrund der rechtlichen Situation im deutschen
Kaiserreich, die die Jugendlichen prinzipiell von der bürgerlichen Öffentlichkeit ausschloss, deutet Steizinger Benjamins früheste Schriften als den Versuch, »jugendliches Urteil in der Öffentlichkeit« (I, 123) zu ermöglichen.[351]

Von den ersten Texten an, die er unter dem Pseudonym *Ardor* in *Der Anfang*
publizierte, bis hin zu dem im Jahr 1915 gehaltenen Vortrag über DAS LEBEN
DER STUDENTEN (II, 75-87) begründet Benjamin die Notwendigkeit einer Bildungs- und Erziehungsreform, einer Kritik der Universität und ihren Werten,
die auf der Gewissheit der erlösenden Rolle der Jugend basiert. So greift schon
seine Schrift DIE SCHULREFORM, EINE KULTURBEWEGUNG (II, 12-16) aus dem
Jahr 1912 den Gedanken einer radikalen Veränderung der »Schulreform« auf,
»jener Aufgabe, die ohne Gewalt niemals lösbar sein wird« (II, 14). Benjamin

---

346 | Giulio Schiavoni: Von der Jugend zur Kindheit, S. 32 u. 37.

347 | Johannes Steizinger: Zwischen emanzipatorischem Appell und melancholischem
Verstummen, S. 228f.

348 | Ebd., S. 229.

349 | Ebd., S. 225.

350 | Ebd., S. 229.

351 | Ebd., S. 230.

erhofft sich mehr von einer Sichtweise, die in der Jugend das Potential einer Erneuerung erblickt und den Erwachsenen vor der Sache der Jugend zurücktreten lässt (II, 15).[352] Im »Gestus der Unbedingtheit«, der die bedingungslose Affirmation der Jugend als Träger einer gesellschaftlichen Erneuerung begreift, wie Ansgar Hillach bemerkt,[353] wird die Idee der Jugend von Benjamin gleich einer magischen Formel beschworen, wie auch sein Text DAS DORNRÖSCHEN (II, 9-12) von 1911 nahelegt: »Wir leben im Zeitalter des Sozialismus, der Frauenbewegung, des Verkehrs, des Individualismus. Gehen wir nicht dem Zeitalter der Jugend entgegen?« (II, 9) Die Jugend vergleicht Benjamin mit Dornröschen, das auf den Prinzen wartet, der es wecken wird, aber auch mit Hamlet, der die Welt nur mit Abscheu betrachtet und zur Welt kam, um sie einzurenken: »Auf wen können diese Worte wohl besser passen, als auf die heutige Jugend?« (ebd.), fragt Benjamin und lenkt die Aufmerksamkeit auf eines seiner prominenten Motive, auf das des *Erwachens*. Dornröschens Erwachen wird hier mit der Überwindung des metaphysischen Pessimismus der Moderne gleichgesetzt. Um diese hohe Erwartung erfüllen zu können, darf in der Sichtweise von Benjamin die Jugend nicht auf das ästhetische Ideal eines fragwürdigen Jugendkultes enggeführt werden, sondern muss sich ihrer Bedeutung, Repräsentant einer anderen, einer besseren Zukunft zu sein, bewusst werden: »Von der Jugend wurde nicht weniger erwartet als die Erlösung der leidenden Menschheit.«[354]

Das Motiv des Erwachens verdeutlicht Benjamin mehr noch im Text METAPHYSIK DER JUGEND (II, 91-104) aus dem Jahr 1913, da er hier nach Steizinger »das in den Antinomien der Kultur gefangene jugendliche Subjekt« mit einem Schlafenden vergleicht, »dessen Träume von einer ihm fremden Macht beherrscht werden«.[355] Eine »unbegriffene Symbolik« (II, 91), wie Benjamin

---

352 | »Das engste Band aber zwischen Kultur und Schulreform – die *Jugend* bildet es. [...] Die Jugend aber, der die Schule dient, die sendet ihr gerade die Zukunft. Ein Geschlecht empfängt die Schule, in allem Realen und allem Gewissen unsicher, selbstsüchtig vielleicht und unwissend, natürlich und unkultiviert (im Dienste der Schule muß es sich bilden), ein Geschlecht aber zugleich voll der Bilder, die es mitbringt aus dem Lande der Zukunft. Die Kultur der Zukunft ist doch schließlich das Ziel der Schule – und so muß sie schweigen vor dem Zukünftigen, das in der Jugend ihr entgegentritt. *Selbst* wirken lassen muß sie die Jugend, sich begnügen damit, Freiheit zu geben und zu fördern.« (II, 15)

353 | Ansgar Hillach: »Ein neu entdecktes Lebensgesetz der Jugend«. Wynekens Führergeist im Denken des jungen Benjamin, in: Klaus Garber/Ludger Rehm (Hg.): global benjamin. Bd. 2, S. 872-890, hier S. 874.

354 | Johannes Steizinger: Zwischen emanzipatorischem Appell und melancholischem Verstummen, S. 231.

355 | Ebd., S. 233. In diesem Zusammenhang kann auch der von Benjamin 1913 verfasste Beitrag ROMANTIK. EINE NICHT GEHALTENE REDE AN DIE SCHULJUGEND (II, 42-47) als

schreibt, rückt dabei, so Steizinger, »in den Mittelpunkt der ödipalisierten Deutung gesellschaftlicher Unterdrückung«.[356] Für Benjamin wird der Sinn der Welt vom »Sein der Väter« (ebd.) bestimmt, in deren Formen sich die Jugend nicht wiederfinden kann, weswegen die faktische Autorität der Väter eine symbolische ist, was konkret bedeutet, dass die Jugend durch die bestehenden Werte der Kultur unterdrückt wird.[357] Während der politische Flügel der Jugendkulturbewegung für rechtliche Gleichstellung kämpfte, war Benjamin davon überzeugt, dass sich die Jugend nur durch eine eigene Sprache von jeglicher Fremdbestimmung lossagen könne.[358] Als eine neue Sprache hebt Benjamin im Aufsatz über DAS LEBEN DER STUDENTEN die Sprache der Jugend hervor: »Nur die eingestandene Sehnsucht nach einer schönen Kindheit und würdigen Jugend ist die Bedingung des Schaffens. Ohne dies wird keine Erneuerung ihres Lebens möglich sein: ohne die Klage um versäumte Größe.« (II, 86) Doch die Klage verfügt mit Steizinger über keine Expressivität, die das Gefühl der Trauer ausdrücken könnte, in welches die Jugend versunken ist: »Unfähig sich die fremden Formen anzueignen und eine zerstörte Sprache in Händen verbleibt sie ausdruckslos. Ihr Leid ist [...] unsagbar.«[359] Die Sprachlosigkeit deutet Benjamin als ein Merkmal der um ihre Kindheit beraubten Gemüter, wie er in seiner Kritik DER IDIOT VON DOSTOJEWSKIJ schreibt: »Verletzte Kindheit ist das Leid dieser Jugend.« (II, 240)

Zweifellos ist das Denken des jungen Benjamin durch den extremen und radikalen Idealismus Wynekens geprägt, der den thematischen Radius seiner Jugendschriften präfiguriert.[360] So erscheint ihm selbst die unter seiner Mitwirkung entstandene Jugendbewegung zu tendenziös, zu sehr nur einem Ziel und nicht mehr dem objektiven Geist kantischer Philosophie verpflichtet. Benjamins Definition von Jugend ist eine andere. Für ihn bedeutet die Jugend, die den herrschenden Werten geopfert und in ihrem Empfinden beschnitten und übergangen wird, eine messianische Kraft der Erlösung. Benjamins Betrachtungsweise impliziert, dass sich die Jugend nicht selbst erlösen kann,

---

besonders signifikanter Ausdruck dafür angesehen werden, wie sehr Benjamin vor den Vagheiten einer Jugendkulturbewegung zurückschreckte, die, indem sie sich hinter ideologischen Festungen verbarrikadierte, die eigene Jugend verriet: »Das Philistertum lähmt uns, damit es allein die Zeit beherrsche; wenn wir uns aber lähmen lassen von der idealistischen Narkose, dann sinken wir ihm schnell nach, und die Jugend wird die Generation der späteren Philister.« (II, 43)

356 | Johannes Steizinger: Zwischen emanzipatorischem Appell und melancholischem Verstummen, S. 233.

357 | Ebd.

358 | Ebd., S. 235.

359 | Ebd., S. 235f.

360 | Ansgar Hillach: »Ein neu entdecktes Lebensgesetz der Jugend«, S. 890.

wie ein Brief vom 15. September 1913 an seine Jugendfreundin Carla Seligson
verrät: »[...] jung sein heißt nicht so sehr dem Geist dienen, als ihn *erwarten*
[...]. Dies ständige vibrierende Gefühl für die Abstraktheit des reinen Geistes
möchte ich Jugend nennen.« (1, 175) Daher steht für Benjamin die ideelle Erfüllung dessen, was das Jugendliche ausmacht, *noch aus*, denn »jung ist der
Mensch, solange er sein Ideal noch nicht völlig in die Wirklichkeit umgesetzt
hat« (II, 11).

Benjamin war Werner Fuld zufolge »vom Gedanken einer reinen Apolitie
der Jugendbewegung« inspiriert, der es ihm versagte, eine gegen die Kriegs-
hetze der Erwachsenen offen opponierende Partei der Jugend zu bilden.[361]
Auch verwahrte er sich nach Fuld gegen einen Kollektivismus, »der praktisch
doch nur das Subjekt seiner Verantwortlichkeit enthebt«, im Gegensatz zur
Jugendbewegung, die das ›Ich‹ aus seiner Vereinzelung befreien wollte.[362] Dagegen befürwortet Benjamin die Notwendigkeit der Einsamkeit innerhalb der
Gemeinschaft. Nach einem Brief an Seligson vom 4. August 1913 verbindet
sich für Benjamin Einsamkeit mit einer Bewusstheit des Subjekts: »Ich glaube,
daß nur in der Gemeinschaft, und zwar in der innigsten Gemeinschaft [...] ein
Mensch wirklich einsam sein kann: in einer Einsamkeit, in der sein Ich gegen
die Idee sich erhebt, um zu sich zu kommen.« (1, 161) In Benjamins Denken bedeutet dies, wie Fuld erklärt: »Das durch die Gemeinschaft geweckte Bewußtsein des Menschen von sich selbst muß sich notwendig gegen die Schranke der
Gemeinschaft erheben, um sich als individuelles Bewußtsein zu bewähren.«[363]

Benjamins Idee von der Jugendbewegung stieß jedoch auf Gleichgültigkeit und Unverständnis, wenn er versuchte, die metaphysischen und religiö-
sen Ambitionen seiner messianischen Vision anderen deutlich zu machen,
weswegen er mit den Freistudenten brach und jedes Interesse an der weiteren
Entwicklung der Jugendbewegung in Deutschland verlor.[364] Die Trennung von
seinem Lehrer Wyneken wurde unumgänglich, als die »stillschweigende Übereinstimmung der Theorien der ›neuen Erziehung‹ mit der bestehenden Herrschaft zu offensichtlich geworden war und reaktionäre Züge« zeigte, resümiert
Schiavoni.[365] Seiner Ansicht nach kehrte Benjamin nach »der Jugend als typi-
scher Stätte der Hoffnungen für die neue Pädagogik« den Rücken zu und richtete den Blick stattdessen auf die »Erfahrungen der *Kindheit*«.[366] Vor diesem
Hintergrund ist Benjamins Interesse am Kindertheater zu sehen, das Fuld »als
Abrechnung eines Desillusionierten mit der Jugendbewegung« deutet, wie es

---

361 | Werner Fuld: Walter Benjamin. Eine Biographie, Hamburg 1990, S. 41.

362 | Ebd., S. 40.

363 | Ebd.

364 | Jean-Michel Palmier: Walter Benjamin, S. 184.

365 | Giulio Schiavoni: Von der Jugend zur Kindheit, S. 37.

366 | Ebd., S. 38.

insgesamt von der Intensität zeugt, mit der sich Benjamin nach dem Bruch mit Wyneken den Themen Kindheit und Erziehung zuwendet.[367] Führen wir uns die Textzusammenhänge der Jugendschriften vor Augen, so versammeln sie in der Tat Themen und Motive, wie sie von Benjamin konkreter noch für seine Kindertheateridee eingefordert werden. Denn wenn seine jugendbewegten Anfänge als emphatische Beschwörung einer kulturellen Erneuerung zu lesen sind und die Notwendigkeit einer Zäsur erkennbar machen, die der Jugend ihre ideelle Erfüllung erst noch zukommen lässt, ist diese Intention auch in seiner Kindertheaterprogrammschrift wahrnehmbar. So taucht die Idee der Erneuerung, die für Benjamin nur als Unterbrechung und Zäsur denkbar ist, in dem Kindertheatertext wieder auf und wird zum bestimmenden Attribut der neuen Generation der Kinder, wenn diese als die »allerstärkste[n] und allergefährlichste[n]« Kräfte (II, 763) mit ins Spiel kommen. Dieses Umdenken des Jugendthemas auf die Kindheit hin, der darin enthaltene Gedanke von der Unterbrechung als notwendige Bedingung der Erfahrung des *Erwartens* setzt sich im Kindertheaterplan von Benjamin fort. Denn während die Jugendlichen über keine Expressivität verfügen, die das Gefühl der Trauer angesichts einer durch Erziehung missglückten Kindheit ausdrücken und zur Sprache bringen kann, lebt, befiehlt und agiert das Kind im »Rahmen« (II, 763) des proletarischen Kindertheaters in seiner Welt als Diktator, in einem von Erfahrungsmöglichkeiten bestimmten Raum, der jede Äußerung erlaubt und für wünschenswert erklärt, die vermöge seiner despotischen Geste zum Ausdruck kommen möchte. Dass Benjamin im Kindertheaterprogramm dem »Kollektivum der Kinder« (II, 765) und dem »kindliche[n] Kollektivum« (II, 766) die Autorität übergibt und »die ›moralische Persönlichkeit‹ im Leiter« kaltstellt, ist ebenfalls in seinem Denken der Jugend und dem damit untrennbaren der Unterbrechung angelegt zu sehen, das der Gemeinschaft gewidmet war. Allererst in seinem Plan vom Kindertheater scheint sich Benjamins Idee von einer »reinen Apolitie« zu erfüllen, einer Gemeinschaft, in der das Ich in seiner Kraft des Subjektiven sich bewusst werden kann. Und erst im Kindertheater, so ließe sich ergänzend hinzufügen, sieht Benjamin die Möglichkeit zur Verwirklichung der Ideen seiner Jugendphase, die nach Hillach von der »Vorstellung von Autonomie und pädagogischer Führerschaft« geprägt waren.[368]

Inaugurieren Benjamins theoretische Äußerungen zur Jugendbewegung die Möglichkeit einer messianischen Erlösung der modernen Kultur durch die Jugend, wie er im Brief an Seligson festgehalten hatte (1, 138), spricht sich darin, so Schiavoni, sein jugendliches Interesse aus, »die Wirklichkeit im ›Augenblick‹ ihres Aufbrechens anzupacken«.[369] In Korrespondenz zu dem in

367 | Werner Fuld: Walter Benjamin, S. 52.

368 | Ansgar Hillach: »Ein neu entdecktes Lebensgesetz der Jugend«, S. 875.

369 | Giulio Schiavoni: Von der Jugend zur Kindheit, S. 30.

den Jugendtexten entfalteten Motiv des Erwachens gilt diese Formel auch für seine Reflexionen über die Kindheit, strikter noch für die Erfahrungsweise, wie sie das Kind im Schwellenbereich des Spiels und Spielens erlebt, und vor allem, wie sie im Bewusstsein einer proletarischen Pädagogik für das Kind im Kindertheater zutrifft, die eine glückliche Kindheit anstrebt (II, 768). Hier ist es der unmittelbar auftretende »Augenblick« der Geste« (II, 767), der die Überlegenheit der proletarischen Pädagogik im Verständnis Benjamins sichert und die augenblickliche Verbindung mit der Wirklichkeit erwirkt. Diese spezifische Disposition geht untrüglich mit dem »Feuer« einher, »in welchem Wirklichkeit und Spiel für Kinder sich verschmelzen« (II, 765), gerade dann, wenn Benjamin die stärkste Kraft der Zukunft in den Kindern durch das Theater aufgerufen sieht (ebd.), in dem die diktatorische und signalisierende Geste (II, 766) herrscht und befiehlt.

Bemerkenswert ist, dass diese Gedanken von einem Begriff umspielt werden, der sich auch für die Kindertheaterkonzeption als wesentlich erweist. Gemeint ist das Stichwort der »Revolution«, das für Benjamin, so Wizisla, »kein ausschließlich politischer Ausdruck ist, sondern eine Kategorie, in der politisch-historische Aktion und menschheitsgeschichtlich-messianische Perspektive« sich einander annähern«.[370] Die Wurzeln dieser Begriffsauslegung sind, wie oben geschildert, hauptsächlich in Benjamins lebensgeschichtlicher und politischer Zäsur zu suchen, die auf die Begegnung mit Lacis rekurriert.[371] Jedoch ist Benjamins revolutionäres Denken, das sich bereits in seinem *Gewalt*-Aufsatz zeigte, schon in seiner Jugendphase angelegt, wie vor allem in der Rede über DAS LEBEN DER STUDENTEN, die den geschichtsphilosophischen Thesen vorausgreift und das »Künftige« im Augenblick erkennen will (II, 87). Über den Begriff der Revolution gewinnt Benjamins Augenblicksemphase, die in der Jugendbewegung ihre Grundlegung hat, auch für das Kindertheater Prägnanz. So drückt sich seine der Jugendzeit verhaftete Bemühung, die Wirklichkeit im Augenblick ihres Aufbrechens zu erkennen, noch in seiner Kindertheaterkonzeption aus, wenn hier die signalisierenden, befehlenden und improvisierten Gesten des Kindes/der Kinder im Kinderkollektiv im Mittelpunkt stehen und zum aktiven und spontanen Ausdruck drängen. Als solche tragen diese den Impetus einer »politisch-historische[n] Aktion« in sich, die Benjamin Scholem gegenüber als Ausdruck einer »vitalen Befreiung« und »Aktualität eines radikalen Kommunismus« (2, 473) angekündigt hatte.

Fortgesetzt wird diese Intention auf die Erfordernisse des Augenblicks vermittels gemeinsamer Erfahrungen und Beobachtungen Benjamins und Lacis', die sich durch die Begegnung mit Orten wie Neapel, Riga, Berlin und Moskau

---

370 | Erdmut Wizisla: Revolution, in: Michael Opitz/Erdmut Wizisla (Hg.): Benjamins Begriffe, Bd. 2, S. 665-694, hier S. 665.
371 | Ebd., S. 667.

ergeben hatten und die in den darauf Bezug nehmenden Texten deutlich zeigen, dass Benjamin jederzeit Aktualität einfordert, eine Aktualität im Namen der Lebenswirklichkeit, die sich auf der Straße abspielt. Dabei ist die Betonung der Gegenwart und des Augenblicks als ein Ausdruck revolutionären Eingreifens in den Lauf der Geschichte zu werten, der auch für die Kindertheaterschrift von Bedeutung ist. Geradeso hat der Moment des Eingreifens, dem »konstruktiven Prinzip« (I, 702) folgend, in Benjamins Geschichtsphilosophie leitmotivische Funktion, wenn dieser sich dort als »kairologisch« darstellt, was besagt, »das Flüchtige, den Augenblick, in dem der rechte Moment, [...] auf Nimmerwiedersehen ›aufblitzt‹«,[372] zu erfassen und festzuhalten, ist doch jedes Jetzt, wie Benjamin analysiert, »das Jetzt einer bestimmten Erkennbarkeit« (V, 578). Benjamin stellt »einer zusammenhanglosen, auf Unendlichkeit der Zeit vertrauenden Geschichtsauffassung die Betrachtung eines Zustands gegenüber«,[373] in dem »die Historie als in einem Brennpunkt gesammelt ruht« (II, 75). Seine geschichtsphilosophische Sicht zeigt nach Wizisla eine Nähe zu zentralen Kategorien des Spätwerks, wie denen der Unterbrechung, Diskontinuität, Destruktion und Dialektik im Stillstand, Stillstellung des Geschehens etc.,[374] die auch für seinen Kindertheaterplan kennzeichnend sind. Insbesondere im Kindertheater, das heißt in der kindlichen Geste und im vom kollektiven Handeln bestimmten theatralen Spiel, bei dem gerade auch vorsprachliche Erfahrungen des Kinder/der Kinder zum Ausdruck kommen, erkennt Benjamin »das Jetzt einer bestimmten Erkennbarkeit« als eine aktive, revolutionäre Handlung, die hier mit der »menschheitsgeschichtlich-messianische[n] Perspektive« zusammenfällt, deren Ausgang unbestimmt und noch offen ist. So gehen die »Bilder [...] aus dem Lande der Zukunft« (II, 15), die die Jugend bringt, und die von Offenheit und Unvorhersehbarkeit geprägten signalisierenden Gesten der Kinder im Kindertheater ein korrespondierendes Verhältnis ein, das die Möglichkeit ihrer Verwirklichung erst noch *erwartet*.

Benjamins Betrachtungsweise erinnert an die spätere Formulierung von der »Anmut der Kinder«, die er als ein »Korrektiv der Gesellschaft« begreift, wie aus einem Brief an Adorno vom 15. Juli 1940 hervorgeht (6, 451). Diese »Anmut der Kinder« gilt Benjamin als eine »der Anweisungen, die uns auf das ›nicht disziplinierte Glück‹ gegeben sind« (6, 451), die im Kindertheaterkollektiv mit der von Aktualität geprägten diktatorischen und despotischen Geste, die sich im Kindertheater in der archaisch und gleichwohl anarchistisch begründeten Improvisation in der Aufführung zu einer Synthese zusammenfügen, Hand in Hand gehen. Denn, wie Benjamin an anderer Stelle sagt, »schwingt

---

372 | Ralf Konersmann: Erstarrte Unruhe. Walter Benjamins Begriff der Geschichte, Frankfurt/M. 1991, S. 47.

373 | Erdmut Wizisla: Revolution, S. 666.

374 | Ebd.

[...] in der Vorstellung vom Glück [...] die Vorstellung der Erlösung mit« (V, 600; I, 693). Dies vor Augen, ließe sich für das »*Schema der Lösung*«, das in Benjamins Programmschrift für die Bedingungen der Aufführung bestimmend ist, eine Umdeutung wagen, dahingehend, dass hier implizit von einem ›*Schema der Er-Lösung*‹ die Rede ist, das, indem es die Ordnung des historischen Kontinuums unterbricht, eine glückselige Kindheit garantiert.

Die Aufführung als Karneval

Benjamins Anmerkungen in seiner Programmschrift schließen mit der ebenso beachtenswerten wie erklärungsbedürftigen Charakterisierung der Aufführung im Kindertheater. Wenn gerade diese von Benjamin am Ende seines Kindertheaterprogramms diskutiert wird, hat sie deswegen jedoch nicht die Bedeutung »eines vollendeten Werks«, das vor Publikum abzuliefern wäre, sondern vielmehr, wie Lindner sagt, »die Form eines Fests«: »Das Fest findet nicht nach der gelungenen Aufführung statt, sondern ist diese selbst.«[375] Der Tatbestand, die Aufführung als Fest zu betrachten, verwundert nicht vor dem Hintergrund der zentralen Kriterien und Besonderheiten, wie sie insgesamt für das proletarische Kindertheater in den vorausgegangenen Erläuterungen entfaltet wurden. Wurde vorher schon im Zusammenhang der Aufführung als »Schabernack« (II, 765) deutlich, dass es Benjamin bei der Theaterarbeit mit Kindern um die kreative Praxis des Probens und des Ausprobierens geht, der im proletarischen Kindertheater mittels der von Spontaneität geprägten Interaktionen der Kinder Raum gegeben werden kann, bedeutet für ihn die Aufführung »die große schöpferische Pause im Erziehungswerk«:

Die Aufführung ist die große schöpferische Pause im Erziehungswerk. Sie ist im Reiche der Kinder, was der Karneval in alten Kulten gewesen ist. Das Oberste wird zuunterst gekehrt und wie in Rom an den Saturnalien der Herr den Sklaven bediente, so stehen während der Aufführung Kinder auf der Bühne und belehren und erziehen die aufmerksamen Erzieher. Neue Kräfte, neue Innervationen treten auf, von denen oft dem Leiter unter der Arbeit nichts ahnte. Erst in dieser wilden Entbindung der kindlichen Phantasie lernt er sie kennen. Kinder, die so Theater gespielt haben, sind in dergleichen Aufführungen frei geworden. Im Spielen hat sich ihre Kindheit erfüllt. Sie nehmen keine Restbestände mit, die später eine unsentimentale Aktivität durch larmoyante Kindheitserinnerungen hemmen. Dieses Theater ist zugleich für den kindlichen Zuschauer das einzig brauchbare. Wenn Erwachsene für Kinder spielen, kommt Lafferei heraus. / In diesem Kindertheater liegt eine Kraft, welche das pseudorevolutionäre Gebaren des jüngsten Theaters der Bourgeoisie vernichten wird. Denn wahrhaft revolutionär wirkt nicht die Propaganda der Ideen, die hier und da zu unvollziehbaren Aktionen anreizt

---

375 | Burkhardt Lindner: Die »Heiterkeit des Kommunismus«, S. 82.

und vor der ersten nüchternen Besinnung am Theaterausgang sich erledigt. Wahrhaft revolutionär wirkt das *geheime Signal* des Kommenden, das aus der kindlichen Geste spricht. (II, 768f.)

Die Hervorhebung der Aufführung als »große schöpferische Pause im Erziehungswerk« und als ein dem Karneval artverwandtes Fest, das im Sinne eines zeitgemäßen Theatermodells die »wilde[n] Entbindung der kindlichen Phantasie« zu befördern hilft, versteht sich zunächst vor dem Hintergrund der Kindertheaterarbeit von Lacis. Auch hier wurde die Aufführung als öffentliches, karnevalistisches Fest zelebriert, dem der Charakter der aus vielen Einzelteilen zusammengesetzten Improvisation eignete. Als Lacis dem Wunsch der Kinder nachkam, die Aufführung in Gestalt eines Karnevalszuges mit den selbst hergestellten Masken, Requisiten und Dekorationsteilen auf der Straße zu präsentieren, bot sich dem Betrachter ein ausgelassenes Fest auf der Straße dar, das gewiss den Namen »Schabernack« (II, 765) verdient. Ausgehend von der Einsicht, den Kindern die Autorität zu überantworten, wie es für das Kindertheater von Benjamin insgesamt Programm ist, wenn es um den Prozess der Herstellung von Theater geht, gilt dies nun in besonderem Maße auch für den Zeitraum der Aufführung. Fordert Benjamin, dass sich das Verhältnis zwischen den Erziehern und den Kindern umkehrt, ist genauer zu untersuchen, wie dieser Anspruch mit der Formulierung von der Aufführung als »große schöpferische Pause«, die »im Reiche der Kinder« das ist, »was der Karneval in alten Kulten« war, in Einklang gebracht werden kann. So nennt Benjamin in diesem Zusammenhang nicht umsonst die römischen Saturnalien, jenes Fest, das zu Ehren des Gottes Saturn jedes Jahr im Winter für einige Stunden oder Tage eine Umkehrung der gesellschaftlichen Struktur mit sich brachte. Denn an diesen Festtagen war das hierarchische Verhältnis zwischen Herren und Sklaven aufgehoben, derart, dass die Sklaven das Recht auf ein Festmahl hatten, bei dem sie von ihren Herren bedient wurden.[376]

Im Lichte der Beziehung, die Lacis zu der avantgardistischen Bewegung Russlands in den 1920er und 1930er Jahren unterhielt, ergeben sich wichtige Bezüge zu Praktiken und Verfahrensweisen der russischen Theaterkünstler, die das Leben zur Bühne machen wollten. So suchten beispielsweise Meyerhold und Evreinov, die Forderung nach einer Zirzensifizierung des Theaters umzusetzen, indem sie zirzensische Motive und aktuelle, agitatorische Proklamationen miteinander verbanden und in Form von Massenveranstaltungen auf Straßen und öffentlichen Plätzen zum politischen, *performance*artigen Theater gestalteten. Zeitgleich beanspruchten auch die Manifeste der russischen Avantgarde, im Namen eines besseren menschlichen Lebens die Kunst im Ganzen zu revolutionieren. Wie oben erwähnt, war es Malewitsch gewesen,

---

376 | Pierre Missac: Walter Benjamins Passage, S. 147.

der vor dem Hintergrund eines das Leben immer stärker bestimmenden Arbeitsalltags die Kunst als Unterbrechung der Arbeit, als Pause in der Arbeitsanstrengung und als Manifestation des Festes erklärt hatte, das, analog zum Streik, eine gewaltsame, grausame Seite mit ins Spiel brachte. Groys gibt an, dass Malewitsch mit der in den anarchistischen Kreisen des postrevolutionären Russlands geführten Diskussion über den Traktat *Über die Gewalt* Sorels bekannt war, der den Mythos des Generalstreiks beschreibt,[377] »bei dem totale Ruhe und äußerste Gewalt eine Einheit bilden«: »Das Leben, im Namen dessen Malevič gegen die Ideologie des sozialistischen Aufbaus kämpft, ist für ihn [...] ein solcher Generalstreik.«[378]

Auch Benjamin hatte sich Jahre zuvor in seinem *Gewalt*-Aufsatz mit den Analysen Sorels zur »bürgerlichen Dekadenz der Gewalt« (II, 190) im Parlamentarismus und zum Generalstreik vertraut gemacht und wandte diese auf die aktuelle Situation in Deutschland an.[379] Benjamin war seit 1921 davon überzeugt, dass der Bolschewismus und eine bestimmte Form des revolutionären Streiks, wie ihn Deutschland erlebte, eine gerechte Kritik des Parlamentarismus darstellten.[380] Wie erwähnt, stellt Benjamin in Anlehnung an die Thesen Sorels den »politischen Generalstreik« (II, 193) dem »proletarischen Generalstreik« (II, 196) gegenüber und unterscheidet beide in ihrem Verhältnis zur Staatsgewalt. Während der politische Generalstreik das Recht einsetzt, den Staat erhält und nur einen Übergang der Macht von Privilegierten auf Privilegierte sichert, setzt sich der proletarische Generalstreik die »Vernichtung der Staatsgewalt« zur Aufgabe (II, 194), indem er den gewaltsamen Umsturz der Machtverhältnisse herbeiführt, einen Zustand, ähnlich dem, der auch Malewitsch vor Augen stand.

Für Benjamin ist die Revolution ein rechtsfreier Raum, folglich nicht »rechtsetzend«, sondern »anarchistisch« (ebd.), das heißt gerichtet auf die »Entsetzung des Rechts samt den Gewalten, auf die es angewiesen ist wie sie auf jenes, zuletzt also der Staatgewalt«, die es ermöglicht, »ein neues geschichtliches Zeitalter« zu begründen (II, 202). Doch die Unmöglichkeit, auf der Ebene des Rechts das Problem der Legitimität der Gewalt zu entscheiden, veranlasst Benjamin, eine »Art schicksalsmäßiger Gewalt« (II, 196) und »gött-

---

377 | Bachtin gibt an, dass sich bereits bei Sorel neben der unmittelbaren Einwirkung des Karnevals ein starker Einfluss der karnevalisierten Literatur der Renaissance, vor allem Rabelais' und Cervantes', geltend mache. Michail Bachtin: Literatur und Karneval, S. 60.

378 | Boris Groys: Im Namen des Lebens, S. 22.

379 | Vgl. Chryssoula Kambas: Benjamin, Walter, in: Simone Barck et al. (Hg.): Lexikon sozialistischer Literatur. Ihre Geschichte in Deutschland bis 1945. Stuttgart/Weimar 1994, S. 57-59, hier S. 57.

380 | Jean-Michel Palmier: Walter Benjamin, S. 402.

liche reine Gewalt« (II, 200) zu projektieren, die sich, Menke zufolge, »jenseits des mythischen Umlaufs«[381] befindet und rechtsvernichtend und entsühnend (II, 199) zugleich ist. Daher verlangt die Kritik der Gewalt nicht nur nach der Philosophie ihrer Geschichte (II, 202), sondern auch nach der Idee einer »reinen Gewalt« (II, 200), die Benjamin mit der revolutionären Gewalt gleichsetzt. Derrida spricht in diesem Kontext von »dem revolutionären Moment«, »das man nicht ergreifen, nicht einfangen kann«, da es »keinem geschichtlichen und zeitlichen Kontinuum« angehört.[382] Benjamin seinerseits verschränkt diese revolutionäre, zerstörerische Gewalt schließlich mit dem Erlösungsgedanken, wenn er von »einer Erlösung aus dem Bannkreis aller bisherigen weltgeschichtlichen Daseinslagen« (II, 196) schreibt. Darin bekundet sich Benjamins Stellung zum Politischen, die sich, wie Horst Folkers bemerkt, gerade dadurch verändert, »daß er seit 1924 den anarchistischen Typus der Rechtskritik durch den sozialistischen ablöst«.[383]

Die Forderung von Malewitsch, das Leben als Kunst und vice versa die Kunst als Leben und als revolutionäres Fest zu verstehen, als einen Zustand, den er mit dem revolutionären Generalstreik zum Aufbau der sozialistischen Wirklichkeit vergleicht, scheint dem Anliegen von Benjamin nicht fernzustehen und ließe sich durchaus auf seine Idee von der Aufführung als Fest und als Pause übertragen. Jedoch führen Benjamins revolutionäre Gedanken den Index einer zukunftsweisenden, messianischen Qualität mit sich, die jene von Malewitsch entbehren. Denn, wie Wizisla erklärt, ist Benjamins Revolutionsbegriff, »in dem sich vielfältige Traditionen fruchtbar begegnen – französische Revolutionsgeschichte, frühromantische Philosophie, Marxismus, russischer und französischer Anarchismus, Surrealismus, historische Avantgarde –, [...] neben der politischen und der geschichtlichen zusätzlich mit der messianischen Dimension durchsetzt«, was im Zusammenhang seiner frühesten Jugendschriften schon deutlich wurde.[384] Lässt sich Benjamins Stellung zum Politischen in dieser Denklinie aufgrund seiner »intensiven Einsicht in die Aktualität eines radikalen Kommunismus« (2, 473) in einen vom »Experiment« (3, 39) gekennzeichneten Zwischenbereich verorten, nähern wir uns auf diesem Wege, der essentiell von Beobachtungen der Lebenspraxis der russischen

---

381 | Bettine Menke: Die »Kritik der Gewalt« in der Lektüre Derridas, in: Klaus Garber/ Ludger Rehm (Hg.): global benjamin. Bd. 3, S. 1671-1690, hier S. 1673.

382 | Jacques Derrida: Gesetzeskraft, S. 87.

383 | »Denn die dem Kapitalismus nicht mehr drohende, sondern vollzogene proletarische Revolution und die damit gegebene weltgeschichtliche Macht der Sowjetunion lassen für Benjamin die Frage nach dem Politischen neu erscheinen.« Horst Folkers: Recht und Politik im Werke Benjamin, in: Klaus Garber/Ludger Rehm (Hg.): global benjamin. Bd. 3, S. 1724-1748, hier S. 1727.

384 | Erdmut Wizisla: Revolution, S. 687f.

Alltagswirklichkeit beeinflusst ist, auch seiner Idee in der Kindertheaterschrift. Dies vor allem dann, wenn die Aufführung »als große schöpferische Pause im Erziehungswerk« (II, 768) angegeben wird, die auch hier einen Spielraum und Spielformen eröffnet im Sinne eines von Versuchsanordnungen gekennzeichneten Laboratoriums, das die autoritären, hierarchischen Verhältnisse mit der revolutionäreren Geste kindlicher Aktion gewaltsam zu durchbrechen und umzukehren sucht.

In den Umkreis der Überlegungen von Malewitsch ist, wie Groys hervorhebt, auch die Betrachtung Bachtins vom Karneval als »fröhlich-grausame Unterbrechung« des Arbeitsalltags einzuordnen.[385] Unter Rekurs auf die Verbindung zwischen den der Avantgarde verpflichteten Manifesten und den zur gleichen Zeit entstehenden kultur- und literaturtheoretischen Entwürfen zur Dialogizität und zum Karneval im Denken von Bachtin ergibt sich für Benjamins Idee von der Aufführung als karnevalistisches Fest, als Pause und Unterbrechung des »grundsätzlich niemals abgeschlossenen Studium[s]« (II, 765) ein weiterer zentraler Anhaltspunkt. Denn wurde schon die karnevalsartige Aufführung in der Kindertheaterarbeit von Lacis im Horizont des Bachtin'schen Denkens interpretierbar, so dass sie als Variante kollektiven Spielens und als ein synkretistisch angelegtes Theatermodell der *communitas* fungierte, lässt sich seine Theorie auch für Benjamins Form der Aufführung in Betracht ziehen, wenn er diese in der Kindertheaterschrift explizit mit dem »Karneval in alten Kulten« vergleicht. Speziell Bachtins Arbeiten zum Karneval und zu seiner »Entwicklung in der Klassengesellschaft, seiner Lebenskraft, seiner nie versiegenden Faszination« als »eines der schwierigsten und interessantesten Probleme der Kulturgeschichte«,[386] wie er schreibt, untersuchen das Phänomen der Karnevalisierung im Hinblick auf den bestimmenden Einfluss des Karnevals auf die Literatur, dies vor allem auf deren gattungsmäßigen Charakter. Den Vorgang der Übertragung des Karnevals als eine eigene Sprache von konkret-sinnlichen Symbolformen, »die von großen und komplizierten Massenhandlungen bis zu karnevalistischen Einzelgesten reicht«, in die Sprache der Literatur nennt Bachtin die »Karnevalisierung der Literatur«.[387] Für unseren Zusammenhang interessieren nun überwiegend die zentralen Karnevalskategorien, die Bachtin bei seiner Auseinandersetzung mit karnevalistischen Festen in der Renaissance vor allem im Romanwerk von Rabelais entdecken konnte. Dazu zählen in der Hauptsache Bestimmungen wie das Groteske in den Gestalten der Karnevalsfiguren, die Grundzüge der Lachkultur sowie zentrale Gesichtspunkte des karnevalistischen Lebens im ausgehenden Mittelalter.

---

385 | Boris Groys: Im Namen des Lebens, S. 22.
386 | Michail Bachtin: Literatur und Karneval, S. 47.
387 | Ebd.

Insbesondere in Bezug auf die Theorie des Romans im Denken von Bachtin und Benjamin stellt Romano Luperini fest, dass Bachtins Theoriekonstellation Bestandteile enthält, denen Benjamin ganz und gar nicht fremd gegenübersteht. So vertreten beide die Auffassung, dass »der Akt der Interpretation den Text befreit, indem er ihn in einen neuen dialogischen Zirkel einfügt (Bachtin) oder in eine aktualisierende prophetisch-revolutionäre Perspektive (Benjamin)« rückt.[388] Nach Luperini geht Benjamin, analog zu den geschichtsphilosophischen Thesen, davon aus, dass »der Interpret ein einzelnes Moment dem Kontinuitätsfluß und dem Traditionsstrom entreißt«, was einem »Tigersprung ins Vergangene« (I, 701) gleichkommt und ihn auf diese Weise für die Zukunft rettet. Ebenso entbindet auch bei Bachtin die Interpretation den Text aus dem Gefängnis seiner Epoche, wobei jedoch Bachtins Position frei ist von Perspektiven einer revolutionären Erneuerung, wie sie bei Benjamin zu finden sind. So treffen sich beide vor allem in der Betrachtungsweise, dass die Ordnung des historischen Kontinuums gewaltsam durchbrochen wird.[389] An diesem entscheidenden und sich überschneidenden Aspekt ist festzuhalten, wenn im Folgenden die besondere Rolle der Aufführung in Benjamins Kindertheaterkonzeption genauer erfasst werden soll. Denn was Benjamin und Bach-

---

388 | Romano Luperini: Allegorie und Erkenntnismethode bei Bachtin und bei Benjamin, in: Klaus Garber/Ludger Rehm (Hg.): global benjamin. Bd. 1, S. 220-230, hier S. 228.

389 | Nach Luperini verfolgen beide Theoretiker dasselbe Ziel, »nämlich die traditionellen Auffassungen sowohl subjektiven und idealistischen wie objektiven und wissenschaftlichen Typs zu überwinden, indem sie das Problem der Beziehung Subjekt-Objekt neu stellen«, was die Distanzierung »nicht nur von positivistischen und neopositivistischen Positionen und vom dogmatischen Marxismus, der in der Dritten Internationalen vorherrschend war, sondern auch vom Denken Gadamers und der Hermeneutik unseres Jahrhunderts« erklärt. Differenzen zu Bachtins Romantheorie ergeben sich an dem Punkt, wo »Benjamin (und hierin ist er Lukács vergleichbar) die negative Gleichsetzung von Modernität und Kapitalismus sowie das Ende des Epos und das Ende der Erzählung ins Zentrum rückt, während Bachtin immer von einer positiven Einschätzung der Modernität und des Romans ausgeht, der deren angemessenste Ausdrucksform sei«. Für Bachtin ist die Modernität nicht, wie bei Benjamin, ein »Trümmerfeld«, »sondern beseelt und belebt von einer Gesprächsbereitschaft und von einer Dialogfähigkeit, die der Moderne eigentümlich seien«. »Mittels Überschneidung von Gesichtspunkten, Sprachen und Ideologien realisiert für Bachtin die Interdiskursivität der modernen Romanstruktur eine Zunahme von Erkenntnismöglichkeit und perpetuiert Festlichkeit und Vitalismus – eminent laizistische und weltliche Werte –, die sich aus dem populären Lachen herleiten. In dieser fehlenden kritischen Einstellung gegenüber dem Horizont des Modernen als Horizont des großen Kapitals liegt der entscheidende Punkt einer effektiven Ferne zu Benjamin.« Ebd., S. 227f. u. 230.

tin ausdrücklich verbindet, entspricht ebenso ihrer Denkweise im Hinblick auf die Karnevalsthematik, wie zu zeigen ist. Vieles spricht dafür, Benjamins Sichtweise auf den Karneval mit der Karnevalstheorie Bachtins zu beleuchten, nicht zuletzt, da bei der Charakterisierung dessen, was Benjamin bei der fragilen Konstruktion der Aufführung als Karneval vorschwebt, das Konzept von Florens Christian Rangs *Historische Psychologie des Karnevals* eher im Hintergrund steht.[390] Auch für Bachtins Konzeption ist die Theorie von Rang nicht ausschlaggebend, weil in dessen Vorstellung vom Karneval der Wille zum Rausch dominierend ist, die dem Bachtin'schen Ansatz eher entgegensteht.[391]

Dass der Karneval für Benjamin und Lacis Bedeutung hatte, noch bevor es zur Ausarbeitung der Kindertheaterschrift kommt, in der er für die Aufführung bestimmend wird, zeigt der gemeinsam erarbeitete Aufsatz NEAPEL. Wie oben ausführlich dargestellt, fällt vor allem auf, welche Aufmerksamkeit beide dem karnevalistischen Treiben auf der Straße schenkten, dem Benjamin den schon erwähnten Rundfunkvortrag für die Kinderstunde widmete. Im Mittelpunkt ihres Interesses stand das Spektakel des Volkslebens auf den Straßen Neapels, das in seiner äußerst theatralischen Darbietung die Inszenierung des Alltagslebens improvisierte und auf viele Spielplätze verteilte, wofür sie den Ausdruck der *Porosität* prägten. Das volkstümliche Leben fand in den Festen des neapolitanischen Volkes seinen Höhepunkt, was den theatralischen Ausdruck des Straßenlebens noch vermehren sollte. Ergaben sich schon hierbei Überschneidungen zu Aspekten in Bachtins Konzeption, wie zum Beispiel zur Kategorie des freien, intim-familiären, zwischenmenschlichen Kontakts, der durch die karnevalistische Begegnung auf dem Marktplatz und auf der Straße geschaffen wurde,[392] offenbart Benjamins Text GESPRÄCH ÜBER DEM CORSO. *Nachklänge vom Nizzaer Karneval* (IV, 763-771) von 1935 eine noch deutlichere Nähe zur Bachtin'schen Karnevalstheorie.[393] So zeigt Benjamins Begriff vom Karneval, wie er sich im Lichte des Karnevalsfestes in Nizza darstellt, in bestimmter Hinsicht Übereinstimmungen mit karnevalesken Merkmalsfigurationen, die Bachtin im Zuge der Revolutionseuphorie mit ihren kulturellen und textuellen Praktiken anhand seiner Rabelais-Lektüre untersuchte. Dies übermittelt sich vor allem aufgrund der im Text angeführten Verweise auf die karnevalistisch-grotesken Gestalten von Rabelais, denen er eine hohe künstle-

---

390 | Hans-Thies Lehmann: Eine unterbrochene Darstellung, S. 192.

391 | Nach Lachmann lässt Bachtins Volkskarneval »in seiner konkreten, an den öffentlichen Platz gebundenen Theatralik weder Rausch noch Ekstase zu«; sein Konzept sei von denen F.Ch. Rangs und H.P. Duerrs sowie von deren nietzscheanischen Wurzeln deutlich abzugrenzen. Michail Bachtin: Rabelais und seine Welt, S. 17.

392 | Michail Bachtin: Literatur und Karneval, S. 48.

393 | Auf diesen Text weist Lorenz Jäger im Kontext des Karnevalsthemas bei Benjamin hin. Hans-Thies Lehmann: Eine unterbrochene Darstellung, S. 195.

risch-ideologische Radikalität zuspricht.[394] So nimmt das Gespräch, das Benjamin mit seinem Freund Fritjof und dessen dänischem Freund, dem Bildhauer, über den Karneval in Nizza führt, präzise auf die volkstümlich-festtägliche Gestaltenwelt im Werk von Rabelais Bezug, vor allem dann, wenn von den »unschuldigen Riesenkreaturen« »Gargantua und Pantagruel« (IV, 769) die Rede ist. Dass diese Figuren gerade im Rahmen des »Tischgesprächs« auftauchen, wie es Benjamin in seiner Schrift arrangiert, verwundert nicht, ist es doch der mittelalterlichen Lachtradition verwandt und adäquat.[395] Auf diese Weise spielen sie als utopische Gestalten der Lachkultur der Renaissance auch im Nizzaer Karneval, im Mischbereich der Atmosphäre des Festlichen und des Alltags, eine bedeutsame Rolle. Dabei verweisen sie als zentrale Rabelais'sche Karnevalsfiguren auf den spezifischen Ort, genauer: auf die öffentlichen Plätze, die Benjamin in seinem Text zu der »großen und vornehmen Reihe europäischer Saalplätze« zählt, wenn er als Beobachter des karnevalistischen Spektakels bemerkt:

Merkwürdiger aber als das Spiel der Lichter an der Fassade war, was sie [die Karnevalsfiguren, K.B.] dem Platze selber zu sagen hatten. Sie verhalfen ihm erst zu seiner wahren Bestimmung. Mit einem Male kam es zum Vorschein, daß er jener großen und vornehmen Reihe europäischer Saalplätze angehört, deren Anfänge in Italien liegen und dank deren die italienischen Feste mit ihren Corsi und Prozessionen – den Karneval nicht zu vergessen – maßgebend für Europa geworden sind. Diese Plätze waren bestimmt, nicht allein an den Werktagen die Märkte und Volksversammlungen zu beherbergen, sondern an Feiertagen den Saal, den festlich erleuchteten Saal unterm nächtlichen Himmel zu stellen, der dem kostbar getäfelten und gedeckten im Palast des Herzogs nicht nachstehen sollte. (IV, 770)

Damit rührt Benjamin indirekt an einen zentralen Gedanken der Bachtin'schen Theorie vom Wesen des Karnevalsfestes als in der Urgesellschaft und im Urdenken des Menschen und seiner Entwicklung in der Klassengesellschaft verwurzelt, das sich in Form von Massenhandlungen und Einzelgesten in festlicher Atmosphäre auf öffentlichen Plätzen kundtut.[396] In diesem Zusammenhang ist auch die Bemerkung interessant, dass »jeder Karneval seine Parole hat«, die in diesem Jahr, wie Fritjof erklärt, »Le cirque et la foire«: »Jahrmarkt und Zirkus« lautet (IV, 765). Während Benjamin auf Anhieb einleuchtet, »die Belustigungen des Karnevals an die volkstümlichen anzulehnen«, kritisiert der Bildhauer, dass der Jahrmarkt und der Zirkus Veranstaltungen seien, die der karnevalistischen Laune entgegenkämen, und somit die Gefahr

---

394 | Michail Bachtin: Literatur und Karneval, S. 14.
395 | Ebd., S. 43.
396 | Ebd., S. 47.

einer Vermischung bestehe, woran das Wesen des Karnevals Schaden nehmen könnte, den er wie folgt beschreibt:

»Der Karneval ist ein Ausnahmezustand. Abkömmling der antiken Saturnalien, an denen das Unterste sich zu oberst kehrt und die Sklaven sich von ihren Herren bedienen ließen. Ein Ausnahmezustand hebt sich doch scharf eben nur gegen einen ordentlichen ab. Der Jahrmarkt ist aber bestimmt kein solcher. Mir wäre eine andere Parole glücklicher vorgekommen.« (Ebd.)

Mit anderen Worten, dem Dänen erscheint die in der Parole »Le cirque et la foire«: »Jahrmarkt und Zirkus« (ebd.) formulierte Nähe des volkstümlichen Alltagslebens, des Jahrmarkts, zum Karneval in seiner Stellung als Ausnahmezustand zweifelhaft und eher unangebracht. Dass jedoch viele alte Formen des Karnevals in der Schaubudenkomik sowie im Zirkus weiterleben und dass das Theaterleben der Neuzeit durchaus einige Elemente des Karnevals aufbewahrt, darauf deutet eigens Bachtin hin.[397] Gegen die Position des Bildhauers nehmen nun Benjamin und Fritjof eine Perspektive ein, die den Karneval mit dem Alltag zusammendenkt:

»Wo wollen Sie sie [die Parolen, K.B.] hernehmen?«, sagte Fritjof. »Sie stoßen auf das Außerordentliche, wohin Sie sich wenden. Es ist unsere tägliche Kost geworden. Von unseren gesellschaftlichen Zuständen, von den wirtschaftlichen will ich nicht reden. Nein, halten Sie sich nur an das Nächstliegende. Nehmen Sie den Unhold da unten mit seinem meterlangen Bleistift hinter dem Ohr. Er soll den ›Chronisten des Jahrmarkts‹ darstellen. Aber ähnelt er nicht vor allem der Reklamepuppe einer Bleistiftfabrik? Hat es nicht bei vielen dieser Riesengeschöpfe den Anschein, als hätten sie ihren Platz im Lichthof eines Warenhauses geräumt, um sich der Karnevalsprozession anzuschließen?« (Ebd.)

Insbesondere das Phänomen, dass »›das Außerordentliche‹« allgegenwärtig geworden ist, wie Fritjof entgegensetzt, deutet nicht nur auf das von Benjamin priorisierte avantgardistische Interesse, Leben und Kunst miteinander zu verschränken, sondern auch auf ein anderes Verständnis vom Begriff des Aus-

---

397 | Ebd., S. 59. Laut Esrig ging die Commedia dell'arte auf mittelalterliche Karnevalsformen zurück und bewahrte sich in ihren spielerischen Ausprägungen und Gestaltungen einen ähnlichen, kritischen Geist, aber auch die »comici des Stummfilms«, die frühesten Stummfilmfarcen des 20. Jahrhunderts mit ihren kurzen Produktionen und ihren dynamischen Schauspielformen waren vom Karneval geprägt und hielten seine poetischen Motive lebendig. David Esrig (Hg.): Commedia dell'arte, S. 37 u. 155. Ähnlich führte der Einflussbereich des Karnevals im 20. Jahrhundert bis hin zum Theater Brechts und zu neueren, postdramatischen Theaterformen, wie später noch zu zeigen ist.

nahmezustandes hin. So legt er in der achten These seines Geschichts-Kon-
voluts im Zeichen einer Unterbrechung des Faschismus dar: »Die Tradition
der Unterdrückten belehrt uns, daß der Ausnahmezustand, in dem wir leben,
die Regel ist.« (I, 687)[398] Benjamin bezieht sich dabei, wie vorher beschrieben,
auf das Politikverständnis von Schmitt, dessen Definition »Souverän ist, wer
über den Ausnahmezustand entscheidet«, seine eigene Interpretation inspiriert hatte. Das Gewicht, das Schmitts Bestimmung dem legitimatorisch nicht
weiter ableitbaren »Akt der *Entscheidung*« beimisst, setzt nach Ralf Konersmann voraus, dass zwischen »›Ausnahme‹« und »›Regel‹« strikt unterschieden wird: »Im politischen Handeln, wie Schmitt es begreift, bezeichnet die
Ausnahme den Grenzfall, in dem mit der Regel – und das ist die in der Verfassung kodifizierte Ordnung des Rechtsstaats – gebrochen wird.«[399] Bei Schmitt suspendiert der Ausnahmezustand das Recht, um den Staat zu bewahren,
während bei Benjamin die Gerechtigkeit in der Unterbrechung der Kontinuität
des Kapitalismus realisiert werden muss: »Der Bruch in der rechtlichen Kontinuität erscheint hier nicht in der Diktatur, sondern als Enthusiasmus in der
Erwartung einer anderen Ordnung«, bemerkt Juan Mayorga.[400] Die Aussicht
auf einen Generalstreik, wie ihn Sorel beschrieb, dient Benjamin als Modell eines ›wirklichen Ausnahmezustandes‹, auf den sich auch Malewitsch bezogen
hatte. Übertragen wir diese Überlegungen auf die Aufführung im Kindertheater, bedeutet dies einerseits, dass sie als »große schöpferische Pause im Erziehungswerk«, der Benjamin'schen Definition vom Ausnahmezustand als Regel
entsprechend, einen Zustand jenseits des Rechts markiert. Andererseits generiert sie in absoluter Gerechtigkeit einen von Gewalt und Hierarchie, von Angst
und Unterdrückung befreiten Raum, der dem proletarischen Generalstreik als
einer Form der »Entsetzung«, wie Hamacher sagt, nicht unähnlich ist.[401]

---

398 | »Wir müssen zu einem Begriff der Geschichte kommen, der dem entspricht. Dann
wird uns als unsere Aufgabe die Herbeiführung des wirklichen Ausnahmezustands vor
Augen stehen; und dadurch wird unsere Position im Kampf gegen den Faschismus sich
verbessern.« (I, 697)

399 | Ralf Konersmann: Erstarrte Unruhe, S. 116.

400 | Juan Mayorga: Der Ausnahmezustand als Wunder. Von Juan Donoso Cortés über
Carl Schmitt zu Walter Benjamin, in: Klaus Garber/Ludger Rehm (Hg.): global benjamin.
Bd. 3, S. 1017-1031, hier S. 1017f.

401 | Nach Hamacher ist der Gedanke der Entsetzung für Benjamin »ein historisches
Ereignis und doch eines, das alle kanonischen Bestimmungen des Politischen – und des
Ereignisses – zerbricht; [...] Entsetzung kann nur ein Geschehen sein, aber kein Geschehen, dessen Inhalt oder Gegenstand sich positiv bestimmen ließe; [...] sie richtet sich
gegen jedes Etwas, das den Charakter einer Setzung oder Institution, einer Vorstellung
oder eines Programms hat: erschöpft sich also in keiner Negation, richtet sich auf nichts
Bestimmtes und *richtet* sich also nicht.« Werner Hamacher: Afformativ, Streik, S. 345f.

Auch Bachtin definiert den Karneval als einen Ausnahmezustand, als Schaltzeit, Krise und Umbruch von Gesetz und Gegengesetz, der »die unüberwindbaren Schranken der Hierarchie« zerstört und beseitigt.[402] Dieses besondere, familiäre Weltempfinden im Ausnahmezustand des Karnevals, der im Gegensatz zu den offiziellen Festlichkeiten eine Art vorübergehende Loslösung von der herrschenden Wahrheit und Ordnung und somit Restaurationszeit bedeutete, führt uns zurück zum GESPRÄCH ÜBER DEM CORSO, bei dem nun »Riesengeschöpfe«, »überlebensgroße Figuren« und »Fabelwesen«, die sämtlich den Karneval in Nizza bevölkern, in das Zentrum der Aufmerksamkeit geraten. Mit ihren hyperbolischen Darbietungen lassen sie nicht nur einen Zusammenhang zum aktuellen Alltagsleben, sondern ebenfalls zu den Jahrmärkten des Mittelalters erkennen. Auf Karnevalskarren hinter den »ungeheuren Puppen« verschanzt, wie Benjamin Fritjof zitiert, führen sie als Bemannung »»ihre Schlacht gegen das Publikum – gegen die bloßen Zuschauer‹«, »»die bei dieser Gelegenheit Zielscheibe allen Grolls werden, den im Laufe der Tage und Jahre die ewig Beiseitestehenden in denen wecken, die sich selbst einsetzen – sei es auch nur als Karnevalsfiguranten‹« (IV, 766f.). Auf diese Art und Weise fungiert jeder der vorüberziehenden Wagen als eine kleine Bühne. Von dem als »carrus navalis« (Schiffskarren) bezeichneten Wagen leitet sich nach Benjamin auch die umstrittene Herkunft des Wortes Karneval ab; diese Lesart sei ernster zu nehmen »als die hausbackene Mönchsetymologie, die in dem Wort eine Anspielung auf die Fastenzeit fand, und es als »carne vale!‹« »Fleisch, leb wohl!« (IV, 767) deutete. Vielmehr geht, Benjamin zufolge, das Wort »Karneval« auf den Brauch zurück, »die Kähne, ehe man sie nach den Winterstürmen wieder zu Wasser ließ, in feierlichen Umzügen neu zu weihen« (ebd.). In diesem Zusammenhang kommt man auf »das Übertriebene« zu sprechen, das Benjamin als »Seele der Karnevalsfiguren« begreift (IV, 768). Das Übertriebene wird »Geschöpfen« zugeschrieben, »die es jenseits der uns geläufigen Naturen« gibt, wie sie noch in Volksüberlieferungen zu finden sind. Dazu gehören vor allem Riesen und Zwerge: »Wenn Körperliches irgendwo sinnbildlich für Geistiges einstehen kann, so nirgends bedeutungsvoller als in diesen Geschöpfen der Volksdichtung«, weiß der Däne beizutragen:

---

402 | »Die Gesetze, Verbote und Beschränkungen, die die gewöhnliche Lebensordnung bestimmen, werden für die Dauer des Karnevals außer Kraft gesetzt. Das betrifft vor allem die hierarchische Ordnung und alle aus ihr erwachsenden Formen der Furcht, Ehrfurcht, Pietät und Etikette, das heißt: alles was durch die sozialhierarchische und jede andere Ungleichheit der Menschen, einschließlich der altersmäßigen, geprägt wird. Jegliche Distanz zwischen den Menschen wird aufgehoben.« Michail Bachtin: Literatur und Karneval, S. 48.

»Es gibt zwei Sphären vollkommener Unschuld, und sie liegen an den beiden Grenzen, an denen unsere, die menschliche Normalstatur, möchte ich sagen, in das Riesenhafte oder in das Winzige übergeht. Alles Menschliche ist ja mit Schuld behaftet. Aber die Riesenkreaturen sind unschuldig – und die Unflätigkeit eines Gargantua und Pantagruel – die übrigens zu der Dynastie der Karnevalsprinzen gehören – ist nur ein überschwänglicher Beweis dafür.« (IV, 768f.)

Wie die phantasievollen Figuren des Karnevals, denen das »Menschenfresserische« zu eigen ist, zählen auch die Rabelais'schen Riesenkreaturen *Gargantua* und *Pantagruel* zu den unschuldigen und undefinierten, zwischen Tier und Mensch oszillierenden Geschöpfen, die in ihrer Eigenart wie Kinder sind, wie Benjamin mit den Worten des Dänen durchblicken lässt:

»Sie sprachen vorher von der Welt der Zarten und Winzigen, die Goethe in der ›Neuen Melusine‹ gestaltet hat. Und Sie meinten, das sei – im Gegensatz zur Welt der Riesen – die Welt, in der die kindliche Unschuld zu Hause ist. Wissen Sie, daß ich da meine Zweifel habe? Die kindliche Unschuld, meine ich, wäre keine menschliche, wenn sie nicht in beiden Reichen zu Hause wäre – bei den Riesen so gut wie bei den Zwergen. Denken Sie doch nicht nur an das Zarte und Rührende, das Kinder haben, wenn sie Gärtchen im Sande bauen oder mit einem Kaninchen spielen. Denken Sie auch an die andere Seite – das Ungeschlachte, Unmenschliche, das in Ihren berühmtesten Kinderbüchern den Ton abgibt und ›Max und Moritz‹ oder den ›Struwwelpeter‹ nicht nur so beliebt, sondern auch so nützlich gemacht hat. Denn es präsentiert sich in ihnen in seiner Unschuld. Ich möchte es das Menschenfresserische nennen, daß Sie auch dem Prinzen Karneval von den Lippen ablesen können. Das Wunderbare an Kindern ist, daß sie ohne alle Umstände zwischen den beiden Grenzbereichen des Menschlichen wechseln können und dabei im einen oder anderen verweilen, ohne den mindesten Kompromiß mit der Gegenwelt nötig zu haben. Diese Kompromißlosigkeit ist es wohl, die uns später abhanden kommt.« (IV, 770)

Und wie Kinder »ohne alle Umstände zwischen den beiden Grenzbereichen des Menschlichen wechseln können«« und dabei »das Ungeschlachte, Unmenschliche««, das heißt nichts anderes als ihre »Unschuld««, oder wie Benjamin in ALTES SPIELZEUG sagte, »die grausame, die groteske, die grimmige Seite im Kinderleben« (IV, 515) mit ins Spiel bringen, verfügen ebenso die Karnevalsfiguren über diese Fähigkeit. Ausdrücklich bei *Gargantua* und *Pantagruel* handelt es sich um »groteske Gestalten«, denen eine besondere Vorstellung vom körperlichen Ganzen und seinen Grenzen zugrunde liegt.[403] Charakteristisch für den grotesken Leib ist, dass es sich stets um einen »werdenden Leib« handelt, der niemals fertig, niemals abgeschlossen ist, vielmehr ist er, wie Bachtin schreibt, »immer im Aufbau begriffen, im Erschaffenwerden«:

---

403 | Ebd., S. 15.

»Und er baut und erschafft selbst den anderen Leib.«[404] Überdies schlingt dieser Leib die Welt in sich hinein und wird selbst von der Welt verschlungen,[405] was auf eine gegenseitige Einwirkung der Leiber verweist. So ist der werdende Leib für Bachtin »ein einziger Leib«, der noch ein einziges Motiv, nämlich das des Stillens, bewahrt hat und somit auf den Moment der engen Verbundenheit des Leibes der Mutter mit dem des Kindes rekurriert.[406] Bezeichnend für das Groteske ist zudem die damit verbundene Übertreibung bzw. Hyperbolisierung, der die groteske Gestalt in ihren Auswüchsen und Abzweigungen unterworfen ist.[407] In ihrer konsequenten Ausprägung betrachtet, gibt es bei der Groteske keinen individuellen Leib, sondern vielmehr einen, der als kosmisch und universal bezeichnet werden muss.[408]

Auf diese Weise stellt Bachtin in seiner Theorie des Karnevals den Volkskörper als zweileibig, also grotesk dar. Das bedeutet: In ihm paart sich die »werdende Welt«, ein Terminus, der vor allem auf den zeitlichen Aspekt der Welt verweist.[409] Vergängliches wie Zukünftiges sind im Volksleib vereint;

---

404 | Ebd., S. 16.

405 | »Das Groteske hat mit allem zu tun, was aus dem Körper herausragt oder herausstrebt, was die Grenzen des Leibes überschreiten will: Für die Groteske gewinnen allerlei Auswüchse und Abzweigungen besondere Bedeutung, die den Leib außerhalb des Leibes fortsetzen, die ihn mit anderen Leibern oder mit der nichtleiblichen Welt verbinden.« Ebd., S. 16.

406 | Ebd., S. 22 u. 23.

407 | »Die öffentlichen Karnevalsvergnügungen, die besonderen Lachrituale und -bräuche, die Schelme und Narren, Riesen, Zwerge und Monster, die unterschiedlichsten Hanswürste, die umfang- und abwechslungsreiche parodistische Literatur des Karnevals, all diese Formen und Ausdrucksmöglichkeiten besitzen trotz ihrer Vielfalt einen einheitlichen Stil und bilden kleine und kleinste Einheiten der Lachkultur des Volkes, insbesondere der unteilbaren Karnevalskultur.« David Esrig (Hg.): Commedia dell'arte, S. 60.

408 | Alle hervorstehenden oder offenstehenden Körperteile werden nach Bachtin dadurch bestimmt, dass in ihnen die Grenzen zwischen Leib und Leib und Leib und Welt im Zuge eines Austausches und einer gegenseitigen Orientierung überwunden werden. Auch finden an den Grenzen von Leib und Welt, an der Grenze des alten und des neuen Leibes die wesentlichen Ereignisse im Leben des grotesken Leibes statt; hier vollziehen sich »die Akte des Körper-Dramas wie Essen, Trinken, Ausscheidungen (Kot, Urin, Schweiß, Nasenschleim, Mundschleim), Begattung, Schwangerschaft, Niederkunft, Körperwuchs, Altern, Krankheiten, Tod, Zerfetzung, Zerteilung, Verschlingung durch einen anderen Leib«. In allen diesen Vorgängen des Körper-Dramas sind Lebensanfang und Lebensende untrennbar ineinander verflochten. Michail Bachtin: Literatur und Karneval, S. 17 u. 18.

409 | Michail Bachtin: Rabelais und seine Welt, S. 461.

einerseits schafft das Fortschreiten der Zeit Vergänglichkeit, andererseits aber entsteht in der Zukunft Neues, was darauf hindeutet, dass die Vergänglichkeit nicht endgültig ist. Dem Tod eines Individuums steht die Geburt eines anderen gegenüber. Diese Gewissheit artikuliert sich vor allem im Fest, in einem Augenblick, in dem alle am Fest beteiligten Menschen ihr individuelles Leben mit dem der Gruppe teilen und verbinden.[410] Das Individuum selbst ist Bachtin zufolge tragisch, doch der Volkskörper im Zuge des karnevalesken Körpers ist heiter. Die Zeit, die das Leben des Volkskörpers bestimmt, nennt Bachtin die »heitere Zeit«.[411] Sie birgt in sich gleichwertig beide Seiten des Lebens wie Lob und Tadel, wahr und nicht wahr, richtig und falsch. Somit wird die Monoperspektive der offiziellen Welt zur dialogischen Perspektive erweitert und ergänzt.[412] Dies gelingt nicht anders als durch das Lachen, das die Verbindung mit der nichtoffiziellen Wahrheit des Volkes, wie sie sich kraft der grotesken Karnevalsgestalten darstellt, verursacht.[413] Da das Lachen kein subjektiv-individuelles, sondern ein soziales, ein das ganze Volk umfassendes Empfinden ist, öffnet es die Augen für das Neue und das Kommende.[414] Gerade die groteske Gestalt lässt sich nur verstehen, wenn man das Moment der besiegten Furcht berücksichtigt.[415] Das genuine Schwellen- und Krisenbewusstsein, das der Karnevalsperiode entspricht, wie es Bachtin versteht, verleugnet daher die Lösung, die Vereindeutigung, es dementiert das Absolute des Todes.[416] Dies scheint nach Lachmann der Angelpunkt der Konzeption zu sein: »[...] die Profilierung eines *Mythos der Ambivalenz*, der das Ende ausschließt durch die Sublimierung des Todes im und durch das Lachen«.[417] Daher verkörpert die Volkskultur, so Lachmann, »indem sie Ende und Tod verlacht, die Weigerung,

---

410 | Vgl. David Esrig (Hg.): Commedia dell'arte, S. 59.

411 | Michail Bachtin: Rabelais und seine Welt, S. 461.

412 | Ebd.

413 | »Der mittelalterliche Mensch empfand im Lachen besonders scharf den Sieg über die Furcht. Und er empfand ihn nicht nur als Sieg über die mystische Furcht (die ›Gottesfurcht‹) und über die Furcht vor den Naturkräften, sondern vor allem als Sieg über die moralische Furcht, die das Bewußtsein des Menschen knechtet, bedrückt und dumpf macht: Als Sieg über die Furcht vor allem Geheiligten und Verbotenen, [...] vor der Macht Gottes und der Macht der Menschen, vor den autoritären Geboten und Verboten, vor Tod und Vergeltung im Jenseits, vor der Hölle, vor allem, was entsetzlicher ist als die Erde. Indem es diese Furcht besiegte, hellte das Lachen das menschliche Bewußtsein auf, öffnete ihm die Welt auf eine neue Weise.« Michail Bachtin: Literatur und Karneval, S. 35.

414 | Ebd., S. 36f. u. 39.

415 | Ebd., S. 36.

416 | Ders.: Rabelais und seine Welt, S. 15.

417 | Ebd.

die Autorität solcher Institutionen anzuerkennen, die – Tod und Ende einkal-
kulierend – Herrschaft ausüben«, denn nur »in der Ableugnung der offiziellen
Macht und ihrer hierarchischen Strenge, wie sie sich im militant-spielerischen
Einsatz der Karnevalsrituale Ausdruck verschafft, kann die Volkskultur diesen
Mythos inszenieren«.[418]

Die tieferen Zusammenhänge, die Benjamins GESPRÄCH ÜBER DEM CORSO
mit den Gedanken von Bachtin verschränken, liegen im Besonderen darin,
dass hierbei Kategorien aufgeworfen werden, die auch für seine Kindertheatertheorie von Interesse sind. Wird die Aufführung im Kindertheater als Pause
und Karneval durch Benjamins politisches Denken definiert, das, dem Ausnahmezustand des proletarischen Generalstreiks gleich, die revolutionäre Aktion in Gestalt der despotischen und theatralischen Geste des Kindes erkennen
lässt, zeigen seine Überlegungen zudem gewisse Parallelen und Affinitäten zu
Bachtins Theorie des Karnevals und des Lachens, die sich auf antike Quellen
stützt. Sind es für Bachtin vor allem die grotesken Gestalten *Gargantua* und
Pantagruel, die das karnevalistische Weltempfinden verkörpern und repräsentieren, verweisen sie für Benjamin als Riesenkreaturen im Mischbereich zwischen Realität und Spiel auf die »Unschuld« der Kinder und auf einen Raum,
der frei von Gewalt, Furcht und Unterdrückung ist. In der Ferne ist die Stimme
Nietzsches zu vernehmen, der das Kind mit der Unschuld und dem Vergessen
zusammendenkt und mit ihm »ein Neubeginnen, ein Spiel, ein aus sich roll-
endes Rad, eine erste Bewegung und ein heiliges Ja-sagen« verbindet.[419]

Und wie im Karneval »»ungeheure Puppen«« eine verschanzte Bemannung bilden, die, Wagen für Wagen, an den ewig beiseitestehenden Zuschauern vorbeirollen und dabei ihren Groll auf sie richten,[420] *rollt* auch die Aufführung aus der Synthese der improvisierten Gesten, Schritt für Schritt, an den
»»ewig Beiseitestehenden««, den Erziehern vorbei, die auch im Kindertheater
zur »»Zielscheibe allen Grolls«« werden (IV, 766). Dabei folgt die Art und Weise der Aufführung sowohl dem intermittierenden Rhythmus der kindlichen
Erfahrungs- und Ausdrucksweise als auch der Herkunft der Trauerspielform
aus den Techniken der emblematischen Bildgestaltung und Allegorese sowie
den konstruktivistischen Verfahrensweisen. Geradeso trifft es zu, wie Benjamin möchte, dass während der Aufführung Kinder auf der Bühne stehen

---

418 | Ebd.

419 | Friedrich Nietzsche: Also sprach Zarathustra. Kritische Studienausgabe, hg. von
Giorgio Colli und Mazzino Montinari, Berlin/New York 1999, S. 31.

420 | »Der Karneval verwirklicht in seinen Bildern abstrakte und ideale Vorstellungen
über eine Welt, die einzig im Rausch der Festlichkeit existiert und deren einziger Bezug
zur außerkarnevalistischen Realität darin besteht, daß sie diese ›auf den Kopf stellt‹.«
Von daher besitzen nach Esrig auch die Bilder des Karnevals eine allegorische Form und
einen Inhalt spöttischer Natur. David Esrig (Hg.): Commedia dell'arte, S. 154.

und die aufmerksamen Erzieher belehren und erziehen. Indem derartig »das Oberste zuunterst gekehrt wird« und »wie in Rom an den Saturnalien der Herr den Sklaven bediente« (II, 768), erfüllt sich Benjamins Vorstellung von der Aufführung als »radikale Entbindung des Spiels« (II, 767) und als »große schöpferische Pause im Erziehungswerk«, die »im Reiche der Kinder, was der Karneval in alten Kulten gewesen ist« (II, 768). Daher »entspricht die Aufführung dem Aussetzen aller Ordnungen im Karneval«, wie Primavesi erklärt.[421] Der Ort dafür ist vor allem das gemeinschaftliche Spiel im Kollektiv des Kindertheaters, stellvertretend für den öffentlichen Platz und die Straße, die sich – auf der Grenze zwischen Kunst und Leben situiert – als ein Möglichkeits- und Übergangsraum darbieten. Hier greift das Lachen, das Groteske, mit anderen Worten das »Menschenfresserische«, in die Welt aus und leibt sich dorthin, wo es Angst und Furcht zu überwinden und jede Autorität zu degradieren gilt. Denn das Lachen verfügt, Bachtin zufolge, keine Verbote und Einschränkungen: »Macht, Gewalt, Autorität sprechen niemals die Sprache des Lachens.«[422]

Derart eröffnet das Bewusstsein des kosmisch-universalen, grotesk-karnevalistischen kollektiven Leibes, der in seiner hyperbolischen Eigenart insbesondere den Kindern zu eigen ist, die Möglichkeit, sich mit der Welt zu verbinden, und diesen, den gewonnenen Erfahrungen entsprechend, in Formen des Riesenhaften zu vergrößern oder ins Winzige zu verkleinern, gerade so, wie es sich in ungezwungener Weise in der gemeinsamen Spielaktion der Kinder ergibt.[423]

Wenn Benjamin in EINE KOMMUNISTISCHE PÄDAGOGIK von einer universalen Durchbildung des Menschen spricht, die für ihn eine kollektive »universale[n] Aktionsbereitschaft« im Sinne einer praktischen »Universalität des Bereitseins« (III, 208) bedeutet, rücken seine Überlegungen in die Reichweite von Bachtins Theorie des grotesken Leibes als eines universalen kollektiven Leibes im Karneval mit seiner wichtigen Funktion als Gegenmodell zu einer hierarchisierten Welt und ihrer Kultur. Damit verbunden ist vor allem das *Lachen*, das schon zu Zeiten der römischen Saturnalien legalisiert war und, wie Bachtin schreibt, »eine freie Waffe in der Hand des Volkes« blieb.[424] Für Benjamin dagegen mag es im Zusammenhang seines Kindertheaterprogramms eine freie Waffe in der Hand der Kinder sein, weswegen eine Kraft

---

421 | Patrick Primavesi: Kommentar, Übersetzung, Theater in Walter Benjamins frühen Schriften, S. 353.

422 | Michail Bachtin: Literatur und Karneval, S. 35.

423 | Nach Bachtin vereinigt, vermengt und vermählt der Karneval »das Geheiligte mit dem Profanen, das Hohe mit dem Niedrigen, das Große mit dem Winzigen, das Weise mit dem Törichten«. Ebd., S. 49.

424 | Ebd., S. 39.

von diesem Kindertheater ausgeht, »welche das pseudorevolutionäre Gebaren des jüngsten Theaters der Bourgeoisie vernichten wird« (II, 769). Gerade weil das Lachen keine Dogmen billigt und keine Autorität aufrichtet und weil es nicht von Furcht, sondern vom Bewusstsein der Kraft zeugt, vermag es die Sphäre von Ernst und Bedrückung zu durchbrechen. Während es für Bachtin eine restaurative, »umgestülpte Welt«[425] entstehen lässt, befördert es speziell für Benjamin die Perspektive der *Erneuerung* und der *Erwartung* und bringt auch das *Glück* ins Spiel, das er in der Erlösung vom Schicksal erkannte.[426]

Wenn, wie Luperini in Bezug auf den literarischen Text sagt, für Benjamin wie für Bachtin gilt, dass die Ordnung des historischen Kontinuums gewaltsam durchbrochen wird, für den einen im Horizont des Faschismus, für den anderen in dem des Stalinismus, geht es Benjamin um die Aufsprengung des mythisch historischen Kontinuums, das, gemäß seines Revolutionsbegriffs, den Erlösungsgedanken expediert. Indes ist es Bachtin um den konstitutiven Zusammenhang des Festes mit der Zeit zu tun, das immer auf einem bestimmten, konkreten Konzept der kosmischen, biologischen und historischen Zeit basiert: »So spielt im Karneval das Leben selbst; das Spiel jedoch wird auf Zeit zum eigentlichen Leben«, was für Bachtin vornehmlich das Wesen des Karnevals ausmacht.[427] Für beide Positionen entspringen daraus der Zeitraum und die besondere Sphäre des Spiels, in der gewiss auch die »Heiterkeit des Kommunismus« zu suchen ist, die Benjamin in einer Arbeitsnotiz zum *Kunstwerk*-Aufsatz als »Spielform der zweiten Natur« (I, 1045) ausgewiesen hatte. »Heiterkeit bezeichnet ein Durchwaltetsein der Welt, ein gemeinschaftliches Medium wie die Luft zum Atmen, und nicht eine subjektive Befindlichkeit«, erklärt Lindner.[428] Unschwer lässt sich auch an diesem Punkt eine Affinität zu Bachtin erkennen, der die Zeit, die das Leben des Volkskörpers bestimmt, als eine »heitere Zeit« bezeichnete.[429] Beispielhaft beschreibt Carlo Collodi in seinem Roman eine solche von Heiterkeit bestimmte Zeit, wie sie Pinocchio erlebt, wenn er nach einer Nachtreise auf dem Buckel des sprechenden Eselchens frühmorgens im *Land der Spielzeuge* ankommt, in dem es nichts als Spiel gibt:

Dieses Land war mit keinem Land der Welt zu vergleichen. Seine Bevölkerung bestand nur aus Kindern. Die ältesten waren vierzehn und die jüngsten kaum acht Jahre alt. Auf den Straßen herrschte eine Fröhlichkeit, ein Tumult, ein Geschrei, dass man dabei den Verstand verlieren konnte. Scharen von Lausejungen überall; einige spielten mit

---

425 | Ebd., S. 48.
426 | Erdmut Wizisla: Revolution, S. 685 (Fußnote).
427 | Michail Bachtin: Literatur und Karneval, S. 56.
428 | Burkhardt Lindner: Die »Heiterkeit des Kommunismus«, S. 83.
429 | Michail Bachtin: Rabelais und seine Welt, S. 461.

Nüssen, andere mit flachen Steinchen, wieder andere spielten Ball, nochmals andere fuhren auf Fahrrädern, und schließlich saßen manche auf Schaukelpferdchen. Hier spielten sie Blindekuh, dort liefen sie sich nach, bald waren sie als Clown verkleidet, bald versuchten sie sich als Feuerfresser. [...] Man lachte, brüllte, schrie, klatschte in die Hände, pfiff, gackerte wie ein Huhn, das gerade ein Ei gelegt hat, kurz und gut, es herrschte ein solcher Höllenlärm, ein solch wirres Geschrei, ein solcher Teufelsspuk, daß man sich die Ohren mit Watte zustopfen mußte, um nicht taub zu werden. Auf allen Plätzen sah man Zelttheater.[430]

»Diese Invasion des Lebens durch das Spiel«, so Agamben, zieht als unmittelbare Konsequenz nach sich, dass die Zeit verändert und beschleunigt wird, wodurch die Ordnung des Kalenders unterbrochen wird, »nun aber in der maßlosen Ausweitung eines einzigen Festtages stillsteht«.[431] So bewirken gerade der von den Kindern veranstaltete, wie Collodi schreibt, karnevalistisch anmutende »Höllenlärm«, »das Geschrei« und »der Teufelsspuk« im Land der Spielzeuge nach Agamben »eine Paralyse und Zerstörung des Kalenders«.[432] Ähnlich darf man sich Bachtins fröhlich-grausame Unterbrechung des Arbeitsalltags vorstellen, als Ausnahmezustand, der die hierarchischen Verhältnisse, Privilegien und Tabus für die Dauer des Karnevals außer Kraft setzt. Zudem verweist die Art und Weise der orgiastischen Unordnung, die von Aufhebung und Subversion der sozialen Hierarchie und von Ausgelassenheiten jeder Art geprägt ist,[433] vor allem auf die Aufführung, wie sie von Benjamin als umwälzender und progressiver Ausnahmezustand für das Kindertheater gedacht wird. Ihren »destruktiven Charakter«, der »jung und heiter« ist, kann sie dabei nicht verbergen, da er von der Einsicht zeugt, »wie ungeheuer sich die Welt vereinfacht, wenn sie auf ihre Zerstörungswürdigkeit geprüft wird« (IV, 397).

Dass in diesem »Zelttheater« gelacht, gebrüllt, geschrien und vor Freude in die Hände geklatscht wird, drückt die Atmosphäre des Festlichen aus, in der das Lachen als radikalster Ausdruck des Sieges über die Furcht, Angst und Unterdrückung gefeiert wird. In dieser heiteren Stimmung einer »befreiten Haltung« (IV, 323), wie Benjamin in seinem Aufsatz MOSKAU geschrieben hatte, erfüllt sich die Aufsprengung des historischen Kontinuums im Sinne einer Rettung der unterdrückten Vergangenheit und eröffnet den Kindern die Welt für das Neue und Kommende, das Benjamin am Ende seiner Kindertheaterprogrammschrift hervorhebt, wenn er schreibt: »Wahrhaft revolutionär wirkt das *geheime Signal* des Kommenden, das aus der kindlichen Geste spricht.«

---

430 | Carlo Collodi: Pinocchio, übers. von Helga Legers, Zürich 2003, S. 169.
431 | Giorgio Agamben: Kindheit und Geschichte, S. 99f.
432 | Ebd.
433 | Ebd., S. 100.

(II, 769) So kommt der kindlichen Geste in ihrer dialektischen Struktur[434] aufgrund ihrer explizit spannungsgeladenen, weil triebhaft-unbewussten, destruktiv-konstruktiven, gestaltend-entstaltenden und bezaubernd-entzauberten Verfasstheit eine betont anarchistisch-revolutionäre Kraft zu, die Benjamin als das »geheime Signal des Kommenden« liest. Dies auch in dem Sinne, dass die spielenden Kinder, deren Phantasie im proletarischen Kindertheater wild entbunden wurde, als spätere Erwachsene nicht mehr von einer ungelebten Kindheit belastet sind: »Im Spielen hat sich ihre Kindheit erfüllt. Sie nehmen keine Restbestände mit, die später eine unsentimentale Aktivität durch larmoyante Kindheitserinnerungen hemmen.« (II, 768) Demzufolge bedeutet das Signal des Kommenden und Zukünftigen, das das Kind zugleich aus seiner Welt und aus der Zukunft gibt, »keine Propaganda«, auch »keine utopische Vorstellung oder gar Ausmalung des Besseren«, wie Primavesi bemerkt.[435] Vielmehr deutet es, wie Lehmann unter Berufung auf Hamacher formuliert, auf »die den Setzungsgewalten aller Art sich entziehende Seinsweise des immer nur An-künftigen«,[436] worin sich Benjamins Version einer Bezugnahme auf den Messianismus in Verflechtung mit seiner materialistischen Positionierung ausdrückt, die für sein Denken so bezeichnend ist. Die darin gründende »messianische Intensität«,[437] mit der Benjamin Ort und Haltung des Subjekts in der Geschichte beschreibt, verweist dabei zugleich auf die Zeitstruktur der Erlösung und auf das Konzept der Jetztzeit als ein aus dem Verlauf und Kontinuum herausgesprengter Zeitmoment, der das Subjekt in eine Haltung »messianischer Intensität« versetzt, inmitten der unerlösten Welt, inmitten der Ordnung des Profanen.[438] Ein solcher Augenblick der Erlösung und der Jetztzeit kennzeichnet das »Signal des Kommenden, das aus der kindlichen Geste spricht« und bleibt als Figur des Begehrens, des Sehnens, Wünschens und der Erwartung[439] auch im Raum des Kindertheaters »geheim«, weil unbestimmt und unvorhersehbar, so wie Benjamin an anderer Stelle vom Kinderspiel sagt: »[...] wo Kinder spielen, liegt ein Geheimnis begraben.« (III, 268)

---

434 | Nicola Gess: Walter Benjamin und »die Primitiven«, S. 40f.

435 | Patrick Primavesi: Kommentar, Übersetzung, Theater in Walter Benjamins frühen Schriften, S. 353.

436 | Hans-Thies Lehmann: Eine unterbrochene Darstellung, S. 194.

437 | Gershom Scholem: Zum Verständnis der messianischen Idee im Judentum, in: Ders.: Judaica 1, Frankfurt/M. 1963, S. 7-74, hier S. 26.

438 | In dieser Form verweist sie auf die psychoanalytische Reformulierung des Messianismus in der Moderne. Sigrid Weigel: Entstellte Ähnlichkeit. Walter Benjamins theoretische Schreibweise, Frankfurt/M. 1997, S. 75.

439 | Ebd.

EINFLÜSSE VON BERTOLT BRECHT

Schon lange bevor die Freundschaft zwischen Benjamin und Brecht im Mai 1929 durch die Vermittlung von Lacis zustande kam (II, 1363), hatte Benjamin sich um die Bekanntschaft mit Brecht bemüht. Bereits im Sommer 1924 auf Capri hatte er Lacis gegenüber den Wunsch geäußert, mit Brecht, der sich im nahegelegenen Positano aufhielt, in Kontakt zu treten.[440] Doch erst im November des gleichen Jahres kam es in Berlin – wiederum mithilfe von Lacis – zu einem ersten Treffen, bei dem sich Brecht, wie schon erwähnt, offensichtlich reserviert verhielt. Dass Benjamin ungeachtet dessen an Brecht und seiner Arbeit interessiert war, belegt ein Eintrag gleich zu Beginn im MOSKAUER TAGEBUCH, wo er notiert, Lacis und Reich »von Brecht« (VI, 292) erzählt zu haben. Auch wurde bereits deutlich, dass der Einfluss von Brechts Theaterarbeit für Benjamins Kindertheateridee bestimmend ist und das Verständnis vom Kindertheater als Möglichkeitsraum weitgehend unterstützt. Dies beruht darauf, dass sich Benjamin um 1930 mit Formen des modernen Theaters auseinandersetzte, was sich vor allem in den Schriften zu Brecht manifestierte.[441] So fließen die im Kontext der künstlerischen Avantgarde entstehenden Theaterideen von Brecht, wie dieser sie Anfang der 1930er Jahre für das epische Theater und das Lehrstück entwarf und ausarbeitete, nahezu im Vorübergehen in alle Parameter ein, die Benjamin für seine Kindertheaterkonzeption veranschlagt, auch wenn sie hier nur bruchstückhaft in Erscheinung treten. Daher versteht sich, dass die begrifflichen Bestimmungen und Besonderheiten einzelner Grundaspekte des Kindertheaterprogramms meist zu den Brecht'schen Theaterideen überleiten und »den genauesten Zusammenhang mit dem großen Theater auf den Höhepunkten seiner Geschichte« (II, 764) bestätigen, was Benjamin im Kapitel »Schema der Spannung« der Kindertheaterprogrammschrift in der Schwebe gelassen hatte. Dies lässt darauf schließen, dass Benjamin Brechts Konzept zum Anlass nimmt, seine eigene ästhetische Konstruktion mit ihren charakteristischen pädagogischen und politischen Implikationen in den Kindertheaterentwurf einzubringen.

Wie sich vorher abzeichnete, liegt dem Kindertheaterkonzept von Benjamin eine dem Kind und seiner spezifischen Spielweise gemäße, außertheatralische und theaterfremde, dem karnevalistischen Fest und der künstlerischen Avantgarde zugehörige Form zugrunde, die, der Ästhetik des Trauerspiels »als Idee einer allegorischen Form« (I, 138) verwandt, in gegliederten Stationen oder Bilderfolgen aufgeteilt und durch die Technik der Montage zusammengefügt ist. Darum zeigt sich auch die Reichweite von Benjamins Überlegungen

---

440 | Erdmut Wizisla: Benjamin und Brecht, S. 56.
441 | Patrick Primavesi: Kommentar, Übersetzung, Theater in Walter Benjamins frühen Schriften, S. 354.

zum Kindertheater erst im Kontext seiner Theorie der epischen Darstellungsweise, die den Handlungsverlauf nicht mehr dem aristotelischen Prinzip der
dramatischen Abfolge unterordnet. Benjamin selbst hat, so Wizisla, darauf
hingewiesen, »daß barockes Trauerspiel und episches Theater durch eine verwandte antiaristotelische Ästhetik verbunden seien; in beiden Dramenformen
gehe es mehr ›um die soziale Sphäre der Interaktion‹ als ›um individuelle
Charaktere‹«.[442]

Die wichtigste Verbindung und Parallele, die das Programm eines proletarischen Kindertheaters zu Brechts Theatertheorie aufweist, liegt vor
allem »in der Betonung der Geste«, die Wizisla in den Kontext von »Aufführungen sowjetischer Kinder-Agitpropgruppen, die Benjamin aus Berichten
von Asja Lacis kannte, und der späteren Schulopern- und Lehrstückpraxis
Brechts« stellt.[443] Der zentrale Aspekt der Geste, der in seiner Hervorhebung
sowohl eine Brücke als auch eine trennende Differenz zu der Kindertheaterarbeit von Lacis darstellt, fällt in der Kindertheaterschrift nun insoweit mit der
»kindliche[n] Geste« (II, 766) zusammen, als es um das *Moment des Unvorhersehbaren* geht, wie es auch Benjamins Kommunismus mit seiner ethisch-
politischen und spielerischen Konnotation entspricht. So trifft sich speziell der
Begriff der Geste, den Benjamin in der Schrift zum Kindertheater nicht ohne
Grund mit der Formulierung von der »unversehentliche[n] Einmaligkeit« und
vom »›Augenblick‹ der Geste« (II, 767) im Zusammenhang der Improvisation
festgehalten hat, im Besonderen auch mit dem Theater Brechts. Unter diesem
Gesichtspunkt gilt es im Folgenden das proletarische Kindertheater genauer
zu beleuchten, unterstreicht doch gerade die Einsetzung des Begriffs der Geste
Benjamins eigene Vorstellung von einem Theater für Kinder und kennzeichnet es im Horizont seines spezifisch geschichtsphilosophischen bzw. messianischen und materialistischen Denkens, das, wie Adorno in Bezug auf Letzte-
res betont, »*Experimental*charakter« hat.[444]

Was aber hat man nun genauer unter dem Begriff der Geste und/oder dem
Prinzip des »Gestischen« (II, 521) zu verstehen, das Benjamin der Brecht'schen
Theatertheorie zugrunde legt, wie seine Brecht-Lektüre zeigt. Und was bedeuten sie schließlich für die Kindertheatertheorie? Wie kommt es zu der
wechselseitigen Befruchtung, die sich in der Hauptsache über die betonte
Hervorhebung der Geste herzustellen scheint? Und wie fügt sie sich in die Pro-
duktionsweise der Brecht'schen Theaterarbeit ein, die bis hin zum Lehrstück
für das Kindertheaterprogramm von Benjamin von Belang ist? Bevor auf diese
Fragen näher eingegangen wird, soll zunächst ein Einblick in die, wie Arendt

---

442 | Erdmut Wizisla: Benjamin und Brecht, S. 178f.

443 | Ebd., S. 179.

444 | Theodor W. Adorno: Zur Interpretation Benjamins. Aufzeichnungen zu einem ge-
planten Aufsatz (1968), in: Ders.: Über Walter Benjamin, S. 97-100, hier S. 98.

schrieb, »einzigartig[e]« Freundschaft gegeben werden, die bei Benjamin zu der Auseinandersetzung mit Brechts Theatertheorie führte.[445] Denn ohne die Freundschaft, die Benjamin mit Brecht verband, gäbe es, wie Rolf Tiedemann erklärt, die Brecht-Kommentare »kaum in der vorliegenden Form«,[446] aus denen auch das für das Kindertheater so bedeutsame Konzept der Geste hervorging.

EINE PRODUKTIVE FREUNDSCHAFT

Nicht lange nach der Abfassung der Programmschrift zum Kindertheater ging Benjamins Beziehung mit Lacis – bis auf ihren brieflichen Kontakt – zu Ende, dagegen trat nun die freundschaftliche Verbindung zu Brecht in den Vordergrund. Die nähere Bekanntschaft vom Mai 1929 war bereits der dritte Versuch einer Annäherung. Der erste Hinweis auf eine freundschaftliche Beziehung findet sich in einem Brief an Scholem vom 6. Juni 1929, in dem Benjamin die nähere Bekanntschaft mit Brecht erwähnt (3, 466). Zunächst unschlüssig in seinem Urteil über Brecht, wie ein Brief an Scholem vom 18. September 1929 andeutet (3, 486), widmete er ihm ab April 1930 mehrere kritische Essays, die er als einen ersten »Niederschlag meines in letzter Zeit sehr interessanten Umgangs mit Brecht« (3, 522) schildert. Beispielhaft drückt sich die Relevanz der freundschaftlichen Beziehung zu Brecht in einem Brief an Adorno aus, wenn Benjamin vom »Brandungsgeräusch« schreibt, das die »gegenwärtig recht aufgewühlten Gesprächsmassen« seiner Zusammenkünfte mit Brecht erzeugten (3, 552). Zu den thematischen Schwerpunkten ihrer Diskussionen zählten, so Tiedemann, neben dem neuen Theater, dem Film, dem Rundfunk und der politischen Situation »die Einsicht in die Notwendigkeit einer Revolution und des Kampfes gegen die Faschisierung, die Rolle der Intellektuellen, die Frage nach dem eingreifenden Denken« sowie die Funktion der Künste unter Einbeziehung produktionsästhetischer, kunsttechnischer Gesichtspunkte.[447]

Die Bedeutung ihrer Beziehung zeigt sich in Benjamins intensiver Auseinandersetzung mit Brecht, die sich über zehn Jahre erstreckte: So verfasste Benjamin zwischen 1930 und 1939 elf abgeschlossene Texte zu Brecht, von denen allerdings sechs erst posthum erschienen. Darüber hinaus gibt es zwanzig Tagebuchaufzeichnungen über Gespräche mit Brecht, von denen sechzehn überliefert sind (II, 1372f.). Zudem deuten diverse Notizen im Nachlass, mehrere direkte und indirekte Zitate in zahlreichen veröffentlichten und unveröf-

---

445 | Hannah Arendt: Walter Benjamin. Bertolt Brecht, S. 21.

446 | Rolf Tiedemann: Dialektik im Stillstand. Versuche zum Spätwerk Walter Benjamins, Frankfurt/M. 1983, S. 45.

447 | Ebd., S. 18.

fentlichten Texten neben den Briefen an Brecht und brieflichen Äußerungen zu Brechts Person, Theater, Lyrik, Prosa und Theorie in ihrer Geschlossenheit daraufhin, dass er ein Buch über Brecht geplant hatte.[448] Benjamins Freundschaft mit Brecht stieß in seinem engsten Bekanntenkreis immer wieder auf Unverständnis und Argwohn.[449] Scholem, Adorno und seine spätere Frau Gretel Karplus, aber auch Bloch und Kracauer scheuten sich nicht, ihre politischen und persönlichen Vorbehalte gegen Brecht zum Ausdruck zu bringen. Gegenüber Karplus, die das Gefühl hatte, den Freund vor dem »gefährlichen«« Einfluss schützen zu müssen (4, 442f.), verteidigte Benjamin seine Verbindung zu Brecht mit der Bemerkung:

Gerade Dir ist es ja keineswegs undeutlich, daß mein Leben so gut wie mein Denken sich in extremen Positionen bewegt. Die Weite, die es dergestalt behauptet, die Freiheit, Dinge und Gedanken, die als unvereinbar gelten, neben einander zu bewegen, erhält ihr Gesicht erst durch die Gefahr. Eine Gefahr, die im allgemeinen auch meinen Freunden nur in Gestalt jener »gefährlichen« Beziehungen augenfällig erscheint. (4, 440f.)

Den Bedenken und Anfeindungen seiner engsten Freunde zum Trotz, die ihm eine affektive Abhängigkeit von Brecht unterstellten, verwies Benjamin oftmals, vor allem in seinem Briefwechsel mit Scholem, auf die Werke Brechts. So, wie sich Scholems Abwehr gegen Lacis gerichtet hatte, obwohl er ihr persönlich nie begegnet war, positionierte er sich nun auch gegen Brecht. Den Umgang mit Brecht empfand er als »unheilvoll« und gar »katastrophal« für Benjamin; er machte Brecht dafür verantwortlich, dass Benjamin seine tendenziell metaphysische, jüdisch-theologische Forschung zugunsten der materialistischen vernachlässigte.[450] Erst im Rückblick anerkannte Scholem die Bedeutung der Freundschaft für Benjamin.[451] Was die Beziehung zwischen Adorno und Brecht angeht, bestand zunächst nicht die persönliche und politische Distanz, die das Verhältnis von Scholem zu Brecht kennzeichnete. Im Laufe der 1930er Jahre entwickelte sich jedoch bei Adorno, wie Wizisla

---

448 | Nikolaus Müller-Schöll: Bertolt Brecht, S. 77.

449 | Erdmut Wizisla: Benjamin und Brecht, S. 19.

450 | Gershom Scholem: Walter Benjamin – die Geschichte einer Freundschaft, S. 246.

451 | »[...] Brecht, der auf Benjamin jahrelang eine ungebrochene Faszination ausgeübt hat – war er doch der einzige Autor, an dem er aus der Nähe das schöpferische Verfahren eines großen Dichters beobachten konnte und mit dessen ursprünglich stark anarchistisch gefärbtem Kommunismus ihn vieles verband. Wenn auch der erste Anstoß dazu nicht von Brecht kam, hatte er zweifellos den größten Anteil daran, daß Benjamin realiter versuchte, den historischen Materialismus in sein Denken und seine Arbeit aufzunehmen oder gar sein Denken und seine Arbeit in den Rahmen dieser Methode einzuspannen.« Gershom Scholem: Walter Benjamin und sein Engel, S. 25f.

bemerkt, »eine zunächst verdeckte, aber zunehmend von Schärfe durchzogene Kritik an Benjamins Verhältnis zu Brecht«, die sich später zu einer Aversion gegen Brechts Konzept einer eingreifenden politischen Kunst steigern sollte und hier, sozusagen im Vorgriff, auch schon Benjamin galt. Und wie Scholem Brecht für den Materialismus bei Benjamin verantwortlich machte, schrieb Adorno Benjamins mangelhafte Anwendung dieser methodischen Prinzipien dem Einfluss Brechts zu.[452]

Arendt bemerkt in ihrem Essay über Benjamin, dass Scholem und Adorno »auf eine bedrückende Weise« dahingehend übereinstimmten, dass beide »von dem schlechten Einfluß«, gesprochen hätten, »den die Freundschaft mit Brecht auf ihn habe«.[453] Während Scholem Benjamin »zurück zur Metaphysik und zum Judentum« bekehren wollte, suchte Adorno ihn in die »wahre Dialektik des Marxismus zu geleiten«.[454] Dagegen bewertet sie selbst, »die Brecht nur gelegentlich gesehen, mit Benjamin jedoch eine engere Beziehung gepflegt hatte«, die Freundschaft zwischen Benjamin und Brecht als eindeutig positiv. So spricht sie von einem »Glücksfall« für Benjamin; Brecht sei ihm im letzten Jahrzehnt seines Lebens, vor allem in der Pariser Emigration, der wichtigste Mensch gewesen. An anderer Stelle sagt sie: »Die Freundschaft Benjamin-Brecht ist einzigartig, weil in ihr der größte lebende deutsche Dichter mit dem bedeutendsten Kritiker der Zeit zusammentraf.«[455] Neben anderen Frauen, die Verständnis für den Wert der Beziehung zeigten und die »Männerfreundschaft« ohne Missgunst beurteilten,[456] war es vor allem die mit Brecht durch die gemeinsame Münchner Theaterarbeit und mit Benjamin durch ihre Liebesbeziehung seit dem Sommer 1924 auf Capri verbundene Lacis, die ihre Beziehung positiv beurteilte und als »eine produktive Freundschaft« bezeichnete.[457]

Wizisla zufolge war sich Benjamin der Bedeutung, die die Begegnung mit Brecht für sein Leben und Schreiben hatte, vollkommen bewusst. Deswegen verwunderte ihn die kritische Emphase seiner Freunde nicht, wie ein Brief an Adorno im Jahr 1935 zeigt, wenn Benjamin mit Bezug auf das *Passagen*-Projekt von der »einschneidende[n] Begegnung mit Brecht« berichtete, die den »Höhepunkt aller Aporien für diese Arbeit« bedeutet habe (5, 97). Wo seine

---

452 | Ebd., S. 27ff.

453 | Hannah Arendt: Walter Benjamin. Bertolt Brecht, S. 16.

454 | Ebd., S. 15.

455 | Ebd., S. 21.

456 | So beispielsweise Margarete Steffin, Helene Weigel, Elisabeth Hauptmann, Ruth Berlau, Anna Maria Blaupot ten Cate und Dora Benjamin, Benjamins Schwester. Erdmut Wizisla: Benjamin und Brecht, S. 35.

457 | Ebd. Wizisla verweist hier auf einen Brief von Lacis an Brenner vom 14. November 1967.

Freunde Probleme befürchteten, nahm Benjamin einen komplexen Zusammenhang wahr; »›Gefahren‹ und ›Fruchtbarkeit‹ seiner ›Bindung‹ wirkten ambivalent«,[458] wie es für seine Haltung insgesamt programmatisch war. Auch wenn die freundschaftliche Verbindung zwischen Benjamin und Brecht partiell als »*a-symmetrisch*« interpretiert wird,[459] sind Brechts Schriften für Benjamin, wie er schreibt, »die ersten – wohlverstanden: dichterischen oder literarischen [...], für die ich als Kritiker ohne (öffentlichen) Vorbehalt eintrete, weil ein Teil meiner Entwicklung in den letzten Jahren sich in der Auseinandersetzung mit ihnen abgespielt hat« (4, 45). Sein »Einverständnis mit der Produktion von Brecht« sei einer »der wichtigsten, und bewehrtesten, Punkte meiner gesamten Position« (4, 299), teilt er später Kitty Marx-Steinschneider mit. Diese Briefstelle verweist ausdrücklich auf die theoretische und politische Übereinstimmung Benjamins mit Brecht, anders gesagt, auf Ähnlichkeiten in ihren politischen und ästhetischen Positionen jenseits ihrer philosophischen Divergenzen.

Benjamin nahm Brecht nach Arendt als »den dieser Zeit gemäßen Dichter« wahr, als den einzigen, dem es gelungen war, mit seinem Werk den Forderungen der Epoche zu genügen.[460] Wie Benjamin hielt sich auch Brecht nicht für einen »proletarischen« oder »revolutionären«, sondern für einen »bürgerlichen Intellektuellen«, der sich die Sache des Proletariats zu eigen gemacht hatte und sich in seinen Stücken wie in seinen Essays bemühte, die dialektische Methode zu entwickeln.[461] Was ihre Stellung zum Kommunismus angeht, trafen sich beide darin, dass sie der KPD und ihren Kulturorganisationen eher fernstanden, während sie die Sache der Sowjetunion als Experiment verstanden, aber daraus – im Gegensatz zum BPRS – kein Kultobjekt machten.[462] Brechts politische Autarkie und sein Interesse, eine revolutionäre Vision in ein Werk aufzunehmen, die nicht nur eine Veränderung der sozialen Verhältnisse, sondern der gesamten Kultur anvisierte, wie es auch die konstruktivistische Avantgardebewegung in der Sowjetunion verfolgte, stand Benjamins Auffassung nicht fern. Auch bei seinem Studium des Marxismus bot Brecht eine wichtige Orientierungshilfe, ohne sich jemals dessen Ideen systematisch anzueignen.[463]

---

458 | Ebd., S. 22.

459 | Ebd., S. 34.

460 | Hannah Arendt: Walter Benjamin. Bertolt Brecht, S. 56.

461 | Erdmut Wizisla: Benjamin und Brecht, S. 141f.

462 | Benjamin hatte im Kontext seiner Beziehung zu Lacis die russische Kultur und den Lebensalltag durch seine Moskaureise kennengelernt, während Brecht seine Kenntnis der sowjetischen Wirklichkeit und Literatur Gesprächen mit Lacis und Tretjakow verdankte, dem er 1930 und 1931 in Berlin begegnet war. Jean-Michel Palmier: Walter Benjamin, S. 981 u. 283.

463 | Ebd., S. 982.

Die Gewissheit, dass »einzig eine Revolution der katastrophalen Situation, wie Deutschland sie erlebte, ein Ende setzen könne«, und die Überzeugung, »die Intellektuellen müssten sich aufgrund der Gemeinsamkeit ihrer Interessen mit dem Proletariat verbünden«, teilte Benjamin mit Brecht, wie Palmier bemerkt.[464] Überdies lehnten sie, so Palmier, »die bürgerliche Sakralisierung des Kunstwerks«, »deren Ende Benjamin im Surrealismus begrüßte«, ab, wie sie sich ebenso »gegen den mechanischen Gegensatz zwischen ›bürgerlicher‹ und ›proletarischer‹ Literatur, der den Theoretikern des BPRS soviel bedeutete«, verwehrten.[465] Dies führte dazu, dass sie aus dem Verlust der Autonomie der Kunst vergleichbare Schlussfolgerungen zogen, der eine auf dem Gebiet der Kritik, der andere im Bereich des Theaters.[466]

Aufgrund ihrer gemeinsamen Interessen, die auf einer wachsenden Nähe in Fragen der Kunst und Politik beruhten, entwickelte Benjamin mit dem Freund, neben der schriftstellerischen Beschäftigung mit dem Autor Brecht, weitere gemeinsame Arbeitsvorhaben, die jedoch zumeist unausgeführt blieben. Dazu gehörte das Projekt einer Lesegruppe, die unter Führung von Benjamin und Brecht »den Heidegger zu zertrümmern« (3, 522) gedachte, sowie die Konzeption der Zeitschrift *Krise und Kritik*.[467] Auch zählte dazu, wie Benjamin im Tagebuch vom MAI-JUNI 1931 notierte, »die internationale Gesellschaft materialistischer Freunde der hegelschen Dialektik« und »der Prozeß gegen Friedrich Schiller« (VI, 431) im Jahr 1931 sowie der Plan eines Kriminalromans im Jahr 1933 (VII, 847f.) bis hin zu Zielsetzungen für verschiedene gemeinsame Bücher im Jahr 1936 (II, 1371).[468] Die geplante Zeitschrift für Literaturkritik stellte nach Wizisla den Versuch dar, Literaturprodukte nicht als »Fertigprodukte« zu präsentieren, sondern diese vielmehr als »*works in progress*« vorzuführen.[469] Unter der Prämisse, das Denken nicht getrennt vom Handeln zu entwickeln,[470] ähnlich wie auch Benjamin im Essay über MOSKAU vom notwendigen Zusammenschluss von Theorie und Praxis gesprochen hatte, sollte die Zeitschrift im Sinne Brechts ein »eingreifendes Denken« lehren und »gesellschaftliches Verhalten« ermöglichen bzw. üben.[471] Die Art und Weise, wie die Zeitschrift Kunst und Politik unauflösbar miteinander zu verknüpfen suchte, füllte sie eine wichtige Lücke im intellektuellen und kulturpolitischen Leben

---

464 | Ebd.
465 | Ebd.
466 | Ebd.
467 | Erdmut Wizisla: Benjamin und Brecht, S. 115ff.
468 | Nikolaus Müller-Schöll: Bertolt Brecht, S. 77.
469 | Erdmut Wizisla: Benjamin und Brecht, S. 129.
470 | Ebd., S. 139.
471 | Bertolt Brecht zitiert nach Reiner Steinweg: Das Lehrstück. Brechts Theorie einer politisch-ästhetischen Erziehung, Stuttgart 1972, S. 31 u. 70.

der Weimarer Republik.[472] Auffallend ist hierbei die Korrespondenz zu Anforderungen, die Benjamin auch an sein Kindertheater stellt, vor allem, wenn es um den Herstellungsprozess des Theaterspiels im Kindertheater geht, der hier ebenfalls als *work in progress* fungiert, wie vorher ausführlich beschrieben wurde.

Das Scheitern der Projekte ließ die Intensivierung der Beziehung zwischen Brecht und Benjamin unberührt, wie ihre Begegnungen und die Texte, die Benjamin Brecht widmete, zeigen. Brecht schätzte Benjamin, so Wizisla weiter, als »den klugen, nützlichen Gesprächspartner, gelegentlichen Mitarbeiter, Ratgeber und angesehenen Kritiker«, mit dessen öffentlicher Solidarität er rechnen konnte, auch wenn die »bedeutende« »Konstellation« (4, 440), von der Benjamin im Brief an Karplus geschrieben hatte, die Beziehung aufgrund unterschiedlicher Erwartungen und Differenzen in Mentalität und Charakter immer wieder an ihre Grenzen führte.[473] Angesichts der theoretischen und politischen Kongruenz mit Brecht, die sich auch in Überlegungen zu Kunst und Literatur dokumentierte, überrascht es nicht, dass Benjamin Interesse an Brechts Theater zeigte. Müller-Schöll zufolge ist dieses im Zusammenhang mit der Fertigstellung des *Trauerspiel*-Buchs zu sehen, das heißt mit dem Anliegen Benjamins, »in der Betrachtung der zeitgenössischen Bühnenkunst den Beweis der diagnostischen Aktualität dieses Buches zu liefern«.[474] In Anbetracht dieser Tatsache nehmen Brechts *Versuche* und dessen neue Theaterpraxis eine privilegierte Stellung in Benjamins Untersuchungen zur Bühne der Gegenwart ein, was sich, so Müller-Schöll, »aus der Vielzahl der impliziten Verweise speziell des ersten Brecht-Essays auf das Trauerspielbuch ableitet«.[475] In den Gesprächen mit Lacis war bereits angeklungen, »wie scharfsinnig« Benjamin »die modernen Formprobleme durchschaut« hatte, die auch die Dramatik Brechts betrafen.[476] Besonders ins Gewicht fallen die Leitmotive der Unterbrechung, Fragmentierung und Zäsur, die als bestimmende allegorische Formelemente das Ausdruckslose freisetzen, worauf gerade das Prinzip des Gestischen basiert, wie noch zu zeigen ist. Umgekehrt findet die Brecht'sche Gewissheit, dass die klassischen Ausdrucksmittel des Theaters wirkungslos blieben, wie er in *Über eine neue Dramatik* geschrieben hatte, wo er die alte Form des Dramas für unbrauchbar erklärte, »die Welt so darzustellen, wie wir sie heute sehen«,[477] bei Benjamin ihre Entsprechung in den Überlegungen zum Autonomieverlust des Kunstwerks. Dies vor allem angesichts der Trans-

---

472 | Erdmut Wizisla: Benjamin und Brecht, S. 139.

473 | Ebd., S. 65.

474 | Nikolaus Müller-Schöll: Bertolt Brecht, S. 77.

475 | Ebd.

476 | Asja Lacis: Revolutionär im Beruf, S. 48.

477 | Bertolt Brecht: Über eine neue Dramatik, S. 173.

formationen, denen, so Palmier, »die technische Moderne das Kunstwerk unterzogen hat, dessen, was sie zerstört hat und was sie an neuen Möglichkeiten schafft«.[478] Benjamin erkannte die Ähnlichkeit ihrer Projekte; während er nach der politischen Funktion der Literaturkritik fragte, stellte Brecht die Funktion des Theaters zur Debatte, wie oben schon angedeutet wurde: Die »*totale Umstellung des Theaters*«, die er plante, sollte »der totalen geistigen Umstellung unserer Zeit entsprechen«.[479] Insbesondere interessierte sich Benjamin für die pädagogische Dimension der Brecht'schen Stücke, die an seine Konzeption des Literaturkritikers anschloss. Aufgrund dessen steht die »funktionale Kritik«, die Benjamin entwickeln wollte, den ersten *Geschichten vom Herrn Keuner* oder dem *Fatzer*-Fragment nicht fern, worauf noch einzugehen ist.[480]

Trotz der ähnlichen Auffassungen tauchten intellektuelle Differenzen in ihrer Freundschaft auf, die sich zum Teil in gravierenden Meinungsunterschieden äußerten. So schildert Benjamin in seinen *Svendborger Notizen* von 1934 ihre diametralen Positionen im Urteil über Kafka. Während Brecht Benjamins *Kafka*-Aufsatz vorwirft, er leiste »dem jüdischen Faszismus Vorschub« (VI, 528), und Kafka als »den einzig echten bolschewistischen Schriftsteller« (VI, 433) in die Reichweite von Dostojewskis Romanwelt rückt (VI, 525f.), betont Benjamin im Einklang mit Scholem die Bedeutung der Kategorien der jüdischen Theologie. Auch zeigt sich Brecht zurückhaltend gegenüber Benjamins Thesen in DER AUTOR ALS PRODUZENT, wenn er die These formuliert, der einzige Typus von Schriftsteller, der der Benjamin'schen Definition entspreche, sei der »des großbürgerlichen Schriftsteller[s], dem er sich selber zuzählt« (VI, 523). Ebenso kritisch äußert er sich zu Benjamins *Kunstwerk*-Aufsatz und stellt den Sinn einer Untersuchung über das Paris Baudelaires infrage, wie in seinem Arbeitsjournal vom 25. Juli 1938 nachzulesen ist.[481] Ungeachtet der unterschiedlichen intellektuellen Denkweisen, die zu keinerlei Beeinträchtigungen ihrer privaten Beziehung führten, sah Brecht in Benjamin vor allem den Fürsprecher, den Kritiker, der ihn strategisch unterstützte, und schätzte ihn als den Gesprächspartner, dessen Kenntnisse und Urteile ihm nützten.[482]

Die Anfeindungen und Befürchtungen, die Benjamin zeitlebens seitens seiner engsten Freunde wegen seiner Freundschaft mit Brecht entgegengeschlagen waren, drangen im Zuge der Veröffentlichung von Benjamins Nach-

---

478 | Jean-Michel Palmier: Walter Benjamin, S. 987.

479 | Bertolt Brecht: Betrachtung über die Schwierigkeiten des epischen Theaters, in: Ders.: Gesammelte Werke, Bd. 15, S. 131.

480 | Jean-Michel Palmier: Walter Benjamin, S. 987.

481 | »alles mystik, bei einer haltung gegen mystik. In solcher form wird die materialistische Geschichtsauffassung adaptiert! Es ist ziemlich grauenhaft.« Bertolt Brecht: Arbeitsjournal, Frankfurt/M. 1974, S. 14.

482 | Erdmut Wizisla: Benjamin und Brecht, S. 227.

lass durch die kritischen Einwürfe der bundesrepublikanischen Herausgeber Scholem, Adorno und Tiedemann sowie von Seiten des Suhrkamp Verlages auch noch ein in die Auseinandersetzungen um die Edition und Interpretation der *Gesammelten Schriften*. Nach Wizisla war es Gerhard Seidel, der entgegen allen BRD-Kritikern 1957 im Zusammenhang mit der Forderung, »die ganze Breite linker Literaturtheorie für die DDR nutzbar zu machen«, dafür plädiert hatte, die materialistischen Ansätze Benjamins zur Kenntnis zu nehmen, wenn er auf die Bedeutung von Brechts Werk für Benjamin verwies.[483] Benjamin war der erste systematische, mit theoretischem Anspruch arbeitende Kritiker Brechts, und er war der Erste, der Brechts Originalität und seine Rolle innerhalb der zeitgenössischen Kunst bestimmt hat. Indes wusste Brecht, Arendt zufolge, dass er in Benjamin den »bedeutendsten Kritiker der Zeit«[484] getroffen hatte, was unabhängig davon auch von Adorno bestätigt wird, der berichtet, dass Brecht von Benjamin »als seinem besten Kritiker« gesprochen habe.[485] Auch wenn die Freundschaft zwischen Benjamin und Brecht von Missverständnissen und Krisen nicht verschont blieb, ist sie doch von einer äußerst »wechselseitig produktiven Zusammenarbeit« und gegenseitigen Solidarität geprägt, die in ihrer Besonderheit niemals nachließ, wie Wizisla bemerkt.[486] Bis zu Benjamins Tod bildet sie, so Palmier, »einen theoretischen Grundzug seines Werkes und seiner Entwicklung nach der Wende der zwanziger Jahre«.[487] Für unseren Kontext ist entscheidend, dass Benjamin durch die intensive Kooperation mit Brecht bzw. vor dem Hintergrund des Experimentcharakters der Brecht'schen Arbeiten das Prinzip des Gestischen zur Ausentwicklung brachte, das nicht nur als bestimmendes Axiom in das epische Theater, sondern auch in die Kindertheaterkonzeption Eingang gefunden hat.

BRECHT-LABORATORIUM

Im Laufe der Zusammenarbeit mit Brecht kommt Benjamin immer öfter dazu, seine eigenen politischen und ästhetischen Positionen zu rechtfertigen, indem er sich auf Brecht beruft: »Vieles von dem, was mich dazu geführt hat, mich mehr und mehr mit Brechts Produktion solidarisch zu machen, ist gerade in Deinem Brief zur Sprache gebracht« (4, 24), schreibt er am 17. April 1931 an Scholem und versichert: »Im übrigen könnte es meine Basis, die von Haus aus

---

483 | Ebd., S. 43.

484 | Hannah Arendt: Walter Benjamin. Bertolt Brecht, S. 21.

485 | Theodor W. Adorno: Zur Interpretation Benjamins. Aufzeichnungen zu einem geplanten Aufsatz (1968), in: Ders.: Über Walter Benjamin, S. 99.

486 | Erdmut Wizisla: Benjamin und Brecht, S. 44.

487 | Jean-Michel Palmier: Walter Benjamin, S. 975.

schmal genug ist, verbreitern, wenn Du Einblick in das ensemble der Brecht-
schen ›Versuche‹ nähmest.« (4, 23) Benjamin wird nicht müde, Scholem gegenüber die Bedeutung der Brecht'schen *Versuche* zu betonen, wie er schon in
einem früheren Brief von einem »begründeten Interesse« sprach, »*das man für
seine gegenwärtigen Pläne haben muß*« (II, 1363). An Brecht interessierte Benjamin vor allen Dingen die poetische und theatralische Produktion, die als Ausgangspunkt ihrer gemeinsamen Arbeit anzusehen ist und die Basis für die
Theorie der Geste liefert.

Bemerkenswert ist, dass sich Benjamin mit den Arbeiten zu Brecht nicht
auf Nebenpfaden bewegte, sondern mit dem *Kafka*-Aufsatz, dem *Passagen*-
Projekt, den Studien DER AUTOR ALS PRODUZENT und DAS KUNSTWERK IM ZEIT-
ALTER SEINER TECHNISCHEN REPRODUZIERBARKEIT und den Thesen ÜBER DEN
BEGRIFF DER GESCHICHTE eine auffallende Kontinuität zu seiner kritischen
und philosophischen Arbeit bewies.[488] Bezeichnend ist dabei, dass die wichtigsten Texte das epische Theater behandeln und nicht nur eine erschöpfende
Kenntnis der Brecht'schen Produktion, ein tiefes Verständnis seines Werkes
zeigen, sondern Gedanken und Motive beinhalten, die auch Brecht teilweise
für sein Denken und Schreiben produktiv zu nutzen wusste. Das Gemeinsame der Benjamin'schen Kommentare zu Brecht bildet ihre politische und
literaturpolitische Tendenz, die nach Wizisla Begriffe zu Tage förderten wie
»Geste, Staunen, Chok, Unterbrechung, Zäsur, Dialektik im Stillstand, Zitat,
Montage, Konstruktion, Reduktion, Kommentar«.[489] Diese finden sich ebenso
in den entweder Gedichten oder theoretischen Texten gewidmeten Essays und
tauchen partiell schon im Kontext des Kindertheaters auf, wo sie ihre Bedeutsamkeit unter Beweis stellen konnten. So fällt auch in der Kindertheaterschrift
der Begriff der »kindliche[n] Geste« (II, 766) ins Gewicht, der das Kind und die
Art seines Spiels reflektiert. Davon ausgehend zeigten die vorangegangenen
Ausführungen, dass speziell der kindlichen Spielweise ein unterbrechender
Modus zugrunde liegt, der mit den Begriffen Geste, Unterbrechung, Zäsur,
Montage und Konstruktion interferiert, die nun ebenso in der Auseinanderset-
zung mit dem Theater Brechts eine wichtige Rolle spielen sollten.

In Brechts Überlegungen zur Aufführung seiner Stücke fand Benjamin Anknüpfungspunkte an seine eigene, im *Trauerspiel*-Buch formulierte antiaristotelische Theaterästhetik. Entsprechend stellt Benjamin die neue Theaterkunst
von Brecht in historische Zusammenhänge, in die Traditionslinie der »Suche
nach dem untragischen Helden« (II, 523). Dabei greift er, so Müller-Schöll,
auf das *Trauerspiel*-Buch zurück, »um dessen der hegelianischen Geschichtsphilosophie gegenläufige Entwicklungsgeschichte der bei Hegel vergessenen
Formen als Vorgeschichte des ›epischen Theaters‹ zu präsentieren«, die »vom

---

488 | Erdmut Wizisla: Benjamin und Brecht, S. 170f.
489 | Ebd. (Fußnote).

mittelalterlichen Mysteriendrama über Gryphius, Lenz, Grabbe, den Goethe des zweiten *Faust* und Strindberg bis zu den Stücken von Brecht« reicht.[490] Schöttker gibt zu bedenken, dass viele Ausführungen im zweiten Teil des *Trauerspiel*-Buchs eine Kenntnis der avantgardistischen Literatur voraussetzen.[491] Aufgrund der Tatsache, dass sich Benjamin und Brecht in den 1920er Jahren am Konstruktivismus orientierten und dessen künstlerische Prinzipien wie Reduktion und Montage übernahmen und weiterentwickelten, wie Schöttker weiter ausführt, konnte Benjamin avantgardistische Kategorien auf die Barockliteratur übertragen, gerade »weil die Idee des organischen Kunstwerks, die mit der Klassik zur Norm geworden war, nicht der Barockliteratur entsprach«.[492] Benjamin sah in Brechts Texten konstruktivistische Prinzipien verwirklicht, was dazu führte, deren poetische Besonderheiten auf das allegorische Verfahren zurückzubeziehen, das eine zergliedernde und zerstückelnde Darstellungsweise (I, 382) verlangte. Daher bilden vor allem Benjamins Kontakte zur konstruktivistischen Bewegung die Grundlage seiner Zusammenarbeit mit Brecht.[493]

Wie schon im Kontext der Kindertheaterschrift erkennbar wurde, stimmt Benjamin mit der kunst- und theatertheoretischen Position des Dichters überein; nicht ohne Grund hatte Benjamin Brecht in einer Notiz zum *Kraus*-Aufsatz von 1931 als einen »der fortgeschrittensten deutschen Künstler« bezeichnet. Benjamin erkannte in Brecht, neben anderen Künstlern wie Klee, Loos, Scheerbart, Ringelnatz und Friedländer, einen Zeitgenossen, »der schreiend wie ein Neugeborenes in den schmutzigen Windeln dieser Epoche liegt« (II, 1112). Dass Benjamin diese Künstler zu »den besten Köpfen« zählt, kommt im Aufsatz ERFAHRUNG UND ARMUT (II, 213-219) von 1933 zum Ausdruck: »Gänzliche Illusionslosigkeit über das Zeitalter und dennoch ein rückhaltloses Bekenntnis zu ihm ist ihr Kennzeichen.« (II, 216) Worauf es Benjamin ankommt, ist das charakteristische Merkmal der »Erfahrungsarmut«, das die Kunstpraxis der genannten Künstler auszeichnet und die er folgendermaßen definiert: »Erfahrungsarmut ist Armut nicht nur an privaten sondern an Menschheitserfahrungen überhaupt. Und damit eine Art von neuem Barbarentum.« (II, 215) Aus diesem Grund war auch Brecht für Benjamin ein »Spezialist des Von-vorn-Anfangens« (II, 515), ein Begriff, der darauf anspielt, was Benjamin dem »destruktiven Charakter« nachsagte. Eine Notiz vom Sommer 1938 bestätigt, dass »Brechts destruktiver Charakter [...] das kaum Erreichte wieder in Frage stelle« (VI, 538). Wenn der »destruktive Charakter [...] in der Front der

---

490 | Nikolaus Müller-Schöll: Bertolt Brecht, S. 80.

491 | Detlev Schöttker: Konstruktivistischer Fragmentarismus, S. 177.

492 | Ebd., S. 178.

493 | Detlev Schöttker: Reduktion und Montage. Benjamin, Brecht und die konstruktive Avantgarde, in: global benjamin. Bd. X2, S. 746.

Traditionalisten« steht (IV, 398), lässt sich dies am ehesten auf Brecht übertragen.[494] So zählte Brecht für Benjamin nicht zu den Künstlern, die Dinge
überlieferten, »indem sie sie unantastbar machen und konservieren«, sondern
zu denen, die Situationen überlieferten, »indem sie sie handlich machen und
liquidieren« (IV, 398), das heißt zu Künstlern mit einem negativen, destruktiven Traditionsbezug.

Den Zustand der »Erfahrungsarmut«, den Benjamin mit einem »neuen,
positiven Begriff des Barbarentums« zusammendenkt und den ›destruktiven‹
Künstlern, allen voran Brecht, zuschreibt, bedeutet in Benjamins Sichtweise,
»von vorn zu beginnen, von Neuem anzufangen, mit Wenigem auszukom-
men, aus Wenigem heraus zu konstruieren und dabei weder rechts noch links
zu blicken« (II, 215), wie es in seiner Eigenart dem Kind gemäß ist. So verwundert es nicht, dass Benjamin in diesem Zusammenhang auf das Kind zu
sprechen kommt, insbesondere wenn er auf »die Russen« hinweist, die »ihren
Kindern gerne ›entmenschte‹ Namen geben« (II, 216), was Benjamin schon im
Aufsatz über Moskau erwähnt hatte. Dass die Russen die Kinder nach dem Re-
volutionsmonat »Oktober« nennen oder »Pjatiletka« nach dem Fünfjahresplan
oder »Awiachim« nach einer Gesellschaft für Luftfahrt, bedeutet in Benjamins
Perspektive »keine technische Erneuerung der Sprache, sondern ihre Mobili-
sierung im Dienste des Kampfes oder der Arbeit; jedenfalls der Veränderung
der Wirklichkeit, nicht ihrer Beschreibung« (II, 216f.). Benjamin stellt zum einen heraus, dass das Kind und die Kinder über die Namen untrennbar mit der
Zukunft oder einer zukünftigen Entwicklung verbunden sind, zum anderen
geht es ihm um den Aspekt der konstruktiven »Veränderung der Wirklichkeit«, den er in der Theaterarbeit von Brecht wahrnimmt. Wie vorher gezeigt
wurde, ist dieser Aspekt ebenso für die Theaterarbeit im Kindertheater bedeutsam, und hat – bezogen auf sämtliche oben ausgeführte Bestimmungen – speziell in der destruktiven und despotischen Geste des Kindes sein definitives
Pendant. So ist in Benjamins Betrachtungsweise auch das Kind ein »Spezialist
des Von-vorn-Anfangens« (II, 515), das mit Fähigkeiten ausgestattet ist, die für
den Ingenieur, den Konstrukteur und für den Künstler gleichermaßen unerlässlich sind. Und wie beschrieben sind die Straße und vice versa das Kindertheater die möglichen Orte für die kindlichen Versuche, in Studium und
Übung die Wirklichkeit zu erfassen und zu verändern, weswegen Benjamin in
der Kindertheaterprogrammschrift schreibt: »Das Theater als die vergängliche
Kunst ist die kindliche.« (II, 767)

Vor allem bei Brecht ging der destruktive Traditionsbezug bis hin zum
Umgang mit literarischen Texten älterer Zeiten, die für ihn vorwiegend als Do-
kumente fungieren. Aufgrund dessen sah Benjamin in den Arbeiten Brechts
eine »wahrhaft revolutionäre Umfunktionierung« der Literatur sich abzeich-

---

494 | Erdmut Wizisla: Benjamin und Brecht, S. 173.

nen, der die Solidarität mit dem Proletariat nicht nur ›spannungsmäßig‹, sondern als Produzent erfuhr und mit dem Benjamin als Kritiker übereinstimmte. So erklärt Benjamin in seinem Vortrag DER AUTOR ALS PRODUZENT einen »Autor« dann als »Produzenten« (II, 689), wenn der, so Tiedemann, »zu seinem Tun, dem Schreiben, und dessen Resultat nicht länger wie zu etwas Irrationalem«, auch Schöpfung und Werk genannt, sich verhält, »sondern auf beider gesellschaftliche Bedingungen reflektiert und durch solche Reflexionen zu Folgerungen für das Geschriebene genötigt wird«.[495] Anders gesagt: Erst durch die Beherrschung der schriftstellerischen Technik wird ein Autor zum Produzenten, indem er Textproduktion, literarische Technik und Politik eng zusammendenkt und das epische Theater in den Mittelpunkt der Überlegungen stellt. Wegen seiner Haltung zum Umgang mit Literatur wurde Brecht der Plagiatsvorwurf gemacht, ohne dass man die spezifische Form und Intention seines Literaturkonzepts erfasst hatte. Benjamin erkannte jedoch die Tragweite der Brecht'schen Konzeption und befürwortete diese (wie Karl Kraus) öffentlich. So sprach er für seinen Rundfunkvortrag über BERT BRECHT (II, 660-667) vom Juni 1930 von der Ummontierung literarischer Texte, die Brecht als neue literarische Form proklamiere:

Das Geschriebene ist ihm nicht Werk, sondern Apparat, Instrument. Es ist, je höher es steht, desto mehr der Umformung, der Demontierung und Verwandlung fähig. Die Betrachtung der großen kanonischen Literaturen, vor allem der chinesischen, hat ihm gezeigt, daß der oberste Anspruch, der dort an Geschriebenes gestellt wird, seine Zitierbarkeit ist. Es sei angedeutet, daß hier eine Theorie des Plagiats gründet [...]. (II, 666)

Zunächst ist festzustellen: Das Geschriebene bedient nicht die Apparate, sondern das Geschriebene *ist* ihm Apparat, Instrument, wie Benjamin erklärt. Zwischen dem Geschriebenen und dem Apparat bestehen, so Primavesi, »mehr als bloß metaphorische Beziehungen«, denn »wie die Texte durch den Apparat des Theaters demontiert werden, sollen sie diesen ihrerseits aufbrechen und umfunktionieren«.[496] Benjamin legt den Akzent auf eine kritische Orientierung am Apparat und liefert die entsprechende Begründung literarischer Arbeit in einer Technik der (*De-*)Montage.[497] Diese erweist sich neben der Geste als Leitmotiv für Benjamins Überlegungen zu Brechts Theaterarbeit.[498] Entscheidend ist dabei die »Zitierbarkeit« des Geschriebenen, für Benjamin eines der grundlegenden Elemente von Brechts Schreibweise. Ben-

---

495 | Rolf Tiedemann: Dialektik im Stillstand, S. 53.

496 | Patrick Primavesi: Kommentar, Übersetzung, Theater in Walter Benjamins frühen Schriften, S. 359.

497 | Ebd.

498 | Ebd.

jamin führt Brecht als neuen literarischen Typus ein, der mit der herkömmlichen Ästhetik bricht und einen Funktionswandel der Institutionen und Elemente des literarischen Lebens anzeigt: *»Die Texte des epischen Theater sind nicht mit der Absicht geschrieben, das bürgerliche Theater zu beliefern. Sie sind mit der Absicht geschrieben, es umzugestalten.«* (VII, 655) In der Folge ändert sich das literarische Produkt vom Werk zu einem Laboratorium, zu »Neuerungen« (II, 661), worauf Brecht insgesamt insistiert. Deshalb sieht Benjamin in Brechts Werken, und vornehmlich in den *Versuchen,* »die Elemente des Wirklichen im Sinne einer Versuchsanordnung« (II, 522) behandelt. Im epischen Theater wird »dem dramatischen Gesamtkunstwerk das dramatische Laboratorium« (II, 698) gegenübergestellt, weswegen Benjamin für Brecht auch die bezeichnende Formel »Laboratorium Vielseitigkeit« (II, 1455) fand, was den Einfluss seiner Moskau-Reise durchblicken lässt, die ihm die russische Alltagswirklichkeit als »Laboratorium« und »Versuchsanordnung« (IV, 325) vermittelt hatte. Aufgrund der Verfahrensweise der experimentellen Versuchsanordnung, wie Brecht seinen Theateransatz verstanden wissen wollte, stellte Benjamin das epische Theater in engen Zusammenhang mit dem Zitat.[499] Mit dem Zitat ist ein »echte[s] Unterbrechen«, ein fundamentales Verfahren »aller Formgebung« bezeichnet, das in Benjamins Sicht »über den Bezirk der Kunst weit hinaus« reicht (II, 536). So, wie einen Text zitieren heißt, »seinen Zusammenhang unterbrechen«, so ist das epische Theater, »das auf die Unterbrechung gestellt ist, ein in spezifischem Sinne zitierbares« (ebd.). Brecht geht es nicht mehr um künstlerische Mittel und Techniken, die auf Resultate oder auf fertige Produkte zielen, wo es auf das Abgeschlossene von Werken ankommt. Vielmehr nimmt Brecht den Charakter des Experimentellen ins Gebilde selbst hinein, das nichts anderes als der »Vollzug des experimentellen Prozesses« ist, wie Tiedemann bemerkt.[500] Genau genommen gibt es seiner Ansicht nach bei Brecht »keine künstlerischen Resultate, keine Werke im tradierten Sinn mehr, die von den Verfahren, welche zu ihnen führen, sich trennen ließen«.[501] Auch hierbei stellt sich eine enge Verbindung zu dem Kindertheater her, das im Hinblick auf die Aufführung gerade auf eine Zielsetzung verzichtet, die das fertige (End-)Produkt in den Vordergrund stellt, zugunsten einer anderen Ästhetik, die von Primavesi als »Ästhetik des Probens, des Unfertigen und der Prozesshaftigkeit« beschrieben wird.[502]

---

499 | Manfred Voigts: Zitat, in: Michael Opitz/Erdmut Wizisla (Hg.): Benjamins Begriffe, Bd. 2, S. 826-850, hier S. 846.

500 | Rolf Tiedemann: Dialektik im Stillstand, S. 56.

501 | Ebd.

502 | Patrick Primavesi: Das Spiel mit der Probe. Katastrophenvorbereitung im Theater, in: Melanie Hinz/Jens Roselt (Hg.): Chaos und Konzept. Proben und Probieren im Theater, Berlin/Köln 2011, S. 286-315, hier S. 289.

Mit dieser Charakterisierung reihte Benjamin Brecht in die Linie der sowjetischen Avantgardekünstler ein, was nicht zuletzt darin begründet liegt, dass
Benjamin am ›Neugeborenen‹ Brecht den entscheidenden »Zug zum willkürlichen Konstruktiven im Gegensatz zum Organischen« wahrnimmt (II, 216).
Entsprechend ist besonders das konstruktivistische Interesse in Benjamins
Brecht-Deutung auffällig, wie folgende Bemerkung deutlich macht: »Unter
den großen Schöpfern hat es immer die Unerbittlichen gegeben, die erst einmal reinen Tisch machten. Sie wollten nämlich einen Zeichentisch haben, sie
sind Konstrukteure gewesen.« (II, 215) Auch dieser Hinweis deckt sich mit
einer Formulierung wie der aus dem Eingangstext der EINBAHNSTRASSE, die
»Konstruktion des Lebens« liege »im Augenblick weit mehr in der Gewalt von
Fakten als von Überzeugungen« (IV, 85). Dergestalt weist sie schon voraus auf
die Thesen ÜBER DEN BEGRIFF DER GESCHICHTE, in denen es heißt, der materialistischen Geschichtsschreibung liege »ein konstruktives Prinzip« (I, 702)
zugrunde, deren Bedeutung auch für die Kindertheaterschrift belegt wurde.

So wie Majakowski das konstruktive Prinzip der Ingenieursarchitektur auf
die Literatur zu übertragen suchte, die, wie oben beschrieben, in Tretjakows
Konzept des operierenden Schriftstellers ihren politisch fundierten Widerhall
fand, versuchte auch Brecht, die konstruktive Auffassung der Literatur in seine
Theaterkonzeption einzuführen. Analog den Manifesten der Avantgarde, die
vorrangig das Experiment, die Zertrümmerung und das Fragment in den Mittelpunkt der künstlerischen Arbeitsweise stellte, betont die ›unterbrechende‹
Zitierpraxis im Theater Brechts ebenso das Experiment, die Zertrümmerung
und das Fragment (I, 353-358). Diese dienten Benjamin als Grundlage für die
Analyse der literarischen Verfahren des Barock,[503] in denen er, Lacis zufolge,
»eine besondere Form des künstlerischen Wahrnehmens« erkannte.[504] Somit
korrespondiert die von Brecht geforderte und mit einem destruktiven Zug ver-
sehene »Literarisierung des Theaters in Formulierungen, Plakaten, Titeln« (II,
525) mit Ansprüchen, die Benjamin in der EINBAHNSTRASSE artikuliert hatte
(IV, 85). Im Hintergrund scheint dabei das für das Kindertheater so bezeichnende Wegmotiv durch, das der »Parole« folgt, Platz zu schaffen, um dem
»Bedürfnis nach frischer Luft und freiem Raum« ungehindert nachgehen zu
können (IV, 396).

Dass es hinsichtlich der Entwicklung künstlerischer Techniken zwischen
Brechts Selbstverständnis und dem, was Benjamin unter Avantgarde verstand, eine große Übereinstimmung gab,[505] lässt sich an der Vortragsfolge

---

503 | Detlev Schöttker: Konstruktiver Fragmentarismus, S. 164 u. 177.

504 | Asja Lacis: Revolutionär im Beruf, S. 48.

505 | Erdmut Wizisla: »die krise der avantgarde«. Ein Dokument zum ästhetischen Kon-
text von Benjamin und Brecht, in: Heinz Ludwig Arnold (Hg.): Bertolt Brecht I, S. 84-91,
hier S. 89.

über »*Die deutsche Avantgarde*« im Jahre 1934 festmachen, einem von Benjamin geplanten, jedoch unausgeführt gebliebenen Projekt, das das avantgardistische Potential bei Kafka, Bloch, Brecht und Kraus herausstellen sollte.[506] Nach Schöttker erlaubt Benjamins Plan, der nur Stichworte zum Thema enthält, als Beitrag zu einer *Theorie des literarischen Konstruktivismus* aufgefasst zu werden.[507] So treffen sich Benjamins Äußerungen zu Kraus, Kafka, Bloch und Brecht in einem Interesse an Konstruktionen und künstlerischen Techniken, an Verknappungen des Stils und Reduktionen auf das Wesentliche, wie sie in dem Begriff »Erfahrungsarmut« aus dem *Kraus*-Aufsatz versammelt sind.[508] Die von Benjamin als Vertreter der deutschen Avantgarde ausgewählten, wenn auch nicht in Deutschland lebenden Autoren vertraten einen völlig neuen avantgardistischen Begriff der ihnen zugeordneten Gattungen. Wizisla zufolge begegneten sie der Überlieferung kritisch, »sie räumten mit dem Vorfindlichen auf, ihr Impuls zielte auf eine radikale Erneuerung ihrer Arbeitsgebiete«.[509]

Was die neue Kunst von Brecht ausmachte, die er auch von Tretjakow vertreten sah (II, 686), hielt Benjamin in DIE UMFUNKTIONIERUNG (PRODUKTIONSSEITE) stichwortartig fest: »Auflösung des Werkcharakters durch / Kollektivarbeit / Didaktische Transparenz / Einbeziehung der Kritik / Varianten« (VI, 182). Indes vermerkte er unter dem Gesichtspunkt DIE UMFUNKTIONIERUNG (KONSUMSEITE): »Der Leser wird / nicht überzeugt sondern unterwiesen / nicht als Publikum sondern als Klasse erfaßt / weniger aufgeregt als erheitert / weniger in seinem Bewußtsein als in seinem Verhalten verändert.« (Ebd.) Dass Benjamin in diesem Kontext Tretjakow erwähnte und in die Brecht'sche Konzeption mit einbezog, hatte unter anderem damit zu tun, dass Tretjakow seine Auffassung vom Theater der Attraktionen an die »lose Nummernstruktur des Varietés« anlehnte,[510] was der Brecht'schen entgegenkam.[511] Das Zentrum der Theorie vom Attraktionstheater bildete, in den Worten Sergej M. Eisensteins, »jedes aggressive Moment des Theaters, d. h. jedes seiner Elemente, das den Zuschauer einer Einwirkung auf die Sinne und die Psyche aussetzte: Das praktische Ergebnis war ein aufrüttelndes, auf die Emotionen der Zuschauer ab-

---

506 | Detlev Schöttker: Konstruktiver Fragmentarismus, S. 193.

507 | Ebd.

508 | Ebd., S. 193ff.

509 | Erdmut Wizisla: »die krise der avantgarde«, S. 84.

510 | Sergej Tretjakow: Das Theater der Attraktionen, in: Klaus Lazarowicz/Christopher Balme (Hg.): Texte zur Theorie des Theaters, Stuttgart 2008, S. 620-625, hier S. 620.

511 | »Eine Theater-Inszenierung zu machen – das bedeutet vom Standpunkt des Theaters der Attraktionen erstens die Form zu finden, die die Emotionen der Zuschauer am meisten in Spannung versetzt«, erklärte Tretjakow in seinem Aufsatz, wofür er die Montage einzusetzen gedachte. Ebd., S. 622.

zielendes, agitatorisches Polit-Theater mit Zirkuscharakter«,[512] das den Meyer-hold'schen Theaterexperimenten und Inszenierungen nicht fernstand.[513] Für Benjamin stellte die in Brechts Konzept um 1930 kenntliche Verbindung von avancierter Kunsttechnik und politischem Engagement den »Versuch einer Synthese aus hohem Niveau und guter Technik« dar, wie er in einer Notiz auf dem Typoskript der *Studien zur Theorie des epischen Theaters* schematisch skizzierte.[514] Vor allen Dingen war das Brecht'sche Werk für Benjamin »die unvermutete Erscheinung einer großen modernen nicht-auratischen Kunst«, die die starke Wirkung der surrealistischen Texte auf Benjamin in den Hintergrund treten ließ.[515] Brechts neue Kunst stützte die dem *Kunstwerk*-Aufsatz zugrunde liegende Antithese von auratischer und technisch reproduzierter Kunst, wonach das technisch reproduzierte Kunstwerk gegenüber dem traditionellen »etwas Neues« darstellte, »das sich in der Geschichte intermittierend, in weit auseinanderliegenden Schüben, aber mit wachsender Intensität durchsetzt[e]« (I, 474). Benjamin erkannte in der »technischen Reproduzierbarkeit« eine eigene künstlerische Verfahrensweise (I, 475), die in seinen Augen eine Veränderung der Konstitution von Kunst überhaupt bewirkte, was er mit dem Begriff »Zertrümmerung der Aura« (I, 479) zu umschreiben suchte.[516] In der Folge tritt, wie er schreibt, an »*die Stelle ihrer Fundierung aufs Ritual [...] ihre Fundierung auf eine andere Praxis: nämlich ihre Fundierung auf Politik*« (I, 482).

Dies führte zu einer veränderten Perspektive Benjamins auf die ästhetische Kategorie der Mimesis, die er »spätestens seit der Entdeckung der technischen Reproduzierbarkeit des Kunstwerks« als veraltet betrachtete, was ihn zu einer Neubestimmung des Mimesisbegriffs veranlasste.

Was hier im Wesentlichen erzielt wird, ist nach Lindner die Idee eines neuen Spielraums, den er unter Bezug auf Miriam Hansen zu Recht ins Zentrum einer Neulektüre des *Kunstwerk*-Aufsatzes gestellt sieht.[517] In der Betrachtungsweise von Benjamin besteht die am Körper/Leib orientierte Mimesis, wie Lindner bemerkt, »nicht bloß in einer archaischen Praxis der Nachahmung«,

---

512 | Ebd., S. 620.

513 | Jörg Bochow: Das Theater Meyerholds und die Biomechanik, S. 19.

514 | Erdmut Wizisla: Benjamin und Brecht, S. 172.

515 | Ebd.

516 | »*Um neunzehnhundert hatte die technische Reproduktion einen Standard erreicht, auf dem sie nicht nur die Gesamtheit der überkommen Kunstwerke zu ihrem Objekt zu machen und deren Wirkung den tiefsten Veränderungen zu unterwerfen begann, sondern sich einen eigenen Platz unter den künstlerischen Verfahrensweisen eroberte.*« (I, 475)

517 | Burkhardt Lindner: »Das Kunstwerk im Zeitalter seiner technischen Reproduzierbarkeit«, S. 248. Vgl. hierzu: Miriam Hansen: »Benjamin, cinema and experience: ›The blue flower in the land of technology‹«, in: New German Critique 40/1987, S. 179-224.

sondern schließt »ein unabgeschlossenes historisches Spannungsverhältnis in sich ein«, da sie in beide Seiten der Kunst – *Schein und Spiel* – verwickelt ist. Indem das Kunstwerk ins Zeitalter der technischen Reproduzierbarkeit tritt, drängt, so Lindner, der »vom Scheinpol überlagerte Spielpol« in den Vordergrund und beginnt seinerseits den Scheinpol zurückzudrängen,[518] was, wie Benjamin zu verstehen gibt, die Generierung eines »ungeheuren und ungeahnten Spielraums« (I, 499) für das Individuum zur Folge hat.[519]

Impliziert der neu formulierte Mimesisbegriff eine neue Praxis der Nachahmung, ermöglicht diese einen von neuen Möglichkeiten gekennzeichneten Spielraum, den Benjamin im Theater von Brecht angelegt sah. In seiner Funktion als Laboratorium und Versuchsanordnung versprach er den politischen Gehalt des epischen Theaters, den Brecht und Benjamin vor allem im Experiment fundierten, freizusetzen. Aufgrund dessen kommt es hier zu einer wichtigen Verbindung zwischen dem epischen Theater Brechts und dem Kindertheaterplan von Benjamin, eine Verbindung, die gerade in ihrer ästhetisch-ethisch konnotierten Idee verankert ist. Diese ist zurückzudatieren auf die Begegnung mit Lacis, genauer noch: auf die sich in der Folge herausbildende politische Positionierung Benjamins, die durch einen betont spielerischen und heiteren Grundzug gekennzeichnet ist. Wie im Folgenden zu zeigen ist, spielt dieser neue Spielraum, den Benjamin auf der Basis der signalisierenden Geste des Kindes schon dem Kindertheater als Möglichkeitsraum implantierte, auch für das »gestische« Prinzip oder das Konzept der Geste eine zentrale Rolle, das er auch für das epische Theater Brechts als grundlegend betrachtet.

DAS PRINZIP DES GESTISCHEN

Das konstruktive Interesse am Experimentcharakter Brecht'scher Arbeiten, die eine allegorische Dimension aufweisen, tritt auch dann hervor, wenn Benjamin in dem 1930 verfassten Text AUS DEM BRECHT-KOMMENTAR (II, 506-510) wie vordem Lacis nun auch Brecht als »Ingenieur« bezeichnet, der »in der Wüste mit Petroleumbohrungen anfängt, in der Wüste der Gegenwart an genau berechneten Punkten seine Tätigkeit aufnimmt« (II, 506).[520] Für seinen ersten Text zu Brecht wählt Benjamin die Form des Kommentars, da dieser direkt mit der Absicht Brechts korreliert, das Verhältnis von literarischer Pro-

---

518 | Burkhardt Lindner: »Das Kunstwerk im Zeitalter seiner technischen Reproduzierbarkeit«, S. 248.

519 | Ebd., S. 249.

520 | Der erste Kommentar Benjamins zu einem Brecht-Text befasste sich mit dem Fragment *Untergang des Egoisten Johann Fatzer* und wurde am 6. Juli 1930 in der *Frankfurter Zeitung* publiziert (II, 506-510 u. 1375).

duktion, Theater und Politik neu zu definieren. Vor allem das Theater ist für Brecht ein solcher berechneter Punkt, es bleibt, so Primavesi, »der wichtigste Apparat dieser Sondierung«.[521] Benjamin schreibt:

> »Die Publikation der ›Versuche‹«, beginnt der Autor, »erfolgt zu einem Zeitpunkt, wo gewisse Arbeiten nicht mehr so sehr eigene Erlebnisse sein (Werkcharakter haben) sollen, sondern mehr auf die Benutzung (Umgestaltung) bestimmter Institute und Institutionen gerichtet sind.« Nicht Erneuerung wird proklamiert; Neuerungen sind geplant. Die Dichtung erwartet hier nichts mehr von einem Gefühl des Autors, das nicht im Willen, diese Welt zu ändern, sich mit der Nüchternheit verbündet hat. Sie weiß, die einzige Chance, die ihr blieb, ist: Nebenprodukt in einem sehr verzweigten Prozeß zur Änderung der Welt zu werden. Das ist sie hier und dazu ein unschätzbares. Hauptprodukt aber ist: eine neue Haltung. (Ebd.)

Benjamins erster Kommentar zu Brechts *Versuchen*, in der er als »Hauptprodukt« »eine neue Haltung« hervorhebt, deutet bereits das Prinzip des Gestischen an, das sich in seiner Bedeutung für das Brecht'sche Theater entschieden *vor* die Dichtung positioniert, während diese einen Stellenwert als »Nebenprodukt in einem sehr verzweigten Prozeß zur Änderung der Welt« erhält. Ging der erste *Versuch* Brechts, wie Benjamin schreibt, von der Umgestaltung und Neuerung der Institute und Institutionen aus, zielte Brechts zweiter *Versuch* auf die Veränderbarkeit der Haltungen, an denen in der Kommentierung Benjamins »das Neueste« ist, dass sie erlernbar sind (II, 507). Der Begriff der Haltung, den Benjamin an dieser Stelle in das Zentrum der Aufmerksamkeit rückt, tauchte, wie vorher erwähnt, schon im Kontext seines Essays über Moskau auf, wenn es um den »befreite[n] Stolz der Proletarier« ging, der mit der »befreiten Haltung« der Kinder zusammenstimmte (IV, 323). Benjamin sieht nun eine derartig »befreite Haltung« auch im epischen Theater Brechts eingesetzt, von dem er schreibt, dass es die Gelenke der Fabel »bis an die Grenze des Möglichen« lockert (II, 525), weswegen auch dessen Schauspielstil durch eine »Mehrheit von Möglichkeiten« (II, 529) gekennzeichnet ist und also auch mit seinem Denken des Kommunismus als Experiment zusammenstimmt.

Auch die im zweiten *Versuch* versammelten *Geschichten vom Herrn Keuner* stellen in Benjamins Augen »einen Versuch dar, Gesten zitierbar zu machen« (ebd.). Entscheidend ist, dass Benjamin diese Wendung auf das Brecht'sche Theater überträgt: »›Gesten zitierbar zu machen‹ ist die wichtigste Leistung des Schauspielers; seine Gebärden muß er sperren können wie ein Setzer die Worte« (ebd.), wie er in seiner wichtigsten Arbeit zu Brecht WAS IST DAS EPISCHE THEATER? ‹1› notiert. Auffallend ist die Einsetzung des Begriffs der Geste,

---

521 | Patrick Primavesi: Kommentar, Übersetzung, Theater in Walter Benjamins frühen Schriften, S. 355.

die, in der Betrachtungsweise von Benjamin, implizit die Funktion des Theaters von der Unterhaltung zur Erkenntnis verändert, wodurch das politische Thesenstück überwunden wird. Eigens mit der Akzentuierung der Geste setzt Benjamin das Brecht'sche Theatermodell von bekannten Theaterformen ab und verteidigt seine Intention, den gesellschaftlichen Wandel und die medientechnischen Neuheiten der Zeit in das theatrale Spiel mit einzubeziehen.[522] Demgemäß ist nicht mehr die Dichtung, sondern die Geste ihrem Charakter nach tonangebend dafür, dass der »Funktionszusammenhang zwischen Bühne und Publikum, Text und Aufführung, Regisseur und Schauspieler« abgeändert, umgeformt und erneuert wird (II, 519f.), ein Aspekt, der schon im Kontext der Kindertheaterschrift Erwähnung fand. Wie im Folgenden darzulegen ist, setzt nunmehr die Geste in ihrer Eigenart einen genuinen Spielraum frei, der, im Zusammenspiel mit Benjamins pädagogischen, politischen und theaterästhetischen Überlegungen, auf neue Möglichkeiten theatraler Darstellung zielt.

Hanns Eisler hatte in der Geste »eine der genialen Entdeckungen«[523] Brechts gesehen, was aber, wie Müller-Schöll bemerkt, den Blick darauf verstellt, dass »Brecht den *Begriff* der Geste zum Zeitpunkt von Benjamins erstem Essay über Brecht noch kaum geprägt hatte«.[524] Erst Brechts spätere theoretische Ausarbeitungen zur Geste nehmen Aspekte der Theorie Benjamins auf, weswegen die Geste, Müller-Schöll zufolge, »als das Kind zweier Väter« betrachtet werden kann.[525] Für Brecht ergeben sich Gesten vor allem aus Beziehungen von Menschen zueinander, was eine Denkart verrät, die das Sein in der modernen Gesellschaft berücksichtigt. In Anbetracht dessen steht die Geste in Brechts Schriften in verschiedenen Kontexten: »Zu unterscheiden sind zumindest die ›Geste‹ vom ›Gestus‹ als einem Bündel von Gesten oder auch als ›sozialer Gestus‹ sowie das ›Gestische‹ als Bezeichnung einer bestimmten Darstellungsform«, bemerkt Müller-Schöll.[526] Einzuprägen ist, dass Gestus und Haltung bei Brecht Begriffe sind, die wechselseitig ineinandergreifen. Indem nun Brecht ausdrücklich die Geste in seine Theorie mit einbezieht, reicht sie in den Denkansatz einer modernen, endlichen Philosophie hinein und betont damit für das Theater, so Müller-Schöll, die »Möglichkeit, sich auszudrücken, einander zu verstehen, und auf dieser Basis eine Form des

---

522 | Nikolaus Müller-Schöll: Bertolt Brecht, S. 80.

523 | Hans Bunge: Fragen Sie mehr über Brecht. Hanns Eisler im Gespräch, München 1970, S. 26, zitiert nach Nikolaus Müller-Schöll: Das Theater des »konstruktiven Defaitismus«, Lektüren zur Theorie eines Theaters der A-Identität bei Walter Benjamin, Bertolt Brecht und Heiner Müller, Frankfurt/M. 2002, S. 297.

524 | Ebd.

525 | Ebd.

526 | Ebd., S. 299.

Zusammenlebens zu entwickeln«.[527] Der Geste, spezieller noch dem Gestus als einer Ansammlung von Gesten und Haltungen inhärent ist eine Art Überschuss, den Brecht etwa im Spaß erkennt, den ein Schauspieler bei seinem Spiel ausdrückt.[528] Als unentbehrliche Kategorie und unverzichtbare Voraussetzung eines Allgemeinen garantiert der überschüssige Gestus aus der Sicht von Brecht die Lesbarkeit theatraler und medialer Darstellung.[529] Aus diesem Grund markiert er für Brecht eine kalkulierbare Konstante bzw. eine Invariante, die die Funktion einer Kontrollinstanz übernimmt.[530] In seinen Schriften analogisiert Brecht den Gestus oftmals mit dem Kollektiv, das aus der Sicht der Kollektivisten, wie Müller-Schöll schreibt, »zwischen der ›erst teilweise‹ organisierten Menschheit und dem einzelnen Individuum« steht, über das im Verständnis von Brecht ebenso wenig wie über die Menschheit Aussagen gemacht werden können.[531] Daher gleicht das Kollektiv, Müller-Schöll zufolge, strukturell dem Gestus »als einer mittleren Größe zwischen der einzelnen Geste« bzw. »dem einzelnen Wort und der Fabel, der Handlung oder auch dem Charakter«.[532] Dementsprechend repräsentiert das Kollektiv wie die Geste oder der Gestus in der jeweiligen Form nach Müller-Schöll das »unvorhersehbare, ungeheuerliche Andere« und verortet sich in einer Zwischensphäre, die Benjamin als »soziale Sphäre der Interaktion«[533] ausgewiesen hatte und die insgesamt für das Spiel im Theater Brechts wie auch für das Kindertheater bezeichnend ist.

Während Brecht jedoch dazu neigt, mit der Geste und dem Gestus eine stehende Invariante in das Theater einzuführen, legt Benjamin den Akzent vielmehr auf die »Dialektik im Stillstand« (II, 530), die, wie noch genauer ausgeführt wird, eine veränderliche bzw. von veränderten Bedingungen abhängige Größe darstellt. In ihren charakteristischen Eigenschaften ist sie als unberechenbar und unvorhersehbar einzustufen, was offenkundig auf Benjamins messianisches und materialistisches Denken zurückzuziehen ist.[534] Zweifellos gilt dies auch für Benjamins Denken des Kollektivs, betrachtet man seine Überlegungen zur »reine[n] Gewalt« (II, 203) im *Gewalt*-Aufsatz, die – im Kontext des proletarischen Kindertheaters – mit den »allerstärkste[n] aber auch allergefährlichste[n]« (II, 763) Kräften der neuen Generation zusammenfällt und auch hier eine unberechenbare wie unvorhersehbare Dimension bedeutet.

527 | Ebd., S. 300.
528 | Ebd., S. 301.
529 | Ebd.
530 | Ebd.
531 | Ebd., S. 303.
532 | Ebd.
533 | Erdmut Wizisla: Benjamin und Brecht, S. 179.
534 | Ebd., S. 304f.

Folgen wir Lindner, dann entspricht das Gestische, das Benjamin als Kern der Brecht'schen Neuerungen begriff,[535] den neuen technischen Formen, dem Kino und dem Rundfunk: »Es steht auf der Höhe der Technik« (II, 524), was schon in der Kindertheaterschrift indirekt zum Ausdruck kam, wenn von dem »großen Theater auf den Höhepunkten seiner Geschichte« (II, 764) die Rede war. Dies kommt dem Interesse an einer veränderten Kunstpraxis entgegen, worauf Benjamin in WAS IST DAS EPISCHE THEATER? ‹1› besonders eingeht:

Hat sich bereits im Film mehr und mehr der Grundsatz durchgesetzt, es müsse dem Publikum jederzeit möglich sein, »einzusteigen«, verwickelte Voraussetzungen seien zu meiden, es müsse jeder Teil neben seinem Wert für das Ganze noch einen eigenen, episodischen besitzen, so ist das im Rundfunk einem Publikum gegenüber, das seinen Lautsprecher jederzeit willkürlich ein- und ausschaltet, strikte Notwendigkeit geworden. Das epische Theater führt der Bühne die gleiche Errungenschaft zu. Es gibt in ihm grundsätzlich keine Zuspätgekommenen. (II, 524)

Was Benjamin hier anspricht, ist weniger der Montage, sondern vor allem der *Unterbrechung* geschuldet, wie sie auch im Kindertheater als charakteristische Eigenschaft und Arbeitsweise eingesetzt ist. Nach Lindner bildet »die Unterbrechung – und nicht etwa die zusammenfügende Montage – [...] den Ausgangspunkt, von dem aus Benjamin das Konzept der Geste entwirft«: »In der Unterbrechung tritt etwas hervor, was im zeitlichen Verlauf an sich nicht sichtbar ist. Dies gilt auch für die Geste. Denn die Geste ist nicht etwas, das einfach vorliegt, sondern etwas, das hergestellt werden muss.«[536] Während Benjamin die Geste erstmals im Kontext der Kindertheaterprogrammschrift erwähnt,[537] jedoch eine genauere Ausdeutung vernachlässigt, erhält sie in seiner Studie zu Brecht eine deutlichere Definition:

Das epische Theater ist gestisch. [...] Die Geste ist sein Material, und die zweckmäßige Verwertung dieses Materials seine Aufgabe. Gegenüber den durchaus trügerischen Äußerungen und Behauptungen der Leute auf der einen Seite, gegenüber der Vielschichtigkeit und Undurchschaubarkeit ihrer Aktionen auf der anderen Seite hat die Geste zwei Vorzüge. Erstens ist sie nur in gewissem Grade verfälschbar, und zwar je unauffälliger und gewohnheitsmäßiger sie ist, desto weniger. Zweitens hat sie im Gegensatz zu den Aktionen und Unternehmungen der Leute einen fixierbaren Anfang und ein fixier-

---

535 | Brechts »systematische Ausarbeitungen fallen in die spätere Exilzeit; sie sind damit auch in manchem von der Experimentalphase der Jahre vor 1933 abgekoppelt und in die eigene Klassizität hineingerückt«. Burkhardt Lindner: Die Entdeckung der Geste, S. 27.

536 | Ebd.

537 | Nikolaus Müller-Schöll: Das Theater des »konstruktiven Defaitismus«, S. 21.

bares Ende. Diese strenge rahmenhafte Geschlossenheit jedes Elements einer Haltung, die doch als ganze in lebendigem Fluß sich befindet, ist sogar eines der dialektischen Grundphänomene der Geste. (II, 521)

Die Einsicht in den Gegenstand der Geste, in der Benjamin ein dialektisches Grundphänomen erkennen will, das zwischen »strenge[r] rahmenhafte[r] Geschlossenheit« und »lebendigem Fluß« oszilliert, veranlasst ihn, der Geste einen höheren Stellenwert als der Sprache mit ihren »trügerischen Äußerungen und Behauptungen« einzuräumen, gehört sie doch im Alltag in den Bereich des Unauffälligen, Gewohnheitsmäßigen, als das, wie Lindner sagt, »nur am Rand Wahrgenommene, [...] scheinbar bloß Akzidentielle der Handlung«.[538] Dies im Blick, interessieren Benjamin auch für das epische Theater einerseits die »Vielschichtigkeit und Undurchschaubarkeit der menschlichen Aktionen«, die in der Geste und körperlichen Gebärde zum Ausdruck kommen, andererseits richtet sich seine Aufmerksamkeit auf die Vorzüge der Geste: ihre eingeschränkte Verfälschbarkeit und ihre strenge bildliche Rahmenhaftigkeit, die einen fixierbaren Anfang und ein fixierbares Ende erkennbar werden lassen. Da es im epischen Theater vor allem darum geht, die Erkennbarkeit und Veränderbarkeit der Wirklichkeit zu befördern und dies mit angemessenen künstlerischen Mitteln zu bewerkstelligen, fällt hier die Wahl explizit auf die Geste, die den Zugriff auf die Gegenwart ermöglicht, weswegen sie für Benjamin auch das »Rohmaterial des epischen Theaters« ausmacht.[539] Nicht anders als im Theater Brechts stellt die Geste auch das »Rohmaterial« für das Kindertheater dar, räumt doch Benjamin gerade hier dem »Handeln« (II, 763) eine Mittelpunktstellung ein.

Betrachten wir zunächst genauer, was die Geste für das Kind bedeutet oder bedeuten kann, lässt sich auf Henri Wallon zurückgreifen, der vom kindlichen Denken eine genaue Vorstellung gibt. In der Hauptsache geht es bei der Konzeption von Wallon um das Auftreten der »Ultra-Dinge«[540] in der kindlichen Erfahrung, womit die Dinge angesprochen sind, die sich nicht in seiner Reichweite befinden, die es nicht durch den Blick zu erfassen vermag und deren Aspekte es durch kontrollierte Ortsveränderungen seines Leibes nicht willkürlich variieren kann, wie Merleau-Ponty bemerkt.[541] »Ultra-Dinge« sind

---

538 | Burkhardt Lindner: Die Entdeckung der Geste, S. 28.
539 | Walter Benjamin: Versuche über Brecht, hg. und mit einem Nachwort von Rolf Tiedemann, Frankfurt/M. 1975, S. 31.
540 | Henri Wallon: Les origines de la pensée chez l'enfant, Bd. II, Paris 1947, S. 337ff., zitiert nach Maurice Merleau-Ponty: Keime der Vernunft, S. 251.
541 | »Himmel und Erde sind z. B. ›Ultra-Dinge‹, die vom Kind immer in unvollständiger Weise bestimmt sind. Die Anwesenheit dieser ›Ultra-Dinge‹ in der kindlichen Erfahrung setzt beim Kind die Anwesenheit einer präobjektiven Zeit und eines vorobjektiven

demnach Dinge, die sich nicht seiner Beobachtung stellen und die vom Kind immer in unvollständiger Weise bestimmt sind, wie Himmel und Erde.[542]

Im nachträglich imaginierten kindlichen Kosmos der BERLINER KINDHEIT UM NEUNZEHNHUNDERT lassen sich solche »Ultra-Dinge« ausfindig machen, die das Kind in eine gewisse Zeitlosigkeit und Unräumlichkeit eingehen lassen. Die Wohnung der Großmutter, die uns von Benjamin im Erinnerungsbruchstück *Blumeshof 12* (VII, 411-414) vorgestellt wird, der *Tiergarten*, »der wie kein anderer den Kindern offen scheint« und gleichfalls auch »mit Schwierigem, Undurchführbarem verstellt« ist (VII, 394), die *Loggien*, die Benjamin als »schattenreiche Gelasse« (VII, 387) beschreibt, in denen die Zeit veraltet, oder im elterlichen Schlafzimmer »eine Ecke, die ein verschoßner violetter Vorhang von Plüsch verkleidete«, sind dem Kind undurchschaubar. Auch »der Winkel das verrufene Pendant des Paradieses, das sich mit dem Wäscheschrank der Mutter eröffnete« (VII, 419), und ebenso die Sprache der Erwachsenen, die das Kind erst *in* oder *mit* der leibkörperlichen Handlung motorisch zu begreifen und zu erfassen sucht, wie es im Stück *Muhmerehlen* (VII, 417f.) nachzulesen ist, scheinen »Ultra-Dinge« zu sein, denen eine Zeitlosigkeit und Unräumlichkeit anhaftet, die das Kind als »unzugänglich« und »unergründlich« (VII, 419) erlebt.

Jedoch ausdrücklich die Geste in ihrer strukturell gegebenen Konstellation und Eigenart, wie sie hier von Benjamin beschrieben wird, ist für die kindliche Wahrnehmung greifbar. In ihrer »strengen rahmenhaften Geschlossenheit« gehört die Geste offensichtlich nicht zu den »Ultra-Dinge[n]«. Denn die Dinge, die »bequem in Augenschein zu nehmen« (VII, 389) sind, wie Benjamin es in *Die Siegessäule* ausdrückt, sind die Dinge in unmittelbarer Nähe, die die kindliche Neugierde »unersättlich« und »stets von neuem lockend« (IV, 284) affizieren, wozu schließlich auch die Geste zählt, die als leibkörperliche Gebärde immer schon impliziert ist im Wahrnehmen, Hantieren und Fühlen.

Als leibkörperliches Verhalten kann die Geste auch als eine *Sub-* oder *Vorsprache* unterhalb des Niveaus der offiziellen Sprache bezeichnet werden. In Form einer abgehackten oder gleitenden Bewegung ist die Geste für die kindliche Wahrnehmung augenfälliger und durchschaubarer, da sie vom Kind in ihren wiederholbaren Momenten bzw. in ihrer wiederkehrenden Struktur und Sinngestalt als rhythmisches und richtungsweisendes Detail erfahren wird.[543] Derartig tritt sie in die Wahrnehmung des Kindes als eine bestimmte Artikulation hinein, ähnlich wie die Reisebilder im *Kaiserpanorama* (VII, 388), nämlich

---

Raumes voraus. Diese beiden Dimensionen werden noch nicht von seinem Denken beherrscht und gemessen und haften daher in gewisser Hinsicht einem Subjekt an, das diese durchlebt.« Merleau-Ponty: Keime der Vernunft, S. 251.

542 | Ebd.

543 | Vgl. hierzu: Bernhard Waldenfels: Das leibliche Selbst, S. 218.

»ruckweise« und unterbrochen. Benjamin war dies bewusst, denn nicht umsonst betont er, dass das proletarische Kindertheater einen »Rahmen« braucht (II, 763), dem erkennbar die »rahmenhafte Geschlossenheit« der Geste korrespondiert. Nicht nur die Aufführung im Kindertheater wird das »grundsätzlich niemals abgeschlossene Studium« der kindlichen Wahrnehmungswelt als eine Art »Schabernack« (II, 765) unterbrechen, sondern auch die Geste zeigt sich bei ihrem Auftreten von Brüchen und Unterbrechungen durchzogen, die die Erfahrung des Kindes rhythmisch strukturieren. So liegt ihr ebenso ein offenes, unbestimmtes und unvorhersehbares Moment zugrunde, wenn es bei Merleau-Ponty heißt: »Die Gebärde tritt mir entgegen gleich wie eine Frage, mich verweisend auf bestimmte sinnliche Punkte der Welt und mich auffordernd, ihr dahin nachzugehen.«[544] Die Tendenz einer ruckhaften und unterbrochenen Bewegung ist gerade der kindlichen Wahrnehmungs- und Erfahrungsweise zu eigen, die wir vorher als synkretistisch bezeichnet haben.[545] In diesem Zusammenhang benennt der Begriff ›synkretistisch‹ die Struktur der kindlichen Wahrnehmung, die als zusammengestückelt, global und ungenau aufgefasst wird.[546] Es ist also im besonderen Maße der Geste geschuldet, wenn sie aus dem Umkreis des kindlichen Milieus abhebend auftaucht und in Gestalt eines Mediums zu der Selbst- und Wirklichkeitserfahrung der kindlichen Mentalität entscheidend beiträgt. Dabei bildet sie einen vermittelnden Zu- oder Übergang vom eher unräumlichen, zeitlosen und synkretistischen Weltbild des Kindes zum Weltbild des Erwachsenen, weswegen wohl auch Benjamin keine strikte Unterscheidung zwischen der *Geste* und der speziellen *kindlichen Geste*, wie sie beide als Begriffe in der Kindertheaterschrift auftauchen, vornimmt.

Benjamins Analyse der theaterästhetischen Schriften Brechts, in denen Gestisches, Gestus und Geste aus heutiger Sicht zentrale Kategorien darstellen, zeigt eine Dramaturgie, die sich zu der aristotelischen entgegengesetzt verhält:

Brecht setzt sein Theater als episches gegen das im engeren Sinne dramatische ab, dessen Theorie Aristoteles formulierte. Darum führt Brecht die entsprechende Dramaturgie als die nicht-aristotelische ein [...].[547]

---

544 | Maurice Merleau-Ponty: Phänomenologie der Wahrnehmung, übers. und eingeführt durch eine Vorrede von Rudolf Boehn, Berlin 1966, S. 219.

545 | Ders.: Keime der Vernunft, S. 191.

546 | »Zuweilen beißt sich das Kind aber im Gegenteil bei den unscheinbarsten Details fest, die ohne Beziehung zum Ganzen auftreten. Stärker als der Erwachsene ist es zur Alternative genötigt, entweder umfassend oder detailliert wahrzunehmen. Die kindliche Wahrnehmung ist also *umfassend* und *fragmentarisch* zugleich, was nicht kontradiktorisch ist, während die Wahrnehmung des Erwachsenen *artikuliert* ist.« Ebd.

547 | Walter Benjamin: Versuche über Brecht, S. 25.

In der *Poetik* hatte Aristoteles demonstriert, dass die durch Kunst nachgeahmte Handlung – sei es die Handlung des Dramas oder auch die des Schauspielers – in ihrer Richtung auf ein Ziel darzustellen ist und durch Anfang, Mitte und Ende gegliedert wird.[548] Dem *Prinzip des Gestischen*, das Benjamin bei Brecht akzentuiert, liegt nun die erklärte Absicht zugrunde, »die Zentrierung der Handlung im dramatischen Charakter aufzubrechen«.[549] So betrifft die Technik der Montage und Ummontierung nicht nur das Theater als Publikationsinstitut und die Texte, die der Technik des Zitierens folgen, sondern auch die Darstellung der Typen, die Brecht in *Mann ist Mann*, dem »Muster epischen Theaters«, in Gesten überführt hat (II, 520). »Seine Auffindung und Gestaltung des Gestischen« bedeutet, wie Benjamin in Theater und Rundfunk (II, 773-776) von 1932 schreibt, »nichts als die Zurückverwandlung der in Funk und Film entscheidenden Methoden der Montage aus einem technischen Geschehen in ein menschliches« (II, 775). Für das epische Theater, das auf die Auseinandersetzung mit Radio und Kino setzt, indem es auf das Filmprinzip der Montage zurückgreift, hat die Unterbrechung nach Benjamin deshalb »nicht Reizcharakter, sondern [...] eine pädagogische Funktion«: »Sie bringt die Handlung im Verlauf zum Stehen und zwingt damit den Hörer zur Stellungnahme zum Vorgang, den Akteur zur Stellungnahme zu seiner Rolle.« (Ebd.) Ziel ist nicht mehr die Vermittlung von Kenntnissen, sondern, so Müller-Schöll, die »Schulung des Urteils«.[550] Daher steht für Benjamin vor allem die pädagogisch-politische Funktion im Vordergrund, die sich seiner Auffassung nach in Brechts epischem Theater einer »obersten Dialektik« unterordnet, »welche durch das Verhältnis von Erkenntnis und Erziehung bestimmt wird«:

Denn alle Erkenntnisse, zu denen das epische Theater kommt, haben unmittelbar erzieherische Wirkung, zugleich aber setzt sich die erzieherische Wirkung des epischen Theaters unmittelbar in Erkenntnisse um, die freilich beim Schauspieler und beim Publikum spezifisch verschieden sein können.[551]

Nach Lindner geht es Benjamin in der Hauptsache darum, »aufzuweisen, warum Kunst eine praktische Erkenntnisform begründet und nicht etwa die empirische Realität bloß abbildet«: »Damit Kunst etwas zeigen kann, das für das Alltagshandeln einen möglichen Erkenntniswert bietet, muss sie in der Darstellung des handelnden Menschen etwas hervortreten lassen, was im Alltagshandeln verborgen bleibt.«[552] Gingen Benjamins Überlegungen zu-

---

548 | Burkhardt Lindner: Die Entdeckung der Geste, S. 28.
549 | Ebd.
550 | Nikolaus Müller-Schöll: Bertolt Brecht, S. 84.
551 | Walter Benjamin: Versuche über Brecht, S. 33.
552 | Burkhardt Lindner: Die Entdeckung der Geste, S. 28.

nächst in Übereinstimmung mit Aristoteles einher, zieht er, Lindner zufolge, für die Praxis des epischen Theaters einen gegenteiligen Schluss: »Die Geste und nicht der Charakter – bildet die Möglichkeit, Anfang und Ende herzustellen.«[553] Indem nun die Geste in Brechts Theaterkonzeption hervorgehoben wird, kommt es in der Darstellung zur Unterbrechung des Handlungsvollzugs. Die Handlung unterliegt nicht mehr den allgemeinen Merkmalen wie Ganzheit, bestimmte Ausdehnung und Einheit, die Aristoteles für das Drama vorsah, sondern die Handlung bei Brecht erscheint vielmehr als Folge diskontinuierlicher Zustände, was dadurch befördert werden kann, dass die Handlungen des Schauspielers unterbrochen werden: »Gesten erhalten wir um so mehr, je häufiger wir einen Handelnden unterbrechen. Für das epische Theater steht daher die Unterbrechung der Handlung im Vordergrunde.« (II, 521) Mit diesem Verfahren gelingt dem epischen Theater die Freilegung von Zuständen, was bei Benjamin weniger die Darstellung von sozialen Verhältnissen bezeichnet, sondern vielmehr das, was »mittels der Unterbrechung von Abläufen« »entdeckt« wird (II, 522). Dabei bilden die Fixierung der Geste und die Freilegung der Zustände einen gleichzeitigen Vorgang:

Die Entdeckung der Zustände vollzieht sich mittels der Unterbrechung von Abläufen. Das primitivste Beispiel: eine Familienszene. Plötzlich tritt da ein Fremder ein. Die Frau war grade im Begriff, ein Kopfkissen zu ballen, um es nach der Tochter zu schleudern; der Vater im Begriff, das Fenster zu öffnen, um einen Schupo zu holen. In diesem Augenblick erscheint in der Tür der Fremde. »Tableau«, wie man um 1900 zu sagen pflegte. Das heißt: der Fremde stößt jetzt auf den Zustand: zerknülltes Bettzeug, offenes Fenster, verwüstetes Mobiliar. Es gibt aber einen Blick, vor dem auch die gewohnteren Szenen des bürgerlichen Lebens sich nicht viel anders ausnehmen. Je größeres Ausmaß freilich die Verwüstungen unserer Gesellschaftsordnungen angenommen haben (je mehr wir selber und die Fähigkeit, von ihnen uns noch Rechenschaft zu geben, angegriffen sind), desto markierter wird der Abstand des Fremden sein müssen. (II, 522f.)

Benjamin ordnet das »›Tableau‹« nicht der Ästhetik des 18. Jahrhunderts zu, sondern datiert es auf den Anfang des 20. Jahrhunderts, was eine Verbindung mit dem Stummfilm nahelegt.[554] Während das Tableau im Theater des 18. Jahrhunderts der Erzeugung einer emotionalen Überwältigung diente, ist der frühe Kinoblick dadurch gekennzeichnet, »dass der Zuschauer nicht als kontemplativer Kunstbewunderer, sondern als Fremder der Szene gegenübertritt«, erklärt Lindner.[555] Mit dem Fremden ist kein realer hinzukommender Fremder gemeint, der in die Handlung eintritt, sondern eine (dritte) Position

553 | Ebd.
554 | Burkhardt Lindner: Die Entdeckung der Geste, S. 29.
555 | Ebd.

der Unterbrechung, der Fixierung und des dadurch hervorgerufenen Blicks.[556] In dem Moment, da der Fremde/der Zuschauer die Szene betrachtet, kommt sie zum Stillstand und friert ein, was blitzartig ein Tableau entstehen lässt. So steht der Begriff Geste im Theater Brechts für eine Darstellungsweise, die aus dem lebendigen Fluss der Unternehmungen durch Unterbrechung und Innehalten ein Tableau allererst erscheinen lässt: ein lebendes Bild, das auf Sprache verzichtet und allein das Körperliche reliefartig und figurativ zum Ausdruck bringt, wie es etwa auch die Theorie des Arrangements im Theater Meyerholds versuchte.

Benjamin erklärt auf diese Weise und in seinem besonderen Verständnis, was er unter Brechts *Verfremdung* versteht. Dadurch, dass der Fremde die offenkundig private Szene mit seiner unterbrechenden Geste sozusagen kontaminiert und zum Stillstand bringt, öffnet er sie gleichsam für den Blick des Zuschauers. Dieser ist nun in die Lage versetzt, »etwas Anderes« wahrzunehmen, wie Lindner schreibt:

»Indem dieses Andere als Momentaufnahme stillgestellt wird, wird das Bild des Handlungsvollzugs zersetzt und in seinem Sinnkontinuum destruiert. Auf der freigelegten Ebene des Gestischen tritt die Handlung in zwei zueinander disparaten Momente auseinander: in die Geste – die Mutter ballt ein Kopfkissen – und in den Zustand – zerknülltes Bettzeug.«[557]

Bei der Erklärung der Brecht'schen Verfremdungstechnik nimmt die Figur des Fremden als *fremder Blick* für die Familienszene bemerkbar eine Schlüsselposition ein. Für Benjamin hat der Fremde seine Personifikation in Herrn Keuner, »eine durchgängige, stets aktuelle Figur [...] des marxistisch bewußten« Brecht.[558] Benjamin schreibt:

Einen solchen Fremden kennt man aus Brechts Versuchen: einen schwäbisches »Utis«, ein Gegenstück zu dem griechischen »Niemand« Odysseus, der den einäugigen Polyphem in der Höhle aufsucht. So dringt Keuner – so heißt der Fremde – in die Höhle des einäugigen Ungetüms »Klassenstaat«. Listenreich sind sie beide, ebenso leidgewohnt, viel bewandert; beide sind weise. (II, 523)

In Benjamins Sichtweise ist also Herr Keuner der »Fremde«, der mit seinem überraschenden Auftritt die gleichsam private Szene gewaltsam stört wie unterbricht und zugleich die Zustände der Gesellschaft aufdeckt. Die Auf-

---

556 | Ebd.
557 | Ebd.
558 | Jan Knopf: Brecht-Handbuch, Bd. 1: Lyrik, Prosa, Schriften. Eine Ästhetik der Widersprüche, S. 311.

deckung von Zuständen erlaubt es ihm, sein Ziel zu verfolgen, nämlich einen »neue[n] Staat« zu konstituieren: »Ein[en] Staat, der philosophisch und literarisch so tief fundiert ist, wie man es von dem des Konfuzius weiß.« (II, 663) Nach dieser Deutung steht der Name Keuner für eine List oder eine Tarnung, um den ›Klassenstaat‹ von innen auszuhöhlen.[559] Indem nun Keuner die gesellschaftlichen Zustände aufdeckt, bereitet er den Umsturz im epischen Theater vor, wofür seine Gesten das Rohmaterial liefern. Denn Keuner erwartet »die Abschaffung des Elends« nur auf einem einzigen Wege, »nämlich durch die Entwicklung der Haltung, welche das Elend ihm aufzwingt« (II, 507). Und gerade weil seine Gesten »der Armut, der Unwissenheit und der Ohnmacht« (ebd.) geschuldet sind, haben sie – paradoxerweise – umstürzlerische Macht.

Die Rede vom Umsturz legt einen Zusammenhang mit den sowjetischen Avantgardekünstlern nahe, die wie Malewitsch den »proletarischen Generalstreik« forderten, der analog zur Kunst mit umstürzlerischer, grausamer Gewalt die Unterbrechung der Arbeit als Pause und als Manifestation des Festes erwirken sollte. Aus diesem Grund deutet alles darauf hin, dass es sich um einen »Umsturz« handelt, wie ihn Benjamin auch für die dem karnevalistischen Fest nahestehende Aufführung im Kindertheater einfordert, wo es darum geht, das Oberste zuunterst zu kehren mit dem Ziel, die bestehenden Herrschaftsverhältnisse aufzuheben. Der Vergleich mit der Aufführung im Kindertheater greift vor allem dann, wenn Benjamin im Hinblick auf den Karneval auf die Rabelais'schen Riesenkreaturen *Gargantua* und *Pantagruel* zu sprechen kommt, die zu den unschuldigen Geschöpfen zählen und in ihrer Eigenart wie Kinder sind. Denn auch ihnen gelingt es, den Umsturz der hierarchischen Verhältnisse auszulösen, und zwar durch eine unschuldige, kindliche Macht, die Benjamin besonders der diktatorischen Geste des Kindes zuerkennt. So fällt in diesem Zusammenhang mehr noch die Deutung ins Gewicht, die sich aus Benjamins Überlegungen im *Gewalt*-Aufsatz zu diesem Thema ergab. Denn mit der Installierung einer »schicksalhafte[n]« (II, 196), »göttliche[n] Gewalt« und der Anerkennung einer »reine[n]« (II, 203), anarchistisch-revolutionären Gewalt (II, 194), die ein neues geschichtliches Zeitalter in Kraft zu setzen in der Lage ist (II, 203), eröffnet sich auch für die Aufführung im Kindertheater ein von *Glück* und *Erlösung* gekennzeichneter Ausnahmezustand, der, unter Berufung auf Bachtins Karnevalstheorie, eine Heiterkeit durchzogene Spiel-Zeit entfesselt.

Indes tauchte der Begriff der »Armut«, der Keuners umstürzlerische Gesten kennzeichnet, schon im gemeinsam mit Lacis verfassten Essay über Neapel auf, wo sie von großer Armut auf den Straßen berichteten (IV, 308). Erkennbar wurde ein Zustand, der sich in der Stadt Moskau noch dimensio-

---

559 | Ebd., S. 314.

nieren sollte und der vor allem die Kinder betraf, denen Benjamin im Umgang mit der Alltagswirklichkeit besondere Kenntnisse und Fähigkeiten zuschrieb. Und wenn Benjamin von der »Erfahrungsarmut« gesprochen hatte, die dem »destruktiven Charakter« eigen ist, ist gleichzeitig auch die »Armut« mit am Werk, die es nach Benjamin »erlaubt, näher an das Wirkliche heranzukommen, als irgendein Reicher es kann« (II, 510). Dies trifft nicht nur für Brecht und die Avantgardekünstler zu, sondern auch für die spielenden Kinder auf der Straße. Auf diese Weise erhält der Terminus »Armut« eine konstruktive und politische Bedeutung, die nicht nur der sozialen Komponente und einer ethischen Dimension im Kollektivum, sondern auch dem Einfallsreichtum der Kinder, Künstler und dem Theaterschaffenden Brecht geschuldet ist.

Dies vor Augen, überrascht es nicht, dass Herr Keuner, der Fremde, dem Kind verwandt ist, hält er sich doch am liebsten an Orten auf, wo auch das Kind sich heimisch fühlt: nämlich im ungeschiedenen Bereich zwischen Haus und Straße, mit anderen Worten, auf der »Schwelle«, die er ungern verlässt, denn, wie Benjamin bemerkt, liebt er »die Bäume, die in seinem Hof stehen, wenn er aus seiner Wohnung im vierten Stockwerk des Hinterhauses ins Freie kommt« (ebd.). Benjamin malt hier einen Ort aus, den er im Kontext der Berliner Kindheit um neunzehnhundert dem Kind zudachte: die *Loggia*, die wir dem Kindertheater und dem Straßenmotiv zuordneten. Wenn es also im epischen Theater darum geht, »Gesten zitierbar zu machen« (II, 529), die erlernbar (II, 507) und von umstürzlerischer Kraft sind, handelt es sich um Gesten, die im Mischbereich zwischen Haus und Straße (V, 1041) bzw. im Kollektivum aufzufinden sind und somit von Benjamins Beschreibung der Verfremdung aus auf das Kindertheater als einen Möglichkeitsraum verweisen, in dem die kindliche Geste ein zentrales Charakteristikum darstellt. Insofern lässt sich auch für Benjamins Verfremdungskonzeption ein Spielraum ausmachen, der im Namen der Erwartung und des Unvorhersehbaren die Möglichkeit zur Annäherung und Veränderung der Wirklichkeit enthält, woran gerade die Geste ihren Anteil hat.

Von der Figur des Herrn Keuner, den Benjamin mit Brechts Verfremdungseffekt zusammendenkt, gelangen wir also zum epischen Theater, zum Kind und zum Kindertheater. Wie die Gesten des Herrn Keuner im epischen Theater die Zertrümmerung von Ideologie und den Umsturz hin zu einem neuen Staat ohne autoritäre Gewalt herbeizuführen imstande sind, vermögen auch die Gesten der Kinder im gemeinschaftlichen Raum des Kindertheaters den Umsturz der hierarchischen Erziehungsverhältnisse zu erwirken, indem sie auf der Bühne stehen und die aufmerksamen Erzieher belehren und erziehen (II, 768). So steht der Umsturz für das Theater Brechts wie auch für das Kindertheater im Zeichen der Erziehung. Wie diese als Beobachtung und Wahrnehmung des Unvorhergesehenen im Dienst der kindlichen Geste stehen sollte, ging es für Benjamin auch bei Brechts Theaterarbeit um einen

»Entzug moralischer Gewißheiten und hierarchischer Ordnungen angesichts tiefgreifender gesellschaftlicher Umwälzungsprozesse«.[560]

Ein Tagebucheintrag Benjamins vom 29. Juni 1938 zeigt auf, was Brecht mit Bezug auf das Kindertheater unter dem Begriff Verfremdung verstand: »Brecht spricht vom epischen Theater; er erwähnt das Kindertheater, in dem die Fehler der Darstellung, als Verfremdungseffekte fungierend, der Vorstellung epische Züge geben.« (VI, 534) Müssen im epischen Theater die Gesten ›hergestellt‹ und ›zitiert‹, das heißt stillgestellt und unterbrochen werden, damit sie wahrgenommen, aufgedeckt und als fremd erkannt werden können, gelingt dies im Kindertheater en passant, mit Benjamins Worten: »nebenbei, man könnte sagen: aus Versehen« (II, 765). Deshalb spricht Benjamin in der Kindertheaterschrift im Hinblick auf das improvisierte Spiel der Kinder weniger von den Fehlern in der Darstellung als vom »Schabernack der Kinder«, der »das grundsätzlich niemals abgeschlossene Studium« unterbricht (ebd.), womit er zum einen auf die spannungsreiche Wechselbeziehung von Studium und Übung anspielt, zum anderen auf die Aufführung verweist, die dem Karneval gleichgestellt ist. So ist die Art und Weise, wie im epischen Theater mit der Geste verfahren wird, darauf zurückzubeziehen, wie Kinder spielen. Wie vorher ausführlich erörtert, ist das Spiel des Kindes durch intermittierende Schübe rhythmisch strukturiert. Sein Spiel ist engstens mit der Wirklichkeit verzahnt und frei von Illusion, auf die das »dramatische Theater« zielte, wie es Brecht im Unterschied zum epischen Theater genannt hat. Zudem geht es im epischen Theater nicht um »Perfektion«, im Vordergrund stehen Bestimmungen wie »das Geprobte am Spiel«, das »voll in Erscheinung« tritt, genauso wie »das auswendig Gelernte am Text, der ganze Apparat und die ganze Vorbereitung«, die Brecht in der *Straßenszene* erwähnt.[561]

In diesem Text weist Brecht implizit darauf hin, dass die Grenze zwischen Kunst und Alltag durchlässig ist.[562] Er berichtet von »Demonstrationen alltäglicher Art« an der Straßenecke, die »vollkommene Imitationen«[563] zeigen, da »praktisch jeder Mensch« seiner Ansicht nach mit den Fähigkeiten ausgestattet ist, die auch der Schauspieler auf der Bühne präsentiert.[564] Genau genommen bezieht sich die *Straßenszene* auf die »natürliche Szene«, die auf der Straße entsteht, wenn beispielsweise ein Unfall geschehen ist und Zeugen des Unfalls sowie die Betroffenen Anderen (oder der Polizei) Hergang, Ablauf

---

560 | Patrick Primavesi: Kommentar, Übersetzung, Theater in Walter Benjamins frühen Schriften, S. 354.

561 | Bertolt Brecht: Die Straßenszene, S. 547f.

562 | Ebd., S. 546ff.

563 | Ebd., S. 549 (Fußnote).

564 | Ebd., S. 553.

und Zusammenhänge des Unfalls schildern.[565] So schreibt er auch im Gedicht *Über alltägliches Theater*: »Entfernt euch / Wie immer ihr eure Kunst vervollkommt, nicht allzu weit / Von jenem alltäglichen Theater, das / Auf der Straße sich abspielt.«[566] Auf diese Weise rückt das epische Theater sowie das von außertheatralischen Theaterformen geprägte Kindertheater in die Richtung, wie Benjamin es am Teatro Olimpico demonstriert hatte, nämlich als »ein von historischen Veränderungen wie von der Energie aktueller szenischer Aktionen aufgeladener Raum, der als Schauplatz zugleich Passage, Durchgangsort für den Wechsel von Positionen, Zuständen und Haltungen« ist, wie Primavesi schreibt.[567] Bietet das Modell der Straßenszene, dem nach Brecht das Theater folgen soll, eine vielseitige Abbildung von Menschen und verzichtet es auf die Bereitung der Illusion, indem es durch Unterbrechung des Handlungsablaufs Zustände aufdeckt, so gelangt Benjamin jedoch zu einer eigenen, von Brecht abweichenden Bestimmung der Dialektik:

Die Dialektik, auf die das epische Theater es abgesehen hat, ist aber nicht auf eine szenische Abfolge in der Zeit angewiesen, sie bekundet sich vielmehr bereits in den gestischen Elementen, die jeder zeitlichen Abfolge zugrunde liegen und die man Elemente uneigentlich nur nennen kann, weil sie nicht einfacher sind als diese Abfolge. Immanent dialektisches Verhalten ist es, was im Zustand – als Abdruck menschlicher Gebärden, Handlungen und Worte – blitzartig klargestellt wird. Der Zustand, den das epische Theater aufdeckt, ist die Dialektik im Stillstand. Denn wie bei Hegel der Zeitverlauf nicht etwa die Mutter der Dialektik ist, sondern nur das Medium, in dem sie sich darstellt, so ist im epischen Theater nicht der widersprüchliche Verlauf der Äußerungen oder der Verhaltungsweisen die Mutter der Dialektik sondern die Geste selbst. (II, 530)

Anders als Brecht fasst Benjamin Geste und Gestus nicht als szenische Darstellung oder gar Darstellung der Dialektik der sozialen Widersprüche auf, sondern bezeichnet dem entgegengesetzt die Geste selbst als die »Mutter der Dialektik«, was bedeutet, dass die Geste erst noch geboren wird, noch im Begriff ist, zu entstehen. Deswegen heißt »Dialektik im Stillstand« nicht etwa nur Stillstellung und Erstarrung, sondern eine im Zustand des Stillstands

---

565 | »Die Haltungen, Darstellungen, Argumentationen etc., die dabei entstehen, setzt Brecht in Analogie zum ›künstlichen *epischen* Theater‹, sieht sie aber zugleich auch als Beweis dafür an, daß das, was er ›episches Theater‹ nennt, keineswegs eine willkürliche Erfindung (gegen die ›Natur‹ des Theaters) ist, sondern im ›alltäglichen Theater‹ sich realistisch vorgebildet zeigt.« Jan Knopf: Brecht-Handbuch, Bd. 2: Theater. Eine Ästhetik der Widersprüche, Stuttgart 1986, S. 447.

566 | Ebd.

567 | Patrick Primavesi. Schauplatz und Passage, S. 245.

wirksame Dialektik.[568] Demzufolge wohnt der »Dialektik im Stillstand« selbst eine *Zuständlichkeit* inne, die dem Schwellenort der Tür gleichkommt, in der Herr Keuner steht, der, indem er den Raum betritt, den Zustand erst noch aufdeckt. Vergleichbar befindet sich das Kind, das dem Fremden eng verwandt ist, beim Spiel im Kindertheater von Benjamin, wie wir gesehen haben, stets in einem Schwellenbereich, einer Zwischensphäre, die es ihm ermöglicht, sein Spiel selbsttätig zu unterbrechen und aus der Erstarrung zu lösen. Auf diese Weise entsprechen im Kindertheater die Gesten, die im rhythmischen Spielverlauf der Kinder fortwährend neu entstehen, den »Abfallprodukten«, von denen Kinder sich »unwiderstehlich« angezogen fühlen, wie Benjamin in der EINBAHNSTRASSE vermerkt hatte (IV, 93). Auch hierin ist Benjamins Methode der materialistischen Geschichtsbetrachtung zu erkennen, denn die Geste gleicht in ihrer monadologischen Struktur dem Trümmerstück, das aus dem Kontinuum der Geschichte, in das es eingelassen war, herausgesprengt wird und – in einem plötzlichen Sich-Zeigen – den historischen Gegenstand erst hervortreten lässt (V, 594).

Tatsächlich kennzeichnet die Formel »Dialektik im Stillstand«, so Tiedemann,

Benjamins eigenes philosophisches Verfahren, dem lange vor seiner Wendung zum Marxismus bereits ein statisches Moment eignete; für das zum Denken »nicht nur die Bewegung der Gedanken sondern ebenso ihre Stillstellung« gehörte; dem Erkenntnis stets eine »aufblitzende« war, die den historischen Konstellationen »einen Chock« erteilte (I, 702f.).[569]

Benjamins Deutung, die er im Text WAS IST DAS EPISCHE THEATER? ‹1› trifft, lässt nach Lindner »eine Verschiebung gegenüber einer rein soziologischen Lesart der Verfremdung erkennen«, die auf ihre eigene Weise mit Brechts Forderung, die Welt als veränderbar zu zeigen, übereinkommt.[570] So bedeutet die Geste für Benjamin wie für Brecht keine Ausdruckshandlung und keine körperlich-technische Handhabung, sondern vielmehr ein Mittel des Körpers, das sich, so Lindner, »in seinem eigenen Mittel-Sein unterbricht«, was die besondere Medialität der Geste ausmacht.[571] Aus diesem Grund bezeichnet die

---

568 | »Die Dialektik wird nicht erst sichtbar, indem verschiedene Positionen aufeinanderprallen oder das Handeln des Einzelnen mit ökonomischen Strukturen kollidiert; sie macht sich in der Stillstellung selbst geltend.« Burkhardt Lindner: Die Entdeckung der Geste, S. 29.

569 | Rolf Tiedemann: Dialektik im Stillstand, S. 66.

570 | Burkhardt Lindner: Die Entdeckung der Geste, S. 30.

571 | Ebd.

Geste auch keine Form der Erstarrung, sondern eine Form der Potenzialität und der Potenz.[572] Entscheidend ist, dass in der stillgestellten Geste, in der Dialektik im Stillstand, nicht das Unabänderliche der Zustände aufgezeigt wird, sondern ein Bereich der Freiheit von festgeschriebenen Verläufen.[573] Für Benjamin ist von Belang, »Brechts Kunstpraxis der Veränderung nicht [...] aus einer Empörung über die ungerechten Zustände herzuleiten, sondern sie in dem durch die Kunst eröffneten Möglichkeitsraum zu situieren«, wie Lindner bemerkt.[574] Aufschlussreich ist dies auch für Benjamins Formulierung von der »Dialektik im Stillstand«, in der sich zwei Momente bündeln: das »Staunen« und die »Stauung«:

Die Stauung im realen Lebensfluß, der Augenblick, da sein Ablauf zum Stillstand kommt, macht sich als Rückflut fühlbar: das Staunen ist diese Rückflut. Die Dialektik im Stillstand ist sein eigentlicher Gegenstand. Es ist der Fels, von dem herab der Blick in jenen Strom der Dinge sich senkt, von dem sie in der Stadt Jehoo, »die immer voll ist, und wo niemand bleibt«, ein Lied wissen, »welches anfängt mit: / Beharre nicht auf der Welle, / Die sich an deinem Fuß bricht, solange er / Im Wasser steht, werden sich, / Neue Wellen an ihm brechen.« / Wenn aber der Strom der Dinge an diesem Fels des Staunens sich bricht, so ist kein Unterschied zwischen einem Menschenleben und einem Wort. Beide sind im epischen Theater nur der Kamm der Welle. Es läßt das Dasein aus dem Bett der Zeit hoch aufsprühen und schillernd einen Nu im Leeren stehen, um es neu zu betten. (II, 531)

Unter Bezug auf Brechts Bild »vom Fuß, an dem sich die Welle bricht«, entwickelt Benjamin, so Lindner, seine Konzeption vom Staunen, das dem Zustand der Stauung entspricht.[575] Das Staunen als Stauung entspringt »dem Moment der Umkehrung des Zeitverlaufs«.[576] So setzt das Staunen in einer Bewegung der im Rückfluss begriffenen Stauung die Unterbrechung im Kontinuum der Geschichte, oder mit Benjamins Worten: im »Strom der Dinge« frei. Wenn nach Benjamins Interpretation und unter Berufung auf Brecht anstelle der aristotelischen Formel von der kathartischen Wirkung der Tragödie im epischen

---

572 | Ebd.

573 | Ebd.

574 | Aus diesem Grund bezieht Benjamin sich auf eine charakteristische Formulierung Brechts, dass der Mensch nicht ganz und nicht endgültig zu erkennen sei, »sondern ein nicht so leicht Erschöpfliches, viele Möglichkeiten in sich Bergendes und Verbergendes ist« (II, 531). Burkhardt Lindner: Die Entdeckung der Geste, S. 30.

575 | Ebd.

576 | »Sie ereignet sich in der winzigen Sekunde, wo Aufprall, Stauung und Rückflut ununterscheidbar sind und die Welle auf ihrem Scheitelpunkt gleichsam im Leeren steht. In dem Moment von Aufprall und Rückflut bricht sich die trügerische Ideologie, dass das Leben immer ›so weiter‹ geht.« Ebd., S. 30f.

Theater vielmehr das Staunen zur Wirkung eingesetzt wird, ist dies »durchaus als eine Fähigkeit zu bewerten und kann gelernt werden« (II, 531). Dies gelingt besonders dann, wenn der Wahrnehmung genügend Zeit dafür eingeräumt wird oder, wie Benjamin die Praxis des Wartens und Abwartens im epischen Theater unter Rückgriff auf ein dramaturgisches Lehrgedicht von Brecht zu erklären sucht: »Jeglichen Satzes Wirkung wurde abgewartet und aufgedeckt.« (II, 535) Findet sich das Thema des Wartens und Abwartens schon implizit in Benjamins Begriff der *Erwartung*, der in seinen Jugendschriften auftauchte und auch hier ein ›Ausstehendes‹ erkennen ließ, steht es im Zusammenhang mit Brecht im Kontext der Auseinandersetzung um Kafka. Brecht, der in Kafka »einen prophetischen Schriftsteller« sah (VI, 432), bewunderte an ihm »die unvergleichliche Art, sich zu bewegen (im Nehmen einer Zigarette, beim Sichsetzen auf einen Stuhl und so weiter)«.[577] Was ihn aufmerken ließ, waren die unverständlichen Gesten, in denen sich, wie Benjamin 1931 schreibt, das »Staunen« eines Menschen ausdrückt, »der ungeheure Verschiebungen in allen Verhältnissen sich anbahnen fühlt ohne den neuen Ordnungen sich selber einfügen zu können« (VI, 433).

Übersetzt man den Begriff des Staunens, der nach Benjamin eine »sokratische Praxis« (II, 522) im epischen Theater installiert, mit dem des Aufmerkens etwa im Sinne von Freuds gleichschwebender Aufmerksamkeit oder mit dem »fremden Weckruf« und als ein *Aufmerksamkeitsgeschehen*, das als eine »Übung des Ansprechens« verstanden werden kann, die etwa der japanische Regisseur Toshiharu Takeuchi praktiziert, wenn er den Anderen (Akteure und Zuschauer) so anzusprechen versucht, dass er sich angesprochen fühlt,[578] ist dies im epischen Theater dadurch erreicht, dass die Unterbrechungen wirksam eingesetzt werden. Was also im epischen Theater mit der Geste und den technischen Neuerungen der Zeit künstlich hergestellt werden muss, um das Staunen zu befördern oder die Aufmerksamkeit zu wecken, ist nicht zuletzt auf das Staunen der Kinder im Kindertheater von Benjamin zurückzubeziehen, das dort eine selbstverständliche Grundlage darstellt, ohne dass je von außen eingegriffen werden müsste. Worauf Benjamin anspielt, ist sein Verständnis vom Lernen, das wir vorher im Kontext der Übung und des Übens als ein ›Lernen als Moment‹ bestimmt haben. Wenn Lacis in ihren Erinnerungen von der »Freude« schrieb, die die Kinder »am spielenden Produzieren« hatten, ging es ihr gewiss um dieses ›natürliche‹ Staunen und die genuine Neugierde, die auch den Kindern im Kollektivum des proletarischen Kindertheaters zu eigen sind.[579]

---

577 | Bertolt Brecht: Das Urbild Baals, in: Ders.: Gesammelte Werke, Bd. 17, S. 955-956, hier S. 955.

578 | Bernhard Waldenfels: Phänomenologie der Aufmerksamkeit, S. 239ff.

579 | Asja Lacis: Revolutionär im Beruf, S. 27.

Das Staunen, das für Benjamin die »Dialektik im Stillstand« kennzeichnet als ein aus dem »Strom der Dinge« herausgebrochener »Augenblick«, der dem Lernen seinen bestimmten Zeitraum zuerkennt, kommt dem nahe, was Merleau-Ponty unter Lernen versteht: »[...] im entscheidenden Augenblick tritt ein ›Jetzt‹ aus der Reihe der ›Jetztmomente‹ heraus, erlangt einen besonderen Wert, faßt die vorausgehenden Probierhandlungen in sich zusammen, wie es gleichzeitig auch das künftige Verhalten festlegt und vorwegnimmt, es verwandelt die einmalige Erfahrungssituation in eine typische Situation und die tatsächliche Reaktion in eine Fähigkeit.«[580] Merleau-Ponty spricht hier, so Meyer-Drawe, die zeitliche Struktur des Lernens an: »Staunen und Verwunderung durchtrennen die fließende Zeit und verursachen eine Art Starre, einen Zustand der Benommenheit, dessen Bedeutung für den Lehr-Lernprozess bereits Sokrates zu schätzen wusste.«[581] Was damit verbunden ist, ist, wie Meyer-Drawe in Bezug auf das Lernen sagt, das »Ereignis des Anfangens«, das nicht auf einen Mangel an Erkenntnis reagiert, sondern vielmehr auf einen »Überschuss an Welterfahrung«: »Eine neue Perspektive wird eröffnet, eine neue Bewegung in das Repertoire des Körpers aufgenommen.«[582] Lernen impliziert also immer auch eine Neuschöpfung: »Im Lernen ändert sich die Welt, sie nimmt eine andere Bedeutung an«, bemerkt Waldenfels.[583] Insbesondere der Geste im epischen Theater wie im Kindertheater ist, in der Betrachtungsweise von Benjamin, ein derartiger Überschuss inhärent, dem das Neue, Unbestimmte und Unvorhersehbare anhaftet, eine Art *Über*-Bedeutung oder *Über*-Sinn, der jedem schöpferischen Ausdruck, jeder Erfindung und auch jedem Experiment innewohnt, das in einer Laboratoriumssituation entsteht.

Wenn im epischen Theater die Gesten und Handlungen überhaupt belanglos und nur noch dort von Interesse sind, »wo sie zu Zuständen zusammenschießen«,[584] ist für Benjamin der Ort dafür im Kollektivum der Straße und vice versa in der Gemeinschaft des Theaters gegeben, im Theater Brechts genauso wie im Kindertheater. Kommt in der Gemeinschaft des epischen Theaters das Prinzip des Gestischen in Gestalt der Unterbrechung zum Einsatz und befördert auf diese Weise das, was Benjamin die »Dialektik im Stillstand«

---

580 | Maurice Merleau-Ponty: Die Struktur des Verhaltens, übers. und mit einem Vorwort von Bernhard Waldenfels, Berlin 1976, S. 141.

581 | Käte Meyer-Drawe: Diskurse des Lernens, München 2008, S. 28.

582 | Dies.: Anfänge des Lernens, in: Dietrich Benner (Hg.): Erziehung – Bildung – Negativität. Theoretische Annäherungen. Analysen zum Verhältnis von Macht und Negativität. Exemplarische Studien. Zeitschrift für Pädagogik. Beiheft 49, Weinheim/Basel 2005, S. 24-37, hier S. 25.

583 | Bernhard Waldenfels: Das leibliche Selbst, S. 167.

584 | Rolf Tiedemann: Dialektik im Stillstand, S. 65.

bzw. das Staunen als eine Bewegung der Stauung und Demontage von Sinn beschreibt, ist diese Wirkung im Kindertheater eingesetzt durch das wahrhaft revolutionär wirkende »*geheime Signal* des Kommenden, das aus der kindlichen Geste spricht« (II, 769), wie es am Ende der Kindertheaterschrift heißt. Mit Blick auf »die radikale Entbindung des Spiels, dem der Erwachsene einzig und allein zusehen kann« (II, 767), und die gleichfalls »wilde[n] Entbindung der kindlichen Phantasie« (II, 768) zeugt auch die Geste des Kindes, die alles begriffliche Verstehen suspendiert, jedoch ein Ausstehendes erkennen lässt, vom »Kommenden« und immer nur Künftigen. Für das Kindertheater ließe sich dies konkret, mit Kristin Westphal gesagt, als mögliches »Geschehen« und damit als »Aufforderung zu eigenem Entwerfen, Experimentieren und Gestalten« auffassen.[585] Auf diese Weise wird im Verständnis von Benjamin der Theaterraum – sei es der Brecht'sche oder der des Kindertheaters – zum Übergangs- oder Möglichkeitsraum, da er im »›Augenblick‹ der Geste« (II, 767) das theatralische Potential des Unvorhersehbaren zugleich entbindet und befreit.

EXPERIMENT LEHRSTÜCK

Benjamins Auseinandersetzung mit der Brecht'schen Produktion betrifft auch dessen Lehrstücktheorie und -praxis, die er jedoch nicht so deutlich gegen das epische Theater abgrenzte, wie man es heute tut. Bei den Texten handelt es sich um sechs kleine, in den Jahren 1929 bis 1935 entstandene Arbeiten, die Brecht dem Typus »Lehrstück« zuordnete.[586]

Der Terminus Lehrstück definiert sich bis heute durch das politische Thesenstück, eine dramaturgisch simple, didaktisch-spröde Form politischen Lehrtheaters, die bereits Mitte der 1930er Jahre als unzeitgemäß aufgefasst wurde. Dementsprechend galten die Lehrstücke als konzeptionell überholte Produkte einer kurzen Übergangsphase im dramatischen Schaffen Brechts, denen kein großes Interesse entgegengebracht wurde, wie Klaus-Dieter Krabiel erklärt.[587] Lange Zeit blieb deshalb ungeklärt, was Brecht unter dem Lehrstück verstand, wie es sich von den Stücken des epischen, nicht-aristotelischen Theaters abhob, und schließlich, wie das Lehrstück als Spieltypus aufzufassen sei. In der Rezeption produzierten daher auch die Lehrstücke, so Nägele,

---

585 | Kristin Westphal: Wahrnehmung und Aufmerksamkeit von Theater. Beobachtungen von Theater als Aufführungspraxis, in: Volker Jurké/Dieter Linck/Joachim Reiss (Hg.): Zukunft Schultheater, Hamburg 2008, S. 26-33, hier S. 26.
586 | Klaus-Dieter Krabiel: Spieltypus Lehrstück. Zum aktuellen Stand der Diskussion, in: Heinz Ludwig Arnold (Hg.): Bertolt Brecht I, S. 41-52, hier S. 41.
587 | Ebd.

die meisten Dichotomien, Oppositionen und Trennungen im Diskurs um das Brecht'sche Theater.[588]

Wesentliche Aspekte zum Verständnis der Lehrstücke verdanken sich Jan Knopf, der die Dialektik bei Brecht nicht nur als Denkform, sondern auch als Schreibpraxis auslegte.[589] Seine Aufarbeitung der Dialektik führte nach Nägele dazu, dass lange vertraute Gegensatzpaare wie »abstrakt-konkret, Verstand-Gefühl, Individuum-Masse, Didaktik-Kunstgenuß« heute als überholt gelten.[590] Für eine Neubelebung in der Lehrstückdiskussion steht der Name Reiner Steinweg, der im Lehrstück den radikalsten und für Brecht fortgeschrittensten Typus einer politisch-ästhetischen Erziehung und die Form einer großen Pädagogik sah. Ihm ist es zu verdanken, dass die lange strittige Frage nach der Zugehörigkeit von Texten zum Typus Lehrstück, die sich für Brecht selbst in dieser Form nie stellte,[591] differenzierter betrachtet werden konnte.

In originärer Übereinstimmung mit den revolutionär-avantgardistischen Tendenzen der 1920er und 1930er Jahre ging es Brecht darum, nicht nur mit neuen Schreib- und Darstellungsweisen zu experimentieren, sondern das grundsätzliche Verhältnis von Literaturproduktion und -rezeption zu verändern, wozu die Lehrstücke einen wichtigen Beitrag lieferten.[592] In der Sichtweise von Steinweg repräsentierten eben jene Lehrstücke die aktuellste und zukunftsweisendste Gestalt des Brecht-Theaters. Seine Ausgangsthese lautet: »Nicht das *epische Schaustück*, sondern das *Lehrstück* kommt als Modell für ein sozialistisches Theater in einer sozialistischen Gesellschaft in Frage.«[593] Das Lehrstück also und nicht das epische Schaustück deutet Steinweg als die am weitesten entwickelte Theaterform, deren Bestimmungen er in den drei Fragmenten einer *Theorie der Pädagogien*, die um 1929 im Zusammenhang mit Projekten anderer Typuszugehörigkeit entstanden, zugrunde gelegt sah. Um seine Theorie zu untermauern, fügte Steinweg Zitate aus Brechts Äußerungen und zum Teil noch unpublizierten Texten zur Lehrstücktheorie aus verschiedenen Zeiten zusammen. Gestützt auf dieses Material konnte Steinweg die

---

588 | Rainer Nägele: Brechts Theater der Grausamkeit: Lehrstücke und Stückwerke, in: Walter Hinderer (Hg.): Brechts Dramen: neue Interpretationen, Stuttgart 1984, S. 300-320, hier S. 302.

589 | Ebd.

590 | Ebd.

591 | Klaus-Dieter Krabiel: Spieltypus Lehrstück, S. 42.

592 | Eine Sammlung der wichtigsten Fragmente und Anmerkungen Brechts zum Lehrstück findet sich in: Reiner Steinweg (Hg.): Brechts Modell der Lehrstücke. Zeugnisse, Diskussion, Erfahrungen, Frankfurt/M. 1976.

593 | Reiner Steinweg: Das Lehrstück – ein Modell des sozialistischen Theaters. Brechts Lehrstücktheorie, in: Alternative 14/1971, Heft 78/79, S. 102-116, hier S. 103.

Eigenständigkeit und die spieltheoretische Besonderheit des Lehrstücks anschaulich belegen und nachweisen, dass der Typus mit den Kategorien traditioneller Dramatik nicht zutreffend beschreibbar ist. Steinwegs Thesen wurden in der Aufbruchsstimmung der 1970er Jahre begeistert aufgenommen und als eine die Brecht-Forschung umwälzende Entdeckung gefeiert.[594]

Einen zentralen Kernpunkt der Lehrstücktheorie erblickte Steinweg darin, dass das Lehrstück im Unterschied zum epischen Schaustück für »»Spieler, die zugleich Studierende sind«« gedacht war und zu diesem Zweck »»das System Spieler und Zuschauer«« aufhob.[595] Aus den passiven Konsumenten sollten aktive Zuschauer werden, eine Forderung von Brecht, der nach Steinweg die Lehrstücke am ehesten gerecht wurden: »[S]ie sollen nicht Theater für Zuschauer, sondern in erster Linie politisch-ästhetische Übungsstücke für die Spielenden sein.«[596] Ausgehend von der Grundregel Brechts: »Spielen für sich selber«[597] präsentierte Steinweg eine systematisch angelegte Spieltheorie als progressivstes Modell einer politisch-ästhetischen Erziehung und als utopischen Entwurf für ein künftiges sozialistisches Theater.[598] Für seine These bezog Steinweg sich auch auf Benjamin, der vom Lehrstück in Was ist das epische Theater? ‹2› von 1932 schrieb:

Zugedacht ist das epische Theater in jedem Fall genauso gut den Spielenden wie den Zuschauern. Das Lehrstück hebt sich als Sonderfall im wesentlichen dadurch heraus, daß es durch besondere Armut des Apparates die Auswechslung des Publikums mit den Akteuren, der Akteure mit dem Publikum vereinfacht und nahelegt. Jeder Zuschauer wird Mitspieler werden können. (II, 536)

Zwar erfasst Benjamin das Lehrstück ebenso als »Sonderfall« der Brecht'schen Theaterarbeit, betont aber auch die »Armut des Apparates« sowie die Möglichkeit, dass jeder Zuschauer Mitspieler werden kann, was ein wichtiges Indiz dafür liefert, dass das Lehrstück in der Nähe seiner Kindertheateridee anzusiedeln ist. Tatsächlich kommentiert Benjamin das Lehrstücktheater Brechts distanzierter als Steinweg und sieht für das Lehrstück bzw. für die Spieler und die Zuschauer einen Spielraum sich öffnen, der, bedenkt man seine durch Lacis gewonnenen kulturpolitischen und theaterästhetischen Eindrücke, die Grenze zum Alltag aufzubrechen verspricht.

---

594 | Klaus-Dieter Krabiel: Spieltypus Lehrstück, S. 42.

595 | Reiner Steinweg: Lehrstück und episches Theater. Brechts Theorie und die theaterpädagogische Praxis, Frankfurt/M. 1995, S. 17.

596 | Rainer Nägele: Brechts Theater der Grausamkeit, S. 302.

597 | Bertolt Brecht zitiert nach Reiner Steinweg (Hg.): Brechts Modell der Lehrstücke, S. 165.

598 | Rainer Nägele: Brechts Theater der Grausamkeit, S. 302.

Was Steinweg bei der Ausarbeitung seiner Theorie vernachlässigte, war, wie Krabiel bemerkt, eine historisch-genetische Analyse, die Brechts konkrete Lehrstückpraxis, ihre geschichtlichen Zusammenhänge und die Entwicklungen der Texte und Theorien rekonstruiert. Krabiels neuere Analyse zeigt indes, dass für die Abwertung der Lehrstückarbeit als Zwischenphase auf dem Weg zur späteren Theaterproduktion ebenso wenig Anlass besteht wie für die Aufwertung zum progressiveren Theatermodell. Während also die ältere Beschreibung des Genres und in der Nachfolge auch Steinweg das Lehrstück als Sonderform des Theaters betrachteten, versucht Krabiel zu zeigen, dass die ersten Lehrstücke auf Anregung und in enger Abstimmung mit Komponisten entstanden und dass die Musik von Anfang an integraler Bestandteil des Spielkonzepts war.[599]

So gelangten im Juli 1929 im Rahmen des Baden-Badener Kammermusikfestes zwei Arbeiten zur Aufführung, für die Brecht in Kooperation mit den Komponisten die Texte geschrieben hatte. Dazu gehörte zum einen das Radiohörspiel *Der Lindberghflug* in der Vertonung von Kurt Weill und Paul Hindemith als ein Beitrag für den Programmpunkt »Originalkompositionen für den Rundfunk«, und zum anderen die von Hindemith komponierte »Gemeinschaftsmusik« mit der Bezeichnung *Lehrstück*, das später unter dem Titel *Das Badener Lehrstück vom Einverständnis*[600] veröffentlicht wurde.[601] Bis zu diesem Zeitpunkt war der Begriff »Lehrstück« ein Werktitel gewesen; an einen nach Form und Verwendungszweck eigenständigen Spieltypus dachte Brecht zunächst nicht.[602]

Den Hintergrund für die Musikbewegung im Umkreis des Baden-Badener Musikfestes bildete die sich seit Mitte der 1920er Jahre abzeichnende Krise im Bereich der aktuellen Musikproduktion.[603] Im Einklang mit den Forde-

---

599 | »Die musikalischen und musikpolitischen Intentionen von Paul Hindemith, Kurt Weill und Hanns Eisler haben die Formspezifika und Zweckbestimmungen der Lehrstücke entscheidend mitgeprägt. Deren Ursprung liegt weder in theatertheoretischen Reflexionen noch in Brechts Theaterpraxis, sondern im Kontext von Entwicklungen der Neuen Musik und des Musiklebens in der zweiten Hälfte der 1920er Jahre.« Klaus-Dieter Krabiel: Spieltypus Lehrstück, S. 42.

600 | Nach Müller-Schöll wurde Benjamins Auffassung vom epischen Theater maßgeblich von diesen drei Stücken geprägt. Mit großer Wahrscheinlichkeit war er an der Entwicklung des *Badener Lehrstücks* beteiligt. Nikolaus Müller-Schöll: Das Theater des »konstruktiven Defaitismus«, S. 326.

601 | Jan Knopf: Brecht-Handbuch in fünf Bänden, Bd. 1, S. 65.

602 | Ebd.

603 | Ziel der Bewegung der Neuen Musik war es, entgegen dem traditionellen Konzertbetrieb auf die Musikbedürfnisse breiterer Bevölkerungsschichten einzugehen und das Laienmusizieren zu fördern, was durch die Begriffe »Gebrauchsmusik«, »Gemein-

rungen der Avantgardebewegung ging es darum, unter Einbeziehung der neuen technischen Medien wie Rundfunk, Schallplatte und später des Tonfilms den Graben zwischen Musikschaffenden und Musikkonsumenten zu überwinden sowie die aktive Musikrezeption voranzutreiben. Bestimmend für die Entwicklung vom Werktitel zur Typusbezeichnung war, dass Brechts *Badener Lehrstück* in der Öffentlichkeit als Prototyp einer neuen Form vokalmusikalischer Praxis aufgefasst wurde.[604] Aus diesem Grund plante man für die Folgeveranstaltung »Neue Musik Berlin 1930« weitere Musikwerke nach dem Modell des Lehrstücks, woraufhin von Brecht, Weill und Eisler die Schulopern *Der Jasager* und *Die Maßnahme* als politische Lehrstücke entworfen wurden.[605]

Folgen wir Krabiel, liegt den Lehrstücken keine einheitliche, in Form eines Regelsystems beschreibbare Theorie zugrunde, wie Steinweg annimmt,[606] vielmehr zeichnen sie sich »als besonderer Spieltypus« primär durch ihren Verwendungszweck aus. Zentral ist dabei, so Krabiel, der »übende Vollzug« und dass sie sich, analog zu Brechts Theaterarbeit, als »*work in progress*« darstellen.[607] Entsprechend definiert er das Lehrstück als anspruchsvolle Form musikalisch-szenischer, politisch-pädagogischer Gebrauchskunst für Laienspieler, die, entstanden in wechselnden Kontexten und an bestimmte Adressaten gerichtet, als eigenständige, aus Text und Vertonung bestehende Spielform neben dem Theater aufgefasst werden kann.[608] Untersuchte Krabiel die Lehrstücke unter musikgeschichtlicher Fragestellung und löste sich damit von der Interpretation Steinwegs, verbindet die in ihren Ansatzpunkten verschieden ausgerichteten Betrachtungsweisen zur Dialektik und Pädagogik von Knopf und Steinweg nach Nägele der grundlegende gemeinsame Zug, »alles Antagonistische, Gewaltsame und unaufhebbare Negative« einer harmonisierenden Totalität unterzuschieben.[609] Dabei bleiben die Konfliktstellen der Texte ausgeblendet, in denen ein destruktives Potential zum Ausdruck drängt,[610]

---

schaftsmusik« oder auch »Spielmusik« zum Ausdruck gebracht wurde. Klaus-Dieter Krabiel: Spieltypus Lehrstück, S. 43.

604 | Ebd., S. 44.

605 | Ebd.

606 | Im Unterschied zu Krabiel ging Steinwegs Interpretation davon aus, dass die Lehrstücktheorie ein kompliziertes System von Regeln und Verfahrensweisen darstellte, wobei er von Brechts eigener Lehrstückpraxis keine Notiz nahm und den musikalischen Kontext gänzlich unberücksichtigt ließ. Ebd., S. 44f.

607 | Ebd.

608 | Ebd., S. 44.

609 | Rainer Nägele: Brechts Theater der Grausamkeit, S. 303.

610 | Nach Nägele stieß Steinwegs Lehrstücktheorie im Westen wie in der DDR auf Ablehnung. Ungeachtet der Kritik führte Steinwegs Interpretation der großen Pädago-

das nicht nur im barocken Trauerspiel,[611] sondern auch im Kindertheater von Benjamin eine zentrale Rolle spielt. In der Interpretation von Nägele geht Brechts Lehrstück viel eher von einer asymmetrischen Situation aus, die das menschliche Sein in der Gesellschaft bzw. die Kommunikation der Menschen mit- und untereinander realiter bestimmt.[612] Aus diesem Grund wies Brecht Hindemiths Auslegung der Improvisationsmöglichkeiten als »künstliche und seichte Harmonie« scharf zurück.[613]

Brecht hat stets betont, dass es ihm auf dem Theater um »Abbildungen des menschlichen Zusammenlebens« bzw. um »Geschehnisse zwischen Menschen« zu tun war, wie er im Text *Kleines Organon für das Theater* festgehalten hat: »Das Theater muß sich in der Wirklichkeit engagieren, um wirkungsvolle Abbilder der Wirklichkeit herstellen zu können und zu dürfen.«[614] Deshalb inszeniert Brecht auch das Spiel im Lehrstück, das er, wie das epische Schaustück, als experimentelle Versuchsanordnung dachte, auf diese Forderung hin: »[I]m Spiel zwischen freier Improvisation der Teilnehmenden und der vorgeschriebenen rigorosen Form dominiert die Vorschrift. [...] Der Text des Lehrstücks verhält sich zum ›freien‹ Spieler wie die Grammatik der Sprache zum Sprechenden: sie herrscht. Das reibungslose Funktionieren zwischen Regel und Freiheit garantiert noch nicht die dialektische Aufhebung des Konflikts; es könnte ebensogut Symptom einer totalen Verinnerlichung der Regeln sein«, bemerkt Nägele.[615] Brechts Intention ist es, zwischen der Freiheit der Spielenden und dem vorgeschriebenen Text zu vermitteln, wobei er die Spielfreiheit »innerhalb des rahmens gewisser bestimmungen« verortet.[616] Zu diesen Bestimmungen zählt im Verständnis von Brecht vor allem die »Instanz eines Einverständnisses«, die von den Spielenden nicht zu diskutieren, sondern vielmehr zu respektieren ist.[617] Erst auf diese Art und Weise bietet das Lehrstück

gien zu einer Reihe von praktischen Versuchen, die Form des Lehrstücks pädagogisch auszuwerten. Im Ergebnis waren diese Versuche in den meisten Fällen »dem Habermasschen Modell einer gewaltfreien, symmetrischen Kommunikation näher als den von Konflikten und Gewalt zerrissenen Stücken Brechts«. Rainer Nägele: Brechts Theater der Grausamkeit, S. 303.

611 | Bettine Menke: Das Trauerspiel-Buch, S. 98.

612 | Rainer Nägele: Brechts Theater der Grausamkeit, S. 303.

613 | Bertolt Brecht zitiert nach Reiner Steinweg (Hg.): Brechts Modell der Lehrstücke, S. 60.

614 | Bertolt Brecht: Kleines Organon für das Theater, in: Ders.: Gesammelte Werke, Bd. 16, S. 659-708, hier S. 671 u. 663.

615 | Rainer Nägele: Brechts Theater der Grausamkeit, S. 303f.

616 | Bertolt Brecht zitiert nach Reiner Steinweg (Hg.): Brechts Modell der Lehrstücke, S. 165.

617 | Bertolt Brecht zitiert nach ebd.

für Brecht »ungeheure mannigfaltigkeit«, die sich gerade dann als besonders wirksam erweist, wenn vom »stückschreiber« oder dem »musikschreiber«, wie er in Bezug auf die Aufführung des *Badener Lehrstücks* erklärt, stets eingegriffen wird.[618] Der dauernde Eingriff jener also, die vorschreiben, garantiert die ungeheuren Möglichkeiten. Daher ist die Form des Lehrstücks streng, »jedoch nur, damit teile eigener erfindung und aktueller art desto leichter eingefügt werden können«, wie Brecht notiert.[619]

Brecht lässt offen, wie und in welchem Maße sich das Verhältnis zwischen eigener Erfindung und der Autorität der strengen Form reguliert.[620] Es zeigt sich aber, dass er darauf abzielte, die Strenge der im Lehrstück waltenden Form auf das Spiel und die Spielenden zu übertragen, was zunächst den Eindruck erweckt, dass das Spiel selbst und die spielerische Freude dabei zu kurz kämen. War es Brecht darum zu tun, Theorie und Praxis enger aneinander zu binden, ging es ihm mit den Lehrstücken darum, im Namen der Aufdeckung nicht nur die autoritäre Strenge zu wahren, sondern gerade das darin implizierte und sich aufdrängende Missverhältnis von autoritär strukturierten Beziehungen auch in der Darstellung zum Ausdruck zu bringen.[621] Denn »was die Lehrstücke an der Lehre aufdecken, ist das, was die offizielle Lehre gründlich verdrängen will«, bemerkt Nägele.[622]

Wie im epischen Theater das Konzept der Geste die Unterbrechung des Handlungsverlaufs erwirkt sowie Zustände aufdeckt und, um sie als solche erkennen zu können, dem Zuschauer sozusagen künstlich einen Zeitraum zur Verfügung stellt, der seiner brüchigen Erfahrungsweise und dem Staunen entgegenkommt, so eröffnet das Lehrstück zwischen eigener Erfindung aktueller Art und den Eingriffen des Theaterlehrers einen Lernraum für die Spieler. Statt mit theoretischem Wissen gefüllt zu werden, gewährt dieser einen Spielraum für Improvisationen, das heißt für eigene Wahrnehmungen, Assoziationen und Gestaltungen, was auf seine Nähe zum Kindertheater hindeutet. Brecht widerspricht hier einem Bildungsbegriff, der seit der Aufklärung das Erziehungsdenken bestimmte und Lehre und Lernen im Wesentlichen auf kognitive Prozesse reduzierte. Von daher kommt das Brecht'sche Verständnis vom Lernen tendenziell der Auffassung entgegen, die auch Benjamin teilt,

---

618 | Bertolt Brecht zitiert nach ebd.

619 | Bertolt Brecht: Die Maßnahme. Kritische Ausgabe mit einer Spielanleitung, hg. von Reiner Steinweg, Frankfurt/M. 1972, S. 252.

620 | Rainer Nägele: Brechts Theater der Grausamkeit, S. 304.

621 | »So verhalten sich auch die Stücke zur Theorie nicht einfach als ihr Anderes, sondern auch als ihr Doppelt. Die *Maßnahme* ist nicht einfach Gewalt, die von der Theorie verdeckt wird, sondern selbst die Inszenierung von Rationalisierung als Gerichtsprozeß, und die Theorie ›selbst‹ ist auch Darstellung von Gewalt.« Ebd., S. 305.

622 | Ebd.

nämlich derart, wie er es dem proletarischen Kindertheater zudachte, in dem es, unter Berufung auf das Körperliche, ebenso darum geht, Theorie und Praxis miteinander in Einklang zu bringen, was für ihn konkret bedeutet, die Mit- und Umwelt der Kinder in das Spiel mit einzubeziehen. Was Brecht mit der Konzipierung des Lehrstücks provozierend zum Ausdruck bringt, ist genauer noch eine Kritik am bürgerlich ausgerichteten Erziehungsideal, das die Lehre von ihren affektiven Verwicklungen isoliert, wo Lust und Gewalt auseinanderrationalisiert werden, die aber, wie oben unter Bezug auf neuere Forschungen zur frühen Kindheitsentwicklung gezeigt wurde, unauflöslich miteinander verbunden sind.[623] Der Körper, die Lust und die Gewalt, die untrennbar ineinandergreifen, spielen, so Nägele, in Brechts Gesamtdramaturgie eine bestimmende Rolle.[624]

Darauf deutet ein dem *Fatzer*-Komplex zugeordnetes Fragment *Über das Lehren der geschlechtlichen Liebe* hin, das die Konstellation von Grausamkeit, Schrecken und sexueller Lust zum Thema macht.[625] Interessant ist dies für unseren Zusammenhang, weil das Lehrstück, mehr noch als das epische Theater, den Körper in den Mittelpunkt stellt, ein Aspekt, der auch im Kindertheater

---

623 | »Die Trennung von Lust und Gewalt ist der erste Schritt zur Abtrennung beider von der Lehre als reiner Erkenntnisvermittlung. [...] Brechts Lehrstücke durchbrechen die Isolierung und verknüpfen die Lehre wieder mit der Praxis und dem Körper (Einübungen in Haltungen), mit der Lust und mit der Gewalt.« Ebd.

624 | »Brechts Polemiken der zwanziger Jahre gegen das kulinarische Theater richten sich hauptsächlich gegen die spezifische Form des bürgerlichen Konsumverhaltens und geben bald schon der emphatischen Verknüpfung von Lehre/Lernen mit Vergnügen und Lust Platz. In den Lehrstücken scheint die Lust zugunsten der Gewalt gedämpft; doch spielt sie auch hier als Lust in der Gewalt und als Gewalt in der Lust ihre verlockend-verführerische Rolle.« Ebd.

625 | »Unrichtig handeln, die dem Lernenden das Geschlechtliche als natürlich hinstellen, als sauber, harmlos und verständlich. Recht aber haben, die es ihm als unnatürlich beweisen, also als schmutzig, gefährlich und unverständlich. Jeder weiß, daß bei allen Tieren das Geschlechtliche nicht natürlich ist, denn sie leben ihre längste Zeit wie ohne Geschlecht. Aber nicht um den Lernenden von der Liebe abzuhalten, soll man ihm die Liebe so schmutzig oder unnatürlich schildern, sondern allein um ihm die Wahrheit zu sagen. Nicht um ihm Abscheu zu erregen, sondern um ihm Schrecken zu lehren. Darum ist die beste Art ihm die geschlechtliche Liebe zu lehren, so wie es die Knaben unter sich machen: sie reden lachend und erhitzt vom Geschlechtlichen und zeichnen große und schmutzige Symbole auf die Wände der Häuser, die jenen gleichen, die von den Religionen der Weisesten aller Rassen benützt werden. Und auch dadurch ist diese Art der Belehrung gut, weil sie unter solchen vor sich geht, die sich nicht nur mit Worten sondern ebenso auch mit Händen berühren können.« Bertolt Brecht zitiert nach Reiner Steinweg (Hg.): Brechts Modell der Lehrstücke, S. 43.

von zentraler Bedeutung ist, angesichts der einfachen Tatsache, dass Kinder mehr handeln als sprechen, wie vorher gezeigt wurde. Das heißt in diesem Fall, dass im Lehrstück das Prinzip des Gestischen womöglich stärker noch als im epischen Theater entfaltet werden kann, da ja gerade die Einübung in Haltungen nach Brecht ein Hauptziel des Lehrstücks darstellt. Brecht spricht dies auch in der Textpassage an, wenn das aufkeimende Bewusstsein für das »Geschlechtliche« bei den »Knaben« seinen Platz im Ausdruck des Malens, Symbolisierens oder Berührens der noch eher ›fremden‹ Körperteile mittels der Hände findet. Was Brecht genauer noch damit ins Spiel bringt, ist das Obszöne, das in die Inszenierung der Lehrstücke einfließt. Erst auf diese Weise zeigt sich das Lehrstück mit den Worten von Nägele »wahrhaft politisch als Ab-Tritt der gesellschaftlichen Gewalt«.[626]

Es liegt nahe, an dieser Stelle eine Verbindung mit den Bachtin'schen Karnevalskategorien des grotesken Leibes und der grotesken Gestalten anzunehmen, die aus der heiteren Atmosphäre des Festlichen und des Lachens entstehen und auch für die Aufführung im Kindertheater von Interesse sind. Wie bereits erörtert, erstellte Bachtin für den grotesken Körper, den es nur im karnevalesken Fest gibt und der hier mit dem Lachen verbunden ist, ein beeindruckendes Inventar an Karnevalshandlungen, -symbolen und -zeichen zusammen, die auch die hyperbolisierende Wiedergabe der Körperteile mit umgreifen, die mit dem Ess-, Verdauungs- und Zeugungsvorgang zu tun haben.[627] Auch in dieser Hinsicht scheint das Lehrstück sich mit dem Kindertheater zu verschwistern, zum einen mit der diktatorischen Geste des Kindes, die, auf psychoanalytisch fundierten Erkenntnissen basierend, einen destruktiven, grausamen Grundzug aufweist, zum anderen, indem die Kinder, ihrer rhythmischen Selbstdarstellung folgend, maskiert und verkleidet als groteske Gestalten die zuschauenden Erzieher von der Bühne aus belehren und erziehen. Geschieht dies im Kindertheater en passant, das heißt, ohne eingreifen zu müssen, geht im Lehrstück nach Steinweg die Einübung in Haltungen bzw. »die Durchführung bestimmter Handlungsweisen, Einnahme bestimmter Haltungen, Wiedergabe bestimmter Reden« mit einer gewisser Mechanik einher, wodurch der Spielende »gesellschaftlich beeinflußt werden kann«.[628]

Wie das Körperliche seinen Platz im Lehrstück hat, so erscheint auch hier die Haltung als eine Substanz im wörtlichen Sinne. Aufgrund dessen, dass Brecht die konservative Charakterideologie ablehnt, in der die Substanz den inneren Charakter ausmachte, ist es hier die Haltung, die Handlungen bewirkt, die im Theater Brechts bestimmend sind. Der Charakter als Substanz fällt weg,

626 | Rainer Nägele: Brechts Theater der Grausamkeit, S. 305.

627 | Peter von Möllendorf: Grundlagen einer Ästhetik der Alten Komödie, S. 78.

628 | Bertolt Brecht zitiert nach Reiner Steinweg: Lehrstück und episches Theater, S. 17.

wie Brecht in der *Straßenszene* notiert hatte.[629] Stattdessen bleibt eine wechselseitige und umkehrbare Wirksamkeit zwischen Handlung und Haltung, zwischen Ausdruck und Ausgedrücktem, zwischen Signifikant und Signifikat: »[S]o wie [...] stimmungen und gedankenreihen zu haltungen und gesten führen, führen auch haltungen und gesten zu stimmungen und gedankenreihen.«[630] Gestik ist bei Brecht nicht mehr als Ausdruck des Inneren zu werten, sondern vielmehr erscheint die Möglichkeit, dass die Gestik jenes Innere als Effekt oder als Ausdruck erst erzeugt. Der Signifikant bringt das Signifikat hervor. So hat der gestische Signifikant bei Brecht nach Nägele drei Eigentümlichkeiten: »[E]r ist bedeutungslos, körperlich und mechanisch und begründet in dieser dreifachen Eigenschaft Sinn und Subjekte«,[631] wie es in *Die Begnügung mit der Geste* heißt: »was immer du denkst verschweig es / geh hinaus mit uns mechanisch / geh wie einer grüßt: weil's üblich / vollführ die bewegung die / nichts bedeutet«.[632] »Brecht rückt den Gestus [...] deswegen ins Zentrum, weil er als wesentlich körperliche, mimische und stimmliche Größe das Äußere von der Innerlichkeit abkoppelt«, erklärt Lehmann: »Gesellschaftliche Bedeutung, die, wie es das Konzept des Gestus will, in körperlichen Vorgängen sich artikuliert, verliert *eo ipso* ihre unzweideutige Lesbarkeit. Sinnlichkeit unterläuft Sinn. Der Körper ›sagt‹ immer noch etwas anderes, als er soll.«[633] Was damit hinfällig wird, ist die Interpretation, die den Gestus auf einen Ausdruck der sozialen Verhaltensweisen zwischen Menschen reduziert. Im Besonderen bildet das Verhältnis der mechanischen und automatisierten Gesten und Handlungen zum technischen Apparat den Ausgangspunkt von Brechts Lehrstückproduktion.

Das Lehrstück der *Ozeanflug* (zunächst *Der Flug der Lindberghs*), das im Rahmen der Musikfestwochen 1929 in Baden-Baden aufgeführt wurde, experimentiert als Radiolehrstück mit einem neuen Apparat und beabsichtigt, die Stellung zwischen Hörer und Apparat zu revolutionieren, indem die Zuhörer

629 | »Ein weiteres wesentliches Element der Straßenszene ist, daß unser Demonstrant seine Charaktere ganz und gar aus ihren Handlungen ableitet. Er imitiert ihre Handlungen und gestattet dadurch Schlüsse auf sie. Ein Theater, das ihm hierin folgt, bricht weitgehend mit der Gewohnheit des üblichen Theaters, aus den Charakteren die Handlungen zu begründen, die Handlungen dadurch der Kritik zu entziehen, daß sie als aus den Charakteren, die sie vollziehen, unhinderbar, mit Naturgesetzlichkeit hervorgehend dargestellt werden.« Bertolt Brecht: Die Straßenszene, S. 551.

630 | Bertolt Brecht zitiert nach Reiner Steinweg (Hg.): Brechts Modell der Lehrstücke, S. 141.

631 | Rainer Nägele: Brechts Theater der Grausamkeit, S. 307.

632 | Bertolt Brecht zitiert nach Reiner Steinweg (Hg.): Brechts Modell der Lehrstücke, S. 103.

633 | Hans-Thies Lehmann: Der andere Brecht, in: Ders.: Das politische Schreiben, Berlin 2002, S. 207-281, hier S. 226.

den Lindbergh-Text laut mitsprechen bzw. mitsingen. Wesentlich ist hierbei der Blick auf die Beziehung zwischen Mensch und Apparat, wozu gerade der Flugapparat die Spielgrundlage darstellt.[634] In diesem Kontext vertritt der Apparat, so Nägele, »das Allgemeine, den Staat, den Reichtum des Ganzen, dem der Einzelne nicht gegenübersteht, sondern in das er sprechend sich einübt«.[635] Genauer noch symbolisiert der Apparat für Brecht das Gemeinwesen: »In Verfolg der Grundsätze: der Staat soll reich sein, der Mensch soll arm sein, der Staat soll verpflichtet sein vieles zu können, dem Menschen soll es erlaubt sein weniges zu können«,[636] was Benjamin mit der Rede von der »Armut des Apparates« (II, 536) bei seiner Beschreibung des Lehrstücks angedeutet hatte. Was der Einzelne aber tun kann, so wie der Text es erwartet, ist die Übung, die eine »Aufforderung an Jedermann« bedeutet, was Brecht am Anfang des Stückes bekräftigt.[637] Indes ist der Einzelne aufgefordert, nur zu sprechen, indem er die Sprache des Gemeinwesens wiederholt. Für Brecht schafft das gemeinsame Absingen und Ablesen im Chor bzw. »das gemeinsame Ich-Singen«[638] eine wichtige pädagogische Grundlage dafür, die Emanzipation des Einzelnen im Kollektiv zu organisieren, was er konkret im *Ozeanflug* erprobt und zur Erfahrung jedes einzelnen Spielers werden lassen möchte.[639] Brecht zielt dabei auf »das kollektive Subjekt«, »das seine Wirklichkeit für den Zuschauer nicht über die phantasierte Innerlichkeit einer Seele, sondern die Körperlichkeit eines gestischen Verhaltens gewinnt«, so dass der Chor den Einzelnen ersetzt, wie Lehmann schreibt.[640] Das heißt, der Spielende vertritt bei seinem Spiel immer auch eine kollektive Perspektive und nimmt gleichsam eine chorische Haltung ein. Anders als das bürgerliche Theater, so Olivier Ortolani, betont das Brecht'sche Theater »das Wir« anstelle »des Ich«.[641] Demgemäß wird jeder Übende im Spiel gleichsam zum Funktionär, er ist zugleich Sprecher und Hörer, der mit Genauigkeit, eben mechanisch zu agieren hat.[642] Ungeachtet der Erschöpfung des Körpers, der »natürliche[n] Schwäche«, wie es im *Ozean-*

634 | Rainer Nägele: Brechts Theater der Grausamkeit, S. 308.

635 | Ebd.

636 | Bertolt Brecht zitiert nach Reiner Steinweg (Hg.): Brechts Modell der Lehrstücke, S. 67.

637 | Bertolt Brecht: Der Ozeanflug. Radiolehrstück für Knaben und Mädchen, in: Ders.: Gesammelte Werke, Bd. 2, S. 565-285, hier S. 567.

638 | Bertolt Brecht zitiert nach Reiner Steinweg (Hg.): Brechts Modell der Lehrstücke, S. 69.

639 | Rainer Nägele: Brechts Theater der Grausamkeit, S. 308.

640 | Hans-Thies Lehmann: Der andere Brecht, S. 222.

641 | Olivier Ortolani: Der epische Schauspieler, in: Joachim Fiebach (Hg.): Manifeste europäischen Theaters. Grotowski bis Schleef, Berlin 2003, S. 222-229, hier S. 222.

642 | Nikolaus Müller-Schöll: Das Theater des »konstruktiven Defaitismus«, S. 328f.

flug heißt,[643] die für den Flieger bzw. für die Lindberghs, das heißt den Chor der Spieler, Hörer, Sprecher und Singenden, mit auf dem Spiel steht, verweisen sie als Staatsbürger und als Teilnehmer an der Übung auf das, »was über das Interesse des gegenwärtigen Staates hinausweist, auf die fehlende Kongruenz des präsenten mit dem Staat, in dem das Lehrstück funktionieren könnte«, bemerkt Müller-Schöll.[644]

Wie schon Herr Keuner, dem Benjamin den Status des listigen Fremden zuschrieb, das Ziel anvisierte, den Staat durch Einübung von Gesten, die zitiert und erlernt werden konnten, umzustürzen, geht es auch im *Ozeanflug* darum, dem ›mangelhaften Apparat‹ seine Grenzen aufzuzeigen, der durch den Flug des Fliegers getestet und verbessert werden soll. Damit die Geschichte des Fliegers erzählt wird, muss der Übende seine Rolle gemäß den Vorschriften einnehmen, was offensichtlich eine Unfreiheit und Einengung der Spiel- und Handlungsmöglichkeit bedeutet, von der sich Brecht aber, wie erwähnt, »ungeheure mannigfaltigkeit« für das Spiel verspricht.[645] Die Disziplin, die das Lehrstück verlangt, das bedingungslose, angepasste, mechanisierte Verhalten, das es einfordert, gilt es darzustellen, einzig und allein zu dem Zweck, um es infrage zu stellen. Das Stück *Ozeanflug* stellt somit, wie auch das Lehrstück als ein Spielstück für Laienspieler im Allgemeinen, eine notwendige pädagogische Instanz dar, die auf der Spielebene anhand des ›Spielzeugs‹ Flugzeug und Flieger durchspielt, was den Einzelnen im Staat gleichfalls erwartet und was ihm ermangelt, und diese Situation im Spielprozess reflektierend, zu bedenken bzw. zu ändern er aufgefordert ist. Ebenso gilt dies für den technischen Apparat des Radios wie des Theaters, die, den Bedürfnissen der Zeit entsprechend, eine kritische Selbstreflektion bzw. Änderung erforderlich machen.[646]

Es handelt sich beim Lehrstück offenkundig um ein Spiel, das ständig selbst auf dem Spiel steht. In Gefahr geraten nicht nur das Individuum und die kollektive Spielgemeinschaft, sondern auch das Theater selbst, das die Erfahrung einer Krise durchlebt. Doch unklar bleibt, so Müller-Schöll, was die »adäquate Lehre« eigentlich vermittelt, »ob die [...] ausgesprochene Forderung einer Wirklichkeit entspricht, bzw. ob die behauptete Instanz mit der behaupteten identisch ist«.[647] Solange diese fehlt und die Regeln für das gelingende Spiel

---

643 | Bertolt Brecht: Der Ozeanflug, S. 584.

644 | Nikolaus Müller-Schöll: Das Theater des »konstruktiven Defaitismus«, S. 329.

645 | Bertolt Brecht zitiert nach Reiner Steinweg (Hg.): Brechts Modell der Lehrstücke, S. 165.

646 | »Funktionierte der Flug ohne Flieger und das Spiel ohne die Mitspieler, wäre es überflüssig. Die Teilung des Apparates ist auf der Bühne der Ausdruck der Verfehlung des ›gegenwärtige[n]‹ Staates, zugleich aber auch der Ursprung des Spiels.« Nikolaus Müller-Schöll: Das Theater des »konstruktiven Defaitismus«, S. 332.

647 | Ebd., S. 333.

nicht gegeben sind, ist nicht sicher, was gelehrt und gelernt werden soll.[648] Worum es also im Lehrstück geht, ist letztlich das Spiel um die ›Entscheidung‹ selbst, ob nach Vorschrift zu handeln ist oder nicht. Das heißt auch, der Übende befindet sich in dem Dilemma, *wie* zu entscheiden ist, was ihn in eine Situation der ›Unentscheidbarkeit‹ versetzt. Diese ist als solche für die Lehrstücke insgesamt repräsentativ und wird vor allem, wie Nägele bemerkt, durch die gegenläufigen Zustände »Bindung und Zerreißen« zusammengehalten.[649] Ähnlich mehrdeutig sind auch Brechts Aussagen darüber, was im Lehrstück überhaupt gelernt werden soll. Brecht selbst spricht einmal davon, dass der Zweck des Lehrstücks sei, »politisch unrichtiges Verhalten zu zeigen und dadurch richtiges Verhalten zu lehren«, und fügt hinzu, dass durch die Aufführung zur Diskussion gestellt werden solle, »ob eine solche Veranstaltung politischen Lehrwert hat«.[650] Bemerkenswert ist, dass das Lehrstück sich explizit den Spielraum offenhält, was gelernt und wie gelernt und ob überhaupt etwas gelernt werden kann und soll. Der Apparat ermöglicht und erfordert zwar, dass gespielt wird, impliziert jedoch, dass sich das Spiel und die Spieler immerzu in der Sphäre des Konflikts, das heißt auf einem Grad der Unentscheidbarkeit bewegen bzw. einen solchen zu überqueren oder durchzuspielen aufgefordert sind. Nach Müller-Schöll rückt aus diesem Grund das Theater des Lehrstücks in die Nähe der griechischen Tragödie: »das Theater als der Ort, an dem die Entscheidungsprozedur wiederholt wird«.[651]

Während im *Ozeanflug* der Apparat erhalten bleibt, endet das *Lehrstück* mit dessen Zerstörung: Der Flieger stürzt und muss um Hilfe bitten, um nicht zu sterben, der Apparat geht in die Brüche und zerfällt in seine Einzelteile, was die Frage, *wie* mit dem Tod umzugehen ist, ins Spiel bringt. Das Motiv des Todes wird, dem unterschiedlichen Rahmen gemäß, in unterschiedlicher Form in allen Lehrstücken wiederkehren.[652] Wie der Apparat, der in den Lehrstücken in Zweifel gezogen wird, stellt der Tod nicht nur ein individuelles Problem dar,

---

648 | Ebd.

649 | Rainer Nägele: Brechts Theater der Grausamkeit, S. 310.

650 | Bertolt Brecht zitiert nach Reiner Steinweg: Das Lehrstück. Brechts Theorie einer politisch-ästhetischen Erziehung, S. 31 u. 70.

651 | »Dabei ist die Möglichkeit der Wiederholung von Anfang an gleichbedeutend mit der Unmöglichkeit, dem Wiederholen ein Ende zu setzen. Brechts Lehrstück zeugt implizit von der *jedem* Satz eingeschriebenen Iterabilität. Das ist sein theatralischer Subtext.« Nikolaus Müller-Schöll: Das Theater des »konstruktiven Defaitismus«, S. 335.

652 | »Das Einverständnis mit der eigenen Tötung und der Widerstand gegen sie, der Widerstand gegen die Notwendigkeit des Sterbens, die Bitte um Hilfe beim Sterben und die Fragen von Schuld und Verantwortung dessen, der den Tod gibt, stehen im Mittelpunkt der Reihe der Lehrstücke, die Brecht zwischen ›Lehrstück‹ und ›Badener Lehrstück vom Einverständnis‹ schreibt.« Ebd., S. 336.

wie im Fall des Fliegers, der um Hilfe bittet, weil er nicht sterben kann oder will, sondern betrifft das Theater selbst, das für seinen Erhalt bzw. für seine Umfunktionierung explizit auf das Eingreifen des Publikums angewiesen ist. Aufgrund dessen unterscheiden sich laut Müller-Schöll die Lehrstücke »von idealistischen Entwürfen, die den Tod verleugnen oder ins Positive umdeuten wollen«.[653] Demnach transportiert das Lehrstück nicht nur ein anderes Verständnis vom Theater/vom Staat und von technischer Reproduktion, sondern auch ein anderes Verständnis vom Menschen, worin, wie Müller-Schöll schreibt, »der radikal anti-totalitäre Zug des Lehrstücks« liegt.[654]

Wie bereits deutlich wurde, benötigt, fordert und übt das Spiel im Lehrstück das Einverständnis bzw. die Bereitschaft, einverstanden zu sein, was ein Gegenmodell zur aristotelischen Theorie der Einfühlung darstellt. Das Lehrstück dient nicht mehr der Einfühlung, sondern bietet, auf der Grundlage des Einverständnisses, den notwendigen Spielraum für die Möglichkeit des tätigen Eingreifens zur Veränderung, und dies in Bezug auf das einzelne Subjekt und das Theater. So zeigt in *Mann ist Mann* Galy Gay sein Einverständnis zur Demontage und kennzeichnet, so Müller-Schöll, zugleich seine »Bloßlegung des immanenten Widerspruchs durch strikte Befolgung des Reglements«.[655] Sein Gegenbild hat er im riesigen Clown Herr Schmitt aus dem *Badener Lehrstück vom Einverständnis*, der ein Individuum ist, das am Eigentum bzw. »an der phantasmatischen Ganzheit des Individuums« festhalten und sich nicht ummontieren lassen möchte und deshalb demontiert und zerstückelt wird.[656] Bei der Figur *Fatzer* im gleichnamigen Lehrstück erscheint das Einverständnis nach Müller-Schöll »als Schwimmen mit dem Strom«, in *Die Horatier und die Kuratier* »als Erkenntnis dessen, was verlangt wird«.[657]

Auch in den späteren Varianten des *Jasagers* und des *Neinsagers* nimmt Brecht ausdrücklich das Thema vom Einverständnis auf. Hier bedeutet das Einverständnis dasjenige, »was wichtig zu lernen« ist: »Wichtig zu lernen vor allem ist Einverständnis / Viele sagen ja, und doch ist da kein Einverständnis / Viele werden nicht gefragt, und viele / Sind einverstanden mit Falschem. Darum: / Wichtig zu lernen vor allem ist Einverständnis«, singt der Chor zu Beginn der beiden Stücke.[658] Die Situation im Stück gestaltet sich scheinbar

---

653 | Ebd., S. 337.

654 | Im Denken von Brecht bedeutet der Tod eine dem Leben inhärente Möglichkeit: »Sterben *können*, das ist die Brechtsche Definition des Lebens, diese Fähigkeit unterscheidet den Lebenden vom Toten.« Ebd., S. 338 u. 339.

655 | Ebd., S. 340.

656 | Ebd., S. 339.

657 | Ebd., S. 341.

658 | Bertolt Brecht: Der Jasager und Der Neinsager. Vorlagen, Fassungen, Materialien, hg. und mit einem Nachwort von Peter Szondi, Frankfurt/M. 1981, S. 19.

einfach: Ein Knabe reist mit dem Lehrer und einer Gruppe Studenten über die Berge, um jenseits der Berge Medizin für seine kranke Mutter zu besorgen. Unterwegs wird er krank. Der Brauch verlangt, dass Kranke ins Tal zu Tode gestürzt werden. Der Knabe wird gefragt und gibt im *Jasager* dem Brauch gemäß sein Einverständnis, im *Neinsager* verweigert er es: »Er sehe an dem alten großen Brauch keine Vernunft, sagt der Knabe und will einen neuen einführen: ›den Brauch, in jeder neuen Lage nachzudenken‹.«[659]

Bei Brechts »Jasager/Neinsager-Komplex« handelt es sich nach Peter Szondi um eine »säkularisierende Bearbeitung«, die sich gegen »das Mythische« richtet.[660] Was Brecht vorschlägt, ist »die Suspension des Mythischen«, »die Prüfung aller Bräuche auf ihre Vernunft«, und man könnte hier ergänzen: die Prüfung aller Bräuche auf ihre Brauchbarkeit. Deshalb soll der methodische Gebrauch der Ratio fortan der einzige Brauch sein.[661] Der »Gebrauchswert« des Sterbens wird gerade an dem Punkt, wo es am vernünftigsten scheint, am meisten infrage gestellt, was hier zu einem weiteren zentralen Thema in Brechts Stück führt, nämlich dem der Autoritätsverhältnisse. Die zweite Fassung unterscheidet sich von der ersten, wie Nägele unter Bezug auf Szondi erklärt, »in der Rationalisierung und Säkularisierung der Motivationen«, die »den Endpunkt einer Kette« markieren. Als Vorlage diente Brecht das japanische Nō-Stück *Taniko*, das Elisabeth Hauptmann aus der von Arthur Waley bearbeiteten englischen Fassung ins Deutsche übersetzt hatte. So berührt sich die streng ritualisierte Form des Nō-Theaters mit der ebenso strengen Form des Lehrstückes bis hin zu ihrer Darstellung. »Der Jasager/Neinsager-Komplex enthält nicht nur Säkularisierung und Rationalisierung, sondern er ist die Darstellung dieses Prozesses als Konflikt«, konstatiert Nägele.[662] Wenn im *Neinsager* dem vor- und eingeschriebenen Brauch das Nein entgegengesetzt wird, vollzieht die *Maßnahme*, die das *Jasager*-Motiv fortsetzt, buchstäblich wieder die Einschreibung der Vorschriften.[663] In der *Maßnahme* kennzeichnet Einverständnis, so Nägele, »die am Anfang und am Ende vorgetragene Zu- und Übereinstimmung des ›Kontrollchors‹ mit den ›Agitatoren‹, aber auch die Übereinstimmung des Einzelnen mit dem Gang der Geschichte und mit Gesetzen, die im Kollektiv für richtig befunden und beschlossen wurden«.[664]

Im *Badener Lehrstück vom Einverständnis* kommt es am Schluss zum Einverständnis, an dem, wie Müller-Schöll schreibt, »nach der Austreibung des unveränderlichen Individuums die Gemeinschaft derer gebildet wird, die zur

659 | Ebd., S. 2.
660 | Ebd., S. 110.
661 | Ebd., S. 2.
662 | Rainer Nägele: Brechts Theater der Grausamkeit, S. 312.
663 | Ebd., S. 314.
664 | Ebd.

permanenten Veränderung bereit sind«.[665] Dabei folgt das Einverständnis
dem Hegel'schen Modell, nach dem »nicht das Leben, das sich vor dem Tode
scheut und von der Verwüstung bewahrt, sondern das ihn erträgt und in ihm
sich erhält«, das wahre Leben ist.[666] Das Einverständnis bedeutet in Brechts
Denkweise eine Macht, die nach Nägele »dem Negativen ins Angesicht schaut,
bei ihm verweilt«,[667] weswegen Brecht das Einverständnis mit dem Wider-
spruch zusammendenkt: »[E]inverstanden sein heißt auch: *nicht* einverstanden
sein.«[668] Demnach ist das Einverständnis bei Brecht als Form der dialektischen
Aufhebung der Widersprüche zu verstehen und bezeichnet die angemessene
Haltung zu Tod und Gesetz.[669] Festzuhalten ist, dass das Einverständnis im
Brecht'schen Lehrstück eine Unterbrechung, Zäsur oder Bruchstelle markiert.
Dies zeigt präzise auch die *Maßnahme* als ein Lehrstück, das Darstellung einer
Darstellung ist: »Stellt dar, wie es geschah«, singt der Kontrollchor am Anfang.
Der Aufforderung zur Darstellung geht ein Einverständnis voraus: »Wir sind
einverstanden mit euch.« Aber dieses Einverständnis wird angehalten: »Halt,
wir müssen etwas sagen!«[670] Die Darstellung deutet einen Einschnitt ins Einverständnis an, die Nägele zufolge »eine Bruchstelle« in der Kontinuität von
Theorie und Praxis markiert.[671] Am Ende findet sich wieder ein Einverständnis
ein: »Die Darstellung zeigt [...] den Übergang vom blinden Einverständnis zum
reflektierten.«[672] In Nägeles Sichtweise kennzeichnet das »Halt« am Anfang
des Stücks »ein Moment der Blockierung«, den die Ästhetiken des 18. Jahrhunderts »als Moment des Erhabenen« beschreiben.[673] Die Verbindung zum
Lehrstück liegt deshalb zweifellos im Begriff des Erhabenen, das den Versuch
andeutet, etwas zu denken, was nach Nägele »im Begriff des Schönen nicht
gedacht werden darf: Gewalt und antagonistischer Konflikt«.[674]

665 | Nikolaus Müller-Schöll: Das Theater des »konstruktiven Defaitismus«, S. 360.

666 | Georg Friedrich Wilhelm Hegel: Werke in zwanzig Bänden, Bd. 3: Phänomenolo-
gie des Geistes, Frankfurt/M. 1970, S. 36, zitiert nach Rainer Nägele: Brechts Theater
der Grausamkeit, S. 311.

667 | Ebd.

668 | Reiner Steinweg (Hg.): Brechts Modell der Lehrstücke, S. 62.

669 | Nikolaus Müller-Schöll: Das Theater des »konstruktiven Defaitismus«, S. 342.

670 | Bertolt Brecht: Die Maßnahme. Lehrstück, in: Ders.: Gesammelte Werke, Bd. 2.,
S. 631-664, hier S. 633.

671 | Rainer Nägele: Brechts Theater der Grausamkeit, S. 314.

672 | Ebd.

673 | »Die natürliche Einbildungskraft, die physische Natur des Menschen gelangen
an eine Grenze, wo sie gleichsam im Angesicht der Vernichtung zum Stillstand kommen,
bis das Eintreten einer andern, ›höhern‹ Kraft den Wendepunkt bringt und das der Vernichtung ausgesetzte Wesen auf einer andern Ebene neu entstehen läßt.« Ebd.

674 | Ebd.

Brechts Lehrstücke, und die *Maßnahme* im Besonderen, inszenieren gerade diesen Kampf zweier Mächte um Herrschaft und kehren den Verinnerlichungsprozess der Gewalt um, indem sie die verinnerlichte Gewalt theatralisch, gestisch entäußern und vorzeigen.[675] Demzufolge problematisieren die Lehrstücke insgesamt das Thema der Autorität, das, wie vorher beschrieben, stets eine Entscheidung verlangt, jedoch eine Situation der Unentscheidbarkeit zwischen den unvereinbaren Zuständen von »Bindung und Zerreißen« offensichtlich werden lässt. Im Vordergrund steht, so Nägele, der »Konflikt zwischen dem Begehren nach Ganzheit und umfassender Integration, das die Lehrstücke wie alle Lehre treibt, und ihrem todsichern Blick fürs Antagonistische und nicht Integrierbare«, der sie selbst zu »Bruchstücken« werden lässt.[676] Die bestimmende Frage in den Lehrstücken, *wie* zu entscheiden ist, stellt sich schließlich auch in *Die Ausnahme und die Regel* und *Die Mutter*, die ebenso unentschieden zwischen Lehrstück und Schauspiel oszillieren und die Frage nach der Gattung von Ganzem oder Stück erneut aufwerfen. So zeigt *Die Ausnahme und die Regel* nach Nägele, dass »die Vernunft nicht das Ganze ist, sondern die ausschließende Macht eines Teilinteresses, ein Stück, das sich fürs Ganze ausgibt und vom Führer als partikuläres System definiert wird«:[677] »In dem System, das sie gemacht haben [...].«[678] Auch dies ist als ein Aufruf für das Einverständnis aufzufassen, wenn Brecht das Verhalten derer, die das System gemacht haben, infrage stellt bzw. es dem Verfremdungsprinzip überantwortet: »Betrachtet genau das Verhalten dieser Leute: / Findet es befremdend, wenn auch nicht fremd / Unerklärlich, wenn auch gewöhnlich / Unverständlich, wenn auch die Regel.«[679] Da hier die Betonung auf das »Betrachtet« gelegt wird,[680] bewegt sich das Stück auf der Grenze zum Brecht'schen Schauspiel, was impliziert, dass es, gemäß allen Lehrstücken, als Spielstück für Laienspieler an der Grenze zwischen Theater, Kunst, Politik und Leben angesiedelt ist, worauf ebenso die *Straßenszene* insistiert. Und da das Stück *Die Mutter* zwar »im Stil der Lehrstücke geschrieben« ist,[681] aber auch Schauspieler benötigt, verweist es auf diese Ambivalenz.[682]

Stellt nach Benjamin »das Trauerspiel der Tragödie Ende als Wiederholung vor« (I, 292), als die Lektüre (I, 364) oder, mit Menke gesagt, »»Allegorie der

---

675 | Ebd.

676 | Ebd., S. 316.

677 | Ebd., S. 317.

678 | Bertolt Brecht: Die Mutter. Leben der Revolutionärin Pelagea Wlassowa aus Tver, in: Ders.: Gesammelte Werke, Bd. 2, S. 823-906, hier S. 823.

679 | Ebd., S. 793.

680 | Rainer Nägele: Brechts Theater der Grausamkeit, S. 317.

681 | Bertolt Brecht zitiert nach Reiner Steinweg (Hg.): Brechts Modell der Lehrstücke, S. 138.

682 | Rainer Nägele: Brechts Theater der Grausamkeit, S. 318.

Tragödie›, die es selbst stellt, indem es seine Verfasstheit ausstellt«,[683] so ist auch das Lehrstück, das mit dem Einverständnis rechnet, analog zur Geste im epischen Theater selbst als Bruchstück aufzufassen, in dem die Widersprüche dialektisch aufgehoben sind.[684] Dies zeigt nunmehr, dass sich im Einverständnis zwei gegenläufige dialektische Bewegungen überkreuzen, was auch bedeutet, dass das Einverständnis eine Dialektik in der Dialektik zum Vorschein bringt. Aus diesem Grund steht es, dahin geht die These von Müller-Schöll, jener Paradoxie nahe, die Benjamin als »Dialektik im Stillstand« (II, 530) bezeichnet hat.[685] Dazu gehört, wie Nägele unter Bezug auf Alexandre Kojève, Bataille und Derrida sagt, dass »das Einverständnis sein Inneres anderswo« hat »als wo es sich ausspricht«.[686] Im Ergebnis entsteht daraus ein Theater, das, wie Lehmann anhand der *Maßnahme* analysiert, auf der Basis der Verfremdung einer Rhythmisierung folgt, genauer noch, »ein Brechen des Rhythmus als ein gestörter Rhythmus« inszeniert, was einzig der Brecht'schen Idee entspricht.[687] So ist der Text des Lehrstücks, so Lehmann weiter, »in einer radikalen, [...] utopischen Theateridee begründet, die von keiner irgend geschlossenen Aufführung als Schau- und Höranordnung einzulösen wäre«, weil sie weniger aus Sätzen und Thesen als aus Lücken, Zweideutigkeiten und Ambiguitäten besteht.[688] Aus dieser Konstellation ergibt sich für die Lehrstücke (und das *Fatzer*-Fragment) eine Theorie des Theaters als Möglichkeitsraum, da es den Rhythmus der *Performance* eröffnet.[689]

Angesichts der tiefergelagerten Motive, die das Lehrstück von Brecht expliziert, lässt sich eine Vielfalt an Verbindungen auflisten, die von Benjamin auch im Kindertheater verankert werden. Beginnen wir damit, dass Steinwegs »Rekonstruktion der großen Pädagogik überzeugend diese in den Kontext der politisch-künstlerischen Avantgarde«[690] gerückt hat und herausarbeitete, dass das Lehrstück eine Spielidee für Laienspieler implizierte, die ohne passive Zuschauer auskommt, dann ist hier sicherlich schon eine erste Kontaktstelle zur Kindertheateridee von Benjamin zu vermuten. Verstärkt wird dieser Eindruck

---

683 | Bettine Menke: Das Trauerspiel-Buch, S. 53.

684 | Nikolaus Müller-Schöll: Das Theater des »konstruktiven Defaitismus«, S. 343.

685 | Ebd., S. 344.

686 | Rainer Nägele: Brechts Theater der Grausamkeit, S. 314.

687 | Mit dem »unvermeidlich autoritär rhythmisierenden Theater« wollte Brecht nach Lehmann dahin gelangen, »dass es sich dem Zwang der rhythmischen Gewalt gänzlich sollte entziehen können«. Hans-Thies Lehmann: Lehrstück und Möglichkeitsraum, in: Patrick Primavesi/Simone Mahrenholz (Hg.): Geteilte Zeit. Zur Kritik des Rhythmus in den Künsten, Schliengen 2005, S. 229-241, hier S. 231.

688 | Ebd., S. 240f.

689 | Ebd., S. 241.

690 | Rainer Nägele: Brechts Theater der Grausamkeit, S. 303.

dadurch, dass in der Analyse von Krabiel das Lehrstück, wie die Brecht'sche Theaterarbeit insgesamt, als *work in progress* begriffen wird, zeigt sich hier doch prinzipiell eine experimentelle Vorgehensweise, die den Techniken und Praktiken aus dem Umkreis der künstlerischen Avantgarde nahesteht. Dieser Ansatz führt nun direkt zum Kindertheater, nicht zuletzt wenn es um das ›Herstellen von Theater‹ geht bzw. um den Prozess des gemeinsamen Spielens, Probens und Ausprobierens selbst. Aufgrund der synkretistischen und fragmentierten Sicht der Situation, über die das Kind verfügt, findet dieser im Schwellenbereich zwischen Spiel und Wirklichkeit, zwischen Studium und Übung und zwischen Haus und Straße im Sinne einer ›Versuchsanordnung‹ seinen Platz.

Was Brecht bei dem durch das als Laienspiel konzipierten Lehrstück zu etablieren sucht, ist die Idee, die Emanzipation des Einzelnen im Kollektiv zu organisieren, wie es Benjamin präzise auch für das Kindertheater vorsieht, insbesondere wenn er hier »das kindliche Kollektivum« (II, 766) und das »Kollektivum der Kinder« (II, 765) im gemeinsamen Spielprozess als unauflöslich aufeinander bezogen denkt. Denn erst diese Situation erlaubt »jede[r] kindliche[n] Aktion und Geste« (II, 766) ihren signalisierenden und auffordernden Charakter zu entfalten, sofern der Theaterleiter die Bedingung von der Erziehung als Beobachtung respektiert. Das Vorbild dazu hatte Benjamin in Moskau gefunden; hier war er auf die Kinderklubs gestoßen, die sich auf der Straße selbsttätig organisierten (IV, 322). Hier war Benjamin auch »der befreite Stolz der Proletarier« aufgefallen, den er im Einklang »mit der befreiten Haltung der Kinder« (IV, 323) beobachten konnte und der eine veränderte Kommunikation mit- und untereinander erkennen ließ.

Dies liegt nicht weit von Brecht, denn plädiert nicht auch er für eine »freie Haltung« auf dem Theater, die erst dann gegeben ist, »wenn es sich selber den reißendsten Strömungen in der Gesellschaft ausliefert und sich denen gesellt, die am ungeduldigsten sein müssen, da große Veränderungen zu bewerkstelligen« sind?[691] Und war es nicht, dem neugeborenen Kind verwandt, sein »nackter« Wunsch gewesen, »unsere Kunst der Zeit gemäß zu entwickeln, unser Theater des wissenschaftlichen Zeitalters sogleich in die Vorstädte« zu treiben, »wo es sich, sozusagen türenlos, den breiten Massen der viel Hervorbringenden und schwierig Lebenden zur Verfügung hält, damit sie sich in ihm mit ihren großen Problemen nützlich unterhalten können«, wie er im *Kleinen Organon für das Theater* schrieb?[692] Diesen Eindruck von einem Theater, das sein Spiel auf außertheatralische und theaterfremde Räume, in die Vorstädte und auf die Straßen verlegt, steigert sich noch, wenn in WAS IST DAS EPISCHE THEATER? ‹1› von der »Verschüttung der Orchestra« die Rede ist und

---

691 | Bertolt Brecht: Kleines Organon für das Theater, S. 671f.

692 | Ebd.

Benjamin damit auf die »Suspension des Mythischen« anspielt. Wie Szondi sagt, geht es Benjamin um die Entauratisierung der Bühne, die den Verlust ihrer Aura ausstellt und anstelle eines Theaters der Inszenierung dramatischer Texte die Erfahrung der Schwelle als theatrales Geschehen erkennbar werden lässt.[693] Was dabei gewonnen wird, ist ein zwischen den Akteuren und den Zuschauern geöffneter Theaterraum, ein »Podium« (II, 519) im Sinne eines zur Erprobung von Gesten und Verhaltensweisen freistehenden Spielraums. Dergestalt wird das selbstreferentielle Moment installiert, das Benjamin als die oberste Aufgabe epischer Regie bezeichnet hat: »das Verhältnis der aufgeführten Handlung zu derjenigen, die im Aufführen überhaupt gegeben ist, zum Ausdruck zu bringen« (II, 529). Und was damit auf dem Spiel steht, ist das, wie Benjamin Brecht zitiert: »Es kann so kommen, aber es kann auch ganz anders kommen‹.« (II, 525)

Auffallend ist, dass in der Art und Weise seiner Anordnung als »Ausstellungsraum« (II, 520) die Praxis des Lehrstücks auf ein altes Karnevalswissen zurückzugreifen scheint und eine dialogische Perzeption befördert, die Wahrnehmende und Wahrgenommene auf eine Stufe stellt, ihre hierarchischen Abgrenzungen zeitweilig auflöst und verschiedene Positionen miteinander konfrontiert, was Bachtin »Familiarisierung« nannte. So treten auch Bereiche, die normalerweise als nicht zusammengehörig empfunden werden, in Verbindung miteinander, mit dem Ergebnis einer »Mesalliance«, die zur Einebnung aller Positionen – aus hierarchischer Sicht –, zur »Profanation« einzelner hoher Werte führt.[694] Dazu gehört, wie Benjamins und Lacis' Begriff der Porosität (IV, 311) im Neapel-Aufsatz zeigt, die Aufsprengung der Totalperspektive, die den Blick perspektivisch bricht und anstelle der Illusionsbühne eine barocke Simultanbühne entstehen lässt, auf der die Dinge, dem surrealistischen Arrangement verwandt, in ihrer Gleichzeitigkeit und Gleichrangigkeit nebeneinander auf eine Ebene rücken. Dazu gehört aber auch die besondere Betonung bzw. die Desavouierung der Autoritätsstrukturen, wodurch die festgefügte Hierarchie und Ungleichheit der Menschen gestürzt und zu Fall gebracht werden. So werden ausdrücklich im Straßenfest des Karnevals die herrschenden Machtstrukturen umgestülpt, wie es bei Bachtin heißt: »Die Gesetze, Verbote und Beschränkungen, die die gewöhnliche Lebensordnung bestimmen, werden für die Dauer des Karnevals außer Kraft gesetzt.«[695] Und wenn Benjamin in WAS IST DAS EPISCHE THEATER? ‹2› davon spricht, dass das Lehrstück dadurch gekennzeichnet ist, dass jeder Zuschauer Mitspieler werden kann (II, 536), entspricht dies in etwa der Erklärung, die Bachtin vom Karneval gibt, wenn er schreibt: »Karneval ist ein Schauspiel ohne Rampe, ohne Polarisie-

---

693 | Bertolt Brecht: Der Jasager und der Neinsager, S. 106ff.
694 | Michail Bachtin: Literatur und Karneval, S. 49.
695 | Ebd., S. 48.

rung der Teilnehmer in Akteure und Zuschauer. Im Karneval sind alle Teilnehmer aktiv, ist jedermann handelnde Person«,[696] wie es im Kontext der Kindertheaterarbeit von Lacis zur Sprache kam. Werden dabei die Spielenden im Lehrstück zu Lernenden und die Zuschauer zu Mitspielenden, wie die Textpassage von Benjamin nahelegt, ist dies der *Performance* verwandt, die vom gleichen Erlebnis ausgeht.

Womöglich hatte Benjamin gute Gründe, zwischen dem Schaustück und dem Lehrstück bzw. zwischen der Praxis des epischen Theaters und der Brecht'schen Lehrstückpraxis nicht so genau zu differenzieren, auch wenn er das Lehrstück als »Sonderfall« (ebd.) bezeichnete. Einen Sonderfall markiert es in der Tat, da es auf der Schwelle experimentiert, nämlich genau dort, wo Leben, Theater, Kunst und Politik sich kreuzen und zueinanderfinden. Sind in dieser Sphäre der Alltagswirklichkeit Konflikte unumgänglich und vorgezeichnet, fällt die Ausarbeitung von Brechts Lehrstücktheorie wie die Kindertheaterschrift von Benjamin noch dazu in eine Zeit, die von der Erfahrung einer allumfassenden gesellschaftlichen Krise und des härter werdenden politischen Kampfes sowie von der Erwartung einer nahen Revolution geprägt ist. Hierin ist auch ein elementarer Beweggrund für die Lehrstückpraxis anzunehmen, liegt den Stücken doch der gemeinsame Einsatzpunkt zugrunde, der Gewalt und Grausamkeit thematisiert und daher den Körper (und den Apparat) in das Zentrum stellt. Dabei ist das Thema der Gewalt nach Nägele »wesentlich mit dem Ästhetischen und Pädagogischen verknüpft, ja ist das Moment, das die Trinität von Kunst, Lehre und Politik erst ermöglicht, [...] ein explosiver Kitt, der zur konfliktgeladenen Einheit bindet«.[697] Auch aus diesem Grund steht das Lehrstück dem karnevalistischen Fest nahe, sind der darin in den Vordergrund gehobene Körper bzw. das Leibkörperliche doch dem grotesken Leib im Karneval verwandt, der, wie Julia Kristeva sagt, »die Insignien der offiziellen Welt trägt«.[698] Gerade das karnevaleske Fest lässt den im öffentlichen Leben stets eher restriktiv behandelten Körperfunktionen die Möglichkeit, sich frei auszuleben, worauf auch Turner verweist, wenn er die Verbindung von Physiologischem und Normativem im rituellen Symbol, wie beispielsweise in der Maske, analysiert.[699] Denn der Karneval, den Bachtin als »umgestülpte Welt«[700] charakterisierte, offenbart »die zweite Wahrheit« über diese Welt »als den Ort, an dem sich das ›Körper-Drama‹ abspielt, das Drama von Geburt, Geschlechtsakt, Tod, Wachsen, Essen, Trinken und Entleerung«,

---

696 | Ebd.

697 | Rainer Nägele: Brechts Theater der Grausamkeit, S. 302.

698 | Julia Kristeva: Bachtin, das Wort, der Dialog und der Roman, in: J. Ihwe (Hg.): Literaturwissenschaft und Linguistik, Bd. 3, Frankfurt/M. 1972, S. 345-375, hier S. 363.

699 | Victor W. Turner: Dramas, Fields and Metaphors, S. 55.

700 | Michail Bachtin: Literatur und Karneval, S. 48.

wie Lachmann kommentiert.[701] Indes betrifft das Körperdrama nicht den privaten, individuellen Körper, sondern den großen, kollektiven Volksleib,[702] wie im Zusammenhang der dem Fest des Karnevals artgleichen Aufführung im Kindertheater schon deutlich wurde.

Geht es Brecht in den Lehrstücken, analog zum Trauerspiel, bei dem Benjamin eine »Freude an der Grausamkeit« (I, 392) wahrnahm, um Körper, Gewalt und Despotismus, zielt er damit zugleich auf die politische Intention, die den Texten inhärent ist. Bei der Ausarbeitung dieser Texte spielt seine Auffassung von Politik als Experiment eine zentrale Rolle, die der Stellung zum Politischen bei Benjamin eng verbunden ist. Geht man davon aus, dass die Zusammenarbeit von Brecht und Benjamin von gegenseitigem Einfluss geprägt war, so stehen die im Lehrstück verhandelten Themen auch im Horizont der Überlegungen, die Benjamin im *Gewalt*-Aufsatz entwickelt hatte, wo er sich positiv zum »proletarischen Generalstreik« äußerte. Führt dieser den gewaltsamen Umsturz der Machtverhältnisse und einen von Anarchie geprägten Ausnahmezustand herbei, liegt darin unter Bezug auf den Karneval eine Idee begründet, die das Theater als Pause und Unterbrechung kennzeichnet, das im heiteren, festtäglichen Lachen seine exzessive Befreiung erlebt. Steht im Vordergrund des Lehrstücks daher nicht künstliche Harmonisierung, sondern geht seine definitive Ausrichtung dahin, dem immanenten Konfliktpotential einen *Spiel-Raum* zur Auseinandersetzung mit destruktiver Gewalt und Autoritätskonflikten explizit zuzugestehen, stellt nicht anders auch das Kindertheater von Benjamin das barbarische Denken des Kindes, das heißt seine grausame, groteske und grimmige Seite, das »Despotische« und »Entmenschte« im Kinderleben (IV, 515) heraus. Im Spiel der Kinder übernimmt es eine wichtige Rolle und lässt im Bunde mit konstruktiven Strebungen einen diskontinuierlichen und intermittierenden Verlauf erkennen, der das Kontinuum der *Spiel-Zeit* strukturiert, mit Benjamin gesprochen: »das grundsätzlich niemals abgeschlossene Studium« (II, 765) rhythmisch unterbricht. Was dabei als »Schabernack« (ebd.) aus der Reihe springt, worunter Benjamin die Aufführung im Kindertheater versteht, eröffnet einen bestimmten Zeitraum des Lernens, der in der Übung innehält und eine Welle des Staunens aufstauen lässt. Die Art und Weise des Lernens und Lehrens im Kindertheater stimmt hier mit der Dialektik im Theater Brechts überein, die durch das Verhältnis von Erkenntnis und Erziehung gekennzeichnet ist. Auch im Lehrstück wird die Lehre vom besseren Leben nicht indoktriniert, sondern im spielerischen Geschehen den Laienspielern in Gesten und Verhaltensweisen, die nach Brecht »nur nachgeahmt werden«[703] können, dargeboten, wes-

---

701 | Ders.: Rabelais und seine Welt, S. 14.
702 | Ebd.
703 | Reiner Steinweg (Hg.): Brechts Modell der Lehrstücke, S. 48.

wegen es sich immer nur um die wiederholte Darstellung der Darstellung handeln kann.

Und wie der Zuschauer im epischen Theater aktiv daran beteiligt ist, über die Gesten und Handlungen zu urteilen und zu entscheiden, sind es hier die Spielenden, die die Möglichkeit haben, sich für oder gegen den einen oder anderen Handlungsvorschlag zu entscheiden. Aufgrund dessen enthält das Lehrstück keine Lehre, vielmehr geht es darum, spielend zu lernen, was darauf basiert, dass Denkprozesse am Konflikt durchgespielt werden können, denen in der Nachahmung und Wiederholung von Gesten und Verhaltensweisen die leibkörperliche Erfahrung vorausgeht. Hierin liegt genauer noch die Idee von der Organisation einer Emanzipation des Einzelnen im Theaterkollektiv, die Brecht jedem Spieler im Lehrstück zuerkennen wollte und die bewirkt, dass nicht autoritär Wissen gelehrt wird, sondern dass ihm durch das wiederholte Spiel die Möglichkeit erwächst, *vielleicht* eine Lehre daraus zu ziehen bzw. eine eigene oder kollektive Entscheidung zu treffen. Wenn Brecht das Spiel zwischen freier Improvisation der Teilnehmenden und der vorgeschriebenen rigorosen Form der Vorschrift verortet und im Text des Lehrstücks angelegt sieht, der sich zum ›freien‹ Spieler verhält wie die herrschende Grammatik der Sprache zum Sprechenden, steht dies, so könnte man meinen, quer zum Kindertheater. Denn das Kind lernt ganz ohne Grammatik sprechen, da das Lernen des Kindes ein wildes Lernen ist,[704] was sein spontanes, weil sprunghaftes Ausdrucksgebaren verrät. Doch ist es Brecht genauer noch darum zu tun, diesen wilden, rohen und anarchistischen, dem kindlichen Spiel geschuldeten Ausdrucks- und Erfahrungsraum im Lehrstück vermittels der experimentell und modellhaft angelegten Anordnung konstruktiv herzustellen, der auf diese Weise Laboratoriumscharakter erhält.

Was es explizit und implizit bedarf, bringt Brecht mit dem Begriff vom Einverständnis zum Ausdruck, eine Haltung, die gerade im Lehrstück zu üben ist und vielfältige Spielmöglichkeiten verspricht. Mit den ihm eingeschriebenen Momenten von Stillstand und Wiederholung ist es zweifellos dem Übergang und der Art von Schwellenerfahrung stammverwandt, in der nicht nur Winnicott und Merleau-Ponty, sondern auch Benjamin das kindliche Spiel verortet haben. Angesichts des strengen Aufbaus des Lehrstücks ist ohne ein solches Einverständnis nichts zu bewerkstelligen und scheitert jeder Spieler, wie es dem Clown Herr Schmitt erging, der demontiert werden musste, um einverstanden zu sein. Das Einverständnis der Spieler im Lehrstück ist vor allem aus dem Grund unabdingbar, da es das Dilemma, *wie* in einer bestimmten Situation zu handeln und zu entscheiden ist, bewusst inszeniert und geradezu provoziert. Es stellt die Grundvoraussetzung dafür dar, wie ein Lernen im Lehrstück überhaupt möglich werden kann. Versetzt es den Spie-

---

704 | Bernhard Waldenfels: Das leibliche Selbst, S. 170.

ler in eine Situation der Unentscheidbarkeit, ist dies von Brecht ausdrücklich gewollt. Auch Benjamins Kindertheateridee ruft gerade diese Situation auf den Plan. Ausgehend von der destruktiv-konstruktiven Aktion des Kindes, die in triebhaft-unbewussten Impulsen und Strebungen fundiert ist, entwickelt Benjamin, wie oben ausführlich erörtert, die Formel vom Kind als Diktator und von seiner despotischen und theatralischen Geste, die mit seiner Theorie des barocken Souveräns korrespondiert. Steht die Geste als Ausdruck schöpferischer Aktivitäten im Zeichen der kindlichen Autonomieansprüche, sind damit Ambivalenzkonflikte in der Beziehung zwischen dem Kind und seiner engsten Bezugs- oder Erziehungsperson verknüpft, die nicht nur Ängste, sondern auch ein destruktives und von Aggressionen gekennzeichnetes Verhalten auslösen. Auch das Kind gerät dadurch in eine Krise, die zwischen dem Wunsch des Selbermachenkönnens und der ohnmächtigen Aufgabe seiner Unternehmungen oszilliert. Für das Einverständnis, das Brecht den Spielern im Lehrstück zur Aufgabe macht, ist es gewissermaßen unumgänglich, dass eine solche destruktive und aggressionsgeladene Haltung immer wieder eingeübt wird, die die Spieler dazu befähigt, sich symbiotisch auf die Gegebenheiten im Stück einzulassen, wie es das Kind vermag. Dementsprechend folgt das Lehrstück dem barbarischen Denken des frühen Kindesalters und zeigt sich hier als unentbehrlicher Gewinn für ein Theater, das dem *Theater der Grausamkeit* von Antonin Artaud in nichts nachsteht, dem ebenso ein erbarmungsloser Grundzug eingeschrieben ist.[705]

So fehlt nicht viel, dass wir, an dieser Stelle angekommen, an die dem Kind eigene indifferente, polymorph und synkretistisch geartete Weltauffassung, an seine mimetisch veranlagte, sich anähnelnde Fähigkeit denken, das heißt an seine Eigenart und Eigentümlichkeit, sich jeder Situation zu nähern, nämlich eher »einverleibend, nicht sich einfühlend« (VII, 257), wie Benjamin sagt. Steht die Erfahrung, wie sie sich in der Weltsicht des Kindes herauskristallisiert, vollkommen fremd der Erfahrung des Erwachsenen gegenüber und beruht sie auf einer anderen Logik, liegt dies daran, dass sich das Kind noch in einem Zustand der Ohnmacht und der eher unkoordinierten Motorik befindet. Dies führt dazu, dass es imaginär das Ergreifen und die Beherrschung der Einheit seines Körpers antizipiert, so dass es sich, vom Körperschema her gesehen, als zerstückelt und nicht unterschieden zu den Dingen und dem Anderen wahrnimmt, wie es Lacan im *Spiegelstadium* beschreibt.

Was Brecht also für das Lehrstück und die sich darauf einlassenden Spieler möchte, wenn er auf der Sterbelehre und dem Einverständnis so eindringlich beharrt, ist letztlich das, was das Vermögen des spielenden Kindes ausmacht,

---

705 | Peter Brook: Das Theater der Grausamkeit, in: Joachim Fiebach (Hg.): Manifeste europäischen Theaters. Grotowski bis Schleef, Berlin 2003, S. 41-44, hier S. 41.

dem insgeheim, wie Nietzsche es in *Also sprach Zarathustra* formuliert, »ein heiliges Ja-sagen« zugrunde liegt: »Ja, zum Spiel des Schaffens, meine Brüder, bedarf es eines heiligen Ja-sagens: s e i n e n Willen will nun der Geist, s e i n e Welt gewinnt sich der Weltverlorene.«[706] Erst dann ist es möglich, gegebene, veraltete und unbrauchbar gewordene Regeln, Rituale und Bräuche gleichsam mit der barbarischen Kommandogewalt der kindlichen Geste erbarmungslos zu demontieren, mit gestaltend-entstaltender wie bezaubernd-entzaubernder Macht zu durchbrechen, zu verändern und neue einzuführen, wie es dem Knaben im *Neinsager* gelingt. Darin liegt die produktive Kraft des Neuanfangs und der Neugestaltung begründet, was einschließt, dass Gestalten sich auch verlieren können. Es bedeutet, dass Lernen in sich selbst auch ein Verlernen ist,[707] ein Vergessen, das Nietzsche mit dem Kind zusammendachte. Von daher wird vielleicht auch verständlich, dass das Lehrstück das uralte Modell der Reise nachahmt und Initiationsbilder von Mythos und Ritual inszeniert,[708] die nach Freud der Reifung der menschlichen Seele dienen und sich heute noch in Träumen artikulieren.[709] Folgen wir dem, dann wird auch das Kindertheater – dem Traum verwandt – zur Quelle der genuinen Lebensenergie und zum Abenteuer, das, indem es unbewältigte Ängste und Fixierungen in das Spiel mit einbezieht, Verwandlungen zur Entwicklung der kindlichen Selbst- und Welterfahrung verhilft, die das Heranwachsen notwendig machen.

Nägele geht unter Bezug auf die *Maßnahme* davon aus, dass dem Lehrstück eine Unterbrechung oder eine Bruchstelle installiert ist, die hier vor allem dem Moment des Innehaltens, der Wahrnehmung und Aufmerksamkeit dient und die daher genauer und intensiver auf die im Stück zur Diskussion gestellte Problematik eingehen lässt. Nicht anders unterliegt auch das Kindertheater dem Verfahren der Unterbrechung, das hier vor allem dem »›Augenblick‹ der Geste« (II, 767), das heißt der spontanen und unvorhersehbaren kindlichen Aktion geschuldet ist, wie es besonders im improvisierten Spiel zum Ausdruck kommt, und dabei stets das Neue und Kommende heraufbeschwört. Wenn das Lehrstück schließlich selbst als ein Bruchstück aufzufassen ist, geht dies mit Benjamins Allegoriebegriff zusammen, weswegen auch das Kindertheater selbst als Bruchstück und als Allegorie des Brecht'schen Theaters anzusehen ist. Ist nach Benjamin der Spielcharakter des Trauerspiels durch »das hochbedeutende Medium des Puppentheaters« (I, 262) belegt und stellt es zugleich seine es doppelnde, »spielerisch[e] Exzentrizität« (I, 303) dar,[710] ist, so ließe sich

---

706 | Friedrich Nietzsche: Also sprach Zarathustra, S. 31.

707 | Bernhard Waldenfels: Das leibliche Selbst, S. 180.

708 | Rainer Nägele: Brechts Theater der Grausamkeit, S. 316.

709 | Joseph Campbell: Der Heros in tausend Gestalten, Frankfurt/M./Leipzig 1999, S. 13ff.

710 | Bettine Menke: Das Trauerspiel-Buch, S. 117.

zusammenfassen, auch der Spielcharakter des Brecht'schen Theaters durch das Kindertheater von Benjamin belegt und stellt sein es doppelndes Pendant dar. Und ist das Puppenspiel als Verkleinerung des barocken Trauerspiels anzusehen, da es spielerisch das Geschehen durch Reflexion verkleinert (II, 268), ist das Kindertheater von Benjamin auch als Verkleinerung des Brecht'schen Theaters betrachten.

Dass es sich beim Lehrstück um einen Ort handelt, an dem gesellschaftliche Widersprüche diskutiert und aufgedeckt werden, und dass es aus diesem Grund mit der »Dialektik im Stillstand« (II, 530) bei Benjamin zusammenfällt, heißt nichts anderes, als dass es beim Lehrstück wie beim Kindertheater um ein Theater geht, das noch im Kommen ist, um ein Theater der Zukunft oder der Potentialität.[711] Und insofern es, Müller-Schöll zufolge, »jenes *unmögliche* Theater ist, als das Brecht es in dem Moment bezeichnet, in dem er die Hoffnung auf eine historische Versöhnung der Widersprüche aufgibt«, ist und bleibt es Experiment.[712] Als solches setzt es den intermittierenden Rhythmus der Geste selbst als Unsicherheit und Beunruhigungsmoment ins Werk, das im Erfahrungsprozess beim gemeinsamen Spiel freie Spielräume ermöglicht. Derartig befördern das Brecht'sche ›Experiment Lehrstück‹ und das Kindertheater von Benjamin ein Theater der *Performance*, das nicht auf Inszenierung und szenische Praxis angelegt ist, sondern einen Möglichkeitsraum des »Unverfügbaren«[713] eröffnet, der in seinen Einzelteilen, wie das Kind, dem »*geheime[n] Signal* des Kommenden, das aus der kindlichen Geste spricht« (II, 769) folgt und sich darauf einlässt.

---

711 | »Es ist ein Theater, in dem jedes einzelne Element seinen Platz in einem Ganzen erhalten soll, das freilich (noch) abwesend ist.« Nikolaus Müller-Schöll: Das Theater des »konstruktiven Defaitismus«, S. 343.

712 | Ebd.

713 | Burkhardt Lindner: Die »Heiterkeit des Kommunismus«, S. 81.

Literaturverzeichnis

Adorno, Gretel/Benjamin, Walter: Briefwechsel 1930-1940. Hg. von Christoph Gödde und Henri Lonitz, Frankfurt/M. 2005.

Adorno, Theodor W.: Über Walter Benjamin. Aufsätze, Artikel, Briefe. Hg. und mit Anmerkungen von Rolf Tiedemann, Frankfurt/M. 1990.

Agamben, Giorgio: Noten zur Geste, in: Georg-Lauer, Jutta (Hg.): Postmoderne und Politik, Tübingen 1992, S. 97-108.

Agamben, Giorgio: Kindheit und Geschichte. Zerstörung der Erfahrung und Ursprung der Geschichte. Übers. von Davide Giuriato, Frankfurt/M. 2004.

Alewyn, Richard: Das große Welttheater. Die Epoche der höfischen Feste, München 1985.

Arendt, Hannah: Walter Benjamin. Bertolt Brecht. Zwei Essays, München 1971.

Aristoteles: Poetik. Griechisch/Deutsch. Übers. und hg. von Manfred Fuhrmann, Stuttgart 2002.

Bachtin, Michail: Literatur und Karneval. Zur Romantheorie und Lachkultur. Übers. und mit einem Nachwort von Alexander Kaempfe, München 1969.

Bachtin, Michail: Esthétique de la création verbale, Paris 1984.

Bachtin, Michail: Rabelais und seine Welt. Volkskultur als Gegenkultur. Übers. von Gabriele Leupold. Hg. und mit einem Vorwort von Renate Lachmann, Frankfurt/M. 1995.

Baudelaire, Charles: Sämtliche Werke/Briefe, Bd. 2: Vom Sozialismus zum Supranaturalismus. Edgar Allan Poe 1847-1857. Hg. von F. Kemp und C. Pichois in Zusammenarbeit mit W. Droste, München/Wien 1983.

Benjamin, Walter: Versuche über Brecht. Hg. und mit einem Nachwort von Rolf Tiedemann, Frankfurt/M. 1975.

Benjamin, Walter: Deutsche Menschen. Eine Folge von Briefen. Auswahl und Einleitungen von Walter Benjamin. Mit einem Nachwort von Theodor W. Adorno, Frankfurt/M. 1984.

Benjamin, Walter: Gesammelte Schriften. Hg. von Rolf Tiedemann und Herrmann Schweppenhäuser, Frankfurt/M. 1991.

Benjamin, Walter: Gesammelte Briefe. Hg. von Christoph Gödde und Henri Lonitz, Frankfurt/M. 1998.

Benjamin, Walter: Kairos. Schriften zur Philosophie. Ausgewählt und mit einem Nachwort von Ralf Konersmann, Frankfurt/M. 2007.

Benveniste, Emile: Le jeu comme structur, in: Deucalion: Cahiers de philosophie 2, 1947, S. 159-167.

Beyer, Andreas: Andrea Palladio. Teatro Olimpico, Berlin 2009.

Bloch, Ernst:»Revueform der Philosophie«, in: Ders.: Erbschaft dieser Zeit. Neuausgabe, Frankfurt/M. 1973, S. 368-371.

Bochow, Jörg: Das Theater Meyerholds und die Biomechanik. Hg. vom Mime Centrum Berlin, Berlin 1997.

Bollnow, Otto Friedrich: Existenzphilosophie und Pädagogik. Versuch über unstetige Formen der Erziehung, Stuttgart 1959.

Brandes, Johann Christian: Meine Lebensgeschichte, Leipzig 1924.

Brauneck, Manfred: Theater im 20. Jahrhundert. Programmschriften, Stilperioden, Reformmodelle, Reinbek bei Hamburg 1998.

Brecht, Bertolt: Gesammelte Werke in 20 Bänden. Hg. vom Suhrkamp Verlag in Zusammenarbeit mit Elisabeth Hauptmann, Frankfurt/M. 1967.

Brecht, Bertolt: Die Maßnahme. Kritische Ausgabe mit einer Spielanleitung. Hg. von Reiner Steinweg, Frankfurt/M. 1972.

Brecht, Bertolt: Arbeitsjournal, Frankfurt/M. 1974.

Brecht, Bertolt: Der Jasager und Der Neinsager. Vorlagen, Fassungen, Materialien. Hg. und mit einem Nachwort von Peter Szondi, Frankfurt/M. 1981.

Brodersen, Momme: Spinne im eigenen Netz. Walter Benjamin. Leben und Werk, Bühl-Moos 1990.

Bröcker, Michael: Benjamins Versuch»Über das mimetische Vermögen«, in: Garber, Klaus/Rehm, Ludger (Hg.): global benjamin. Bd. 1, München 1999, S. 272-281.

Bröcker, Michael: Sprache, in: Opitz, Michael/Wizisla, Erdmut (Hg.): Benjamins Begriffe. Bd. 2, S. 740-773.

Brook, Peter: Das Theater der Grausamkeit, in: Fiebach, Joachim (Hg.): Manifeste europäischen Theaters. Grotowski bis Schleef, Berlin 2003, S. 41-44.

Brüggemann, Heinz: Passagen, in: Opitz, Michael/Wizisla, Erdmut (Hg.): Benjamins Begriffe. Bd. 2, S. 573-618.

Brüggemann, Heinz: Walter Benjamin über Spiel, Farbe und Phantasie, Würzburg 2011.

Bücher, Karl: Arbeit und Rhythmus, Leipzig 1924.

Buck, Elmar: Theateroktober, in: Ders. (Hg.): Theateroktober. Russische Avantgarde 1917-1931 (Ausstellungskatalog), Köln 2006.

Buck-Morss, Susan: Dialektik des Sehens. Walter Benjamin und das Passagen-Werk, Frankfurt/M. 2000.

Bunge, Hans: Fragen Sie mehr über Brecht. Hanns Eisler im Gespräch, München 1970.

Bürger, Peter: Theorie der Avantgarde, Frankfurt/M. 1974.

Burk, Karin: Aspekte der Geste im Kindertheatermodell Walter Benjamins. Walter Benjamins Programm eines proletarischen Kindertheaters (1929), in: Westphal, Kristin/Liebert, Wolf-Andreas (Hg.): Gegenwärtigkeit und Fremdheit, Weinheim/München 2009, S. 185-191.

Campbell, Joseph: Der Heros in tausend Gestalten, Frankfurt/M./Leipzig 1999.

Collodi, Carlo: Pinocchio. Übers. von Helga Legers, Zürich 2003.

Costa, Maria Teresa: Für ein Ethos des destruktiven Charakters im Ausgang von Walter Benjamin, in: Weidner, Daniel/Weigel, Sigrid (Hg.): Benjamin-Studien. Bd. 2, S.179-194.

Derrida, Jacques: Gesetzeskraft. Der »mystische Grund der Autorität«, Frankfurt/M. 1991.

Derrida, Jacques: Moscou aller-retour. La Tour d'Aigues, Paris 1995.

Devrient, Eduard: Dramatische und dramaturgische Schriften, Leipzig 1846.

Dolto, Françoise: Das unbewußte Bild des Körpers, Weinheim/Berlin 1987.

Ebert, Gerhard: Improvisation und Schauspielkunst. Über die Kreativität des Schauspielers, Berlin 1999.

Erikson, Erik H.: Kindheit und Gesellschaft, Stuttgart 1984.

Esrig, David (Hg.): Commedia dell'arte. Eine Bildgeschichte der Kunst des Spektakels, Nördlingen 1985.

Evreinov, Nikolaj: Vvedenie v monodramu, in: Ders.: Demon teatral'nosti, Moskau/St. Petersburg 2002, S. 102.

Folkers, Horst: Recht und Politik im Werke Benjamin, in: Garber, Klaus/Rehm, Ludger (Hg.): global benjamin. Bd. 3, S. 1724-1748.

Freud, Sigmund: Gesammelte Werke, Frankfurt/M. 1999.

Fuerst, W.R./Hume, S.J.: Twentieth-Century Stage Dekoration. Bd. 1, New York 1967 (1929).

Fuld, Werner: Walter Benjamin. Eine Biographie, Hamburg 1990.

Gan, Alexej: Der Konstruktivismus, in: Groys, Boris/Hansen-Löve, Aage (Hg.) unter Mitarbeit von Anne von der Heiden: Am Nullpunkt. Positionen der russischen Avantgarde, Frankfurt/M. 2005, S. 277-365.

Garber, Klaus/Rehm, Ludger (Hg.): global benjamin. Internationaler Walter-Benjamin-Kongreß 1992. 3 Bde., München 1999.

Gebauer, Gunter/Wulf, Christoph: Spiel, Ritual, Geste. Mimetisches Handeln in der sozialen Welt, Hamburg 1998.

Gess, Nicola: Walter Benjamin und »die Primitiven«. Reflexionen im Umkreis der »Berliner Kindheit«, in: Arnold, Heinz Ludwig (Hg.): Walter Benjamin. Text + Kritik. Zeitschrift für Literatur. Heft 31/32, 3. Auflage, München 2009, S. 31-44.

Gollerbach, E./Golowin, A./Shewershew, L.: teatralno – dekorazionnoe iskusstwo w SSSR 1917-X 1917, Leningrad 1927.

Groys, Boris: Im Namen des Lebens, in: Ders./Hansen-Löve, Aage (Hg.) unter Mitarbeit von Anne von der Heiden: Am Nullpunkt. Positionen der russischen Avantgarde, Frankfurt/M. 2005, S. 11-22.

Groos, Karl: Das Seelenleben des Kindes, Berlin 1904.

Guillaume, Paul: L'imitation chez l'enfant, Paris 1969.

Gurwitsch, Alexander: Die mitmenschlichen Begegnungen in der Milieuwelt. Hg. und eingel. von Alexandre Métraux, Berlin/New York 1977.

Gusinde, Martin: Urwaldmensch am Ituri, Wien 1948.

Hamacher, Werner: Afformativ, Streik, in: Hart Nibbrig, Christiaan L. (Hg.): Was heißt »Darstellen«?, Frankfurt/M. 1994, S. 340-371.

Handwerg, Ute/Hoffmann, Klaus: Das Festival »Kinder spielen Theater«. Ein Bündnis schulischer und außerschulischer Bildung, in: Jurké, Volker/ Linck, Dieter/Reiss, Joachim (Hg.): Zukunft Schultheater. Das Fach Theater in der Bildungsdebatte, Hamburg 2008, S. 255-259.

Hansen, Miriam: »Benjamin, cinema and experience: ›The blue flower in the land of technology‹«, in: New German Critique 40/1987, S. 179-224.

Hartlaub, G.F.: Der Genius im Kinde. Ein Versuch über die zeichnerische Anlage des Kindes. 2. erw. Auflage mit 35 farbigen und 92 Schwarzdruckbildern, Breslau 1930.

Hartung, Günter: Der Stratege im Literaturkampf, in: Lindner, Burkhardt (Hg.): Walter Benjamin im Kontext. 2. erw. Auflage, Königstein/Ts. 1985, S. 15-29.

Hecht, Werner: Brecht Chronik 1898-1956, Frankfurt/M. 1997.

Hegel, Georg Friedrich Wilhelm: Werke in zwanzig Bänden. Bd. 3: Phänomenologie des Geistes, Frankfurt/M. 1970.

Hellhammer, Anja: Theater der Revolution – Revolution des Theaters, in: Buck, Elmar (Hg.): Theateroktober. Russische Avantgarde 1917-1931 (Ausstellungskatalog), Köln 2006, S. 30-34.

Helmich, Werner: Zwei Poetiken der Diskontinuität. Valérys *Rhumbs* und Benjamins *Einbahnstraße*, in: Weidner, Daniel/Weigel, Sigrid (Hg.): Benjamin-Studien. Bd. 2, S. 259-272.

Hillach, Ansgar: »Ein neu entdecktes Lebensgesetz der Jugend«. Wynekens Führergeist im Denken des jungen Benjamin, in: Garber, Klaus/Rehm, Ludger (Hg.): global benjamin. Bd. 2, S. 872-890.

Hoernle, Edwin: Der Kindergruppenleiter. Heft I, Wien 1923.

Hoernle, Edwin: Grundfragen der proletarischen Erziehung, Berlin 1929.

Honneth, Axel: Zur Kritik der Gewalt, in: Lindner, Burkhardt (Hg.): Benjamin-Handbuch, S. 193-210.

Huizinga, Johan: Homo Ludens. Vom Ursprung der Kultur im Spiel, Hamburg 1956.

Ingram, Susan: »The writing of Asia Lacis«, in: New German Critique 86/2002, S. 159-177.

Israel, Annett: Entgrenzung. Das aktuelle Erscheinungsbild des Kinder- und Jugendtheaters und seine historischen Bezüge, in: Gronemeyer, Andrea/ Heiße, Julia Dina/Taube, Gerd (Hg.): Kindertheater Jugendtheater. Perspektiven einer Theatersparte, Berlin 2009, S. 22-43.

Jennings, Michael: Trugbild der Stabilität. Weimarer Politik und Montage-Theorie in Benjamins »Einbahnstraße«, in: Garber, Klaus/Rehm, Ludger (Hg.): global benjamin. Bd. 1, S. 517-528.

Kambas, Chryssoula: Benjamin, Walter, in: Barck, Simone/Schlenstedt, Silvia/ Bürgel, Tanja (Hg.): Lexikon sozialistischer Literatur. Ihre Geschichte in Deutschland bis 1945, Stuttgart/Weimar 1994, S. 57-59.

Karrenbrock, Helga: Lese-Zeichen. Das Lesen, die Kinder und die Bücher bei Walter Benjamin, in: Garber, Klaus/Rehm, Ludger (Hg.): global benjamin. Bd. 3, S. 1511-1525.

Kaulen, Heinrich: Walter Benjamin und Asja Lacis. Eine biographische Konstellation und ihre Folgen, in: Deutsche Vierteljahrsschrift für Literaturwissenschaft und Geistesgeschichte 69/1995. Heft 1, S. 92-122.

Kerschenzew, Platon M.: Das schöpferische Theater. Reprint der dt. Ausgabe von 1922, Köln 1992.

Klein, Melanie: Frühstadien des Ödipuskomplexes. Frühe Schriften 1928-1945, Frankfurt/M. 1991.

Klein, Melanie: Gesammelte Schriften. Hg. von Ruth Cycon unter Mitarbeit von Hermann Erb. Übers. von Elisabeth Vorspohl. Bd. I/2, Stuttgart/Bad Cannstadt 1996.

Knopf, Jan: Brecht-Handbuch. Bd. 1: Lyrik, Prosa, Schriften. Eine Ästhetik der Widersprüche. Bd. 2: Theater. Eine Ästhetik der Widersprüche, Stuttgart 1986.

Knopf, Jan: Brecht-Handbuch in fünf Bänden, Stuttgart/Weimar 2001-2003.

Koch, Marion: Salomes Schleier. Eine andere Kulturgeschichte des Tanzes, Hamburg 1995.

Komissarževskij, Fëdor: Teatral'nyja preljudii, Moskau 1916.

Komissarževskij, Fëdor: Tvorčestvo aktëra. Teorija Stanislavskogo, Petrograd 1916.

Konersmann, Ralf: Erstarrte Unruhe. Walter Benjamins Begriff der Geschichte, Frankfurt/M. 1991.

Köhn, Eckhardt: Straßenrausch, Flanerie und kleine Form. Versuch zur Literaturgeschichte des Flaneurs bis 1933, Berlin 1989.

Krabiel, Klaus-Dieter: Spieltypus Lehrstück. Zum aktuellen Stand der Diskussion, in: Arnold, Heinz Ludwig (Hg.): Bertolt Brecht I. Text + Kritik. Zeitschrift für Literatur. Sonderbd. 3. Auflage: Neufassung, München 2006, S. 41-52.

Kracauer, Siegfried: Zu den Schriften Walter Benjamins, in: Ders.: Das Ornament der Masse, Frankfurt/M. 1977, S. 249-255.

Kristeva, Julia: Bachtin, das Wort, der Dialog und der Roman, in: Ihwe, J. (Hg.): Literaturwissenschaft und Linguistik. Bd. 3, Frankfurt/M. 1972, S. 345-375.

Krüger, Heinz: Über den Aphorismus als philosophische Form. Mit einer Einführung von Theodor W. Adorno, München 1957.

Lacan, Jacques: Das Spiegelstadium als Bildner der Ichfunktion, in: Ders.: Schriften I, Weinheim/ Berlin 1973, S. 61-70.

Lacis, Asja: Revolutionär im Beruf. Berichte über proletarisches Theater, über Meyerhold, Brecht, Benjamin und Piscator. Hg. von Hildegard Brenner, München 1971.

Lacis, Asja: Revolutionär im Beruf. Berichte über proletarisches Theater, über Meyerhold, Brecht, Benjamin und Piscator. Hg. von Hildegard Brenner. 2. durchgesehene und erw. Auflage, München 1976.

Laplanche, Jean/Pontalis, J.-B. (Hg.): Das Vokabular der Psychoanalyse, Frankfurt/M. 1973.

Lecke, Bodo: Zwischen Empfindung und Phantasie. Zur Poetik Jean Pauls, in: Arnold, Heinz Ludwig (Hg.): Jean Paul. Text + Kritik. Zeitschrift für Literatur. Sonderbd. 3. erw. Auflage, München 1983, S. 17-23.

Lehmann, Hans-Thies: Postdramatisches Theater, Frankfurt/M. 1999.

Lehmann, Hans-Thies: Der andere Brecht, in: Ders.: Das politische Schreiben, Berlin 2002, S. 207-281.

Lehmann, Hans-Thies: Eine unterbrochene Darstellung. Zu Walter Benjamins Idee des Kindertheaters, in: Weiler, Christel/Lehmann, Hans-Thies (Hg.): Szenarien von Theater und Wissenschaft, Berlin 2003, S. 181-203.

Lehmann, Hans-Thies: Lehrstück und Möglichkeitsraum, in: Primavesi, Patrick/ Mahrenholz, Simone (Hg.): Geteilte Zeit. Zur Kritik des Rhythmus in den Künsten, Schliengen 2005, S. 229-241.

Lehmann, Hans-Thies: Dramaturgie des Postdramatischen, in: Stegemann, Bernd (Hg.): Lektionen 1/Dramaturgie, Berlin 2009, S. 284-291.

Lenk, Elisabeth: Das ewig wache Kollektivum und der träumende Seher. Spuren surrealistischer Erfahrung bei Walter Benjamin, in: Garber, Klaus/ Rehm, Ludger (Hg.): global benjamin. Bd. 1, S. 347-355.

Lethen, Helmut: Benjamin und die politische Anthropologie. Helmuth Plessner, Carl Schmitt und Walter Benjamin, in: Garber, Klaus/Rehm, Ludger (Hg.): global benjamin. Bd. 2, S. 810-826.

Lindner, Burkhardt: Aufhebung der Kunst in Lebenspraxis? Über die Aktualität der Auseinandersetzung mit den historischen Avantgardebewegungen, in: Lüdke, W. Martin (Hg.): ›Theorie der Avantgarde‹. Antworten auf Peter Bürgers Bestimmung von Kunst und bürgerlicher Gesellschaft, Frankfurt/M. 1976, S. 72-104.

Lindner, Burkhardt: Habilitationsakte Benjamin. Über ein ›akademisches Trauerspiel‹ und über ein Vorkapitel der »Frankfurter Schule« (Horkheimer, Adorno), in: Ders. (Hg.): Walter Benjamin im Kontext. 2. erw. Auflage, Königstein/Ts. 1985, S. 324-341.

Lindner, Burkhardt: »Links hatte noch alles sich zu enträtseln ...«, in: Ders. (Hg.): Walter Benjamin im Kontext. 2. erw. Auflage, Königstein/Ts. 1985, S. 7-11.

Lindner, Burkhardt: Technische Reproduzierbarkeit und Kulturindustrie. Benjamins »Positives Barbarentum« im Kontext, in: Ders. (Hg.): Walter Benjamin im Kontext. 2. erw. Auflage, Königstein/Ts. 1985, S. 180-223.

Lindner, Burkhardt: Derrida. Benjamin. Holocaust. Zur Dekonstruktion der »Kritik der Gewalt«, in: Garber, Klaus/Rehm, Ludger (Hg.): global benjamin. Bd. 3, S. 1691-1723.

Lindner, Burkhardt: Allegorie, in: Opitz, Michael/Wizisla, Erdmut (Hg.): Benjamins Begriffe. Bd. 1, S. 50-94.

Lindner, Burkhardt: Die Entdeckung der Geste. Brecht und die Medien, in: Arnold, Heinz Ludwig (Hg.): Bertolt Brecht I. Text + Kritik. Zeitschrift für Literatur. Sonderbd. 3. Auflage: Neufassung, München 2006, S. 21-32.

Lindner, Burkhardt (Hg.) unter Mitarbeit von Thomas Küpper und Timo Skrandies: Benjamin-Handbuch. Leben – Werk – Wirkung, Stuttgart/Weimar 2006.

Lindner, Burkhardt: »Das Kunstwerk im Zeitalter seiner technischen Reproduzierbarkeit«, in: Ders. (Hg.): Benjamin-Handbuch, S. 229-251.

Lindner, Burkhardt: Zu Traditionskrise, Technik, Medien, in: Ders. (Hg.): Benjamin-Handbuch, S. 451-464.

Lindner, Burkhardt: Die »Heiterkeit des Kommunismus«. Notizen zum Politischen bei Benjamin, in: Arnold, Heinz Ludwig (Hg.): Walter Benjamin. Text + Kritik. Zeitschrift für Literatur. Heft 31/32. 3. Auflage: Neufassung, München 2009, S. 70-87.

Lips, Julius E.: Vom Ursprung der Dinge, Leipzig 1951.

Lunacharsky, Anatoly: Teatr segodnja, Moskau/Leningrad 1928.

Luperini, Romano: Allegorie und Erkenntnismethode bei Bachtin und bei Benjamin, in: Garber, Klaus/Rehm, Ludger (Hg.): global benjamin. Bd. 2, S. 220-230.

Marin, Louis: »The Portrait of the King's Glorious Body«, in: Ders.: Food of Thought, Baltimore 1989, S. 189-217.

Mauss, Marcel: Les techniques du corps, in: Journal de la Psychologie normale et pathologique 32/1935. Heft 3/4, S. 271-293.

Mayorga, Juan: Der Ausnahmezustand als Wunder. Von Juan Donoso Cortés über Carl Schmitt zu Walter Benjamin, in: Garber, Klaus/Rehm, Ludger (Hg.): global benjamin. Bd. 3, S. 1017-1031.

McLuhan, Marshall: Die magischen Kanäle. Understanding Media. Übers. von Meinrad Amann, Dresden/Basel 1994.

Menke, Bettine: Die »Kritik der Gewalt« in der Lektüre Derridas, in: Garber, Klaus/Rehm, Ludger (Hg.): global benjamin. Bd. 3, S. 1671-1690.

Menke, Bettine: »Ursprung des deutschen Trauerspiels«, in: Lindner, Burkhardt (Hg.): Benjamin-Handbuch, S. 210-229.

Menke, Bettine: Das Trauerspiel-Buch. Der Souverän – das Trauerspiel – Konstellationen – Ruinen, Bielefeld 2010.

Menninghaus, Winfried: Schwellenkunde. Walter Benjamins Passage des Mythos, Frankfurt/M. 1986.

Merleau-Ponty, Maurice: Phänomenologie der Wahrnehmung. Übers. und eingeführt durch eine Vorrede von Rudolf Boehn, Berlin 1966.

Merleau-Ponty, Maurice: Die Struktur des Verhaltens. Übers. und mit einem Vorwort von Bernhard Waldenfels, Berlin 1976.

Merleau-Ponty, Maurice: Die Prosa der Welt. Hg. von Claude Lefort. Übers. von Regula Giuliani. Mit einer Einl. zur dt. Ausgabe von Bernhard Waldenfels, München 1993.

Merleau-Ponty, Maurice: Keime der Vernunft. Vorlesungen an der Sorbonne 1949-1952. Hg. und mit einem Vorwort von Bernhard Waldenfels. Übers. von Antje Kapust. Mit Anmerkungen von Antje Kapust und Burkhard Liebsch, München 1994.

Merleau-Ponty, Maurice: Das Sichtbare und das Unsichtbare, gefolgt von Arbeitsnotizen. Hg. und mit einem Vor- und Nachwort von Claude Lefort. Übers. von Regula Giuliani und Bernhard Waldenfels, München 2004.

Meyer-Drawe, Käte: Anfänge des Lernens, in: Benner, Dietrich (Hg.): Erziehung – Bildung – Negativität. Theoretische Annäherungen. Analysen zum Verhältnis von Macht und Negativität. Exemplarische Studien. Zeitschrift für Pädagogik. Beiheft 49, Weinheim/Basel 2005, S. 24-37.

Meyer-Drawe, Käte: Maurice Merleau-Ponty: Der Ausdruck und die Kinderzeichnung, in: Zeitschrift für Didaktik der Philosophie und Ethik. Leib und Gefühl, Heft 4/2007, S. 290-296.

Meyer-Drawe, Käte: Diskurse des Lernens, München 2008.

Meyer-Drawe, Käte/Waldenfels, Bernhard: Das Kind als Fremder, in: Vierteljahrsschrift für wissenschaftliche Pädagogik. Heft 1/1988, S. 271-287.

Meyerhold, Wsewolod E.: Schriften. Aufsätze, Briefe, Reden, Gespräche. 2 Bde., Berlin 1979.

Missac, Pierre: Walter Benjamins Passage, Frankfurt/M. 1991.

Mosès, Stéphane: Intellektuelle Freundschaft. Gershom Scholem. Benjamins Hinwendung zum Kommunismus (1924-1932), in: Lindner, Burkhardt (Hg.): Benjamin-Handbuch, S. 59-76.

Muchow, Martha/Muchow, Hans: Der Lebensraum des Großstadtkindes, Hamburg 1935.

Müller Farguell, Roger W.: Städtebilder, Reisebilder, Denkbilder, in: Lindner, Burkhardt (Hg.): Benjamin-Handbuch, S. 626-642.

Müller-Schöll, Nikolaus: Das Theater des »konstruktiven Defaitismus«. Lektüren zur Theorie eines Theaters der A-Identität bei Walter Benjamin, Bertolt Brecht und Heiner Müller, Frankfurt/M. 2002.

Müller-Schöll, Nikolaus: Bertolt Brecht, in: Lindner, Burkhardt (Hg.): Benjamin-Handbuch, S. 77-91.

Muthesius, Marianne: Mythos, Sprache, Erinnerung. Untersuchungen zu Walter Benjamins »Berliner Kindheit um neunzehnhundert«, Frankfurt/M. 1996.

Nägele, Rainer: Brechts Theater der Grausamkeit: Lehrstücke und Stückwerke, in: Hinderer, Walter (Hg.): Brechts Dramen: neue Interpretationen, Stuttgart 1984, S. 300-320.

Nägele, Rainer: Trauerspiel und Puppenspiel, in: Weigel, Sigrid (Hg.): Leib- und Bildraum: Lektüren nach Benjamin, Köln/Weimar/Wien 1992, S. 9-34.

Nancy, Jean-Luc: Die undarstellbare Gemeinschaft. Übers. von Gisela Febel und Jutta Legueil, Stuttgart 1988.

Nancy, Jean-Luc: singulär plural sein. Übers. von Ulrich Müller-Schöll. Durchgesehene Neuauflage, Zürich 2012.

Niessen, Carl: Handbuch der Theaterwissenschaft, Emsdetten 1949.

Nietzsche, Friedrich: Also sprach Zarathustra. Kritische Studienausgabe. Hg. von Giorgio Colli und Mazzino Montinari, Berlin/New York 1999.

Opitz, Michael/Wizisla, Erdmut (Hg.): Benjamins Begriffe. 2 Bde., Frankfurt/M. 2000.

Ortolani, Oliver: Der epische Schauspieler, in: Fiebach, Joachim (Hg.): Manifeste europäischen Theaters. Grotowski bis Schleef, Berlin 2003, S. 222-229.

Palmier, Jean-Michel: Walter Benjamin. Lumpensammler, Engel und bucklicht Männlein. Ästhetik und Politik bei Walter Benjamin. Hg. und mit einem Vorwort von Florent Perrier. Übers. von Horst Brühmann, Frankfurt/M. 2010.

Paškevica, Beata: In der Stadt der Parolen. Asja Lacis, Walter Benjamin und Bertolt Brecht, Essen 2006.

Paul, Jean: Werke in zwölf Bänden. Hg. von Norbert Miller. Nachworte von Walter Höllerer, München/Wien 1975.

Pias, Wladimir: Teatr slowa I teatr dwishenja, in: K. Erberg (Hg.): Iskusstwo starve i nowoe, Petrograd 1921.

Primavesi, Patrick: Kommentar, Übersetzung, Theater in Walter Benjamins frühen Schriften, Frankfurt/M. 1998.

Primavesi, Patrick: Schauplatz und Passage. Theatrale Räume im Denken Walter Benjamins, in: Sader, Jörg/Wörner, Anette (Hg.): Überschreitungen. Dialoge zwischen Literatur- und Theaterwissenschaft, Architektur und Bildender Kunst. Festschrift für Leonhard M. Fiedler, Würzburg 2002, S. 237-256.

Primavesi, Patrick: Das Spiel mit der Probe. Katastrophenvorbereitung im Theater, in: Hinz, Melanie/Roselt, Jens (Hg.): Chaos und Konzept. Proben und Probieren im Theater, Berlin/Köln 2011, S. 286-315.

Proust, Marcel: A la recherche du temps perdu (Pléiade). 3 Bde., Paris 1954 – Dt.: Auf der Suche nach der verlorenen Zeit. Übers. von E. Rechel-Mertens, 7 Bde., Frankfurt/M. 1953-1957.

Raulet, Gérard: »Einbahnstraße«, in: Lindner, Burkhardt (Hg.): Benjamin-Handbuch, S. 359-373.

Reinhardt, Max: »Rede über den Schauspieler (1929)«, in: Brauneck, Manfred (Hg.): Theater im 20. Jahrhundert. Programmschriften, Stilperioden, Reformmodelle, Reinbek bei Hamburg 1998, S. 351-354.

Romaschko, Sergej A.: Zur russischen Literatur und Kultur. »Moskauer Tagebuch«, in: Lindner, Burkhardt (Hg.): Benjamin-Handbuch, S. 343-358.

Rothe, Katja: Nicht-Machen. Lassen! Zu Walter Benjamins pädagogischem Theater, in: Gronau, Barbara/Lagaay, Alice (Hg.): Ökonomien der Zurückhaltung. Kulturelles Handeln zwischen Askese und Restriktion, Bielefeld 2010, S. 331-352.

Rousseau, Jean-Jacques: Emil oder Über die Erziehung. Vollständige Ausgabe in neuer dt. Fassung von Ludwig Schmidts, Paderborn/München/Wien/Zürich 1971.

Rubinstein, S.L.: Grundlagen der allgemeinen Psychologie, Berlin 1959.

Sac, Natalie: Das Moskauer Kindertheater, Zurich 1934.

Sartre, Jean-Paul: L'imaginations, Paris/Alcan 1936.

Schedler, Melchior: Kindertheater. Geschichte, Modelle, Projekte, Frankfurt/M. 1972.

Schiavoni, Giulio: Von der Jugend zur Kindheit. Zu Benjamins Fragmenten einer proletarischen Pädagogik, in: Lindner, Burkhardt (Hg.): Walter Benjamin im Kontext. 2. erw. Auflage, Königstein/Ts. 1985, S. 30-64.

Schiavoni, Giulio: Zum Kinde. »Programm eines proletarischen Kindertheaters« / »Eine kommunistische Pädagogik« / »Kinderbücher«, in: Lindner, Burkhardt (Hg.): Benjamin-Handbuch, S. 373-385.

Schilder, Paul: Das Körperschema, Berlin 1923.

Schiller-Lerg, Sabine: Die Rundfunkarbeiten, in: Lindner, Burkhardt (Hg.): Benjamin-Handbuch, S. 406-420.

Schlaffer, Heinz: »Denkbild. Eine kleine Prosaform zwischen Dichtung und Gesellschaftstheorie«, in: Kuttenkeuler, Wolfgang (Hg.): Poesie und Politik, Stuttgart/Berlin/Köln/Mainz 1973, S. 137-154.

Schmitt, Carl: Politische Theologie. Vier Kapitel zur Lehre von der Souveränität, München 1922.

Schneider, Wolfgang: Kindertheater nach 1968. Neorealistische Entwicklungen in der Bundesrepublik und West-Berlin, Köln 1984.

Schneider, Wolfgang: Zur Geschichte des Kindertheaters in Deutschland, in: Kinder- und Jugendtheaterzentrum in der Bundesrepublik Deutschland

(Hg.): Reclams Kindertheaterführer. 100 Stücke für eine junge Bühne, Stuttgart 1994, S. 9-22.

Schöttker, Detlev: Konstruktiver Fragmentarismus. Form und Rezeption der Schriften Walter Benjamins, Frankfurt/M. 1999.

Schöttker, Detlev: Reduktion und Montage. Benjamin, Brecht und die konstruktive Avantgarde, in: Garber, Klaus/Rehm, Ludger (Hg.): global benjamin. Bd. 2, S. 745-773.

Scholem, Gershom: Zum Verständnis der messianischen Idee im Judentum, in: Ders.: Judaica 1, Frankfurt/M. 1963, S. 7-74.

Scholem, Gershom: Walter Benjamin – die Geschichte einer Freundschaft, Frankfurt/M. 1990.

Scholem, Gershom: Walter Benjamin und sein Engel. Vierzehn Aufsätze und kleine Beiträge. Hg. von Rolf Tiedemann, Frankfurt/M. 1992.

Schwab, Gabriele: Die Subjektgenese, das Imaginäre und die poetische Sprache, in: Renate Lachmann: Dialogizität, München 1982, S. 63-84.

Seewald, Jürgen: Leib und Symbol. Ein sinnverstehender Zugang zur kindlichen Entwicklung, München 2000.

Spicker, Friedemann: Benjamins Einbahnstraße im Kontext zeitgenössischen Aphorismus, in: Weidner, Daniel/Weigel, Sigrid (Hg.): Benjamin-Studien. Bd. 2, S. 295-308.

Spielmann, Heinz (Hg.): Die russische Avantgarde und die Bühne 1890-1930 (Ausstellungskatalog), Schleswig 1991.

Steinweg, Reiner: Das Lehrstück – ein Modell des sozialistischen Theaters. Brechts Lehrstücktheorie, in: Alternative 14/1971. Heft 78/79, S. 102-116.

Steinweg, Reiner: Das Lehrstück. Brechts Theorie einer politisch-ästhetischen Erziehung, Stuttgart 1972.

Steinweg, Reiner (Hg.): Brechts Modell der Lehrstücke. Zeugnisse, Diskussion, Erfahrungen, Frankfurt/M. 1976.

Steinweg, Reiner: Lehrstück und episches Theater. Brechts Theorie und die theaterpädagogische Praxis, Frankfurt/M. 1995.

Steizinger, Johannes: Zwischen emanzipatorischem Appell und melancholischem Verstummen. Walter Benjamins Jugendschriften, in: Weidner, Daniel/Weigel, Sigrid (Hg.): Benjamin-Studien 2, S. 225-238.

Stern, William: Psychologie der frühen Kindheit bis zum sechsten Lebensjahr, Darmstadt 1965.

Stieve, Claus: Von den Dingen lernen. Die Gegenstände unserer Kindheit, München 2008.

Stögner, Karin: »Der Traum vom Erwachen« – Zum Verhältnis von Jugendbewegung, Körperkult und Zionismus bei Walter Benjamin, in: Kirchner, Sascha/Liska, Vivian/Solibakke, Karl/Witte, Bernd (Hg.): Walter Benjamin und das Wiener Judentum zwischen 1900 und 1938, Würzburg 2009, S. 196-133.

Stoessel, Marleen: Aura. Das vergessene Menschliche. Zu Sprache und Erfahrung bei Walter Benjamin, München 1983.

Tairow, Alexander: Das entfesselte Theater. Aufzeichnungen eines Regisseurs, Berlin 1989.

Thomson, George: Aischylos und Athen, Berlin 1957.

Tiedemann, Rolf: Dialektik im Stillstand. Versuche zum Spätwerk Walter Benjamins, Frankfurt/M. 1983.

Thun, Nyotta: Ich – so groß und überflüssig. Wladimir Majakowski. Leben und Werk, Düsseldorf 2000.

Tretjakow, Sergej: Die Arbeit des Schriftstellers. Aufsätze, Reportagen, Porträts. Hg. von Heiner Boehnke, Reinbek bei Hamburg 1972.

Tretjakow, Sergej: Das Theater der Attraktionen, in: Lazarowicz, Klaus/Balme, Christopher (Hg.): Texte zur Theorie des Theaters, Stuttgart 2008, S. 620-625.

Turner, Victor W.: Betwixt and Between: The Liminal Period in Rites de Passage, in: Ders.: The Forest of Symbols. Aspects of Ndembu Ritual, Ithaca/London 1967, S. 93-111.

Turner, Victor W.: Dramas, Fields and Metaphors. Symbolic Action in Human Society, Ithaka/London 1974.

Turner, Victor W.: Vom Ritual zum Theater, Frankfurt/M. 1989.

Vaßen, Florian: Lernen und Üben. Erfahrung und Wahrnehmung, ›Unstetigkeit‹ und ›Einsehen‹ im ästhetisch-sozialen Prozess des Theater-Spielens, in: Ders. (Hg.): Korrespondenzen. Theater – Ästhetik – Pädagogik, Berlin/Milow/Strasburg 2010, S. 129-145.

Voigts, Manfred: Zitat, in: Opitz, Michael/Wizisla, Erdmut (Hg.): Benjamins Begriffe. Bd. 2, S. 826-850.

Vogg, Martin: Die Kunst des Kindertheaters. Analyse des künstlerischen Potentials einer dramatischen Gattung, Frankfurt/M. 2000.

Von Möllendorff, Peter: Grundlagen einer Ästhetik der Alten Komödie. Untersuchungen zu Aristophanes und Michail Bachtin, Tübingen 1995.

Waldenfels, Bernhard: Das Zerspringen des Seins. Ontologische Auslegung der Erfahrung am Leitfaden der Malerei, in: Métraux, Alexandre/Waldenfels, Bernhard (Hg.): Leibhaftige Vernunft. Spuren von Merleau-Pontys Denken, München 1986, S. 144-161.

Waldenfels, Bernhard: Deutsch-Französische Gedankengänge, Frankfurt/M. 1995.

Waldenfels, Bernhard: Das leibliche Selbst. Vorlesungen zur Phänomenologie des Leibes, Frankfurt/M. 2000.

Waldenfels, Bernhard: Findigkeit des Körpers. Kataloge und Essays. Bd.1. Dortmunder Schriften zur Kunst, Norderstedt 2004.

Waldenfels, Bernhard: Phänomenologie der Aufmerksamkeit, Frankfurt/M. 2004.

Waldenfels, Bernhard: Idiome des Denkens. Deutsch-Französische Gedanken-gänge II, Frankfurt/M. 2005.

Waldenfels, Bernhard: Grundmotive einer Phänomenologie des Fremden, Frankfurt/M. 2006.

Wallon, Henri: Les origines de la pensée chez l'enfant. Bd. II, Paris 1947.

Walter Benjamin Archiv (Hg.): Walter Benjamins Archive. Bilder, Texte und Zeichen, Frankfurt/M. 2006.

Weber, Samuel: Benjamin's-abilities, Cambridge/Mass. 2008.

Weber, Thomas: Erfahrung, in: Opitz, Michael/Wizisla, Erdmut (Hg.): Benja-mins Begriffe. Bd. 1, S. 230-259.

Weidner, Daniel: Kreatürlichkeit. Benjamins Trauerspielbuch und das Leben des Barock, in: Ders. (Hg.): Profanes Leben. Walter Benjamins Dialektik der Säkularisierung, Berlin 2010, S. 120-138.

Weidner, Daniel/Weigel, Sigrid (Hg.): Benjamin-Studien. 2 Bde., München 2011.

Weigel, Sigrid: Entstellte Ähnlichkeit. Walter Benjamins theoretische Schreib-weise, Frankfurt/M. 1997.

Westphal, Kristin: Wahrnehmung und Aufmerksamkeit von Theater. Beobach-tungen von Theater als Aufführungspraxis, in: Jurké, Volker/Linck, Dieter/ Reiss, Joachim (Hg.): Zukunft Schultheater, Hamburg 2008, S. 26-33.

Widmer, Peter: Metamorphosen des Signifikanten. Zur Bedeutung des Kör-perbilds für die Realität des Subjekts, Bielefeld 2006.

Winnicott, Donald W.: Reifungsprozesse und fördernde Umwelt. Übers. von Gudrun Theusner-Stampa, Frankfurt/M. 2001.

Winnicott, Donald W.: Vom Spiel zur Kreativität. Übers. von Michael Ermann, Stuttgart 2010.

Wirth, Andrzej: Vom Dialog zum Diskurs. Versuch einer Synthese der nach-brechtschen Theaterkonzepte, in: Theater Heute 1/1980, S. 16-19.

Wizisla, Erdmut: Revolution, in: Opitz, Michael/Wizisla, Erdmut (Hg.): Benja-mins Begriffe. Bd. 2, S. 665-694.

Wizisla, Erdmut: Benjamin und Brecht. Die Geschichte einer Freundschaft, Frankfurt/M. 2004.

Wizisla, Erdmut: »die krise der avantgarde«. Ein Dokument zum ästhetischen Kontext von Benjamin und Brecht, in: Arnold, Heinz Ludwig (Hg.): Bertolt Brecht I. Text + Kritik. Zeitschrift für Literatur. Sonderbd. 3. Auflage: Neu-fassung, München 2006, S. 84-91.

Wohlfarth, Irving: Der »Destruktive Charakter«. Benjamin zwischen den Fronten, in: Lindner, Burkhardt (Hg.): Walter Benjamin im Kontext. 2. erw. Auflage, Königstein/Ts. 1985, S. 65-99.

Zirmunskij, Viktor: »Formprobleme in der russischen Literaturwissenschaft«, in: Zeitschrift für Slawistik 1925. Bd. 1, S. 117-152.

Theater

Miriam Dreysse
Mutterschaft und Familie:
Inszenierungen in Theater und Performance

Juli 2015, 372 Seiten, kart., zahlr. Abb., 39,99 €,
ISBN 978-3-8376-3054-1

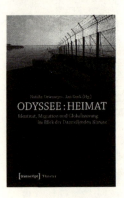

Natalie Driemeyer, Jan Deck (Hg.)
»Odyssee: Heimat«
Identität, Migration und Globalisierung im Blick
der Darstellenden Künste

Februar 2016, ca. 202 Seiten, kart., zahlr. Abb., ca. 26,80 €,
ISBN 978-3-8376-2012-2

Andreas Englhart
Das Theater des Anderen
Theorie und Mediengeschichte
einer existenziellen Gestalt
von 1800 bis heute

Februar 2016, ca. 420 Seiten, kart., zahlr. Abb., ca. 35,80 €,
ISBN 978-3-8376-2400-7

**Leseproben, weitere Informationen und Bestellmöglichkeiten
finden Sie unter www.transcript-verlag.de**

Theater

Fu Li Hofmann
Theaterpädagogisches Schauspieltraining
Ein Versuch

2014, 202 Seiten, kart., 27,99 €,
ISBN 978-3-8376-3009-1

Céline Kaiser (Hg.)
SzenoTest
Pre-, Re- und Enactment zwischen
Theater und Therapie

2014, 256 Seiten, kart., durchgängig farbig,, 24,99 €,
ISBN 978-3-8376-3016-9

Annemarie Matzke, Ulf Otto, Jens Roselt (Hg.)
Auftritte
Strategien des In-Erscheinung-Tretens
in Künsten und Medien

April 2015, 254 Seiten, kart., 29,99 €,
ISBN 978-3-8376-2392-5

**Leseproben, weitere Informationen und Bestellmöglichkeiten
finden Sie unter www.transcript-verlag.de**

Zeitschrift für Kulturwissenschaften

Siegfried Mattl,
Christian Schulte (Hg.)

Vorstellungskraft

Zeitschrift für
Kulturwissenschaften,
Heft 2/2014

Dezember 2014, 136 Seiten,
kart., 14,99 €,
ISBN 978-3-8376-2869-2
E-Book: 12,99 €
ISBN 978-3-8394-2869-6

■ Vorstellungs- oder Einbildungskraft bezeichnet die Fähigkeit zur Erzeugung innerer Bilder, die entweder Wahrnehmungen erinnernd reproduzieren oder produktiv Gegebenheiten überschreiten. Vorstellungen konstruieren imaginativ zukünftige Szenarien oder erzeugen – wie in der Kunst – ästhetische Alterität.

Die interdisziplinären Beiträge dieser Ausgabe der ZfK untersuchen Figurationen und Agenturen des Imaginären: von den Todes- und Jenseitsimaginationen der christlichen Kunst, den Denk- und Sehräumen in Kunst und Medizin über Rauminszenierungen der Moderne, dem frühen Amateurfilmdiskurs bis hin zur Techno Security und Big Data.

Der Debattenteil befasst sich unter dem Titel »Transparenz und Geheimnis« mit medien- und kulturwissenschaftlichen Zugängen zu Dispositiven der Überwachung.

www.transcript-verlag.de